REVISTA TRIMESTRAL DE DIREITO PÚBLICO

ISSN 2237-1796

58

MALHEIROS EDITORES

INSTITUTO DE DIREITO ADMINISTRATIVO PAULISTA
IDAP

Revista Trimestral de Direito Público
ISSN 2237-1796
Órgão do

As colaborações devem ser encaminhadas à Comissão Editorial, para o endereço *rtdp@idap.org.br*

RTDP
Publicação trimestral de
MALHEIROS EDITORES LTDA.
Rua Paes de Araújo, 29, cj. 171
CEP 04531-940 – São Paulo, SP – Brasil
Tel.: (011) 3078-7205 – Fax.: (011) 3168-5495
Diretor responsável: Álvaro Malheiros
Diretora: Suzana Fleury Malheiros

Assinaturas e comercialização:
CATAVENTO DISTRIBUIDORA DE LIVROS S.A.
Rua Conselheiro Ramalho, 928
CEP 01325-000 – São Paulo, SP – Brasil
Tel.: (011) 3289-0811 – Fax.: (011) 3251-3756
Supervisão Gráfica: Vânia Lúcia Amato
Editoração Eletrônica: Letra por Letra Studio

SUMÁRIO

DOUTRINA

EL CONTROL ADMINISTRATIVO EN MÉXICO. APUNTES DESDE UNA PERSPECTIVA JURÍDICA SOBRE EL CONTROL INTERNO EN LA ADMINISTRACIÓN PÚBLICA FEDERAL 5
– Luis José Béjar Rivera e Alejandro Orrico Gálvez

EL RÉGIMEN JURÍDICO DEL SILENCIO ADMINISTRATIVO EN ESPAÑA 23
– Marta García Pérez

PARA UMA TEORIA DO ATO ADMINISTRATIVO UNILATERAL 58
– Celso Antônio Bandeira de Mello

ATIVISMO JUDICIAL. 64
– Silvio Luis Ferreira da Rocha

AÇÃO PARA APURAÇÃO DE ATO DE IMPROBIDADE ADMINISTRATIVA E O SEU CABIMENTO FRENTE AOS AGENTES POLÍTICOS 70
– Edilson Pereira Nobre Júnior

TRANSFERÊNCIA DO DIREITO DE CONSTRUIR: QUESTÕES SOBRE SUA APLICABILIDADE E PERTINÊNCIA. 91
– Daniela Campos Libório Di Sarno

PARECERES

MANDADO DE SEGURANÇA. SERVENTUÁRIO. EFETIVAÇÃO. EXAME DA LEGISLAÇÃO LOCAL. RECURSO EXTRAORDINÁRIO. DESCABIMENTO 100
– Carlos Thompson Flores

CONCESSÕES, PERMISSÕES E AUTORIZAÇÕES DE RADIODIFUSÃO POR PESSOAS JURÍDICAS QUE POSSUEM POLÍTICOS TITULARES DE MANDATO ELETIVO COMO SÓCIOS OU ASSOCIADOS – INCONSTITUCIONALIDADE 108
– Gilberto Bercovici e Airton L. Cerqueira Leite Seelaender

PRINCÍPIO DA LEGALIDADE ADMINISTRATIVA – ADMINISTRAÇÃO ORDENADORA AMBIENTAL – NULIDADE DE SANÇÃO ADMINISTRATIVA POR VÍCIOS QUANTO AO MOTIVO E À CAUSA ... 133
– Vladimir da Rocha França

ESTUDOS E COMENTÁRIOS

O DIREITO À EDUCAÇÃO E A LEI 12.711/2012 (LEI DE COTAS) ... 148
– Carolina Zancaner Zockun, Marcella Querino Mangullo e Ricardo Teixeira Lage

DEVERES FUNDAMENTAIS AMBIENTAIS ... 161
– Denilson Marcondes Venâncio

EFEITOS DA REVOGAÇÃO DOS ATOS ADMINISTRATIVOS ... 172
– Felipe Fleury

PREFERÊNCIA PARA PRODUTOS MANUFATURADOS E SERVIÇOS NACIONAIS EM LICITAÇÕES: UMA ANÁLISE CRÍTICA À LUZ DO DESENVOLVIMENTO NACIONAL SUSTENTÁVEL ... 226
– Gabriela Verona Pércio e Flávio Ramos

MEMÓRIA RTDP

DA RESPONSABILIDADE DO ESTADO POR ATOS DE JUIZ EM FACE DA CONSTITUIÇÃO DE 1988 (Publicado na *RTDP* 1) ... 242
– A. B. Cotrim Neto

CONSTITUIÇÃO E DIREITO ADQUIRIDO (Publicado na *RTDP* 1) ... 263
– Raul Machado Horta

DESVIO DE PODER LEGISLATIVO (Publicado na *RTDP* 1) ... 276
– Caio Tácito

JURISPRUDÊNCIA COMENTADA

AS EMPRESAS ESTATAIS PRESTADORAS DE SERVIÇOS PÚBLICOS PRIVATIZADOS E O CUMPRIMENTO DE OBRIGAÇÕES PECUNIÁRIAS ORIUNDAS DE CONDENAÇÃO JUDICIAL (COMENTÁRIOS AO ACÓRDÃO DO STF NOS AUTOS DO RE 599.628) ... 283
– Maurício Zockun

Errata: No sumário (p. 4) e na quarta capa da *RTDP* n. 57 publicou-se texto sobre os confins do art. 172 da Lei federal 8.112, atribui-lhe a autoria ao ex-Ministro do STF, Dr. Carlos Thompson Flores. Diversamente, trata-se de texto do eminente Des. Carlos Eduardo Thompson Flores Lenz, já publicado nas pp. 137 a 145 da *RTDP* 56.

DOUTRINA

EL CONTROL ADMINISTRATIVO EN MÉXICO
Apuntes desde una perspectiva jurídica sobre el control interno en la Administración Pública Federal

LUIS JOSÉ BÉJAR RIVERA

Licenciado en Derecho por el ITESO.
Doctor en Derecho por la Universidad Panamericana.
Miembro del Sistema Nacional de Investigadores del CONACYT.
Asociado al Foro Iberoamericano de Derecho Administrativo.
Director Académico de los Programas de Posgrado
en Derecho Administrativo de la Universidad Panamericana

ALEJANDRO ORRICO GÁLVEZ

Licenciado en Derecho por la UNAM.
Maestro en Derecho Administrativo por la Universidad Panamericana

I. Introducción. II. El control administrativo. III. Clasificación del control administrativo. IV. Conclusiones preliminares como punto de partida al control interno. V. Del sistema de control interno en la Administración Pública Federal. VI. Aplicación del sistema de control interno. VII. Del Comité de Control y Desempeño Institucional. VIII. Conclusiones. IX. Fuentes.

"Hay dos correctivos
de las prerrogativas de la Administración:
que actúe, pero que obedezca la ley;
que actúe, pero que pague el perjuicio"

(Maurice Hariou).

I. Introducción

Siempre se ha dicho que el Derecho Administrativo es una disciplina jurídica incardinada al Poder Público. La Administración Pública contemporánea nace en el seno del Estado moderno, incrustada en un sistema normativo duro, mediante el cual se pretendía que la Administración en todo momento estuviera sometida a la Ley, bajo el dogma del Principio de Legalidad.

También se reitera que hoy en día, como lo señaló Profesor González Navarro, el Derecho Administrativo es el Derecho del Poder Público para la Libertad, y por tanto se convierte en un sistema garante de la seguridad jurídica y los derechos fundamentales de los administrados.

En este sentido, resulta como parte indispensable del propio Derecho Administrativo, el establecimiento de los mecanismos de verificación del cumplimiento de la normatividad por parte de los sujetos que integran a la Administración Pública. Es aquí donde aparecen los sistemas de control, que nos permitan: "(...) *medir y examinar los resultados obtenidos en el período, para evaluarlos y para decidir las medidas correctivas que sean necesarias*".[1]

A grosso modo, se habla de la existencia de tres tipos de control, todos ellos con sus modalidades y peculiaridades, a saber: controles legislativos, judiciales (y jurisdiccionales para el caso de México) y administrativos.

Para los fines aquí perseguidos realmente no nos interesa introducirnos en los controles legislativo y judicial, y pretendemos únicamente centrarnos en los controles administrativos, y dentro de estos, abocarnos al análisis del llamado control interno, pues tampoco es nuestra intención distraernos en el control de la legalidad *ad intra* de la Administración Pública.

Así, nuestro objetivo consiste en tratar de hacer una aproximación a los sistemas de control administrativo, específicamente al control interno, desde una perspectiva jurídica, pues pareciera, por lo menos en México, que es un tema que los juristas poco han tratado y no por ello es de menor envergadura y trascendencia para el Derecho Administrativo; máxime que la regulación con la que contamos al respecto, es escasa, por decir lo menos, y estamos sujetos a un Acuerdo de carácter general como norma base al respecto.

II. El control administrativo

Por control, en palabras de Marcel Waline, se entiende que es: "(...) la verificación de la conformidad de una acción (en la especie, una actividad administrativa) con una norma que se impone a ésta; esta norma puede ser jurídica (control de regularidad) o una norma de correcta ejecución (control de rentabilidad o de eficacia)".[2]

Complementando lo anterior, Daniel Márquez Gómez nos dice que: "(...) en la doctrina jurídica se entiende por control la actividad de carácter registral o técnica encomendada a una función pública, un ente administrativo estatal o a un empleado público, por el orden jurídico, que se

1. Organización de las Naciones Unidas, *Aspectos Administrativos de Planeación*, Nueva York, 1969, p. 431.

2. Citado por José Luis Vázquez Alfaro, *El Control de la Administración Pública en México*, México, Universidad Nacional Autónoma de México, 1996, p. 11.

dirige a revisar la adecuación y legalidad de los actos encomendados a los diversos órganos del poder público, con la obligación de pronunciarse sobre ellos".[3]

El control administrativo, es aquél depositado en el propio Poder Ejecutivo, y que puede ser ejercido por el propio titular del Ejecutivo Federal (íntimamente vinculado a los poderes implícitos del Ejecutivo Federal[4]), o bien, por las dependencias y unidades administrativas especializadas, que las leyes determinen.

II.1 Características

José Luis Vázquez Alfaro[5] distingue como características:

a) El control administrativo se realiza siempre por una autoridad perteneciente a la administración activa.

b) El control administrativo puede ser activado en forma espontánea por la propia autoridad administrativa o puede ser provocado mediante la interposición de un recurso.

c) Este control tiene por objeto revisar la legalidad o la oportunidad del acto sometido a examen; cabe señalar que la revisión de la oportunidad del acto administrativo está francamente limitada en el Derecho Administrativo mexicano, y se conserva prácticamente como una figura doctrinal.[6]

d) La Administración Pública, en principio, puede revocar o modificar, nulificar o anular sus propios actos o actos de sus funcionarios subordinados, siempre y cuando estos actos no contengan un beneficio o resultado favorable, pues esta clase de actos, para su revocación requieres de la intervención jurisdiccional vía acción de lesividad en el juicio contencioso administrativo.

e) El control administrativo no se encuentra sometido a las reglas del procedimiento jurisdiccional.

En México, según está dispuesto por la Ley Orgánica de la Administración Pública Federal (LOAPF), en su artículo 37, contamos con una dependencia de la Administración Pública centralizada, la Secretaría de la Función Pública, cuyo único objeto es ejercer la función de control administrativo, tanto en la Administración centralizada como en la Paraestatal.[7]

Esencialmente, su función es precisamente ejercer todos los sistemas de control administrativo (excepto el correspondiente a los recursos administrativos), pero en definitiva de trata del órgano fiscalizador de la propia Administración Pública. La forma en la cual ejerce los controles tiene distintas variables: desde la jerarquía que ejerce sobre los Órganos Internos de Control (OIC) de las dependencias y entidades, así como por el dictado de circulares, oficios, acuerdos y en general, normas de *soft law* que regulan el comportamiento de la Administración Pública Federal en relación con la rendición de cuentas y cumplimiento de objetivos.

3. Daniel Márquez Gómez, *Los Procedimientos Administrativos Materialmente Jurisdiccionales como Medios de Control en la Administración Pública*, México, Universidad Nacional Autónoma de México, 2002.

4. Cfr. Miguel Acosta Romero, *Teoría General del Derecho Administrativo*, México, Porrúa, 1992, pp. 284-292.

5. José Luis Vázquez Alfaro, ob. cit., p. 14.

6. A mayor abundamiento, cfr. Luis José Béjar Rivera, *El Acto Administrativo y su Finalidad*, México, Porrúa, 2011, pp. 105-114.

7. Cfr. artículo 37 de la LOAPF.

II.2 Elementos del control administrativo

A partir de lo expuesto por José Trinidad Lanz Cárdenas,[8] los elementos esenciales del control administrativo son: sujetos, objeto, forma y finalidad.

II.2.1 Sujetos

En primer lugar encontramos al *sujeto activo*, que será el órgano autoridad controladora, es decir, aquel ente público que ejerce el control, y que pude presentarse bajo tres supuestos:

a) El órgano de control puede pertenecer al servicio o actividad controlada, esto es que el control es ejercido por el propio sujeto controlado, o bien, un superior jerárquico dentro de la misma unidad administrativa.

b) El controlador pertenezca al mismo ente administrativo sujeto del control, tal como ocurre normalmente con las contralorías internas o los órganos de inspección de la propia entidad controlada.[9]

c) Por último, nos colocamos en el supuesto donde el órgano controlador pertenece a la Administración Pública, incrustado en la autoridad controlada, pero es responsable ante un ente distinto al sujeto controlado. En este sentido, es parte fundamental de las atribuciones conferidas a la Secretaría de la Función Pública, y se ejerce mediante los funcionarios que inserta en las diversas entidades públicas. Reiterando, el órgano interno de control estructuralmente se encuentra dentro del organograma de cada una de las dependencias y entidades, aunque de acuerdo a la naturaleza de sus actividades, le responden jerárquicamente a la Secretaría de la Función Pública.

Por otra parte, encontramos con el otro sujeto en el control administrativo, al *sujeto pasivo*, el cual es, en principio una entidad pública (sea de la Administración centralizada o paraestatal, incluso los organismos autónomos); sin embargo, tanto en ley como en las prácticas modernas de los sistemas de control administrativo, se ha establecido que también son sujetos de control los funcionarios públicos en lo específico, en relación con sus atribuciones directas.

II.2.2 Objeto

José Luis Vázquez Alfaro,[10] nos distingue que existen tres tipos de control en relación con el objeto: de legalidad, de oportunidad y de gestión.

Ahora bien, cuando nos referimos al *control de la legalidad* o de regularidad (como también puede ser denominado), tiene por único objeto la verificación de que el acto u operación se haya realizado con estricto apego al principio de legalidad, esto es, que durante la ejecución del mismo, éste se haya realizado de conformidad a la normatividad aplicable.

Aunque difícil de apreciar, el *control de oportunidad*, consiste en la concordancia entre la acción u operación controlada, con las circunstancias de tiempo, modo y lugar en relación con el Plan Nacional de Desarrollo y los Programas respectivos. Este tipo de control atiende, en muchas ocasiones, más a elementos

8. José Trinidad Lanz Cárdenas, *La Contraloría y el Control Interno en México*, México, Fondo de Cultura Económica, 1987, pp. 471 y ss.

9. Este no es el caso de la legislación mexicana.

10. José Luis Vázquez Alfaro, ob. cit., pp. 15 y 16.

políticos que otra cosa, pues se vincula directamente con el momento y condiciones en que se ejecuta un determinado programa o acción específica del mismo.

Finalmente, el control de gestión "(...) tiene por objeto revisar la congruencia de los resultad de la acción administrativa con los programas y finalidades (...) permite realizar un examen de la eficacia de los actos y operaciones".[11]

II.2.3 Forma

La forma de los controles administrativos resultan variadas, pues son el conjunto de mecanismos, vías, técnicas, métodos, sistemas y procedimientos, los cuales pueden surgir de distintos documentos, tales como la Ley y sus Reglamentos, Acuerdos Administrativos, Circulares, Lineamientos de carácter general para la Administración Pública, por citar algunos; y sus características y requisitos de validez variarán, sobretodo en virtud de la naturaleza del acto u operación sujeta al control.

II.2.4 Finalidad

Tal como los conceptos expuestos en párrafos anteriores lo señalan, la finalidad del control administrativo, desde una perspectiva teleológica, es garantizar una actuación regular, equilibrada, eficaz y honesta de los entes públicos y los funcionarios adscritos a ellos, a fin de cumplir adecuadamente con sus funciones y estar en aptitud de satisfacer las necesidades colectivas del Estado.

Como finalidades específicas que podemos identificar, dependerá de la naturaleza del acto y del control ejercido, pues en algunos casos, el control radicará en el manejo de recursos públicos, o bien, en el control de los medios operativos de la entidad controlada, o simplemente, en los procedimientos instaurados por la Administración Pública para arribar a determinadas consecuencias jurídicas.

Esto lo podemos ilustrar de una forma muy sencilla, mediante el establecimiento de ciertos rubros generales que son sujetos de control, que podemos resumir en los siguientes cuatro:

- Organización
- Personal
- Supervisión
- Procedimientos

Cuando el control tiene como finalidad controlar la *organización* administrativa, éste se dirige a identificar la eficiencia en el reparto de labores y asignación de responsabilidades, que atiende a criterios de dirección y coordinación, así como aspectos estructurales de organización, de tal forma que los procedimientos administrativos se desarrollen de acuerdo a los principios que rigen a la actuación administrativa.[12]

Por otra parte, si la finalidad del control radica en el *personal* que integra a la Administración Pública, el órgano de control deberá verificar que los servidores públicos cuenten con la capacitación adecuada; sean eficientes en el cumplimiento de sus labores; que su conducta sea acorde a una moralidad mínima exigible por la administración pública; y por

11. Ibid., p. 16.

12. El art. 13 de la Ley Federal de Procedimiento Administrativo señala textualmente: "Art. 13. La actuación administrativa en el procedimiento se desarrollará con arreglo a los principios de economía, celeridad, eficacia, legalidad, publicidad y buena fe".

último, que cuenten con una retribución justa y proporcional a su trabajo.

La *supervisión*, como parte de la finalidad de los controles, corresponde a la continuidad que éstos deberán tener en relación a los dos puntos antes señalados, es decir, la Administración Pública no puede permitir tener un cierto control en el ingreso de su personal, así como en la organización que se ha establecido, sea mediante la Ley o reglamento, sino que nos encontramos ante un ente cambiante y perfectible en las mismas condiciones que lo hace la sociedad, pues de lo contrario, tal como en múltiples ocasiones lo hemos vivido en nuestro país, el aparato administrativo se ha visto superado por las exigencias de la población. Por lo que en tales condiciones, es imperativo que la supervisión sea una actividad continua, por una parte, como fiscalización de la conducta de sus funcionarios, y por otra, como una herramienta para que la entidad controlada efectivamente realice sus funciones de una manera eficiente y apegada a las necesidades reales de la población.

Por último, cuando el control tiene como finalidad la verificación de los *procedimientos* ejecutados por los órganos de la administración pública, deberá haber una acción constante para emitir las guías de acción tendientes a asegurar el cumplimiento estricto de las normas a las que está sujeta la actuación administrativa, la uniformidad de criterios, la reducción de las fallas humanas y técnicas, abreviar los períodos de capacitación de los funcionarios, y en la medida de lo posible, disminuir el número de órdenes verbales que el superior jerárquico deba emplear para garantizar el correcto funcionamiento de la unidad administrativa a su cargo.

Esto, en principio corresponde a las atribuciones contenidas en la Ley y en los Reglamentos Internos, sin embargo, estos documentos normativos tienen alcances limitados, pues en caso de querer abarcar todos los aspectos a regular en el sinfín de unidades administrativas, aún dentro de una sola entidad pública, nos llevaría a los vicios de la excesiva codificación, situación inaceptable en un Estado de Derecho.

Íntimamente relacionado con los puntos antes expuestos, se encuentra lo dispuesto en la Ley Federal de Procedimiento Administrativo (LFPA),[13] en su Título Tercero A, "De la Mejora Regulatoria", que no es otra cosa, sino el establecimiento de los criterios bajo los cuales se eficientará las relaciones entre la Administración Pública y los gobernados, a fin de no "burocratizar" los procedimientos administrativos; por lo que en tales condiciones, existe un organismo desconcentrado de la Secretaría de Economía denominado Comisión Federal de Mejora Regulatoria,[14] como responsable de maximizar el aprovechamiento de los recursos públicos.

Visto lo anterior, es evidente que los sistemas de control, en especial los controles internos en la administración pública, pueden versar sobre recursos humanos, recursos financieros y recursos materiales; todos vinculados entre sí, en base a los criterios de la finalidad específica de los sistemas de control, tal como lo ilustramos con la siguiente figura.

III. Clasificación del control administrativo

Haciendo nuestros algunos de los conceptos mostrados por Daniel Már-

13. Publicada en el *Diario Oficial de la Federación*, el día 4.8.1994.

14. Su fundamento legal lo encontramos en los arts. 69-E, 69-F y 69-G de la LFPA.

quez Gómez,[15] podemos decir que existen diversos criterios para identificar al control administrativo, a saber:

A) Según la clase de actos que se realicen para controlar a los órganos de la Administración Pública:

a) *Vigilancia*, que consiste en la ejecución de actos y procedimientos administrativos tendientes a verificar el cumplimiento de las normas.

b) *Recomendación*. Como tal, es el juicio u opinión técnica que por escrito emite un facultativo o grupo de ellos sobre el estudio o análisis que haya(n) efectuado en la administración pública, en el renglón de su especialidad.

Es una forma de control propia de los órganos autónomos, tal como es el caso de la Comisión Nacional de los Derechos Humanos, que constituyen una forma de control externo, pues al no formar parte de la administración pública, si verifican el respeto de los derechos humanos en su actuar con los gobernados.

c) *Decisión*. Los actos de decisión, como una de las facultades implícitas en la administración pública, atribuible al superior jerárquico del sujeto controlado, implica una forma de control, pues en tales condiciones estará imponiendo un criterio (aun cuando de carácter interno) que determinará una conducta en el funcionario sujeto del control.

d) *Evaluación*. Nuevamente los poderes implícitos en la administración pública nos indican que la evaluación, como un acto continuo de medición de resultados de los sujetos controlados, mostrará si efectivamente, con los actos u operaciones encomendadas, se están alcanzando los objetivos trazados por la propia administración pública sobre determinado rubro.

e) *Corrección y sanción*; como consecuencia del anterior, la corrección y sanción se presentan una vez que se ha determinado que no se alcanzaron las metas fijadas, o bien, que en la ejecución de las acciones se hizo un uso indebido de recursos.

B) Por el objeto del control:[16]

a) Legalidad;

b) Gestión;

c) Eficiencia.[17]

C) Por el tiempo o momento en que se realiza la función del control

a) Preventivo o *a priori*. Podemos concluir que su objetivo primordial es garantizar el cumplimiento de las metas, así como un cumplimiento cabal de la normatividad aplicable, mediante el establecimiento de dictámenes previos sobre los proyectos, y una aplicación estricta de las formalidades que exija la legislación para los actos administrativos u operaciones a ejecutar.

b) Concurrente o concomitante. "Se efectúa en el curso de la gestión administrativa (...) la actividad de control no se separa de la acción controlada sino que la acompaña de principio a fin."[18] En este caso, son aquellas acciones que fueron tomadas de la administración privada,

15. Daniel Márquez Gómez, ob. cit., pp. 24 y 25.

16. Ya han sido explicados en el apartado correspondiente a los elementos del control.

17. Este elemento lo podemos identificar con el control de oportunidad que nos refiere José Luis Vázquez Alfaro, y que ha sido descrito en apartados anteriores.

18. José Luis Vázquez Alfaro, ob. cit., p. 18.

donde constantemente se están verificando las acciones, de la mano de su propia ejecución.

c) Conclusivo o *a posteriori*. Se presenta una vez que concluye la ejecución de los actos u operaciones sujetas al control. Tienen como objetivo primordial subsanar las irregularidades, la ilegalidad y reparar los daños ocasionados (si es que los hubo). Como tal, se vuelve un sistema de control represivo.

D) Por la forma de actuación de los órganos administrativos

a) *Oficioso o espontáneo*. Se presenta cuando los órganos de control intervienen en virtud de una decisión de carácter discrecional.

b) *Activado o desencadenado*. En el ámbito jurídico lo vinculamos claramente con la expresión "a petición de parte", esto en virtud de que alguna persona (generalmente un particular, sin embargo, también es frecuente que inicie a solicitud de un diverso ente público) le solicita al órgano de control que ejerza sus facultades de fiscalización.

c) *Obligatorio*. Es aquél que la normatividad le exige al ente controlador que ejerza sus facultades. En estas condiciones podemos identificar a la Auditoría Superior de la Federación, la cual está obligada a la revisión de la cuenta pública en virtud de un mandato constitucional.

E) Desde el punto de vista del sujeto que realiza el control

a) *Interno*. En un principio esté tipo de control, el cual también pudiera ser denominado autocontrol, es aquél que surge de los propios entes que integran a la administración pública, generalmente ejercido por el superior jerárquico del sujeto controlado. También bajo esta perspectiva (según lo señalan algunos doctrinarios) podemos identificar en este género a la Secretaría de la Función Pública, pues forma parte de la propia administración centralizada, sin embargo, disentimos de esta tendencia y consideramos que el control interno únicamente corresponde al ejercido dentro de la propio sujeto controlado, por lo que las funciones de la secretaría de Estado antes citada correspondería al control externo.

b) *Externo*. Según lo señala Vázquez Alfaro, el control externo es ejercitado por órganos que no pertenecen a la administración, por lo que en estas condiciones nos encontramos bajo las formas del control legislativo, o bien, el control jurisdiccional.

Adicionalmente, bajo esta óptica, identificaríamos como parte de este control a la figura del *ombudsman*.

En concordancia con lo señalado por el suscrito en el punto anterior, las funciones de control ejercidas, aún dentro de la administración pública, pero fuera del sujeto controlado, las incluimos en este supuesto.

En la gestión pública moderna se ha presentado, sobre todo en los ámbitos local y municipal una fuerte tendencia a la contratación de profesionales en el ejercicio privado, a fin de que éstos ejerzan un control externo de la actividad u operación que pretenden controlar, situándonos por tanto, ante una forma peculiar del control externo, donde éste no es ejecutado por un ente público, sino por particulares que son facultados para tal actividad, pero en virtud de un contrato de servicios profesionales.

F) Por los efectos o resultados del control

a) *Formal*, cuando de constatarse la legalidad de los actos u operaciones controladas, se emita una declaración de dicha situación, o bien;

b) *Constitutivo*, cuando como consecuencia de la verificación, se generen los derechos y obligaciones relativos a acciones posteriores de carácter sancionatorio.

G) Según la frecuencia o continuidad de aplicación,[19] el control puede ser:

Alternado, que se presenta cuando el universo a controlar rebasa la capacidad del órgano de control, por lo que debe hacer una selección de los sujetos más representativos de la actividad a controlar.

Periódico, es aquél control que se ejecuta en intervalos de tiempos regulares, sea por políticas del sujeto controlador, o bien, porque la normatividad así se lo exige.

Eventual, que lo identificamos con el control activado, esto es, se presenta de una forma teóricamente esporádica o accidental, con motivo de una queja o denuncia.

H) Cuando identificamos el sistema de control con los controles contables, nos podemos encontrar que, según la intensidad del control, éste pudiera ser:

a) *Analítico*, que corresponde a un análisis profundo sobre cada uno de los rubros y mecanismos que integran a las operaciones a controlar.

b) *Sintético*, opuesto al control analítico, es aquél que únicamente revisa por encima los rubros o rasgos más importantes de las operaciones controladas, sin entrar a los detalles que las integran.

19. Cfr. Cesáreo Larios Contreras, *Funciones de Control de la Hacienda Pública Municipal*, Guadalajara, Instituto para el Desarrollo Técnico de las Haciendas Públicas – INDETEC.

IV. Conclusiones preliminares como punto de partida al control interno

Si partimos de la idea que la función administrativa del Estado consiste en la realización de todas aquellas actividades que permitan alcanzar el bien común, claramente podemos establecer que uno de los fines públicos de la Administración Pública será el garantizar su propia eficacia en sus funciones.

Ahora bien, de los sistemas de control que aquí hemos explicado conceptualmente, se desprenden una serie de actividad y rubros dentro de la denominada Administración activa en la ciencia del derecho administrativo, descubriríamos que gran parte de ésta, consiste propiamente en la aplicación de dichos controles, por lo que hemos considerado prudente hacer esta pequeña pausa para explicar la metodología que hemos elegido para este tema.

En primer lugar, podemos señalar que el Estado ejecuta sistemas de control por conducto de sus poderes públicos, sea el judicial al verificar la legalidad o constitucionalidad de los actos de autoridad; el legislativo al ejercer el control político y mediante la función legislativa; y por supuesto, los controles administrativos, en los que se encuentra una amplia gama de actividades de control.

Al referirnos a éstos últimos, es decir, los controles administrativos, nos enfocamos en aquellos tendientes a garantizar el eficaz cumplimiento de las acciones de la propia Administración Pública, y muchos de estos controles, aun cuando se encuentran sometidos a un sistema de normas jurídicas, no corresponden a la ciencia jurídica en cuanto a su estudio técnico, ergo, hemos resuelto no atender en esta obra muchos de ellos, sin embargo, sin consideramos prudente hacer una pausa, en el presente capítulo en el denominado Control Presupuestario, que está vinculado directamente a la aprobación de la cuenta pública, por lo que podemos concluir que es un control administrativo en un principio, que se convierte en un control legislativo, dada su especial naturaleza y trascendencia para la vida del país.

Por otra parte, el resto de los controles administrativos, los podemos identificar con el sistema de responsabilidades administrativas de los servidores públicos, tema que por sí mismo, requiere un estudio completamente aparte del aquí planteado.[20]

El lector no debe cometer el error de atender a las clasificaciones de los controles como factores excluyentes en los sistemas de control, sino todo lo contario, dichos criterios atienden a situaciones específicas, sin embargo, en la práctica, tal como ya lo veremos más adelante, se encuentran íntimamente vinculados unos a otros, esto, en gran parte, gracias a las distintas ópticas que los doctrinarios y especialistas en la materia nos muestran, por lo que nosotros humildemente hemos tratado de armonizar dichos conceptos y emitir un documento que sea asequible para el lector.

V. Del sistema de control interno en la Administración Pública Federal

El Sistema de Control Interno en la Administración Pública Federal se regula en el Acuerdo[21] por el que se emiten las Disposiciones en Materia de Control Interno y se expide el Manual Administrativo de Aplicación General en Materia de Control Interno[22] y su reforma,[23] el cual establece la implementación, actualización, supervisión, seguimiento, control y vigilancia del Sistema de Control Interno Institucional en las dependencias y entidades de la Administración Pública Federal y en la Procuraduría General de la República.

El cumplimiento del acuerdo en materia de control interno es obligatorio para las dependencias y entidades de la Administración Pública Federal y la Procuraduría General de la República,[24] siendo responsables de su aplicación y de cumplir los compromisos que se generen con su implementación, sus titulares, así

20. A mayor abundamiento, cfr. Luis Humberto Delgadillo Gutiérrez, *El Sistema de Responsabilidades de los Servidores Públicos*, 6ª ed., México, Porrúa, 2011.

21. Al dicho de Miguel Villoro Torazo, los Acuerdos son normas sobre materia particular. Ocupan el tercer nivel en el orden jerárquico normativo: 1. Normas fundamentales; 2. Normas secundarias (leyes); 3. Normas reglamentarias (reglamentos, decretos, órdenes y acuerdos, emitidos por el Poder Ejecutivo y, en su caso, por las Secretarías de Estado), y 4. Normas individualizadas, contenidas en las decisiones del Poder Judicial o del Poder Ejecutivo, o en los convenios celebrados entre particulares. Cfr. Miguel Villoro Torazo, *Introducción al Estudio del Derecho*, 13ª ed., México, Porrúa, 1998, pp. 304-308.

22. Publicado en el *Diario Oficial de la Federación* el 12.7.2010.

23. Publicada en el *Diario Oficial de la Federación* el 11.7.2011.

24. En el caso de Petróleos Mexicanos y sus organismos subsidiarios, las Sociedades Nacionales de Crédito y demás entidades paraestatales del sector financiero, las disposiciones del acuerdo resultan aplicables en lo que no se oponga a las disposiciones legales y administrativas que rigen su funcionamiento.

Por su parte, las entidades paraestatales en proceso de desincorporación se exceptúan por completo del cumplimiento del acuerdo.

como los servidores públicos adscritos a las Instituciones.

Para efectos de lo anterior, el titular de la Institución lleva a cabo la designación del Coordinador de Control Interno,[25] quien aplicará las disposiciones del Acuerdo, y éste a su vez, designa a los Enlace[26] de cada uno de los tres procesos contemplados en dicho instrumento normativo, siendo éstos: 1. la aplicación del modelo estándar de control interno; 2. administración de riesgos institucionales; y 3. funcionamiento del Comité de Control y Desempeño Institucional, los cuales se regulan en el artículo cuarto del Acuerdo, relativo al establecimiento del Manual Administrativo[27] de Aplicación General en Materia de Control Interno.

El sistema estándar de control interno cuya implementación se prevé en el Acuerdo, se constituye por tres elementos: 1. objetivos del control interno; 2. componentes del control interno, los cuales se identifican en el Acuerdo como Normas Generales de Control Interno; y 3. unidades y actividades de control interno, las cuales se identifican en el Acuerdo como Niveles de Control Interno.

Estos tres elementos interactúan entre sí para lograr el control interno, al respecto Coopers y Lybrand señala que existe una relación directa entre los objetivos, que es lo que la entidad se esfuerza por conseguir, y los componentes, que representan lo que se necesita para cumplir dichos objetivos;[28] finalmente, respecto del tercer elemento, corresponden a éste las actividades de control interno y los responsables de llevarlas a cabo, lo cual debe ser acorde con los componentes del control interno, para lograr los objetivos del control interno.

Elementos del sistema estándar de control interno en las dependencias y entidades de la Administración Pública Federal:

I. Objetivo del Control Interno: su finalidad es proporcionar una seguridad razonable en el logro de los objetivos[29] y metas,[30] dentro de las siguientes categorías:

25. La designación del Coordinador de Control Interno debe recaer preferentemente en el Oficial Mayor o su equivalente.

26. La designación del Enlace debe tener el nivel jerárquico inmediato inferior al del Coordinador y cuando menos deben existir dos enlaces por dependencia o entidad.

27. Por su estructura, este manual pudiera ser similar a los manuales de procedimientos administrativos, conceptualizados por Miguel Acosta Romero como "un documento que en forma metódica, señala los pasos y operaciones que debe seguirse para la realización de las funciones de una dependencia. Contiene los diferentes puestos o unidades administrativas que intervienen y se precisa su responsabilidad y su participación" (Miguel Acosta Romero, *Teoría General del Derecho Administrativo (Primer Curso)*, 17ª ed., México, Porrúa, 2004, p. 406).

28. Cfr. Coopers & Lybrand, *Los Nuevos Conceptos del Control Interno (Informe COSO)*, Madrid, Diaz de Santos, 1997, p. 22.

29. Los objetivos de la organización se refieren a los propósitos y condiciones deseados que la organización busca como una entidad individual. Fremont E. Kast y James E. Rosenzweig, *Administración en las Organizaciones (Enfoque de Sistemas y de Contingencias)*, 2ª ed. en español, México, McGraw Hill, 2007, p. 191.

30. La misión es un enunciado que sirve a la organización como guía o marco de referencia para orientar sus acciones y enlazar lo deseado con lo posible. Es recomendable que el texto de la misión mencione la razón de ser de la organización en términos de propósitos específicos, resultados esperados y compromisos por cumplir. Cfr. Enrique Benjamín y Franklin Fincowsky, *Organización de Empresas*, 3ª ed., México, McGraw Hill, 2009, p. 251.

1. *eficacia*,[31] *eficiencia*[32] y *economía*[33] de las operaciones, programas y proyectos;

2. *confiabilidad*, *veracidad* y *oportunidad* de la información financiera, presupuestaria y de operación;

3. *cumplimiento del marco jurídico* aplicable a las Instituciones, y

4. *salvaguarda*, *preservación* y *mantenimiento* de los recursos públicos en condiciones de *integridad*, *transparencia* y *disponibilidad* para los fines a que están destinados.

II. Normas Generales de Control Interno: se da mediante los cinco componentes del control interno, los cuales se exponen a continuación:

1. *ambiente de control*: debe existir un entorno y clima organizacional de respeto e integridad con actitud de compromiso y congruente con los valores éticos del servicio público en estricto apego al marco jurídico que rige a la Administración Pública Federal, con una clara definición de responsabilidades, desagregación y delegación de funciones, además de prácticas adecuadas de administración de los recursos humanos; alineados en su conjunto con la misión, visión, objetivos y metas institucionales,[34] contribuyendo a fomentar la transparencia, rendición de cuentas y el apoyo a la implementación de un sistema de control interno eficaz y eficiente.

2. *administración de riesgos*: se debe implementar un proceso sistemático que permita identificar, evaluar, jerarquizar, controlar y dar seguimiento a los riesgos que puedan obstaculizar o impedir el cumplimiento de los objetivos y metas institucionales.[35]

31. En términos del Acuerdo es el cumplimiento de los objetivos y metas establecidos, en lugar, tiempo, calidad y cantidad.

32. Es el logro de objetivos y metas programadas con la menor cantidad de recursos.

33. Son los términos y condiciones bajo los cuales se adquieren recursos, en cantidad y calidad apropiada y al menor costo posible para realizar una actividad determinada, con la calidad requerida.

34. Éstos deben estar alineados al Plan Nacional de Desarrollo y a los Programas Sectoriales, Institucionales y Especiales.

35. El acuerdo en materia de control interno hace especial énfasis en este componente, el cual incluso es considerado uno de los procesos regulados en el Manual Administrativo de Aplicación General en Materia de Control Interno, señalando en su título tercero que la metodología para la administración de riesgos debe registrarse anualmente en la matriz de administración de riesgos institucional, la cual debe contener como mínimo las etapas siguientes:

1. *Evaluación de riesgos*: se debe llevar a cabo la identificación, selección y descripción de riesgos, valorándolos en cuanto a su grado de impacto y de probabilidad.

2. *Evaluación de controles*: se comprueba la existencia de controles para los factores de riesgo, determinando si son preventivos, correctivos y/o detectivos, identificando si son suficientes o deficientes.

3. *Valoración final de riesgos respecto a controles*: se dará un valor final del riesgo, respecto a su impacto y probabilidad de ocurrencia, mediante la confronta de las dos etapas anteriores.

4. *Mapa de riesgos institucional*: los riesgos obtenidos en la etapa anterior son establecido en la matriz de administración de riesgos, en función de la valoración final de impacto y probabilidad de ocurrencia.

5. *Definición de estrategias y acciones de control para administración de riesgos*: las estrategias a definir son evitar, reducir, asumir o transferir el riesgo. De esta etapa se definirán las acciones de control para administrar los riesgos, las cuales se incluirán en el programa de trabajo de administración de riesgos.

Es de señalar que el análisis y seguimiento de los riesgos, prioritariamente los de atención inmediata, se deben llevar a cabo en las sesiones

3. *actividades de control interno*: en todos los niveles y funciones de la Institución se deben establecer y actualizar las políticas, procedimientos, mecanismos y acciones necesarias para lograr razonablemente los objetivos y metas institucionales.

4. *información y comunicación*: deben existir requerimientos de información definidos por grupos de interés, flujos identificados de información externa e interna y mecanismos adecuados para el registro y generación de información, lo cual debe permitir la adecuada toma de decisiones, transparencia y rendición de cuentas de la gestión pública; la información debe ajustarse a las disposiciones legales y administrativas en la materia; los sistemas de información deben ser útiles, confiables y oportunos; deben existir canales de comunicación adecuados y retroalimentación entre todos los servidores públicos de la Institución, que generen una visión compartida, articulen acciones y esfuerzos, faciliten la integración de los procesos y/o instituciones y mejoren las relaciones con los grupos de interés; así como crear cultura de compromiso, orientación a resultados y adecuada toma de decisiones, y se implementan procedimientos, métodos, recursos e instrumentos que garantizan la difusión y circulación amplia y focalizada de la información hacia los diferentes grupos de interés, preferentemente automatizados.

5. *supervisión y mejora continua*: se debe supervisar y mejorar continuamente el Sistema de Control Interno Institucional, con el propósito de asegurar que la insuficiencia, deficiencia o inexistencia identificada en la supervisión, verificación y evaluación interna y/o por los diversos órganos de fiscalización, se resuelva con oportunidad y diligencia, dentro de los plazos establecidos de acuerdo a las acciones a realizar, debiendo identificar y atender la causa raíz de las mismas a efecto de evitar su recurrencia.

III. Niveles de Control Interno: de da en los tres niveles que se señalan a continuación:

1. *estratégico*: tiene como propósito lograr la misión, visión, objetivos y metas institucionales y se conforma por el titular de la Institución y los servidores públicos de segundo nivel jerárquico.

2. *directivo*: tiene como propósito que la operación de los procesos y programas se realice correctamente y se conforma por los servidores públicos de tercer y cuarto nivel jerárquico

3. *operativo*: tiene como propósito que las acciones y tareas requeridas en los distintos procesos se ejecuten de manera efectiva y se conforma por los servidores públicos del quinto y siguientes niveles jerárquicos de mando medio hasta el jefe de departamento o equivalente.

El sistema estándar de control interno debe supervisarse y autoevaluarse periódicamente respecto de su funcionamiento, asimismo, deben proponerse e implementarse acciones de mejora.

Cuando los servidores públicos detecten debilidades de control[36] o de-

del Comité de Control y Desempeño Institucional o, en su caso, del Órgano de Gobierno.

Asimismo, resulta oportuno mencionar que en este proceso, tanto el Coordinador de Control Interno como el Enlace de Administración de Riesgos, establecen canales de comunicación entre las unidades administrativas y el titular de la Institución, para la elaboración del programa de trabajo de administración de riesgos y el reporte de avance trimestral.

36. Por debilidad de control interno, se debe entender la insuficiencia, deficiencia o inexistencia identificada en el sistema de control interno institucional mediante la supervisión, verificación

bilidades de control interno de mayor importancia,[37] deberán informarlas a su superior jerárquico, acompañadas de la propuesta de acciones de mejora correspondientes. Por su parte, para el caso de las actividades de control interno de mayor importancia, el titular de la Institución debe informarlas al Comité de Control y Desempeño Institucional y, en su caso, al Órgano de Gobierno.

VI. Aplicación del sistema de control interno

Los titulares de las Instituciones deben realizar, cuando menos una vez al año, la autoevaluación del estado que guarda el sistema de control interno institucional, para lo cual se lleva a cabo el proceso siguiente:

Los Enlaces de Control Interno de la dependencia o entidad, a solicitud del Coordinador, llevan a cabo encuestas de autocontrol en los tres niveles de Control Interno (estratégico, directivo y operativo), para lo cual se hace una muestra representativa de los servidores públicos que los integran, conforme a las indicaciones de la Unidad de Control de la Gestión Pública de la Secretaría de la Función Pública.

Las encuestas son respondidas por responsables de los tres niveles de Control Interno, en el ámbito de su competencia, quienes deberán conservar la evidencia documental y/o electrónica suficiente, competente, relevante y pertinente que acredite las afirmaciones efectuadas en la encuesta, así como de resguardarla y tenerla a disposición de los órganos fiscalizadores.

Una vez respondidas las encuestas, éstas se envían al Enlace, quien consolida la información por niveles de control interno (estratégico, directivo y operativo) y elabora propuestas de informe anual[38] y de programa de trabajo de control interno,[39] el cual es revisado por el Coordinador de Control Interno, quien a su vez lo acuerda con el titular de la Institución, llevando a cabo el análisis y selección de áreas de oportunidad y acciones de mejora a comprometer en el programa de trabajo.

Hecho lo anterior, el titular de las Institución debe presentar el correspondiente informe anual a la Secretaría de la Función Pública, con copia al Órgano Interno de Control; al Comité de Control y Desempeño Institucional, y en su caso, al Órgano de Gobierno (tratándose de entidades paraestatales y organismos autónomos).

Este informe anual se evaluará por el Órgano Interno de Control en la dependen-

y evaluación interna y/o de los órganos de fiscalización, que pueden evitar que se aprovechen las oportunidades y/u ocasionar que los riesgos se materialicen.

37. Por debilidad de control interno de mayor importancia, se debe entender la insuficiencia, deficiencia o inexistencia identificada que obstaculizan o impiden el logro de los objetivos y metas institucionales, o motivan la existencia de un riesgo que eventualmente genere un daño al erario público federal.

38. El informe anual, tiene la finalidad de informar los aspectos relevantes derivados de la aplicación de las encuestas (porcentaje de cumplimiento general, elementos de control con mayor grado de cumplimiento y debilidades o áreas de oportunidad en el sistema); resultados relevantes alcanzados con la implementación de acciones de mejora, y el compromiso de cumplir en tiempo y forma las acciones de mejora comprometidas en el programa de trabajo de control interno.

39. El programa debe incluir las acciones de mejora determinadas en la encuesta, sus fechas de inicio y término, la unidad administrativa y el responsable de su implementación, los medios de verificación, así como el nombre y firma del titular de la Institución.

cia o entidad, quien realizará un informe de resultados,[40] el cual se presentará al titular de la Institución con copia al Secretario de la Función Pública, y al Comité de Control y Desempeño Institucional o, en su caso, al Órgano de Gobierno.

Derivado del informe de resultados, el titular de la Institución puede instruir la actualización del Programa de Trabajo de Control Interno, así como su implementación.

El Coordinador y los Enlaces deben llevar a cabo el seguimiento del avance del programa, a través del reporte de avances trimestral,[41] el cual debe presentarse al titular de la Institución, quien lo presenta al Comité de Control y Desempeño Institucional y al titular del Órgano Interno de Control.

Los servidores públicos responsables deberán resguardar la evidencia documental y/o electrónica suficiente, competente, relevante y pertinente que acredite la implementación de las acciones de mejora y/o avances reportados del cumplimiento del programa de trabajo de control interno

Una vez entregado el reporte trimestral, el Órgano Interno de Control efectúa la verificación del avance del programa de trabajo de control interno y los resultados de las acciones implementadas, presentando al titular de la Institución y al Comité de Control y Desempeño Institucional el informe de verificación al reporte de avance trimestral.

VII. Del Comité de Control y Desempeño Institucional

Conforme al Acuerdo de control interno, las dependencias de la Administración Pública Federal, tienen la obligación de implementar un Comité de Control y Desempeño Institucional,[42] por su parte entidades podrán implementarlo de manera optativa.

Las entidades que opten por no establecer el mencionado Comité, deberán presentar en las sesiones ordinarias de su respectivo Órgano de Gobierno, el seguimiento al establecimiento y actualización del sistema de control interno institucional y de seguimiento al proceso de administración de riesgo institucional.

40. El informe de resultados debe pronunciarse respecto de la existencia de las encuestas por cada nivel de control interno; de la existencia de evidencia documental y/o electrónica del cumplimiento de los elementos de control interno; de que el programa de trabajo de control interno se integra con las acciones de mejora determinadas en las encuestas consolidadas; de que estas acciones son pertinentes respecto a las debilidades de mejora comprometidas y reportadas en el mencionado programa; de los resultados alcanzados con la implementación de las acciones de mejora comprometidas y reportadas en el programa, y las correspondientes conclusiones y recomendaciones.

41. El reporte de avances trimestral debe contener resumen de acciones de mejora comprometidas, cumplidas, en proceso y su porcentaje de cumplimiento; descripción de las principales problemáticas que obstaculizan el cumplimiento de las acciones comprometidas y propuestas de solución del Comité de Control y Desempeño Institucional, y la conclusión general sobre el avance global en la atención de las acciones de mejora comprometidas y resultados alcanzados en relación con los esperados.

42. Para el caso de los organismos desconcentrados que no cuenten en su estructura con Órgano Interno de Control, la dependencia a la que se encuentren jerárquicamente subordinados determinará, previa autorización de la Unidad de Control de la Gestión Pública de la Secretaría de la Función Pública, que sea el Comité de Control y Desempeño Institucional de la propia dependencia en la que se traten los asuntos correspondientes a dichos órganos administrativos desconcentrados o, en su caso, que dicho órgano constituya su propio Comité de Control y Desempeño Institucional.

El Comité de Control y Desempeño Institucional contribuye a impulsar el establecimiento y actualización del Sistema de Control Interno; al análisis y seguimiento para la detección y administración de riesgos, y al cumplimiento de los objetivos y metas institucionales; con base en esto, el Comité cuenta con las atribuciones siguientes:

1. aprobar acuerdos para fortalecer el sistema de control interno institucional, respecto a:

• informe anual del estado del control interno institucional;

• cumplimiento en tiempo y forma de las acciones de mejora del programa de trabajo de control interno;

• recomendaciones incluidas en el informe de resultados del Órgano Interno de Control, derivado de la evaluación del informe anual; y

• atención en tiempo y forma de las recomendaciones y observaciones de instancias de fiscalización y vigilancia;

2. aprobar acuerdos y formular recomendaciones para fortalecer la Administración de Riesgos Institucional, derivados de:

• revisión del Programa de Trabajo de Administración de Riesgos;

• reporte de avances trimestral del Programa de Trabajo de Administración de Riesgos;

• análisis del resultado anual del comportamiento de los riesgos; y

• la recurrencia de observaciones derivadas de las auditorías o revisiones practicadas por el Órgano Interno de Control o por las diferentes instancias externas de fiscalización, y salvedades en la dictaminación de estados financieros;

3. aprobar acuerdos para fortalecer el desempeño institucional, particularmente respecto a:

• comportamiento presupuestario y financiero;

• cumplimiento de objetivos, metas e indicadores; y

• cumplimiento de los programas de la Institución y temas transversales de la Secretaría;

4. tomar conocimiento del reporte de análisis del desempeño de la Institución, que elaboren los Delegados para las dependencias y órganos desconcentrados;

5. dar seguimiento a los acuerdos o recomendaciones aprobados e impulsar su cumplimiento en tiempo y forma.

Los acuerdos del Comité deben establecer una acción concreta a realizar, la cual debe encontrarse dentro de la competencia de la Institución, precisar al responsable de su atención, así como la fecha perentoria para su atención.

VIII. Conclusiones

Los controles administrativos que generalmente se estudian desde la ciencia del Derecho Administrativo son los jurisdiccionales y judiciales ejercidos por los Tribunales.[43]

En el caso de México, los sistemas de control, en especial los sistemas de control administrativo se han fortalecido en las últimas dos décadas, a un grado tal que, podemos afirmar que las dependencias y entidades de la Administración Pública Federal, e incluso los órganos

43. No se debe perder de vista que, en México, la justicia administrativa corresponde al modelo francés y por tanto el Tribunal Federal de Justicia Fiscal y Administrativa es un órgano dotado de autonomía para dictar sus fallos, pero no pertenece al Poder Judicial. Por otra parte, sus resoluciones son revisables por los Tribunales del Poder Judicial de la Federación.

autónomos han incorporado a su quehacer diario la rendición de cuentas y un control interno verdaderamente concomitante.

En concreto, el control interno se ha centrado, no en la legalidad de los actos, ni mucho menos en la eficacia jurídica de los mismos, a tal grado que en el Derecho mexicano se han negado ciertos modelos de control, tales como la revocación en razón de oportunidad; por el contrario, el impacto principal de los controles internos se ha sostenido sobre el correcto uso y destino de los recursos materiales y financieros, de tal forma que se encuentra más vinculado a los modelos de control de la cuenta pública y manejo presupuestario, bajo un modelo de eficiencia presupuestaria y estadística, que a un control de legalidad y juridicidad de los actos de la Administración Pública.

Nuestra intención con este artículo consiste precisamente en mostrar un estado de la cuestión actual, y evidenciar que todavía estamos cortos en el estudio del control interno, tema que a nuestro juicio el Derecho Administrativo debe retomar y ser verdaderamente parte de un sistema que precisamente propicie la satisfacción del interés general desde su dimensión individual, teniendo como una de sus bases, no sólo la apariencia de una buena Administración, sino contar realmente con una buena Administración Pública.

IX. Fuentes

Bibliográficas

ACOSTA ROMERO, Miguel. *Teoría General del Derecho Administrativo*. México, Porrúa, 1992.

BÉJAR RIVERA, Luis José. *El Acto Administrativo y su Finalidad*. México, Porrúa, 2011.

BENJAMÍN, Enrique y FINCOWSKY, Franklin. *Organización de Empresas*. 3ª ed. México, McGraw Hill, 2009.

COOPERS & LYBRAND. *Los Nuevos Conceptos del Control Interno (Informe COSO)*. Madrid, Díaz de Santos, 1997.

DELGADILLO GUTIÉRREZ, Luis Humberto. *El Sistema de Responsabilidades de los Servidores Públicos*. 6ª ed. México, Porrúa, 2011.

KAST, Fremont E., *et. al. Administración en las Organizaciones (Enfoque de Sistemas y de Contingencias)*. 2ª ed. México, McGraw Hill, 2007.

LANZ CÁRDENAS, José Trinidad. *La Contraloría y el Control Interno en México*. Fondo de Cultura Económica, 1987.

LARIOS CONTRERAS, Cesáreo. *Funciones de Control de la Hacienda Pública Municipal*. Guadalajara, Instituto para el Desarrollo Técnico de las Haciendas Públicas (INDETEC), s./a.

MÁRQUEZ GÓMEZ, Daniel. *Los Procedimientos Administrativos Materialmente Jurisdiccionales como Medios de Control en la Administración Pública*. México, Universidad Nacional Autónoma de México, 2002.

ORGANIZACIÓN DE LAS NACIONES UNIDAS. *Aspectos Administrativos de Planeación*. Nueva York, ONU, 1969.

VÁZQUEZ ALFARO, José Luis. *El Control de la Administración Pública en México*. México, Universidad Nacional Autónoma de México, 1996.

VILLORO TORAZO, Miguel. *Introducción al Estudio del Derecho*. 13ª ed. México, Porrúa, 1998.

Legislación

Acuerdo por el que se emiten las Disposiciones en Materia de Control Interno y se expide el Manual Administrativo de Aplicación General de control Interno, y su reforma.

Ley Federal de Procedimiento Administrativo

Ley Orgánica de la Administración Pública Federal

Electrónicas

http://www.funcionpublica.gob.mx

EL RÉGIMEN JURÍDICO DEL SILENCIO ADMINISTRATIVO EN ESPAÑA*

MARTA GARCÍA PÉREZ

Profesora Titular de Derecho Administrativo,
Universidad de A Coruña/España

I. Introducción. II. Breve reflexión histórica. III. La impronta de la Constitución española de 1978. IV. La regulación del silencio administrativo en la Ley 30/1992, de 26 de noviembre, del Régimen Jurídico de las Administraciones Públicas y del Procedimiento Administrativo Común. V. La contrarreforma operada por la Ley 4/1999, de 13 de enero, de modificación de la Ley 30/1992. VI. La declaración jurisprudencial de la inexistencia de plazos para recurrir contra un silencio administrativo desestimatorio. VII. Las últimas reformas del régimen jurídico del silencio administrativo: a) La generalización del silencio positivo en la Directiva de Servicios y su discutible transposición al ordenamiento español; b) El impacto de la crisis económica sobre la técnica del silencio administrativo.

I. Introducción

La técnica del silencio administrativo goza de larga tradición en el ordenamiento jurídico español. Y, como sucede con cierta periodicidad, ha cobrado nuevo

* Este trabajo contiene partes ya publicadas anteriormente y otras inéditas. Pueden verse de la autora, entre otras, las siguientes publicaciones: "El silencio administrativo negativo", *Cuadernos de Derecho Público* 12, 2001; "La inaplicación del art. 46.1 de la Ley de la Jurisdicción contencioso-administrativa al silencio negativo. ¿El fin de una polémica?", *Anuario da Facultad de Derecho da Universidad da Coruña* 9, 2005, pp. 335 y ss.; Libro Homenaje al Profesor Baena del Alcázar, *La Administración Pública entre dos Siglos*, INAP, 2010, "El tiempo y el Derecho Administrativo: de la Ley de Procedimiento Administrativo a la Directiva de Servicios".

protagonismo, en esta ocasión por varios acontecimientos dignos de análisis: en primer lugar, dos pronunciamientos judiciales del máximo interés, a propósito de los que el Tribunal Supremo ha sentado doctrina sobre sendas cuestiones espinosas y nada pacíficas, como es la inexistencia de plazo para recurrir contra el silencio desestimatorio y el carácter negativo del silencio cuando la actividad que pretende llevarse a cabo con la licencia solicitada resulta contraria al ordenamiento jurídico; en segundo lugar, el espaldarazo normativo al silencio positivo contenido en la llamada Ley "Ómnibus", que transpone al ordenamiento español una Directiva de la Unión Europea; finalmente, el impacto de la crisis económica sobre el Derecho, reflejado en dos Decretos-leyes aprobados recientemente y un proyecto de ley de transparencia, todos ellos con referencias explícitas y controvertidas al silencio administrativo.

Un análisis realista de la técnica del silencio debe partir de la consideración, yo diría que incontestable, de la trascendencia del tiempo en las sociedades contemporáneas. Cuando el factor tiempo se mide en términos económicos se traduce inevitablemente en medida de competitividad. La capacidad de responder con celeridad a las rápidas transformaciones de la técnica y de las necesidades mediante una adaptación veloz de la producción y la distribución es la clave de éxito de los nuevos mercados. En palabras de Bullinger[1] este nuevo factor ha dejado atrás a la posibilidad de obtener un producto de calidad con bajos costes salariales y de materias primas, que marcaban las ventajas de ciertos mercados en los años sesenta y principios de los setenta. "El que pueda ofrecer lo nuevo más rápido que sus competidores – dice el autor – es quien gana la carrera, aunque sus productos sean esencialmente más caros que los de otros oferentes." Las afirmaciones pueden hacerse valer hoy en día, con imprescindibles matices derivados de la crisis económica. Y parece compartirlas la Unión Europea, en una lucha sin tregua por eliminar trabas impuestas a los mercados por medidas dilatorias de diferente signo que pueden hacer peligrar las aspiraciones de libertad de establecimiento y libre prestación de servicios.

No es difícil relacionar lo expuesto con el objeto del presente trabajo. Basta una lectura del preámbulo de la Directiva de Servicios para situar en este escenario a la Administración Pública y el silencio administrativo: "Una de las principales dificultades a que se enfrentan en especial las pequeñas y medianas empresas en el acceso a las actividades de servicios y su ejercicio reside en la complejidad, la extensión y la inseguridad jurídica de los procedimientos administrativos. Por este motivo, y a semejanza de otras iniciativas de modernización y de buenas prácticas administrativas a nivel comunitario o nacional, procede establecer principios de simplificación administrativa, en concreto limitando la autorización previa obligatoria a aquellos casos en que sea indispensable e introduciendo el principio de autorización tácita de las autoridades competentes una vez vencido un plazo determinado".

En línea de principio, la Administración Pública no debería ser un obstáculo a las aspiraciones de los mercados. Pero lo es, inevitablemente, porque se inserta en la cadena como un eslabón más pero su *tempo* es diferente (Ponce Solé[2]). Los pro-

1. Cfr. "Procedimientos administrativos al ritmo de la economía y la sociedad (directivas constitucionales para una reforma)", *REDA* 69, pp. 5 y ss.

2. Cfr. *Deber de Buena Administración y Derecho al Procedimiento Administrativo Debido.*

cedimientos administrativos son lentos, complejos y poco operativos, y a ellos se une una "tolerada" inactividad administrativa que pone en riesgo la eficacia, la seguridad jurídica e incluso la igualdad en las transacciones comerciales. La eficiencia de cualquier empresa bordea la ineficiencia cuando tiene que solicitar una autorización administrativa para realizar su actividad. Entonces los tiempos son interminables y las certezas se empañan, poniendo en riesgo la productividad y, como hemos visto, la competitividad en un mercado muy exigente.

En las páginas siguientes pretende exponerse la evolución que ha sufrido en nuestro ordenamiento jurídico el régimen del silencio administrativo, anticipando que no es la única traba a la eficacia de los operadores jurídicos y económicos, pero sí una de las facetas más relevantes en las numerosas dilaciones que acompañan al procedimiento administrativo. El punto de partida es la Ley de Procedimiento Administrativo de 1958 (en adelante LPA), sin ignorar la existencia de precedentes anteriores a los que se hará una breve referencia. El punto final será la legislación anti-crisis, contenida en los Reales Decretos-leyes 8/2011, de 1 de julio y 4/2012, de 24 de febrero, a los que se ha llegado forzadamente tras las regulaciones contenidas en la Ley de Régimen Jurídico de las Administraciones Públicas y del Procedimiento Administrativo Común de 1992 (y su versión de 1999), las leyes de transposición de la ya citada Directiva de Servicios y una relevante jurisprudencia del Tribunal Supremo refrendada, en algunos casos, por el Tribunal Constitucional.

II. Breve reflexión histórica

Si la doctrina se remite al Derecho francés para explicar los orígenes del silencio administrativo en nuestro propio ordenamiento es porque existe una tendencia casi constante a identificar dos problemas que, unidos inevitablemente, acompañan todavía al ordenamiento jurídico administrativo en sus manifestaciones cotidianas: uno, la resistencia indomable de la Administración a resolver expresamente todos sus procedimientos; otro, los últimos estertores del moribundo carácter revisor de la Jurisdicción Contencioso-Administrativa.

Efectivamente, el peso de la "décision préalable", entre otras muchas manifestaciones poco deseables, condicionó el acceso a la justicia administrativa a la existencia de un acto previo de la Administración y de ahí que, para salvar el obstáculo cuando dicho acto no se había dictado, se echase mano a la doctrina del silencio administrativo.[3]

Pero no fue tal aplicación ni la única ni la primera manifestación de la regla del silencio en su consideración procesal. El privilegio de la decisión previa, que tanto tuvo que ver en la posterior evolución del silencio administrativo, no ha tenido tal protagonismo en el germen legal de la institución, que más bien se encuentra en la vieja – pero moderna – convicción de las bondades y ventajas de la conciliación y la transacción "como medio preferible a cualquier otro para poner término a los

Las Bases Constitucionales del Procedimiento Administrativo y del Ejercicio de la Discrecionalidad, Valladolid, Lex Nova, 2001.

3. En general, puede leerse un resumen de la doctrina española que ha estudiado los orígenes de la institución en la obra de M. E. Guillén Pérez, *El Silencio Administrativo. El Control Judicial de la Inactividad Administrativa*, Ed. Colex, 1996, pp. 27 y ss.

pleitos y contiendas";[4] y que, en su dificultad natural para adaptarse a los litigios jurídico-públicos (al no poder transigir el Estado en sus derechos) se recondujo a una suerte de reclamación previa en vía gubernativa.[5] No se trataba, por tanto, de una medida que alejase a los pleitos contra la Administración de los ordinarios sino justamente lo contrario, de garantizar que no fuese "de peor condición el Estado, que se veía privado del medio conciliatorio concedido por la legislación común a las demás clases, antes de empeñarse en un litigio".[6]

La vía gubernativa previa a las demandas judiciales contra el Estado se estableció ante la imposibilidad de conciliación y con sus mismos propósitos, "prometiéndose S. M. que por este medio se logrará la debida justicia con más expedición, reservando el recurso judicial solamente para aquellos casos en que no quepa avenencia o se ofrezcan dudas graves".[7] La rapidez en la solución de conflictos, por un lado, y la racionalización del sistema judicial (a mínimos), por otro, protagonizaron la salida de una crisis judicial derivada de la política desamortizadora de la Corona.

La Ley de 2 de septiembre de 1841, relativa a la venta de las fincas del clero secular, declaraba bienes nacionales "todas las propiedades del clero secular" (art. 1), así como "los bienes, derechos y acciones de cualquier modo correspondientes a las fábricas de las iglesias y a las cofradías" (art. 2), declarándose en venta (art. 3) y encargándose el Gobierno de la administración y recaudación de todas las ventas y productos de las propiedades de toda especie pertenecientes al clero (art. 4), con algunas excepciones (art. 6). El procedimiento de declaración de bienes exceptuados "en caso de duda o reclamación" se reguló por Real orden de 9 de febrero de 1842 ("acerca de los expedientes

4. Real Decreto de 23 de marzo de 1886, dictando reglas relativas al procedimiento para sustanciar en la vía gubernativa las reclamaciones de los particulares, como trámite previo a la vía judicial en asuntos de interés del Estado (vid. *Legislación Administrativa Española del Siglo XIX*, recopilada por T. R. Fernandez Rodríguez y J. A. Santamaria Pastor, Madrid, IEA, 1977, p. 133).

5. Son afirmaciones éstas que se hacen a sabiendas de la intensa discusión doctrinal sobre los orígenes del contencioso y, en particular, sobre la exigencia del llamado "privilège du préalable", que para algunos se remonta a las primeras manifestaciones del proceso contencioso, y para otros no tuvo aplicación sino a partir de la Real Orden de 1847, a la que luego aludiré. Han participado activamente en la polémica Parada Vázquez, Nieto García y Santamaría Pastor; tomando más recientemente postura Fernández Torres en una extensa monografía sobre la evolución del contencioso-administrativo en España y antes E. García-Trevijano Garnica, *El Silencio Administrativo en el Derecho Español*, Madrid, 1990, que ubica la técnica del silencio intrínsecamente unida a la exigencia de la reclamación gubernativa previa a la interposición de demandas judiciales contra el Estado, y no a una simple consecuencia del carácter revisor de la Jurisdicción (pp. 23 y ss.).

6. Vid. Real Decreto de 20 de septiembre de 1851, previniendo que no se admitan demandas judiciales contra la Hacienda, sin que se certifique haber precedido reclamación en vía gubernativa (vid. *Legislación*, cit., p. 105).

7. Real orden de 30 de diciembre de 1838, mandando que las juntas de beneficencia no entablen recursos ante los tribunales sin que los demandantes acrediten haber recurrido a S. M., con la finalidad de evitar "ruinosos litigios que han consumido en sus improductivos gastos los recursos que la piedad de los fundadores destinaba al alivio y consuelo de los menesterosos", como consecuencia de la aplicación de una Real orden circular de 5 de julio de 1822 que disponía la reclamación judicial por parte de las juntas de beneficencia de la Administración de las obras pías, memorias o fundaciones cuando los particulares se resistieran a hacer la entrega.

relativos a los bienes que fueron del clero, fábricas y cofradías"), que dispuso en su regla primera que "todos los expedientes sobre declaración de estar o no comprendidos en las excepciones del art. 6 de la Ley (...) *se promoverán y ventilarán por el orden gubernativo antes de poder hacerse contenciosos*".

Tal fue el espíritu de varias normas decimonónicas que afianzaron una regla aceptada con naturalidad:[8] "Los Jueces y Tribunales no admitirán demanda alguna en asunto de interés del Estado, ni darán curso a las citaciones de evicción que se le hagan al mismo, *sin que antes se acredite en autos, por medio de la certificación correspondiente, que los interesados han apurado la vía gubernativa y sidoles denegada* (...)" (art. 15 de la Compilación de 16 de abril de 1881).

El mal funcionamiento de la vía gubernativa previa – "falta de regularidad la vía gubernativa en esta clase de expedientes, y careciendo de un plazo fijo dentro del cual deban quedar completamente terminados, han preferido los particulares interesados acudir a los tribunales a reclamar sus derechos, antes que exponerlos a dilaciones indefinidas"[9] – propició el nacimiento de la técnica del silencio desestimatorio en el marco de ciertas medidas orientadas a impedir retrasos o denegaciones injustificadas de justicia, que consistieron fundamentalmente en: 1º) imponer un plazo máximo para resolver estos expedientes en vía administrativa;[10] 2º) dejar expedita la vía judicial si excedido dicho plazo no se hubiese resuelto la contienda.

Este último mecanismo fue articulado con poca homogeneidad en sus primeras manifestaciones, de tal manera que si unas veces se fingió la existencia de una resolución desestimatoria ("en cuyo caso se entenderá negada la solicitud"[11]), en otras ocasiones simplemente se dio por intentada la vía previa y se permitió el acceso directo a la Justicia sin necesidad de semejante ficción ("en cuyo caso, quedará libre la acción de los tribunales ordinarios, luego que el particular interesado acredite en autos el transcurso de este plazo"[12]). Se construyera la figura de una u otra forma, no hay duda de su carácter estrictamente procesal[13] y de su articulación en beneficio exclusivo del accionante.

En 1886 algo cambió en la concepción de la vía previa y, por consiguiente, en la funcionalidad del silencio administrativo. El Real Decreto de 23 de marzo de 1886 introdujo nuevos conceptos en su Preámbulo: "Y si bien la naturaleza especial y realmente privilegiada de los intereses y derechos del Estado, que no pueden ser objeto de transacción, se exceptúan del requisito de la conciliación, que es la regla general y ley común en las demandas

8. Vid. la Real orden de 9 de junio de 1847, el Real Decreto de 20 de septiembre de 1851, el Decreto de 9 de julio de 1869, la Ley de 10 de enero de 1877, el Real Decreto de 11 de enero de 1877 desarrollando la Ley anterior o la Real orden de 16 de abril de 1881 que aprueba la Compilación de las disposiciones vigentes a los diversos servicios que corren a cargo de la Dirección General de lo Contencioso del Estado.

9. Real Decreto de 20 de septiembre de 1851 (vid. *Legislación*, cit., p. 105).

10. Vid. art. 6 del Real Decreto de 20 de septiembre de 1851, que establece un plazo de cuatro meses para resolver y comunicar la resolución, y art. 16 de la Compilación de 1881, que lo eleva a seis.

11. Vid. art. 7 del Real Decreto de 20 de septiembre de 1851.

12. Vid. art. 16 de la Compilación de 1881, reproduciendo el art. 5 del Real Decreto de 11 de enero de 1877.

13. Cfr. M. Gómez Puente, *La Inactividad de la Administración*, 1ª ed., Aranzadi, 1997, p. 570.

entre particulares, aquéllas que se dirijan contra la Hacienda o el Estado, como por una parte *no sería justo que el Estado se viera comprometido en un litigio sin la preparación necesaria*, y por otra parte puede en algunos casos ser tan perfecto el derecho del particular demandante que deba ser desde luego reconocido, de aquí la conveniencia y necesidad de que a falta del acto de conciliación y como *garantía en favor de los derechos del Estado*, con ventaja posible para los particulares, se exija la reclamación previa en la vía gubernativa antes de entablar demandas contra el Estado (...)".

Y mantuvo la ya conocida regla del silencio, al disponer un plazo de cuatro meses, a contar desde la presentación de la instancia, pasado el cual "se entenderá negada la solicitud para el efecto de dejar expedita la vía judicial" (art. 1, regla 8ª).

La cursiva del texto pretende poner de relieve un matiz importante generalmente pasado por alto y que habría de caracterizar la funcionalidad de la reclamación previa en los años siguientes: de tratar de evitar el litigio a favorecer una mejor defensa del Estado en el litigio subsiguiente hay un salto de escala. El litigio se daba por supuesto – a todo lo más "en algunos casos" en que el derecho reclamado por el particular fuese perfecto lograría evitarse –, y comenzaba a vislumbrarse la posición preeminente del Estado en el proceso. El giro dado respecto a la naturaleza y finalidad de la reclamación previa es significativo: de medio de solución extrajudicial del conflicto a presupuesto procesal. En otras palabras, de mecanismo ordinario a privilegio. El contrapunto necesario lo ofrecía el silencio administrativo, remedio *in extremis* frente a la indolencia de la Administración, que no debía llegar a suponer una renuncia a la jurisdicción ni a los derechos que en ella pudieran reconocerse al ciudadano.

El recurso a dotar de eficacia jurídica al silencio de la Administración se hizo indispensable en la vía contenciosa, a medida que se impuso, hasta llegar a predeterminar la dispensación de justicia, la regla o privilegio *du prèalable*. Junto al derecho del particular para recurrir, un segundo requisito esencial, el acto administrativo, limitó drásticamente el acceso a los tribunales de los conflictos jurídico-públicos,[14] llegando a concebirse el proceso como una segunda instancia del procedimiento administrativo previo (carácter revisor).

En contadas ocasiones el silencio administrativo era algo más que una técnica puramente procesal, asimilándose a una inexistente resolución administrativa estimatoria del derecho reclamado por el solicitante. De márgenes muy reducidos, y a la vista de ciertos actos de la Administración que la doctrina denominó "de admisión"[15] por cuanto la Administración daba eficacia a un derecho extraño a ella a requerimiento del reclamante, y careciendo de derecho para negarse a la realización del acto,[16] no

14. La Ley de 13 de septiembre de 1888, sobre el ejercicio de la jurisdicción contencioso-administrativa, estableció ya resueltamente la exigencia de que las resoluciones administrativas "causen estado" para poder ser impugnadas ante la Jurisdicción contencioso-administrativa, entendiéndose tales "cuando no sean susceptibles de recurso en vía gubernativa" (art. 2). El privilegio de la decisión previa cobró toda su fuerza y vigor, hasta el punto de que se concibió el proceso como una segunda instancia del procedimiento administrativo previo, generalizándose el carácter revisor de la Jurisdicción. Sin embargo, no se hizo referencia expresa al silencio administrativo, limitándose la ley a disponer un plazo de tres meses para interponer el recurso contencioso, contado desde el día siguiente al de la notificación administrativa de la resolución administrativa.

15. Cfr. Fernández de Velasco, t. I, p. 109.

16. A diferencia de los actos "de autorización", de naturaleza discrecional, "cuando

faltaron normas que regularon un silencio estimatorio, que venía a sustituir la ausente declaración de voluntad administrativa.[17]

La madurez de la técnica del silencio se produjo en España en el ámbito de la Administración local, con la aprobación del Estatuto Municipal de 8 de marzo de 1924, al que no sólo se debe el estreno de la expresión misma de "silencio administrativo" y su generalización en la vía administrativa previa al contencioso,[18] sino también una cierta extensión o ampliación respecto a su funcionalidad inicial – estrictamente procesal –, que tiene su reflejo en una avivada polémica sobre la naturaleza jurídica del silencio y sus manifestaciones respecto a la eficacia de la desestimación y el plazo para interponer los correspondientes recursos administrativos y contencioso-administrativos.

Gascón apuntaba esta última cuestión en su *Tratado de Derecho Administrativo. Principios y Legislación Española* (1935): "La aplicación de la doctrina del silencio administrativo plantea el problema de saber si es o no obligatorio para el particular entablar el recurso oportuno a partir de la expiración del plazo señalado en la ley para que resuelva la autoridad competente. La jurisprudencia interpreta las disposiciones referentes al silencio en el sentido de estimar consentidas y firmes las denegaciones tácitas de no recurrirse contra ellas en el plazo mismo previsto para las denegaciones expresas, principio que no tiene asentimiento general, ya que su aplicación puede dar como resultado perjuicios innegables para los interesados, en lugar del beneficio que a los administrados ha querido otorgarse por la ley. El particular tiene derecho a considerar denegada su pretensión si no hubo resolución transcurrido cierto plazo; pero tal derecho no debe suponer el deber de computar el plazo para recurrir a contar de la expiración del que motiva la aplicación de la doctrina del silencio. Interpretar que la Administración no puede ya actuar sería perjudicar en muchos casos para el particular".[19]

Como sucedería años después, la utilización de la técnica se complicó desde el momento en que trató de asimilarse el silencio desestimatorio a una suerte de "acto" tácito, ficticio o supuesto, y aplicar al mismo la doctrina propia de las resoluciones administrativas expresas. La mera suposición de denegación ganó firmeza por el transcurso del plazo establecido en las normas para su impugnación; de ahí que la posible resolución tardía desestimatoria careciese de eficacia bajo la conceptuación de acto reproductor de otro anterior firme y consentido; y tanto más de ser estimatoria, tildándola unas veces de extemporánea, otras de incompetencia, o aduciendo, en fin, la regla de que nadie

se pretende usar de cosas establecidas bajo la gerencia de la Administración, de suerte que la Administración presta a los particulares algo que les pertenece para realizar su fin particular, pero siendo facultad discrecional el conceder o no los permisos". Vid. Fernández de Velasco, *Efectos del Silencio Administrativo por parte de la Administración del Estado*, Dykinson, 2003.

17. Cita Fernández de Velasco la Ley de 30 de junio de 1887 (art. 5), en relación con los arts. 4 y 6 de la Ley de 3 de junio de 1868 (art. 26).

18. De hecho, la doctrina más autorizada tiende a señalar el Estatuto Municipal de 1924 como origen del silencio, porque por primera vez se utiliza con carácter general en la vía administrativa previa al proceso contencioso, más allá de su tradicional aplicación a la vía gubernativa previa al proceso civil. Con todo, estudios diversos ponen de relieve la existencia de precedentes en la vía administrativa incluso a lo largo del siglo XIX. Vid. por todos M. Gómez Puente, ob. cit., pp. 572 y ss.

19. Cfr. p. 204.

puede ir contra sus propios actos. El silencio administrativo era "un acuerdo tácito denegatorio" (STS de 24 de noviembre de 1932[20]) con todas las consecuencias.[21]

No dejó de haber reacciones,[22] pero aisladas y sin la suficiente fuerza como para enderezar el rumbo de una técnica que se alejaba, casi a la deriva, de la dirección inicialmente prevista.

La polémica estaba servida, sin que pudieran imaginarse los estudiosos de la época que habría de comenzarse el nuevo milenio con interrogantes y discusiones en términos que por similares hacen dudar de la rentabilidad de tanto tiempo y esfuerzo invertido en "marear la perdiz".[23] Durante

20. Ar. 2968.

21. Afirma Gómez Puente el cambio de funcionalidad del silencio a partir de esta regulación, ahora "revulsivo destinado a agilizar la terminación de los procedimientos, a procurar su resolución y a terminar con la incertidumbre jurídica que suscita todo procedimiento abierto (...) visto incluso como un modo normal de terminación del procedimiento". Y cita una ilustrativa sentencia del TS de 14 de octubre de 1930 (ar. 3069), según la cual: "Las reclamaciones administrativas dirigidas por los particulares a los Ayuntamientos pueden ser resueltas, desde la promulgación del Estatuto Municipal, de dos maneras: una, la natural y corriente de pronunciarse expresamente sobre ellas aceptándolas o rechazándolas, y otra, la de dejar correr, sin adoptar acuerdo alguno decisivo, el plazo señalado en el art. 268, pues en este caso se sobreentiende que quedan denegadas". Ante lo cual concluye el autor: "Afectado el silencio administrativo a este objetivo, visto incluso como un modo normal de terminación del procedimiento, sólo indirectamente podría considerarse en beneficio del administrado" (cfr. ob. cit., pp. 575 y ss.).

22. Existió alguna jurisprudencia que reaccionó ante el planteamiento del silencio que se venía haciendo, pretendiendo recuperar la institución en su concepción originaria, es decir, en beneficio del particular, "y no un medio de eludir obligaciones y compromisos de los órganos administrativos", lo que impide darle una interpretación que perjudique a quienes quiso favorecer, "como sucedería si, no obstante la existencia de un acuerdo administrativo (...) mediante el que resuelve de un modo expreso respecto a determinada reclamación (reputándola con ello viva) para los efectos de librar a quien resolvió de sus consecuencias, se considerase inexactamente que había guardado silencio, privando así a los interesados del consiguiente derecho ante un acto de la Administración, y negando ésta el uso de una facultad tan interesante a sus funciones como es la de juzgar a sus propios actos de la deficiente tramitación de que adoleciesen al dejar incontestado lo que pudo y debió racionalmente contestarse". Ante lo cual se concluye que "no cabe aplicar en perjuicio del reclamante lo que se dispuso con un fin opuesto, y no procede, por tanto, la declaración de nulidad producida, sino estimar la aludida resolución negativa expresa, como el arranque y punto de origen de la correspondiente reclamación que con esta base es notorio se produjo dentro de plazo" (STS, 8 de abril de 1933, ar. 3109). Es decir, el transcurso del plazo máximo para resolver no impedía a la Administración resolver expresamente si antes no se había interpuesto declaración jurisdiccional basada en la resolución "supuesta", ofreciendo al ciudadano algo así como un derecho de opción entre aguardar a la resolución expresa o recurrir contra la desestimación por silencio.

Otra interesante reacción se produjo a partir de una jurisprudencia ciertamente minoritaria que pretendió favorecer la impugnación directa ante la jurisdicción contenciosa de las denegaciones tácitas, sin necesidad de dar cumplimiento al requisito del recurso de reposición previo, por considerar que los preceptos que lo regulaban (arts. 253 y ss. del Estatuto) requerían de la existencia de un acuerdo expreso recurrible (STS, 27 de abril de 1935, ar. 902), doctrina que sería posteriormente confirmada a nivel normativo, a partir de la Ley de Bases de Régimen Local de 17 de julio de 1945, articulada por Decreto de 16 de diciembre de 1950, cuyo art. 378 disponía que "quedan excepcionadas del recurso de reposición las denegaciones tácitas, que podrán ser impugnadas directamente ante los tribunales o las autoridades competentes".

23. Vid. un intenso estudio de la jurisprudencia de la época en M. Gomez Puente, ob. cit., pp. 575 y ss.

décadas, el protagonismo correspondió a la jurisprudencia, proyectando luces y sombras sobre diversas normas[24] que, incondicionalmente, mantuvieron la técnica del silencio como mecanismo reparador de una práctica administrativa difícil de cambiar.

La Ley de la Jurisdicción Contencioso-administrativa de 1956 vino a terciar en la polémica naturaleza del silencio desestimatorio, abordando directamente la figura al hilo de la confirmación del carácter revisor de la Jurisdicción, incidiendo en la concepción del silencio como necesario contrapeso de las exigencias de un acto previo como presupuesto de la revisión jurisdiccional. Dice la Exposición de Motivos que:

"La existencia de un acto administrativo como presupuesto de admisibilidad de la acción contencioso-administrativa no debe erigirse en obstáculo que impida a las partes someter sus pretensiones a enjuiciamiento de la Jurisdicción contencioso--administrativa.

"Por ello la Ley instituye un régimen general de silencio administrativo (...)."

Siendo ésta su única realidad, y dejando atrás cualquier consideración adicional del silencio alejada de su finalidad original, el legislador no podía sino afirmar que: "Acudir a ella se considera como una facultad y no como una obligación, con lo cual *se restituye* la figura del silencio administrativo al sentido que propiamente se le atribuyó originariamente, *de garantía para los administrados frente a las demoras de la Administración* (...)" (IV, 1).

El texto transcrito no alberga dudas: en primer lugar, el silencio era una figura de garantía para los administrados frente a las demoras de la Administración, y no, como se pretendió, un modo más de terminar los procedimientos; en segundo lugar, invocar esta técnica se consideraba como una facultad y no una obligación, tomando radicalmente postura a favor de la jurisprudencia que, aunque minoritaria, consideraba "vivas" las reclamaciones no resueltas de modo expreso mientras no se interpusiesen las acciones jurisdiccionales correspondientes.

No podía faltar alguna manifestación sobre la naturaleza de *lo* que resultase del transcurso del plazo para resolver en ausencia de resolución administrativa expresa: "Por ello la Ley instituye un régimen general de silencio administrativo, mediante el cual, transcurrido cierto plazo, puede presumirse por el interesado la existencia de un acto que le permita el acceso, si lo desea, a la Jurisdicción contencioso-administrativa".

"Presumir la existencia de un acto" era una expresión excesivamente explícita a favor de una opción tal vez no deseada

24. El Estatuto Provincial de 20 de marzo de 1925, la Ley Municipal de 31 de octubre de 1935, que incorpora la denuncia de mora al régimen legal del silencio, la Ley de Bases de Régimen Local de 17 de julio de 1945 articulada por Decreto de 16 de diciembre de 1950, y el Decreto de 24 de junio de 1955 por el que se aprueba el Texto Refundido de la Legislación de Régimen Local. A nivel estatal, fue la legislación sectorial la encargada de implantar paulatinamente el mecanismo del silencio, que fue generalizándose en normas de frecuente aplicación, como la Ley de 18 de marzo de 1944 que regulaba el recurso de agravios ante el Consejo de Ministros para resolver controversias en materia de personal no sometidas al conocimiento de la Jurisdicción, la Ley de Expropiación Forzosa de 16 de diciembre de 1954 respecto de las reclamaciones de indemnización de daños y perjuicios o la Ley sobre Régimen del Suelo y Ordenación Urbana de 12 de mayo de 1956, que recoge varios supuestos de silencio administrativo. Vid. una relación detallada de esta normativa en Gómez Puente, ob. cit., pp. 587 y ss.

por el legislador (el acto presunto) que hubo de matizarse muy poco tiempo después en la LPA de 1958 (art. 94) y por la jurisprudencia. En palabras del TS: "no siendo el silencio un acto en sentido propio, el ordenamiento jurídico que no desconoce que la Administración está obligada a resolver, asignaba a ese silencio un valor normalmente negativo (art. 94 de la LPA), con efectos estrictamente procesales: así se convirtió el silencio de la Administración en un instrumento apto para abrir la vía jurisdiccional a salvaguardar los derechos e intereses legítimos de los afectados por la decisión administrativa" (STS de 30 de septiembre de 1994, ar. 7295, sala 3ª, ponente E. Escusol Barra, F.J. 1).

No se trataba de interpretar la voluntad de la Administración por la elemental razón de que cabalmente lo que faltaba era la voluntad administrativa. El problema era otro: se trataba de hacer posible el acceso del particular a la vía de recurso, aunque no hubiese un acto administrativo que recurrir. Y para ello bastaba simplemente con establecer la *ficción legal* de que el recurso era procedente como si estuviésemos en presencia de un acto administrativo (Garrido[25]). De esta forma se generalizaba el control jurisdiccional de la actividad e inactividad administrativa, que consistía, respecto a esta última, en entender desestimadas las peticiones no resueltas o los recursos no contestados en cierto plazo "al efecto de deducir frente a esta denegación presunta el correspondiente recurso, administrativo o jurisdiccional según proceda (...)" (art. 94 de la LPA).[26]

El silencio presentaba dos singularidades aceptadas casi unánimemente[27] por la doctrina y la jurisprudencia. Por un lado, se configuraba como una ficción de efectos estrictamente procesales, limitados a abrir la vía de los recursos. Por otro lado, era un instrumento creado en exclusivo beneficio del ciudadano.

La primera noción fue puesta de manifiesto en múltiples ocasiones por la jurisprudencia, sin duda porque tenía inmediatas consecuencias prácticas: no existiendo acto alguno, sino sólo una ficción, no existía voluntad de la Administración ni sustitución de la misma por Ley, lo cual implicaba la inaplicabilidad de la doctrina general de los actos a los efectos producidos por silencio.[28] Una manifesta-

25. Cfr. "La obligación de resolver: actos presuntos y silencio administrativo", *REDA* 82, 1994, pp. 189 y ss.

26. Vid. entre otras las SSTC 9/1986, de 21 de enero, y 208/1987, de 22 de diciembre, afirmatorias de que el silencio administrativo de carácter negativo "es una ficción legal que responde a la finalidad de que el administrado pueda, previos los recursos pertinentes, llegar a la vía judicial superando los efectos de la inactividad de la Administración". J. A. Cámpora ("El acto presunto", *REDA* 82, 1994, pp. 233 y ss.) lo expresa gráficamente: "Los remedios que la Ley establecía ante la conducta tan desconsiderada eran, tras un prudencial plazo de tres meses en el que se supone que podía resolverse sobre lo pedido, hacer un nuevo llamamiento a la puerta; y si después de este aldabonazo la Administración persistía en su empecinado silencio, transcurridos otros tres meses, dar por sobreentendido el no y abrir de par en par las puertas de la Jurisdicción contencioso-administrativa".

27. Vid. las diversas tesis sobre la naturaleza de la denegación presunta en el trabajo de J. M. Boquera Oliver, "La naturaleza de la denegación y del otorgamiento presunto", en *La Protección Jurídica del Ciudadano. Estudio en Homenaje al Profesor J. González Pérez*, vol. I, Madrid, Civitas, 1993, pp. 599 y ss. Defendiendo la tesis mayoritaria, vid. A. Nieto, "La inactividad de la Administración y el recurso contencioso-administrativo", *RAP* 37, 1962, pp. 75 y ss.

28. Por ejemplo, la apariencia de acto no gana firmeza, ni puede ser confirmada por la

ción de esta concepción del silencio fue la reiterada jurisprudencia sobre la admisibilidad de recursos extemporáneos cuando el transcurso de los plazos y la consiguiente caducidad de la acción habían sido causados por la inactividad o la defectuosa actuación de la Administración.

O la exigencia de agotar la vía administrativa antes de interponer el recurso contencioso-administrativo, dividiéndose la doctrina en torno a la exigibilidad de recurso de alzada con carácter obligatorio contra las desestimaciones presuntas.[29] Independientemente de la mayor o menor contundencia de los argumentos a favor o en contra, la cuestión solía reconducirse a la determinación de las reglas de cómputo de los plazos para recurrir previstas en las normas de procedimiento, operación en la que resultaba determinante la concepción del silencio, concretamente el alcance de la ficción jurídica que representaba:

• llevada la afirmación del silencio-ficción a sus últimas consecuencias, un sector doctrinal razonaba de la siguiente manera: en el caso del silencio desestimatorio no hay acto, sino ficción; luego no puede haber notificación de algo inexistente. Se trataba por tanto de un supuesto equiparable por sus efectos al de las notificaciones defectuosas absolutas o inexistentes (art. 79.3 LPA), por lo que era el ciudadano quien, mediante sus propios actos, expresaba su voluntad de interponer el recurso administrativo y accionaba el sistema de plazos, sin regir, por tanto, las reglas dispuestas en la norma. En conclusión, el recurso de alzada contra desestimaciones presuntas no tenía *dies a quo* prefijado para su interposición, de tal forma que podía interponerse en cualquier momento posterior a la denegación, siempre que entre tanto no se hubiese producido una resolución expresa;

• defendiendo una posición algo más matizada, otro sector doctrinal sostenía la existencia de notificación en el caso del silencio desestimatorio: se trata de una suerte de "notificación-ficción", nacida de la Ley como el silencio de que trae causa, de forma que el interesado conoce *ex lege* al menos el texto íntegro del acto (si es que se puede considerar como tal la mera desestimación), resultando por tanto aplicable el régimen de las notificaciones defectuosas (art. 79.4 LPA). La consecuencia no se hacía esperar: la propia norma imponía un límite temporal – seis meses – a la voluntad reaccional del ciudadano afectado por el silencio, tras el cual se producía la subsanación automática de los defectos de la "notificación-ficción". El plazo para la interposición del recurso de alzada se agotaba en quince días contados a partir del transcurso de seis meses desde la notificación ficticia, salvo que el interesado se diese por notificado o interpusiese el recurso antes de esa fecha.[30]

resolución expresa que posteriormente pueda recaer, porque las ficciones ni se consienten ni son susceptibles de firmeza (vid. E. García-Trevijano Garnica, *El Silencio Administrativo en el Derecho Español*, Madrid, Civitas, 1990, p. 269) y más recientemente *El Silencio Administrativo en el Derecho Español*, cit., p. 30, en donde cita la expresiva sentencia del TS de 14 de noviembre de 1988 (ar. 8930) según la cual al no existir acto administrativo "mal podría aplicarse la calificación de consentido. El administrado que confía que la Administración cumplirá su deber de resolver, ningún temor debe abrigar de una posible caducidad de los plazos para recurrir (...)".

29. Vid. en contra de la obligatoriedad M. Arias Senoseain, "La obligatoriedad del recurso de alzada contra las denegaciones presuntas por silencio administrativo", *REDA* 9, 19. A favor E. García-Trevijano Garnica, "Recursos contra denegaciones presuntas por silencio administrativo", *RAP* 110, 1986, pp. 31 y ss.

30. En contra de esta segunda postura, vid. E. García-Trevijano Garnica, "Recursos contra denegaciones presuntas...", cit., p. 43.

En fin, los razonamientos anteriores eran igualmente aplicables al recurso de reposición, aunque esto supusiera en la práctica configurarlo como un instrumento susceptible de reabrir los plazos procesales cuando se hubiese agotado el plazo para acudir al contencioso, lo cual no deja de ser coherente si se parte de que las ficciones no se consienten ni ganan firmeza.[31]

III. La impronta de la Constitución española de 1978

La Constitución española de 1978 (en adelante CE) aportó una interesante visión de las posibilidades de la técnica del silencio administrativo hasta entonces desconocida o ignorada: su papel clave en la consecución del Estado de Derecho, afirmado en el art. 1 del texto constitucional y confirmado con la declaración del sometimiento pleno de la Administración a la ley y al Derecho (art. 103.1) y con la generalización del control jurisdiccional de toda la actuación administrativa (art. 106.1).[32] Al mismo tiempo, tras la inactividad de la Administración, en cualquiera de sus manifestaciones, se intuye la presencia del derecho fundamental a la tutela judicial efectiva del art. 24.1 CE. La declaración contenida en este precepto, calificado de "revulsivo" (Meilan Gil[33]) por su capacidad de provocar una relectura de cuantos dogmas habían condicionado el ejercicio de la jurisdicción, impulsó los sucesivos intentos de reforma del procedimiento administrativo, y sustancialmente de la figura del silencio, que culminaron con la derogación de las leyes de la Jurisdicción contencioso-administrativa de 1956 y de Procedimiento administrativo de 1958. El cambio, no obstante, se produjo años después (hablamos de los textos legales de 1992 y de 1998, sobre el procedimiento administrativo común y la jurisdicción contencioso-administrativa respectivamente), tras un período de transición más que lento prudente, en la línea continuista marcada por el Tribunal Constitucional (STC 76/1986, de 9 de junio).

A lo largo de los más de diez años de vigencia postconstitucional de la LPA, el Tribunal Constitucional tuvo la oportunidad de manifestarse sobre el alcance del silencio administrativo y su debida interpretación a la luz de la Constitución española y lo hizo valorando la técnica bajo el rasero de la "razonabilidad" y de la "mayor efectividad" del derecho fundamental a la tutela judicial efectiva. Así, al pronunciarse sobre aspectos de carácter procesal que tenían, no obstante, una incidencia real sobre aquél derecho, reconoció sin rodeos que, siendo el silencio una "*ficción legal* que responde a la finalidad de que el administrado pueda, previos los recursos pertinentes, llegar a la vía judicial superando los efectos de la inactividad de la Administración", no

31. Vid. a favor de esta posibilidad J. Gonzalez Perez, *El Procedimiento Administrativo*, Madrid, Civitas, 1964, p. 514. Y T. R. Fernandez Rodriguez, "Silencio negativo, actos firmes y actos confirmatorios", *RAP* 53, 19, quien va más lejos, al defender la posibilidad de que el interesado formule una nueva petición una vez transcurrido el año para recurrir el acto presunto denegatorio. El TS se opuso en ocasiones a esta interpretación: "en ningún caso puede constituir un instrumento procesal válido para reabrir un plazo de antemano precluido", refiriéndose al recurso de reposición.

32. Vid. una interesante reflexión sobre el fundamento constitucional de la obligación de resolver tras la CE de 1978 en J. I. Morillo-Velarde Pérez, "Hacia una nueva configuración del silencio administrativo", *REDA* 49, 1996.

33. Vid. Gil Meilán, *Administración Pública en Perspectiva*, 1996.

sería razonable una interpretación que primara tal inactividad colocando a la Administración "en mejor situación que si hubiera efectuado una notificación con todos los requisitos legales". De ahí la aplicación al silencio del régimen de las notificaciones defectuosas previsto en el art. 79 (3 y 4) de la LPA. Ahora bien, entre los dos apartados de posible aplicación del citado precepto, el Tribunal Constitucional se inclinó por el 4º, porque en estos casos "puede entenderse que el particular conoce el texto íntegro del acto – la denegación presunta por razón de ficción legal – pero no los demás extremos que deben constar en la notificación" (STC 6/1986, de 21 de enero).[34]

La doctrina constitucional decidió el camino a recorrer en los años venideros

34. En esta causa el TC se enfrentaba a un recurso de amparo planteado por supuesta vulneración del art. 24.1 CE provocada por la inadmisibilidad declarada en la sentencia de instancia, que consideraba extemporáneo el recurso contencioso-administrativo contra una desestimación presunta. En defensa del recurrente se argumentaba que la omisión del deber de contestar por parte de la Administración había servido de base para aducir una causa de inadmisibilidad cuando, por el contrario, lo congruente sería precisamente que, ante la negligencia de la Administración, la jurisdicción entrase en el fondo del asunto. Llegaba al TC la eterna polémica sobre el *modus operandi* del silencio en el proceso, con la nueva perspectiva del derecho fundamental. En palabras del Tribunal, la cuestión radicaba en "determinar si en los casos de desestimación presunta es *razonable*, o responde a una *interpretación conforme a la Constitución* y *en el sentido más favorable para la efectividad del derecho fundamental*, el entender que el plazo para recurrir en alzada ha de computarse con el mismo criterio que la propia LPA aplica en su art. 79 para los supuestos en que exista una resolución expresa notificada con todos los requisitos previstos en el mismo (que son los de contener el texto íntegro del acto, con indicación de si es o no definitivo en vía administrativa, y, en su caso, la expresión de los recursos que contra el mismo procedan, órgano ante el que hubiesen de presentarse y plazo para interponerlos)".

La doctrina del Tribunal Constitucional fue matizada poco después, en la STC 204/1987, de 21 de diciembre (ponente: Ángel Latorre Segura), en la que el tema de fondo era una declaración de inadmisibilidad invocando la causa contenida en el art. 40.*a*) en relación con el 82.c) de la LJCA por dirigirse un recurso contencioso-administrativo contra un acto confirmatorio de otro anterior consentido por no haber sido recurrido en tiempo y forma. El acto inicial no se había producido, es decir, se trataba de un silencio desestimatorio, limitándose el recurrente a impugnar el acto de ejecución subsiguiente. El Abogado del Estado invocó, igual que el propio TC en la anterior sentencia, que el recurrente conocía el texto íntegro del acto desestimatorio, por lo que debía haberlo recurrido en un plazo de seis meses (art. 79.4 LPA). Transcurrido dicho plazo, afirmaba, el acto presunto fue consentido. A lo cual respondió el TC: "Sin embargo, la aplicación analógica de esta regla, que es especial respecto de la norma general contenida en el art. 79.3, no puede ser razonablemente aceptada en un sentido extensivo, pues ello significaría equiparar, cuando no primar, la inactividad de la Administración frente a los supuestos en que el texto íntegro del acto se notifica y se notifica personalmente al interesado, supuesto en que cabe a éste *la absoluta certeza de que no puede esperar ya una resolución de contenido distinto*. En todo caso, este mismo efecto se produce desde el momento en que, como ocurre en el presente supuesto, existe una notificación de un acto de ejecución contra el que el interesado ha interpuesto los recursos pertinentes en el plazo establecido por la ley. Este acto expreso de ejecución implica al mismo tiempo una reiteración del acto resolutorio del que trae causa, *que no puede entenderse consentido* y, en consecuencia, reabre los plazos legales de impugnación también de dicho acto resolutorio sin que pueda aplicarse la excepción de acto confirmatorio de otro anterior consentido y firme a que se refiere el art. 40 de la LJCA". Es decir, el silencio ni se consiente ni gana firmeza.

La jurisprudencia no tardó en generalizar la solución aportada por la doctrina constitucional. Vid. por todas la STS de 24 de marzo de 1995, az. 2528, sala 3ª, secc. 2ª, ponente J. Rouanet por la jurisprudencia. De unos iniciales tímidos avances, que consistieron básicamente en la confirmación de la ya conocida doctrina de las notificaciones defectuosas aplicada al silencio desestimatorio,[35] se pasó a negar la extemporaneidad de la vía jurisdiccional, aplicando la doctrina de las notificaciones inexistentes en los supuestos de inactividad formal de la Administración. El TS declara con gran persuasión y contundencia que "no puede aceptarse como fecha la pretendida por la Administración, sino aquella en que dicho administrado lo manifieste así, o interponga el recurso (...) de lo contrario, se colocaría al administrado en inferioridad de condiciones con respecto al supuesto de resolución expresa, en cuya notificación han de figurar los recursos procedentes y los datos esenciales para su empleo". Sin que, por lo demás, valga redargüir que tal interpretación genere inseguridad jurídica ya que "la Administración siempre tiene en su mano la posibilidad de evitarla dictando una resolución expresa, como es su obligación".[36] La idea central está clara y la había expresado el propio TS en otras ocasiones:[37] "no puede pretender extraerse del incumplimiento del deber de resolver por parte de la Administración consecuencias obstativas al libre ejercicio de las acciones judiciales que puedan emprenderse para tutelar el derecho de los particulares".[38]

Moscardó, aceptando los fundamentos de la sentencia apelada, de la Sala de lo c-a del TSJ de Asturias, de 16 de octubre de 1990: "(...) si formalmente el plazo legal de interposición se rebasó, no puede olvidarse que el citado recurso de reposición, aunque resuelto por el Ayuntamiento, no fue notificado en debida forma al sujeto pasivo-contribuyente, ignorándose, aun en esa fecha, a quién le fue comunicada tal resolución, si es que lo fue. Con ello se generó para él silencio administrativo provocado por el defectuoso actuar del Ayuntamiento, y cuyo defecto, sólo imputable al Ente municipal, no puede hacerse recaer sobre el administrado, que espera un comportamiento de la Administración acorde con la legalidad, la cual establece la obligación de resolver las peticiones o recursos que se formularen (...). Así lo viene entendiendo la jurisprudencia del Tribunal Supremo, en Sentencias de 24 de febrero y 29 de noviembre de 1988 (ar. 1489 y 9049), así como en otras posteriores, siguiendo, en definitiva, la doctrina iniciada por la Sentencia del Tribunal Constitucional de 21 de enero de 1986 (RTC 1986, 6), que afirma que el administrado ante un silencio negativo no puede verse perjudicado por esa ficción legal, creada, además, en su exclusivo beneficio, y ser privado de una alternativa que la Ley le ofrece para la mejor defensa de sus intereses".

35. Así, la STS de 22 de marzo de 1997 (ar. 3227, ponente Jesús E. Peces Morate) señalaba que "no cabe considerar inadmisible el recurso contencioso-administrativo por no haberse deducido en el plazo de un año desde la interposición del recurso de reposición cuando la Administración resuelve éste tardíamente y se interpone aquél en el plazo de dos meses que contempla el citado art. 58.1 de la Ley Jurisdiccional (...) no puede apreciarse la extemporaneidad de la vía jurisdiccional cuando la propia Administración ha incumplido su deber de resolver expresamente" (F.J. 1).

36. Sentencia de 7 de noviembre de 1999, RJ 849/2000, ponente Francisco González Navarro.

37. Aunque con excepciones. Vid. por ejemplo la sentencia de 10 de noviembre de 1999, ar. 8424, ponente Segundo Menéndez Pérez, que invoca el principio de seguridad jurídica que rechaza la sentencia transcrita en el texto como argumento favorable a la exigencia de plazo preclusivo para reclamar en vía contencioso-administrativa contra el silencio de la Administración: "(...) *lo que no existe en la Jurisprudencia analizada* (...) *es la posibilidad de considerar indefinidamente abierto el plazo para recurrir en caso de denegación presunta, pues ello implicaría olvidar los límites impuestos por el referido art. 58.2 de la LJCA y por el principio de seguridad jurídica a que responde*".

38. Sentencia de 30 de junio de 1999, RJ 5380/1999, ponente Rodolfo Soto Vázquez. La jurisprudencia ha mostrado ciertos avances notables

El último paso, no obstante, estaba por llegar. Y se produjo con ocasión de la aprobación de la LJCA de 1998 y la regulación de los plazos para recurrir en vía contencioso-administrativa.

IV. La regulación del silencio administrativo en la Ley 30/1992, de 26 de noviembre, del Régimen Jurídico de las Administraciones Públicas y del Procedimiento Administrativo Común

La Ley 30/1992 irrumpió en el ordenamiento jurídico-administrativo español con la sorprendente afirmación de la superación de la doctrina del silencio administrativo, al menos a tenor de las palabras del legislador en la Exposición de Motivos: "El objetivo de la Ley no es dar carácter positivo a la inactividad de la Administración cuando los particulares se dirijan a ella. El carácter positivo de la inactividad de la Administración es la garantía que se establece cuando no se cumple *el verdadero objetivo de la Ley, que es que todos los ciudadanos obtengan respuesta expresa de la Administración y, sobre todo, que la obtengan en el plazo establecido*. El silencio administrativo, positivo o negativo, no debe ser un instituto jurídico normal, sino la garantía que impida que los derechos de los particulares se vacíen de contenido cuando su Administración no atiende eficazmente y con la celeridad debida las funciones para las que se ha organizado. Esta garantía, exponente de una Administración en la que debe primar la eficacia sobre el formalismo, sólo cederá cuando exista un interés general prevalente o cuando, realmente, el derecho cuyo reconocimiento se postula no exista".

Pese a los buenos propósitos del legislador, la regulación contenida en los arts. 42, 43 y 44 de la Ley 30/1992 causaron al más optimista de los comentaristas un insoportable desasosiego, provocado por la sensación de que nada, o casi nada tenía sentido en la nueva regulación del silencio administrativo. Sin duda se vislumbraba el esfuerzo infructuoso por zanjar muchas de las polémicas esbozadas en las páginas anteriores, pero fue mucho más fuerte la sensación de que el esfuerzo había sido inútil.

Alejándose claramente de la técnica legislativa impuesta en la LPA, la Ley 30/1992 optó por introducir un sistema de concreción o enumeración de los supuestos de silencio positivo, frente a los también predeterminados de silencio negativo, escogiendo en el primer caso aquellos casos en los que resultaba fácilmente demostrable la escasa entidad de los intereses públicos en presencia y la preponderancia de los intereses privados: las solicitudes de concesión de licencias y autorizaciones de instalación, traslado o ampliación de empresas o centros de trabajo (letra *a* del art. 43.2); y las solicitudes cuya estimación

en la doctrina del silencio negativo, siempre con el telón de fondo del derecho a la tutela judicial efectiva. Por ejemplo, al declarar la subsanabilidad de la denuncia de la mora (STS de 28 de noviembre de 1998, RJ 10359/1998, ponente Jesús Ernesto Peces Morate); al relajar las exigencias de agotamiento de la vía administrativa (STS de 19 de octubre de 1998, RJ 9059/1998, ponente Eladio Escusol Barra, F.J. 3); y, en general, al limitar la eficacia de las causas de inadmisibilidad del proceso contencioso-administrativo (STS de 28 de septiembre de 1998, RJ 7625/1998, ponente Oscar González y González, F.J. 1). En alguna ocasión digna de mención, el TS no sólo pasa por alto la invocada causa de inadmisibilidad del recurso por extemporaneidad, sino que condena en costas a la Administración por su manifiesta temeridad, al haber sostenido un proceso sin llegar a dictar resolución expresa sobre el tema de fondo (STS de 20 de abril de 1996, ar. 3340, ponente Jesús Ernesto Peces Morate, FF.JJ. 4 y 5).

habilitaría al solicitante para el ejercicio de derechos preexistentes, salvo que la estimación tuviera como consecuencia que se transfirieran al solicitante o a terceros facultades relativas al dominio público o al servicio público (letra *b* del art. 43.2).

El legislador introdujo, además, una tercera regla del silencio positivo que se convirtió en la forma más recurrente de excepcionar su aplicación: existía silencio positivo "en todos los casos, en cuya normativa de aplicación no se establezca que quedarán desestimadas si no recae resolución expresa" (letra *c* del art. 43.2). Aparentemente, era una generalización del silencio positivo, pero en la práctica supuso precisamente lo contrario por la posibilidad que introdujo de modificar "normativamente" el régimen del silencio – mediante norma legal o reglamentaria – y a la vista de todos está que la Administración no desaprovechó la ocasión de imponer su criterio – silencio negativo – por vía reglamentaria, alentada por la "adecuación" de las normas reguladoras de los procedimientos administrativos impuesta por la Disposición Adicional 3ª de la Ley 30/1992. El propio apartado 5 del art. 43 Ley 30/1992 instaba a cada Administración a publicar una relación de los procedimientos en los que la falta de resolución expresa producía efectos estimatorios y desestimatorios, anunciando lo que con cierta perplejidad hubo que tolerar: listas y listas de procedimientos sometidos al silencio negativo.[39]

Por lo demás, el silencio era desestimatorio en los procedimientos de ejercicio del derecho de petición del art. 29 de la Constitución y respecto de la resolución de recursos administrativos (con una excepción que hoy se mantiene respecto al recurso de alzada: cuando el recurso se hubiese interpuesto contra la desestimación presunta de una solicitud por el transcurso del plazo, se entendería estimado el recurso si llegado el plazo de resolución de éste el órgano administrativo competente no hubiese dictado resolución expresa sobre el mismo).

Sin duda, la novedad más relevante y cuestionada de la Ley 30/1992 fue la consideración de que el silencio administrativo, positivo o negativo, generaba un acto auténtico equiparable en su eficacia a la resolución administrativa expresa: el acto presunto. En tan arriesgada regulación, respaldada pero sobre todo atacada por la doctrina,[40] el mero transcurso del plazo para resolver producía un verdadero acto administrativo, que podía hacerse valer tanto ante la Administración como ante cualquier otra persona, natural o jurídica, pública o privada (art. 44.1 de la Ley 30/1992). No se trataba de una

39. Los datos puestos de manifiesto por J. González Pérez y F. González Navarro (*Comentarios a la Ley de Régimen Jurídico de las Administraciones Públicas y del Procedimiento Administrativo Común*, Civitas, 1999) son desalentadores: en los trabajos llevados a cabo en el MAP para adecuar a la Ley 30/1992 los procedimientos existentes se propuso la solución del silencio negativo en 1.016 de los 1.893 examinados.

40. J. González Pérez y F. González Navarro (ob. cit.) utilizando el aforismo *super certum fingitur, super incertum praesumitur*, concluyen: "Ficción legal, pues, y no presunción. Acto ficticio y no acto presunto. Aunque la Ley diga otra cosa". "Hay un hecho cierto: que la Administración no ha resuelto. Aunque esto se diga ahora por un acto expreso que es ese certificado de que habla la Ley. Pues bien, precisamente porque se sabe con certeza que la Administración no ha resuelto es por lo que puede y debe hablarse de ficción: a este hecho de la no resolución la Administración (adicional 3ª) o, en su caso, la Ley (art. 43.2 y 3) le atribuye una determinada valoración, positiva o negativa, esto es, finge que ha sido estimada la petición o, por el contrario, finge que ha sido desestimada."

ficción jurídica, sino de un auténtico acto, expresión de una voluntad administrativa, estimatoria en unos casos, desestimatoria en otros, a todos los efectos y *erga omnes*.

La presunción de estimación o desestimación no requería más que el cumplimiento de los plazos legalmente establecidos para resolver sin que así se hubiese hecho, y a fin de acreditar esta última circunstancia se exigía la "certificación expedida por el órgano competente que debió resolver expresamente el procedimiento" (art. 44.2), si bien salvando el hecho de que la Administración no expidiese la certificación solicitada, en cuyo caso el acto presunto era igualmente eficaz y se podía acreditar mediante la exhibición de la petición de dicha certificación (art. 44.3).

Fue ésta la principal novedad introducida por la Ley 30/1992 en el régimen del silencio, que tiene nombre propio: la certificación de acto presunto.

En su concepción original pretendió poner fin a una crítica bastante generalizada que tildaba al silencio positivo de "inútil" cuando el reconocimiento de la estimación presunta requería de una actuación administrativa posterior, infrecuente en los casos en que el efecto inmediato del silencio consistía en habilitar al ciudadano para la realización de un derecho o actividad, por cuanto su eficacia dependía normalmente de la propia voluntad o capacidad de su titular, pero no tanto si lo que se pedía era una acreditación de que tal silencio se había producido a efectos de hacer valer sus efectos frente a terceros.[41]

La jurisprudencia ya había sugerido la expedición de un "documento" que acreditase el otorgamiento del derecho operado por el silencio positivo. Sugerencia quc se materializó en la creación de la certificación de acto presunto (art. 44), supuesto requisito de eficacia (no potestativo) de los actos presuntos, que resultó en la práctica un instrumento mucho más complejo de lo que nunca pudo imaginarse el legislador.

La funcionalidad de la certificación de actos presuntos planteó graves dudas de interpretación y quiebras en la seguridad jurídica especialmente en los casos de silencio positivo a la vista de la obligación de resolver expresamente que el art. 43.1 imponía a la Administración: "El vencimiento del plazo de resolución no exime a las Administraciones Públicas de la obligación de resolver, pero deberán abstenerse de hacerlo cuando se haya emitido la certificación a que se refiere el art. 44".

La resolución expresa posterior de la Administración podría llegar a suponer, si el sentido de la misma fuese contrario al del silencio legalmente previsto, una retirada del mundo jurídico de actos (aunque presuntos) sin seguir las vías legalmente previstas para ello. De hecho, se repitieron normas procedimentales que señalaban expresamente esta posibilidad de alterar mediante la resolución expresa el sentido del acto presunto nacido tras el transcurso del plazo legalmente establecido para resolver los procedimientos. En alguna ocasión, el TS desautorizó esta

41. Garrido Falla lo expresaba con las siguientes palabras: "una vez que se haya producido el silencio con valor estimatorio, ¿cómo obligar a la Administración a que ejecute dicho acto administrativo tácito?" (cfr. "La llamada doctrina...", cit., pp. 98 y ss.); o: "Desde el punto de vista práctico, el gran obstáculo para la admisión del silencio positivo estaba en la inexistencia de un documento que acreditase tales efectos (...) si alguien solicita de un banco un crédito para realizar unas edificaciones ¿se conformará la entidad bancaria con la petición no contestada?" (cfr. "La obligación de resolver...", cit., p. 196).

práctica en un intento por dar sentido a la caótica regulación generada a partir de la Ley 30/1992. Es significativa la ya citada Sentencia de 11 de mayo de 2000 (ar. 795, ponente Felipe Fresneda Plaza): "(...) la polémica antes suscitada sobre la posibilidad de que la Administración resuelva un acto en sentido diferente al ya emitido denegatoriamente por silencio, es un tanto ociosa, ya que aunque aún existe la obligación de resolver por parte de la Administración por el juego del art. 43.1 de la Ley 30/1992, hasta que se expide la certificación del acto presunto (y ha de entenderse también hasta que transcurre el plazo para la emisión de dicha certificación sin ser dictada), no existe para la Administración otra posibilidad que dictar un acto con sentido análogo o confirmatorio del ya existente por silencio (en sentido contrario a lo afirmado en la nueva redacción del art. 43 introducida por la Ley 4/1999). Por ello una vez transcurrido el plazo para resolver, en el cual se ha de entender desestimado el recurso, conforme al art. 117 en relación con el art. 43.3 de la Ley 30/1992, no cabría en base al deber de resolver, del art. 43.1, sino mantener el acto ya obtenido por silencio, aunque en este caso sea negativo (...)" (F.J. 3).

Por otra parte, ¿qué aportaba la certificación que alteraba por completo el régimen anterior previsto en la LPA, que disponía precisamente lo contrario, que el silencio no absolvía a la Administración de resolver expresamente los procedimientos?; ¿por qué el acto presunto podía ser confirmado (o, a pesar de la jurisprudencia transcrita, en la práctica revocado) antes de la certificación de acto presunto y no podía serlo después si no era a través de los procedimientos de revisión de oficio legalmente establecidos?

Si a pesar del mandato legal de expedir la famosa certificación la Administración también incumplía y no la expedía, la norma arbitró una solución: "si la certificación no fuese emitida en el plazo establecido en el número anterior, los actos presuntos serán igualmente eficaces y se podrán acreditar mediante la exhibición de la petición de la certificación".

Debería valer la consideración de Garrido apuntada respecto a la eficacia directa del silencio positivo: si una entidad bancaria no se conforma con la presentación de una petición no contestada, ¿por qué habría de hacerlo con una petición de certificación no atendida?[42]

El mecanismo "silencio administrativo-certificación" resultó contradictorio, incomprensible y de difícil aplicación práctica. Siendo el primero (el silencio) el requisito de validez y la segunda (la certificación) requisito de eficacia, parecería lógico que el efecto estimatorio o desestimatorio se produjese automáticamente por el simple transcurso del plazo establecido para resolver el procedimiento en cuestión, y que la certificación de acto presunto no añadiese ni quitase nada (si no es dar certidumbre o eliminar incertidumbre al beneficiado o perjudicado por el silencio).

La certificación de acto presunto no aparecía en la Ley como un mecanismo de acreditación a disposición del afectado por el silencio administrativo. En ningún momento se restringió su funcionalidad a la parte beneficiada por el silencio, ni siquiera a los supuestos de silencio positivo, lo cual complicaba muchísimo las cosas cuando – como es tan frecuente en la práctica – el silencio estimatorio para uno era perjudicial para otro u otros. Me refiero a las llamadas relaciones triangulares, respecto a las que la certificación se erigía como un mecanismo de difícil aplicación: ¿qué sucedía si el beneficiado por

42. Vid. nota anterior.

el silencio – positivo o negativo, si en este último caso era un tercero beneficiado por la desestimación presunta de la petición de otro ciudadano – se apresuraba a solicitar la certificación?; ¿cuándo comenzaban a correr los plazos para recurrir?; ¿cómo se podían enterar los demás afectados o interesados no ya de la solicitud inicial y del transcurso del plazo máximo de resolución del procedimiento, sino de la petición de la certificación y de su expedición o no expedición?.

Lo que aparentemente se estilaba como una herramienta al servicio de la seguridad jurídica y de la certidumbre de las relaciones administrativas llegó a manifestarse como un obstáculo o una traba difícilmente superable si no era por la vía de su desaparición.

Sirva un ejemplo para confirmar las afirmaciones anteriores: ¿llegó a ser la certificación de acto presunto una exigencia añadida al de por sí sobrecargado sistema de acceso a la Jurisdicción contenciosa de la actuación – o inactividad – administrativa? La cuestión ofrecía planteamientos bien diferentes.

Podría fácilmente extraerse la conclusión de que la certificación de acto presunto era exigible en todo caso para entender agotada la vía administrativa y acceder al contencioso, incluso cuando se trataba de resoluciones de recursos administrativos. Bastaría para ello afirmar que también en este último caso estamos ante "actos presuntos", no de mero silencio administrativo, para cuya eficacia debían cumplirse los requisitos que establecía el art. 43 de la Ley sin diferenciar si esos actos fueron presumidos en vía de petición o en vía de recurso. O traer a colación el tenor literal del apartado 5 del art. 44 de la Ley, sobre el cómputo de los plazos para interponer recursos, tanto administrativos como *contencioso-administrativos*, que señalaba como *dies a quo* el "siguiente a la recepción de la certificación, y si ésta no fuese emitida en plazo, a partir del día siguiente al de finalización de dicho plazo".

También podría argumentarse, buscando un acceso más libre al control jurisdiccional de la, en este caso, inactividad administrativa, que la famosa certificación produciría sus efectos en vía administrativa pero no en vía jurisdiccional, y que sería contrario a la efectividad del acceso a la tutela judicial imponer *ex lege* una traba de este tipo.[43] Con ello conseguiríamos recuperar el sentido originario del silencio negativo cuando se tratase de desestimación en vía de recurso y superar, también, alguna de las dificultades prácticas que planteaba la regulación. Por ejemplo, permitiría a la Administración resolver expresamente en cualquier momento, al no resultar aplicable en este caso la obligación de abstenerse de hacerlo "cuando se hubiese emitido la certificación" contemplada en el art. 43.1 *in fine* de la LPAC. Y, correlativamente, se reabrirían los plazos impugnatorios al particular que hubiese optado por esperar a la resolución expresa, si ésta resultaba ser denegatoria, sin que cupiese aplicar en estos casos la doctrina

43. Recuérdense las palabras del TC sobre los obstáculos legales al acceso a la JCA, que conculcarán el derecho a la tutela judicial del art. 24 siempre que "sean innecesarios y excesivos y carezcan de *razonabilidad* y proporcionalidad" (STC 158/1987, de 20 de octubre, 206/1987, de 21 de diciembre y 60/1989, de 16 de marzo). Defiende esta posibilidad F. Sainz Moreno, "Obligación de resolver y actos presuntos", en *La Nueva LRJAAPP y del PAC*, cit., p. 148, para quien la necesidad de certificación se restringe a los actos presuntos que ponen fin a la vía administrativa sin necesidad de interponer recurso ordinario, pero no en aquellos que han sido ya objeto de recurso, bastando la previa comunicación a la Administración regulada en el art. 110.3.

del acto firme y consentido;[44] o se lograría la satisfacción extraprocesal de las pretensiones en caso de que el particular hubiese iniciado el contencioso ante el silencio, y la resolución tardía fuera estimatoria, evitándose un proceso largo y costoso.

En fin, ¿qué pretendió el legislador con esa nueva concepción de la inactividad de la Administración que convertía la mera ficción o apariencia de realidad en algo supuestamente real? Parecía ilógico, o al menos inútil, presumir la existencia de un acto – típico acto administrativo, podríamos decir – en un momento en que el contencioso-administrativo se había abierto a cualquier tipo o modalidad de actuación administrativa, incluida la inactividad. Si además se piensa cuál habría de ser el contenido de ese "acto presunto", llegaremos a la conclusión de que fue un artificio absolutamente inútil cuando se trataba de actos presuntos desestimatorios. Porque si la creación *ex lege* de actos presuntos tenía sentido cuando se trataba de silencio positivo – en estos casos el acto tenía como contenido la petición o actuación del órgano inferior y en esos términos se entendía dictado –, no se sabe cuáles eran exactamente las ventajas de presumir la existencia de un acto cuando el silencio era de efectos negativos.

Si a esta reflexión le añadimos que la regulación de los actos presuntos contenida en la Ley 30/1992 fue más que confusa, la conclusión no puede ser otra más que la inidoneidad de la novedosa concepción: ¿cómo se producían los actos presuntos: por el mero transcurso del plazo para resolver o por la expedición de la famosa certificación de acto presunto o por el transcurso del plazo para su emisión?; ¿resultaban aplicables a los actos presuntos, en cuanto verdaderos actos administrativos, las exigencias que respecto a los actos expresos se continúan estableciendo por la Jurisprudencia a fin de dar por cumplido debidamente el requisito de procedibilidad?;[45] ¿cuáles eran los plazos legalmente establecidos para interponer el recurso contencioso?; ¿resultaba posible seguir aplicando la doctrina anterior que permitía al particular optar por esperar a la resolución expresa?; ¿podía la Administración desestimar expresamente lo concedido por silencio positivo con ocasión de la solicitud de la certificación de acto presunto?

Demasiados interrogantes para una de las instituciones centrales de la Ley 30/1992. Fueron ya varios los autores que tomaron posiciones respecto a estas cuestiones,[46] pero no llegó a alcanzarse

44. Durante la vigencia de la LPA, la configuración del silencio administrativo negativo como una simple ficción jurídica hacía inaplicable a los resultados de dicha técnica la doctrina de los actos "consentidos". Es lógico si se piensa que el legislador no preveía el silencio negativo como un "acto presunto" y sí, exclusivamente, como un beneficio para el particular: al no existir acto administrativo mal podría aplicarse la calificación de consentido, ha reiterado el Tribunal Supremo. Vid. por todas la sentencia de 14 de noviembre de 1988, az. 8930, sala 4ª, ponente F. J. Delgado Barrio. Tras la Ley 30/1992 la situación se complica. Entendido el silencio como generador de un auténtico "acto administrativo" (presunto), se entenderá que deviene firme y consentido una vez que éste se ha producido si el particular no lo recurre en los plazos legalmente establecidos "a partir del día siguiente a la recepción de la certificación y, si ésta no fue emitida en plazo, a partir del día siguiente al de finalización de dicho plazo" (art. 44.5).

45. Vid. E. García-Trevijano Garnica, *El Silencio Administrativo...*, cit., pp. 27 y ss.

46. Vid. entre otros los trabajos de F. Garrido Falla, "La obligación de resolver: actos presuntos y silencio administrativo", *REDA* 82, 1994, pp. 189 y ss.; J. González Pérez, "Los obstáculos del acceso a la Justicia administrativa", *REDA*

en los seis años de vigencia del texto original ese mínimo de seguridad jurídica que constitucionalmente se impone en las relaciones entre los poderes públicos y los ciudadanos.

En este clima comenzó a gestarse la reforma de la Ley 30/1992, que culminó con la Ley 4/1999.

V. La contrarreforma operada por la Ley 4/1999, de 13 de enero, de modificación de la Ley 30/1992

La evidencia irrefutable del fracaso de la reforma operada en 1992 es la aprobación de la Ley 4/1999, de 13 de enero, que asume la tarea de "modificar los aspectos más problemáticos de la Ley 30/1992, según la opinión de la doctrina y de los aplicadores del derecho: fundamentalmente, la regulación del silencio administrativo (...)", en palabras de su Exposición de Motivos (I).

El legislador de 1999 vuelve sobre sus pasos, retomando la institución del silencio como única vía para luchar contra ciertas patologías del procedimiento ajenas al correcto funcionamiento de la Administración y reconociendo como ilusorias las palabras de la Exposición de Motivos de la Ley 30/1992, en las que ingenuamente se daba por superado el silencio administrativo a favor de la resolución expresa de los procedimientos.

En primer lugar, se retoma la concepción del silencio negativo en los procedimientos iniciados a solicitud del interesado (art. 43) como simple ficción jurídica "con los solos efectos de permitir a los interesados la interposición del recurso administrativo o contencioso-administrativo" (apartado 3, § 2º). Lo que contrasta con el efecto que se confiere al silencio positivo, considerado como "acto administrativo finalizador del procedimiento" (apartado 3, § 1º), susceptible de producir efectos "tanto ante la Administración como ante cualquier persona" (apartado 5).

En segundo lugar, se precisa el alcance y la funcionalidad de la "certificación de acto presunto", concebida en la nueva versión del art. 43 como un simple medio de acreditación (junto a "cualquier medio de prueba admitido en Derecho", como se dispone en el apartado 5 de dicho artículo) del silencio administrativo, sin condicionar el contenido presunto de la estimación ni alterar el *dies a quo* de la eficacia derivada de la estimación presunta.

En tercer lugar, y en coherencia con las dos consideraciones anteriores, la obligación de dictar resolución expresa se matiza: (a) en los casos de silencio positivo, dicha resolución no puede contradecir el sentido del silencio, evitando las disfuncionalidades que había generado una indebida aplicación del art. 43 de la Ley 30/1992 con anterioridad a esta reforma, ante la creciente tendencia de las Administraciones Públicas a denegar expresamente lo concedido mediante acto presunto, que venía a ser una forma de revisar actos favorables sin atenerse a los procedimientos de revisión de oficio previstos en la Ley; (b) en los casos de silencio negativo, la resolución expresa posterior no quedará vinculada por el sentido desestimatorio del silencio (art. 43, apartado 4), consecuencia lógica de la inexistencia de voluntad administrativa previa.

Finalmente, se mantiene la generalización teórica del silencio positivo, exigiendo esta vez una norma con rango de ley o de Derecho comunitario para

83, 1994, pp. 357 y ss.; F. Sainz de Robles, "El llamado silencio administrativo: un escándalo en el Estado de Derecho", en *La Protección Jurídica del Ciudadano*, cit., I, pp. 617 y ss., y todos los citados en notas precedentes.

invertir la regla. Si bien se mantiene el carácter desestimatorio respecto de los procedimientos de ejercicio del derecho de petición (art. 29 de la CE), aquellos cuya estimación tuviera como consecuencia que se transfieran al solicitante o a terceros facultades relativas al dominio público o al servicio público, así como los procedimientos de impugnación de actos y disposiciones (art. 43.2, con la excepción ya citada respecto a la desestimación por silencio del recurso de alzada planteado contra el silencio de la Administración).

La regulación contenida en la Ley 4/1999 es coherente y razonable. Tal vez innecesaria, y en ese sentido comienzan a alzarse voces muy autorizadas que reclaman una superación definitiva del artificio del "acto presunto". Sin dudar de las posibilidades que se abrirían en nuestro ordenamiento jurídico en el caso de abandonar la técnica, hoy por hoy el "acto presunto" tiene una funcionalidad interesante que permite superar algunos escollos importantes derivados de la difícil aplicación a ese acto imaginario de la doctrina propia de los actos en sentido estricto.

En primer lugar, la necesaria "congruencia" que se predica de la resolución respecto a las peticiones formuladas por el interesado (art. 89.2), permite afirmar que el "acto presunto" tiene un contenido claro y predeterminado: el integrado por las peticiones realizadas por el iniciador del procedimiento. Cuando la Administración calla y otorga, lo hace respecto a todas y cada una de las peticiones no atendidas, que constituirán a la postre el contenido del acto nacido de la inactividad formal. La cuestión tiene una indudable trascendencia práctica, sobre todo para hacer frente a una de las objeciones que tradicionalmente se predicaron del silencio positivo: que esta técnica era "inútil" cuando su eficacia dependía de una actuación administrativa posterior.

Hoy en día existen mecanismos eficaces y contundentes para hacer frente a la pasividad administrativa. Me refiero a la posibilidad abierta con la pretensión de condena prevista en el art. 29 de la LJCA de 1998 como solución procesal idónea contra la falta de actuación "material" de la Administración (art. 29 LJCA). Habría que preguntarse si es subsumible el supuesto analizado (acto presunto no ejecutado) en alguna de tales acciones. Para ello hay que partir de un dato aclaratorio: no se trata de impugnar la inactividad formal; ésta ya se ha producido y de ella ha surgido un acto "presunto" que precisa de una actuación material de ejecución. Es ésta última la que falta, es decir, a la inactividad formal se superpone una actividad material. Contra la primera, el remedio jurídico es el acto presunto, contra la segunda, el remedio jurídico es la pretensión de condena del art. 29 LJCA. Podría, por tanto, entablarse una acción de condena contra la Administración para que cumpla las obligaciones "en los concretos términos en que están establecidas" (art. 32.1) en el acto presunto – o, lo que es lo mismo, en la solicitud con la que se inició el procedimiento.

En segundo lugar, la identificación del silencio positivo con el acto presunto permite clarificar las reglas de plazos ante la inexistencia de notificación. El art. 58 Ley 30/1992 establece con carácter general que "se notificarán a los interesados las resoluciones y actos administrativos que afecten a sus derechos e intereses" (apartado 1), notificaciones que habrán de contener "el texto íntegro de la resolución, con indicación de si es o no definitivo en la vía administrativa, la expresión de los recursos que procedan, órgano ante el que hubieran de presentarse y plazo para interponerlos, sin perjuicio de que los interesados puedan ejercitar, en su caso, cualquier otro que estimen procedente" (apartado

2). La peculiaridad del acto presunto, en cuanto que acto "no notificado", carece de trascendencia en el marco de un procedimiento estereotipado, circunscrito a dos intereses definidos y coincidentes (de ahí el carácter positivo del silencio) que son el del ciudadano que inicia el procedimiento y los intereses generales representados por la Administración. Lo que el peticionario persigue es la estimación de su petición, y se dará normalmente por satisfecho con la anuencia de la Administración, aun cuando provenga de un máximo desinterés por el asunto. Pero la realidad nos enseña que casi siempre lo favorable a uno es desfavorable a otro o a otros muchos. Y que lo que para uno es intachable para lo demás puede ser muy criticable. Desde esta otra perspectiva, no hay resoluciones estimatorias necesariamente neutrales; al contrario, las estimaciones pueden ser tan contenciosas como las desestimaciones. La imposibilidad de conocer los recursos que procedan contra el acto y demás datos referentes a su posible impugnación exigidos como parte de la resolución por el art. 89.3 de Ley 30/1992 tiene indudable importancia en este segundo caso, por lo demás muy habitual, cuando el beneficio que la estimación reporta al peticionario se convierte en un perjuicio para terceros cuyos intereses se oponen al de aquél. Tratándose de interesados que hayan participado en el procedimiento, y a los que se supone conocedores de la solicitud estimada, podría asimilarse su situación a la del ciudadano que recibe una notificación defectuosa por carecer de los datos establecidos en el art. 58.2 Ley 30/1992, excepto el "texto íntegro" que se equipararía en estos casos a la solicitud presentada por el peticionario. Para terceros afectados que no llegaron a tener la posibilidad de conocer los términos de la solicitud ni la fecha de producción del acto presunto, debería regir la regla aplicable al supuesto de notificaciones inexistentes: el recurso no tendría en estos casos un *dies a quo* prefijado para su interposición, de tal forma que podrá interponerse en cualquier momento posterior al nacimiento del acto presunto.

En tercer lugar, el reconocimiento del acto presunto facilita la comprensión de una de las principales novedades que incorpora la regulación del silencio: las resoluciones tardías. El legislador era consciente de las quiebras y los interrogantes que había planteado la regulación tanto de la LPA como de la Ley 30/1992 a propósito de este tema, sobre todo respecto a la posibilidad de revisar mediante una resolución expresa lo otorgado o denegado por silencio, sin más que dictar el acto que en su día se hizo esperar. La distinta naturaleza jurídica que se reconoce al silencio positivo y al negativo permite hacer una regulación más acorde con la funcionalidad de cada una de las versiones y superar al mismo tiempo algunas de las críticas vertidas de forma generalizada estando en vigor la LPA. Así, de forma tan simple como coherente, el legislador dispone en el art. 43.4 que "en los casos de estimación por silencio administrativo, la resolución expresa posterior a la producción del acto sólo podrá dictarse de ser confirmatoria del mismo (...)". Nacido el acto – presunto – y desplegados sus efectos por el mero transcurso del plazo máximo para resolver el procedimiento, lo hace con todas sus consecuencias, como si de una verdadera resolución se tratara. Su contenido, por ser favorable, no podrá ser desconocido ni contradicho por la Administración si no es por las vías de revisión previstas en la propia Ley 30/1992. Del mismo modo, la resolución posterior expresa confirmatoria del acto presunto tampoco planteará mayores problemas si se comprende cuál es la verdadera naturaleza de dicha resolución. Se trata de un acto confirmatorio de otro anterior, por lo cual sus efectos se restringirán a dotar de seguridad jurídica a las relaciones administrativas, sin que pueda concebirse como instrumento para reabrir los plazos de los recursos administrativos o contencioso-administrativos, cuando el acto originario haya devenido firme y consentido, al recaer en tal caso sobre el intento reaccional una clara causa de inadmisibilidad del recurso presentado.

Ahora bien, estas últimas afirmaciones se tambalean cuando se proyectan sobre actos presuntos contrarios a derecho. En tales casos, la doctrina mantiene todavía una disputa planteada hace décadas que se puede reconducir a dos posturas difícilmente reconciliables: la primera, pasa por entender que el acto presunto existe independientemente de su conformidad con el ordenamiento jurídico, sin perjuicio de que pueda llegar a declararse su nulidad o anulación por las vías establecidas en el ordenamiento jurídico para obtener tal resultado; enfrente, se sitúan quienes consideran que nunca se podrá conseguir presuntamente nada que no hubiera sido posible obtener expresamente, lo que significa que en estos casos de contravención de la legalidad el acto presunto no habría llegado a producirse.

En la primera dirección, se orienta el art. 62.1 de la Ley 30/1992, al declarar nulos de pleno derecho los actos expresos y presuntos "contrarios al ordenamiento jurídico por los que se adquieren facultades o derechos cuando se carezca de los requisitos esenciales para su adquisición".

En la segunda, la legislación urbanística, que tradicionalmente ha declarado que en ningún caso se entenderán adquiridas por silencio administrativo facultades en contra de la legislación o del planeamiento urbanístico.[47]

Resulta muy coherente la posición defendida por Cholbi Cachá,[48] en su intento por integrar las reglas contenidas en la legislación de procedimiento administrativo común y la legislación urbanística. A juicio del autor, la imposibilidad de adquirir facultades por silencio positivo declarada en la normativa urbanística es una de las excepciones que admite precisamente el art. 43 de la Ley 30/1992 cuando excepciona del régimen general del silencio estimatorio los supuestos recogidos en una norma con rango de ley o norma de Derecho comunitario. En estos casos, dicha norma con rango de Ley es, con carácter básico, el que establece la ley estatal del suelo (se refería al entonces vigente art. 242.6 del TRLS de 1992) y, en su caso, las leyes autonómicas de desarrollo que no podrán contravenir dicha legislación básica. La consecuencia es muy clara: cuando lo que se pretende adquirir es contrario al ordenamiento jurídico, el silencio es desestimatorio. De ahí que la Administración pueda dictar posteriormente resolución expresa tardía denegatoria de la licencia sin que deba darse a la misma carácter revocatorio ni deba exigirse la tramitación de uno de los procedimientos de revisión de actos porque tal acto nunca existió.

El TS ha tenido la ocasión de terciar en la polémica, con una sentencia dictada en interés de ley el 28 de enero de 2009 (RJ 2009/1471), que confirma la tesis de Cholbi. Se planteaba en esta ocasión la

47. Artículo 178.3 del TRLS de 1976, art. 242.6 TRLS de 1992, disposición derogatoria única, 3, de la Ley 6/1998 y actualmente art. 81.1*b* del TRLS de 2008.

48. Vid. "A vueltas con el silencio administrativo en el otorgamiento de licencias urbanísticas: su aplicación en los supuestos de contravención de la normativa urbanística. Análisis de las sentencias de TSJ de la Comunidad Valenciana de 24.11.2006 y TSJ de La Rioja de 15.9.2006", *Revista Práctica Urbanística* 62, pp. 59 y ss.

vigencia de la doctrina jurisprudencial vertida a propósito del art. 242.6 del TRLS de 1992[49] según la cual no se adquieren por silencio licencias en contra de la legislación o del planeamiento urbanístico, por lo que la Administración puede dictar una resolución tardía desestimatoria. El TS concluye que esta doctrina es plenamente aplicable a día de hoy porque el art. 8.1.*b*) de TRLS de 2008 ha incorporado aquel precepto con una redacción más general al disponer que "en ningún caso podrán entenderse adquiridas por silencio administrativo facultades o derechos que contravengan la ordenación territorial o urbanística".

En primer lugar, el TS reconoce el carácter básico de los preceptos antes citados (art. 242.6 del TRLS de 1992 y 8.1.*b* del TRLS de 2008), que rigen en todo el territorio español y que los ordenamiento urbanísticos autonómicos no pueden contradecir, así como del art. 43.2 de la Ley 30/1992, que declara la estimación por silencio de las solicitudes salvo en los casos en que una norma con rango de Ley o Derecho Comunitario Europeo establezca lo contrario. Es este carácter básico de la normativa citada la que obliga a mantener la misma doctrina jurisprudencial.

En segundo lugar, el TS reconoce que la regla general en nuestro ordenamiento jurídico es el silencio positivo, pero la propia normativa contiene la salvedad de que otra norma con rango de ley o norma de Derecho Comunitario establezca lo contrario, y esto es lo que han hecho primero el TRLS de 1992 en su art. 242.6 y en la actualidad el TRLS de 2008 en el equivalente art. 8.1.*b*. Por consiguiente, y conforme a ellos, no pueden entenderse adquiridas por silencio administrativo licencias en contra de la ordenación territorial o urbanística.[50]

En tercer lugar, el TS no ignora los problemas que puede acarrear esta doctrina cuando el interesado recibe una resolución tardía denegatoria de la licencia cuando ya ha iniciado o incluso terminado las obras. Situación que "generará, en supuestos de demolición, responsabilidades que, en cada caso, habrá que dirimir quién las deba soportar".[51]

Se declara, pues, como doctrina legal "que el art. 242.6 del TRLS de 1992 y el art. 8.1.*b*, último párrafo, del TRLS de 2008, son normas con rango de leyes básicas estatales, en cuya virtud y conforme a lo dispuesto en el precepto estatal, también básico, contenido en el art. 43.2 de la Ley 30/1992 (...), no pueden entenderse adquiridas por silencio administrativo licencias en contra de la ordenación territorial o urbanística".

Es, por tanto, aplicable, la clásica doctrina según la cual para que una li-

49. "En ningún caso se entenderán adquiridas por silencio administrativo licencias en contra de la legislación o del planeamiento urbanístico."

50. "(...) de manera – concluye su argumentación el TS que la resolución de la Sala de lo Contencioso-administrativo del TSJ, al declarar lo contrario, es errónea y gravemente dañosa para el interés general porque elimina una garantía encaminada a preservar la legalidad urbanística."

51. Se reitera, así, una doctrina que ya había establecido el TS con anterioridad a la entrada en vigor de la Ley 4/1999 de la que es muestra el siguiente extracto: "Que todas las precedentes conclusiones, en definitiva acordes con el predominio del interés público y el taxativo imperio de la legalidad vigente, no desconocen los menoscabos patrimoniales que para los apelantes se derivan; pero es la vía indemnizatoria, en su conformidad a Derecho, el planteamiento adecuado para obtener reparación, no la del intento a ultranza de conseguir una licencia de obras que en su básica discordancia con aquella legalidad haría quebrar el sistema del planeamiento para la zona en referencia" (STS de 7 de junio de 1984, RJ 1984/3450).

cencia se entienda concedida por silencio no basta con que se hayan cumplido los requisitos formales (que la solicitud se realice conforme a lo establecido en la ley y se acompañe de la documentación exigida para el tipo de actividad que pretende llevarse a cabo) y temporales (que haya transcurrido el plazo máximo de duración del procedimiento previsto en la ley sin que la Administración haya dictado resolución expresa) establecidos en la normativa vigente sino que, además, han de cumplirse los requisitos materiales o sustantivos y, en particular, la conformidad de lo solicitado con el ordenamiento jurídico, incluido el planeamiento vigente.

Como veremos, la legislación anti--crisis ha provocado un cambio de dirección definitivo en esta materia urbanística, típicamente reservada al silencio positivo.

VI. La declaración jurisprudencial de la inexistencia de plazos para recurrir contra un silencio administrativo desestimatorio

Tras un lustro de aplicación de la Ley 30/1992, la Ley 29/1998, de 13 de julio, reguladora de la Jurisdicción contencioso--administrativa introdujo un elemento más para la polémica, que habría de redundar en un trascendente avance en la aplicación de la técnica del silencio administrativo. Con algunos titubeos y bastante inseguridad,[52] el legislador de 1998 reguló los plazos para recurrir en vía jurisdiccional y dispuso en el art. 46.1 un plazo de dos meses si el acto era expreso y de seis meses *si el acto era presunto*. Parecía, entonces, razonable pensar que el plazo afectaba a los supuestos de silencio positivo y negativo, ambos generadores, como se sabe, de actos presuntos bajo la vigencia de la Ley 30/1992.

Tan solo un año después, la Ley 4/1999 retoma la tradición legislativa y declara que el silencio positivo genera verdaderos actos presuntos, mientras que el silencio negativo no pasa de ser una mera ficción jurídica de efectos puramente procesales que permite a los interesados la interposición del recurso administrativo o contencioso-administrativo que proceda (art. 43.3). Al disponer los plazos para interponer el recurso de alzada y el de reposición señala como *dies a quo* el siguiente a aquel en que, de acuerdo con su normativa específica, se produzcan los efectos del silencio (art. 115.1) o el *acto presunto* (art. 117.1).

Una vez más, los esfuerzos de interpretación se centraron en valorar la aplicabilidad de los plazos para recurrir al silencio desestimatorio,[53] con la doctrina y la jurisprudencia divididas en torno a

52. Para justificar esta afirmación basta con hacer un repaso de los vaivenes del anteproyecto y del proyecto de ley de la Jurisdicción contencioso-administrativa durante su tramitación parlamentaria. Vid. un análisis de la evolución del texto en J. González Pérez, *Comentarios a la Ley de la Jurisdicción Contencioso-Administrativa (Ley 29/1998, de 13 de julio)*, vol. II, 4ª ed., Civitas, 2003. Vid. también los comentarios de T. Cano Campos (2004), quien considera que el legislador de 1998, cuando redactó el art. 46, lo hacía ya sobre la base de un proyecto que conocía y que tenía en mente, razón que explica el hecho de que se hiciese referencia en el apartado 4 del precepto a un recurso – el de reposición – que la Ley 30/1992 había eliminado pero que resucitaría la Ley 4/1999.

53. Muy gráficamente, el Profesor E. Soriano ("Silencio administrativo e impugnación jurisdiccional: la resurrección de un Lázaro administrativo", *RAP* 151) se refirió a la resurrección de un Lázaro administrativo, el silencio administrativo como ficción legal, como fantasma de una resolución.

si era conveniente, razonable o necesario establecer o eliminar los plazos para recurrir en vía administrativa o jurisdiccional cuando la Administración había incumplido su obligación de resolver expresamente los procedimientos.

No hubo una corriente doctrinal unívoca. Los argumentos y el peso científico de quienes consideraron que los plazos para recurrir previstos en las leyes de procedimiento y contenciosa seguían siendo aplicables a todos los supuestos de silencio (Garrido Falla y Fernández Pastrana[54]), se contrarrestaron sin duda alguna por los que sostuvieron una línea opuesta (García de Enterría[55]) o matizada, como la de entender vigentes los plazos en caso de silencio desestimatorio con la reapertura de los mismos si se producía una resolución expresa tardía, o la de aplicar al silencio desestimatorio el régimen de las notificaciones defectuosas. La jurisprudencia también se mostró titubeante, como venía siendo una línea constante años atrás.

Un Auto del TSJ de Madrid de 25 de noviembre de 1999 abrió la espita al afirmar que el art. 46.1 de la LJCA había sido derogado tras la reforma de la Ley 4/1999 y su configuración del silencio negativo como ficción jurídica no generadora de actos presuntos, retomando la idea de que "no cabe apreciar extemporaneidad en la vía jurisdiccional cuando la Administración incumple su obligación de resolver".[56]

Sin embargo, la doctrina del Auto no fue unánime ni incontestada. El principio de seguridad jurídica se esgrimió como argumento "comodín", unas veces para justificar la existencia de plazos y la preclusión del silencio negativo,[57] otras para lo contrario, es decir, para afirmar la inaplicación de los plazos procesales a aquel silencio.[58]

El 24 de enero de 2004, la Sección 2ª de la Sala de lo Contencioso-administrativo del Tribunal Supremo dicta una sentencia calificada de trascendental,[59] que

54 Vid. *Régimen Jurídico y Procedimiento de las Administraciones Públicas (un Estudio de las Leyes 30/1992 y 4/1999)*, 3ª ed., Civitas.

55. Vid. "La inexistencia de plazo para recurrir el silencio administrativo en vía contenciosa. Derogación del art. 46.1 de la LJCA de 1998. Un Auto de la Sección 5ª de la Sala de lo Contencioso-administrativo del TSJ de Madrid de 25 de noviembre de 1999 (recurso 261/99)", *REDA* 105.

56. Dicho Auto fue comentado por diversos especialistas. Vid. por todos, el comentario realizado por E. García de Enterría, ob. cit.

57. Vid. por todas la STS de 14 de octubre de 2003 (RJ 8876/2003), en la que se expone que "tal ficción y el derecho del administrado no puede perpetuarse en el tiempo, (...) hasta el punto de estimar, que en el caso de autos una petición formulada en 1979, aún estaba viva en 1986, ya que por un lado el principio de seguridad jurídica, vigente en nuestro ordenamiento y reconocido en la Constitución, art. 9, aparece en contra de la posibilidad de existan situaciones pendientes de resolver durante más de siete años, cuando ninguna de las partes ha hecho actuación alguna y cuando además esa pendencia puede afectar a derechos de terceros". En defensa de esta tesis, vid. J. González Pérez, ob. cit., respecto a los llamados procedimientos triangulares.

58. Vid. por todas la STS de 7 de noviembre de 1999 (RJ 849/2000): "Sin que, por lo demás, valga redargüir que tal interpretación genere inseguridad jurídica ya que la Administración siempre tiene en su mano la posibilidad de evitarla dictando una resolución expresa, como es su obligación".

59. La Sentencia de 24 de enero de 2004 no pasó desapercibida en la doctrina *ius* administrativista. Vid. el comentario de M. E. Pérez Andrés, "Una sentencia trascendental sobre la inexistencia de plazo para interponer el recurso contencioso-administrativo frente al silencio administrativo negativo", *RAP* 164.

aborda directamente la cuestión, y se pronuncia con una fundamentación jurídica irrefutable sobre el art. 46.1 de la LJCA:

"(...) la remisión que el art. 46.1 de la Ley Jurisdiccional hace al acto presunto, *no es susceptible de ser aplicada al silencio negativo*, pues la regulación que del silencio negativo se hace en la Ley 30/1992 lo configura como una ficción y no como un acto presunto (...)".

"(...) *el art. 46.1 LJCA se refiere sin duda al plazo para recurrir ante ese orden jurisdiccional respecto de actos presuntos* (...). Mas tratándose de silencio negativo, desde la reforma de la Ley 30/1992, de 26 de noviembre, ya no cabe hablar de actos presuntos desestimatorios sino sólo – nuevamente – de ficción legal que abre la posibilidad de impugnación, en beneficio del interesado (...). Por ello, *el supuesto de desestimaciones por silencio negativo ya no puede entenderse comprendido en la previsión del art. 46.1 LJCA*, promulgada en un momento en que la Ley 30/1992 sí parecía considerar tales desestimaciones como verdaderos actos y no simplemente como una ficción legal (...)".

Concluye la sentencia reiterando una anterior jurisprudencia: "7. Desde tales premisas, se comprende que quepa concluir – como hacemos – que en la ordenación legal comentada encuentra de nuevo perfecto encaje la doctrina jurisprudencial en virtud de la cual *no cabe apreciar extemporaneidad en la vía jurisdiccional cuando la Administración incumple su obligación de resolver*".

Pero en su argumentación da un paso más, que lleva al TS a unas conclusiones a mi juicio desproporcionadas y contrarias al principio *pro actione* al que se refirió el TC:

"(...) el actual art. 42.4.2º de la Ley 30/1992 dispone: 'En todo caso, las Administraciones públicas informarán a los interesados del plazo máximo normativamente establecido para la resolución y notificación de los procedimientos, así como de *los efectos que pueda producir el silencio administrativo*, incluyendo dicha mención en la notificación o publicación del acuerdo de iniciación de oficio, o en *comunicación* que se les dirigirá al efecto dentro de los diez días siguientes a la recepción de la solicitud en el registro del órgano competente para su tramitación. En este último caso, la comunicación indicará además la fecha en que la solicitud ha sido recibida por el órgano competente'.

"El precepto tiene su origen en el mandato del artículo noveno de la Constitución, desarrollado por el legislador, precisamente, para garantizar la seguridad jurídica. En él se establece una regla general, universal, que no admite excepciones: 'en todo caso', regla general que se dirige a las Administraciones Públicas (todas) quienes necesariamente 'informarán' a los interesados y un contenido explícito de ese mandato informativo. La exégesis de este texto, complementada con la doctrina constitucional antes transcrita, obliga a concluir que *en tanto las Administraciones Públicas no informen a los interesados de los extremos a que dicho precepto se refiere los plazos para la interposición de los recursos no empiezan a correr*."

La aseveración anterior puede transcribirse en sentido inverso, afirmativo, para comprender todo su alcance: si las Administraciones Públicas informan a los interesados de los extremos a que se refiere el art. 42.4 de la LPAC la interposición de los recursos queda sometida a plazo. No se alcanza a comprender el razonamiento, que pretende "exculpar" a la Administración incumplidora de su deber de resolver cuando haya comunicado al interesado, anticipadamente, los recursos procedentes. Es una interpretación desproporcionada, o, en palabras ya reproducidas del TC, "prima la inactividad administrativa convirtiendo lo que conforme a la legalidad vigente era una obligación para la Administración – la de resolver expresamente (...) – en una opción, y en obligación del ciudadano lo que conforme a la misma legalidad era un derecho – someter el conocimiento de la cuestión controvertida a los Tribunales sin necesidad de esperar a una resolución expresa una vez superado un determinado período de inactividad administrativa (...)" (F.J. 5 de la STC 220/2003).

Es más, esta misma sentencia 220/2003 expone una tesis contraria a la sostenida por el Tribunal Supremo, al disponer con enorme claridad que no es posible entender que la resolución desestimatoria presunta de un recurso de reposición, por silencio administrativo de carácter negativo, reúne, en modo alguno, los requisitos formales de que se debe revestir todo acto administrativo "por el simple hecho de que el acto impugnado sobre el que pende la inactividad administrativa incluyó una detallada instrucción de recursos, presentes y futuros" (F.J. 5).

La declaración jurisprudencial de 2004 parece orientada a ofrecer a la Administración una opción que el legislador no le ha dado: o resolver expresamente o, en su defecto, informar anticipadamente de los efectos del silencio, especificando los eventuales recursos y sus plazos. Sin más consecuencias para la Administración incumplidora, pero sí con muchas más exigencias para el afectado por el silencio, que se verá encorsetado por la preclusión de los plazos y ante la obligación de recurrir desconociendo las razones por las cuales no se ha accedido a su solicitud o a su recurso.

La tesis jurisprudencial ha sido reforzada por una sentencia del TC, la 14/2006, de 16 de enero, en la que, tras relatar con gran detalle y pulcritud la evolución sufrida por el silencio administrativo desde su regulación en la LPA hasta la actualidad, se detiene en el análisis del vigente art. 42 para determinar que, efectivamente, y tal y como ha expuesto el Tribunal Supremo en su sentencia de 23 de enero de 2004, el legislador relaciona la obligación de resolver con la de información al interesado de los plazos máximos de resolución y notificación así como de los efectos del silencio. Lo cierto es que el discurso le lleva a mantener una tesis muy avanzada respecto al plazo para recurrir contra el silencio ("sin consideración a plazo alguno") pero introduce un matiz un tanto preocupante y que deja abierta la cuestión: "Sin embargo, cuanto acaba de decirse no significa que no pueda utilizarse otra interpretación cuando no concurra la infracción del deber de información a que se refiere el art. 42.4.2, reformado, de la Ley 30/1992".[60]

La polémica no se ha zanjado. Tan sólo ha cambiado de rumbo. Por eso las dos sentencias comentadas tienen sabor agridulce. La esperada confirmación de que no existen plazos para recurrir contra desestimaciones por silencio se enturbia con un nuevo elemento para la discusión: la posibilidad de que dicho plazo exista cuando, pese a no haberse resuelto expresamente, se haya cumplido con el deber de informar a los interesados del plazo máximo normativamente establecido para la resolución y notificación de los procedimientos, así como de los efectos que pueda producir el silencio administrativo.

60. Vid. un comentario crítico de la STC 14/2006, de 16 de enero, A. de Raventós Soler y J. M. Macías Castaño, "A vueltas con el silencio administrativo y el plazo de interposición del recurso contencioso-administrativo. Crítica urgente de la STC 14/2006, de 16 de enero. Una oportunidad perdida", *Diario La Ley* 6.468, 24 de abril de 2006.

VII. Las últimas reformas del régimen jurídico del silencio administrativo

a) La generalización del silencio positivo en la Directiva de Servicios y su discutible transposición al ordenamiento español

La Directiva 2006/123/CE, de 12 de diciembre, relativa a los servicios en el mercado interior (en adelante Directiva de Servicios) aporta un nuevo ingrediente al estudio de la técnica del silencio administrativo y promueve la adopción de nuevos remedios jurídicos que puedan resultar más acordes con los tiempos que corren y, sobre todo, con las aspiraciones de lograr un mercado libre y competitivo. Es precisamente esta última intención – "favorecer un mercado competitivo de servicios (...) que obligue a los Estados miembros a suprimir barreras para la circulación transfronteriza de servicios y que, al mismo tiempo, ofrezca a los consumidores mayor transparencia e información" – la que mueve al Parlamento y al Consejo europeos a adoptar medidas.

Se procede, por un lado, a "eliminar los obstáculos que se oponen a la libertad de establecimiento de los prestadores en los Estados miembros y a la libre circulación de servicios" y, por otro lado, a "garantizar, tanto a los destinatarios como a los prestadores de servicios, la seguridad jurídica necesaria para el ejercicio efectivo de estas dos libertades fundamentales" (considerando 5).

Entre las medidas más destacadas se encuentra la restricción de los procedimientos autorizatorios a "aquellos casos en que no resultaría eficaz hacer un control *a posteriori*, habida cuenta de la imposibilidad de comprobar *a posteriori* los defectos de los servicios en cuestión y habida cuenta de los riesgos y peligros que se derivarían de la inexistencia de un control *a priori*" (considerando 54). Cuando la autorización resulte necesaria, la Directiva establece como regla general el silencio positivo al disponer que "en ausencia de un régimen distinto y a falta de respuesta dentro de plazo, debe considerarse que la autorización ha sido concedida".

Y condiciona cualquier regla excepcional a la concurrencia de "razones imperiosas de interés general", noción que en su día perfiló el Tribunal de Justicia de las Comunidades Europeas y que recoge el preámbulo de la propia Directiva.[61]

61. "El concepto de razones imperiosas de interés general al que se hace referencia en determinadas prescripciones de la presente Directiva ha sido desarrollado por el Tribunal de Justicia en una jurisprudencia relativa a los arts. 43 y 49 del Tratado y puede seguir evolucionando. La noción reconocida en la jurisprudencia del Tribunal de Justicia abarca al menos los ámbitos siguientes: orden público, seguridad pública, en el sentido de los arts. 46 y 55 del Tratado, mantenimiento del orden de la sociedad, objetivos de política social, protección de los destinatarios de los servicios, protección del consumidor, protección de los trabajadores, incluida su protección social, bienestar animal, preservación del equilibrio financiero de los regímenes de seguridad social, prevención de fraudes, prevención de la competencia desleal, protección del medio ambiente y del entorno urbano, incluida la planificación urbana y rural, protección de los acreedores, garantía de una buena administración de justicia, seguridad vial, protección de la propiedad intelectual e industrial, objetivos de política cultural, incluida la salvaguardia de la libertad de expresión de los diversos componentes (en especial los valores sociales, culturales, religiosos y filosóficos de la sociedad), la necesidad de garantizar un alto nivel de educación, mantenimiento de la diversidad de prensa, fomento de la lengua nacional, conservación del patrimonio nacional histórico y artístico y política veterinaria."

En cumplimiento de los objetivos mencionados, la Directiva regula el silencio administrativo en el art. 13: "4. A falta de respuesta en el plazo fijado o ampliado con arreglo al apartado 3, se considerará que la autorización está concedida. No obstante, se podrá prever un régimen distinto cuando dicho régimen esté justificado por una razón imperiosa de interés general, incluidos los legítimos intereses de terceros".

Y para completar la regulación: "5. El remitente de toda solicitud de autorización deberá recibir lo antes posible un acuse de recibo en el que se indique lo siguiente: (...) c) cuando proceda, la indicación de que, a falta de respuesta una vez transcurrido el plazo establecido, se considerará concedida la autorización".

La transposición de la Directiva de Servicios al Derecho español se produjo mediante la Ley 17/2009, de 23 de noviembre, sobre libre acceso a las actividades de servicios y su ejercicio, de carácter básico.

En su Capítulo II, bajo el Título "Libertad de Establecimiento de los Prestadores de Servicios", regula los "procedimientos de autorización" disponiendo: "Los procedimientos (...) deberán ser claros e inequívocos (...) transparentes (...). En todo caso, deberán respetar las disposiciones recogidas en la Ley 30/1992 (...) así como *garantizar la aplicación general del silencio administrativo positivo y que los supuestos de silencio administrativo negativo constituyan excepciones previstas en una norma con rango de ley justificadas por razones imperiosas de interés general*".

Pocos días después se aprobó la Ley 25/2009, de 22 de diciembre, de modificación de diversas leyes para su adaptación a la Ley 17/2009 (conocida como Ley Ómnibus). Entre las llamadas "medidas horizontales" (Título I de la Ley) se modifica el art. 43 de la Ley 30/2992, que queda redactado en cuatro apartados. La novedad se introduce en el primero:

"1. En los procedimientos iniciados a solicitud del interesado, sin perjuicio de la resolución que la Administración debe dictar en la forma prevista en el apartado 3 de este artículo, el vencimiento del plazo máximo sin haberse notificado resolución expresa legitima al interesado o interesados que hubieran deducido la solicitud para entenderla estimada por silencio administrativo, excepto en los supuestos en los que una norma con rango de ley *por razones imperiosas de interés general* o una norma de Derecho comunitario establezcan lo contrario.

"Asimismo, el silencio tendrá efecto desestimatorio en los procedimientos relativos al ejercicio del derecho de petición, a que se refiere el art. 29 de la Constitución, aquellos cuya estimación tuviera como consecuencia que se transfieran al solicitante o a terceros facultades relativas al dominio público o al servicio público, así como los procedimientos de impugnación de actos y disposiciones. No obstante, cuando el recurso de alzada se haya interpuesto contra la desestimación por silencio administrativo de una solicitud por el transcurso del plazo, se entenderá estimado el mismo si, llegado el plazo de resolución, el órgano administrativo competente no dictase resolución expresa sobre el mismo."

Este primer apartado del reformado art. 43 recoge el contenido de los apartados 1 y 2 de la Ley 30/1992 incorporando, por exigencias de la Ley 17/2009, la referencia a las "razones imperiosas de interés general" para determinar los supuestos en los que una norma con rango legal puede establecer silencio negativo. Se introduce, pues, un nuevo elemento que deberá condicionar las excepciones que las leyes pretendan hacer al silencio positivo. No bastará una norma de rango suficiente – la realidad puso de manifiesto la disposición del legislador a excepcionar el silencio positivo – sino que será necesario, en el futuro, justificar que existe una razón imperiosa de interés general para hacerlo, encajando las excepciones en alguno de los supuestos del extenso concepto del Tribunal de Justicia de las Comunidades Europeas.

Esta referencia obligada a las razones imperiosas de interés general pareció quedar en entredicho respecto a las excepciones al silencio positivo preexistentes a la Ley 25/2009 a la vista de la literalidad de la Disposición adicional 4ª de la propia Ley. Bajo el título "Aplicación de los requisitos previstos para el silencio administrativo desestimatorio regulado en normas preexistentes", se señaló:

"A los efectos previstos en el primer párrafo del art. 43.1 de la Ley 30/1992, de 26 de noviembre, de Régimen Jurídico de las Administraciones Públicas y del Procedimiento Administrativo Común, de acuerdo con la redacción dada por la presente Ley, *se entenderá que concurren razones imperiosas de interés general en aquéllos procedimientos que, habiendo sido regulados con anterioridad a la entrada en vigor de esta Ley por normas con rango de ley o de Derecho comunitario, prevean efectos desestimatorios a la falta de notificación de la resolución expresa del procedimiento en el plazo previsto*".

La disposición me causó perplejidad. No podía imaginar, durante la lectura reposada de la Ley Ómnibus, que me iba a topar con un modo tan burdo no sólo de hacer caer en saco roto los objetivos de la reforma, sino de vulnerar el espíritu de la propia Directiva de Servicios. ¿Estábamos ante una "sanación" de cuantos procedimientos habían sido sometidos por la Ley 30/1992 al silencio negativo? ¿Acaso el legislador estatal daba por buena la situación anterior a esta Ley y no se sentía reflejado en el retrato de la situación que en su día incluyó el preámbulo de la Directiva? La Disposición Adicional analizada hace, precisamente, lo contrario: exime al legislador estatal y autonómico de evaluar su normativa anterior y da por buenos todos y cada uno de los supuestos de silencio desestimatorio vigentes a la entrada en vigor de esta Ley. Mi reacción ante dicha Disposición quedó reflejada por escrito en alguna ocasión: "Se ha perdido la ocasión de evaluar lo existente y reconsiderar muchos de los casos de silencio a la vista de las nuevas exigencias de la Directiva de Servicios (la concurrencia de 'razones imperiosas de interés general'). Confío en que los legisladores autonómicos operen con una mayor dosis de autocrítica y evalúen las largas listas de procedimientos regidos por silencio negativo para alcanzar la finalidad última de esta normativa: eliminar trabas innecesarias al mercado de servicios y mejorar la competitividad de las pequeñas y medianas empresas. Y de todos modos, la Disposición adicional comentada no elimina el riesgo de incurrir en incumplimiento del Derecho Comunitario si alguno de los procedimientos preexistentes cae dentro del ámbito de aplicación de la Directiva y no soporta su comparación con una razón imperiosa de interés general. En tal caso, como razonó recientemente Lozano Cutanda,[62] en aplicación del principio de primacía del Derecho Comunitario, el juez nacional tendría que inaplicar la disposición de la ley nacional eventualmente contraria a aquél".[63]

62. Vid. "Ley Ómnibus: silencio administrativo, declaración responsable y comunicación previa", *Diario La Ley*, 10 de febrero de 2010.

63. Cfr. mi aportación al Libro Homenaje al Profesor Baena *La Administración Pública entre dos Siglos*, INAP, 2010, cit., pp. 1.497 y ss.

Afortunadamente, el legislador ha vuelto sobre sus pasos poco tiempo después, con la aprobación de la Ley de Economía Sostenible, a la que me referiré a continuación.

b) El impacto de la crisis económica sobre la técnica del silencio administrativo

El 4 de marzo de 2011 se aprueba en España la Ley de Economía Sostenible. Como reza su Exposición de Motivos, pretende afrontar la crisis económica en consonancia con las pautas adoptadas por el grupo de países del llamado G20 y con las decisiones de la Unión Europea, a través de un conjunto de acciones dirigidas a reforzar el sistema financiero y a contener la acentuada caída de la actividad, paliando sus consecuencias tanto en el ámbito económico como en el social.

El Título II de la Ley introduce una serie de novedades directamente vinculadas con el impulso de la competitividad del modelo económico español, eliminando obstáculos administrativos y tributarios, actuando específicamente sobre tres ejes de mejora de la competitividad de las empresas españolas: el desarrollo de la sociedad de la información, un nuevo marco de relación con el sistema de I+D+i y una importante reforma del sistema de formación profesional, que se lleva a cabo mediante esta Ley y una Ley Orgánica complementaria, que efectúa las modificaciones de carácter orgánico necesarias en las disposiciones vigentes. Entre las medidas de "Simplificación administrativa", destaca la recogida en su art. 40, referido a la ampliación del ámbito del silencio positivo:

"1. Con el fin de agilizar la actuación de las Administraciones Públicas, el Gobierno, en el plazo de tres meses desde la entrada en vigor de esta Ley, remitirá a las Cortes Generales un proyecto de ley de *modificación del sentido del silencio administrativo en los procedimientos que no se consideren cubiertos por razones imperiosas de interés general*, de acuerdo con lo establecido en el art. 43 de la Ley 30/1992, de 26 de noviembre, de Régimen Jurídico de las Administraciones Públicas y del Procedimiento Administrativo Común.

"2. Las Comunidades Autónomas *evaluarán* igualmente la existencia de razones imperiosas de interés general que justifiquen el mantenimiento de los efectos desestimatorios del silencio administrativo en los procedimientos administrativos regulados por normas anteriores a la redacción del art. 43 de la Ley 30/1992, de 26 de noviembre, de Régimen Jurídico de las Administraciones Públicas y del Procedimiento Administrativo Común, derivada de la Ley 25/2009, de 22 de diciembre, de modificación de diversas leyes para su adaptación a la Ley sobre el libre acceso a las actividades de servicios y su ejercicio. Dicha evaluación se llevará a cabo en el plazo de un año desde la entrada en vigor de esta Ley y servirá de base para impulsar la adecuación normativa oportuna."

Mediante el Real Decreto-ley 8/2011, de 1 de julio, de medidas de apoyo a los deudores hipotecarios, de control del gasto público y cancelación de deudas con empresas y autónomos contraídas por las entidades locales, de fomento de la actividad empresarial e impulso de la rehabilitación y de simplificación administrativa, el Gobierno ha procedido a evaluar la concurrencia de los motivos que justifican la opción por el sentido desestimatorio del silencio. Tras el proceso de evaluación llevado a cabo por parte de los diferentes Departamentos Ministeriales, se procede a modificar los preceptos de múltiples leyes, propiciando que en más de un centenar de procedimientos las Administración se vea ahora sometida al régimen del silencio positivo:

Artículo 26. Sentido positivo del silencio administrativo "En los procedimientos iniciados a solicitud del interesado que se citan en el Anexo I, el vencimiento del plazo máximo fijado, en su caso, en ese mismo anexo sin que se haya notificado resolución expresa, legitima a los interesados para entender estimada su solicitud por silencio administrativo, en los términos previstos en el art. 43 de la Ley 30/1992, de 26 de noviembre, de Régimen Jurídico de las Administraciones Públicas y del Procedimiento Administrativo Común".

Pero sin duda la novedad más trascendental se produce en materia urbanística, ámbito tradicionalmente reservado al funcionamiento del silencio positivo – salvo que lo solicitado fuese contrario al ordenamiento jurídico. En el Real Decreto Ley se aprueban "medidas específicas de seguridad jurídica en el sector inmobiliario", entre las que se recogen "las relacionadas con la imposibilidad de concesión de facultades de extraordinaria relevancia e impacto sobre el territorio por medio de la técnica del silencio positivo". El legislador explica que "se confirma la regla, ya contenida en la Ley estatal de Suelo, de la imposible adquisición por silencio administrativo, de facultades o derechos que contravengan la ordenación territorial o urbanística, y que culminan determinando la nulidad de pleno derecho de estos actos". Recordando la ya estudiada sentencia de 28 de enero de 2009, se señala que "nada mejor que explicitar el *carácter negativo del silencio en los procedimientos más relevantes de declaración de conformidad, aprobación o autorización administrativa en dichos ámbitos*, lo que sin duda contribuirá a una mayor seguridad jurídica, impidiendo que la mera pasividad o inexistencia de actuaciones tempestivas de los Ayuntamientos permita entender a cualquier privado que le han sido concedidas licencias urbanísticas del más variado tipo". De ahí que en su art. 23 se recoja, bajo el título "Silencio negativo en procedimientos de conformidad, aprobación o autorización administrativa", lo siguiente:

"1. Los actos de transformación, construcción, edificación y uso del suelo y el subsuelo que se indican a continuación requerirán del acto expreso de conformidad, aprobación o autorización administrativa que sea preceptivo según la legislación de ordenación territorial y urbanística: a) Movimientos de tierras, explanaciones, parcelaciones, segregaciones u otros actos de división de fincas en cualquier clase de suelo, cuando no formen parte de un proyecto de reparcelación; b) Las obras de edificación, construcción e implantación de instalaciones de nueva planta; c) La ubicación de casas prefabricadas e instalaciones similares, ya sean provisionales o permanentes; d) La tala de masas arbóreas o de vegetación arbustiva que, por sus características, puedan afectar al paisaje; e) La primera ocupación de las edificaciones de nueva planta y de las casas a que se refiere la letra *c*) anterior.

"2. El vencimiento del plazo máximo sin haberse notificado la resolución expresa legitimará al interesado que hubiere deducido la solicitud para entenderla desestimada por silencio administrativo."[64]

64. No es el campo urbanístico el único en que se extienden los efectos del silencio negativo. Así, la Disposición Adicional cuarta ("Sentido negativo del silencio en determinados procedimientos administrativos") recoge que "1. Dentro de los procedimientos administrativos en los que, al amparo del art. 43 de la Ley 30/1992, de 26 de diciembre, de Régimen Jurídico de las Administraciones Públicas y del Procedimiento

Los diversos legisladores autonómicos deberán adaptar su respectivas leyes urbanísticas a la nueva regla sobre el silencio; y las Administraciones locales tendrán que tomar buena nota de la trascendencia que adquiere a partir de ahora la resolución expresa de los procedimientos si se quiere huir de la tan temida ralentización o paralización de la actuación administrativa.

A Coruña, mayo de 2012

Administrativo Común, resulta negativo el sentido del silencio se encuentran los siguientes: a) Inclusión en la Oferta de productos dietéticos del Sistema Nacional de Salud de un alimento dietético para usos médicos especiales. b) No inclusión en la Oferta de productos dietéticos del Sistema Nacional de Salud de un alimento dietético para usos médicos especiales. c) Alteración de la Oferta de productos dietéticos del Sistema Nacional de Salud".

Por otra parte, la Disposición Adicional sexta ("Sistema de Información Administrativa") señala que "3. El Ministerio de Política Territorial y Administración Pública ofrecerá a través de su página *web* información actualizada del sentido del silencio en los procedimientos administrativos de la Administración General del Estado. 4. Se habilita a dicho Ministerio para dictar las pertinentes disposiciones de ejecución".

El Real Decreto-ley 4/2012, de 24 de febrero, que determina las obligaciones de información y procedimientos necesarios para establecer un mecanismo de financiación para el pago a los proveedores de las entidades locales recoge en su art. 4 un supuesto de silencio positivo en el procedimiento de solicitud de certificación individual a los contratistas respecto a las obligaciones pendientes de cobro con alguna Administración local: "3. El certificado individual se expedirá por el interventor en los términos y con el contenido previsto en el artículo anterior en el plazo de 15 días naturales desde la entrada de la solicitud en el registro de la entidad local. Transcurrido el mencionado plazo sin que se hubiera rechazado la solicitud, se entenderá reconocido el derecho de cobro por silencio positivo en los términos previstos en la solicitud".

PARA UMA TEORIA DO ATO ADMINISTRATIVO UNILATERAL

Celso Antônio Bandeira de Mello

Professor Titular de Direito Administrativo da PUC/SP
e Professor Emérito da mesma Universidade

1. Entre as classificações dos atos administrativos, uma, de supina importância (de par com a divisão entre atos unilaterais e atos convencionais), embora muito pouco mencionada, é a que os divide em atos *ampliativos* e atos *restritivos* da situação jurídica dos administrados.

Comece-se por esclarecer que atos ampliativos são os atos favoráveis ao administrado, ou seja, os que ampliam sua esfera de desfrute das situações jurídicas e que restritivos são os desfavoráveis, ou seja, os que restringem, comprimem ou suprimem uma dada situação jurídica desfrutada por alguém.

Embora jamais tenhamos encontrado esta advertência, é importante notar que a teoria do ato administrativo unilateral foi largamente construída – e de modo altamente impróprio, porque parcial – sobre esta última categoria, isto é sobre os atos que se apresentam como impositivos para os administrados: atos restritivos de sua esfera jurídica (quais, *exempli gratia*, uma declaração de utilidade pública para fins de desapropriação, os atos fiscalizadores e sancionadores em geral, as revogações, anulações ou que, de todo modo, constrangem o administrado a fazer, não fazer ou suportar algo).

Tanto é exato que este viés errôneo presidiu o exame do ato administrativo que, na França, é comum definir-se o ato administrativo referindo-o como uma "decisão executória". Ora, isto, evidentemente, não é exato, pois, para sê-lo, seria preciso excluir do campo dos atos administrativos os atos ampliativos (como as permissões, concessões, admissões, licenças, autorizações etc.) o que, evidentemente, ninguém faz, conquanto estes últimos não exibam a totalidade das características presentes nos atos tomados como paradigmas para a construção da teoria do ato administrativo. Deveras, a admissão, a autorização, a concessão, "exempli gratia", são atos administrativos, ninguém jamais o negou, e não se constituem em decisões executórias, porque, à toda evidência, não se propõe a questão de executar estes atos contra a vontade do admitido, do autorizado do concessionário, como não se proporia em relação a qualquer beneficiário.

René Chapus anota que, no aresto Huglo (1982), o Conselho de Estado francês se manifestou no sentido de que "o caráter executório" das decisões administrativas é "a regra fundamental do direito público".[1]

Embora, ao nosso ver, sem descortinar que o discrímen importante é entre atos unilaterais ampliativos e restritivos, o fato é que obras mais modernas procuram discernir a decisão executória de outros atos administrativos.

Assim, no *Droit Administratif*, de Georges Vedel e Pierre Devolvé, os autores averbam que as decisões executórias são "uma variedade de atos administrativos unilaterais", mas que a expressão – cuja fortuna notoriamente se deve a Hauriou – vinha sendo usualmente empregada como sinônimo de ato administrativo unilateral, o que eles próprios, como o declaram, haviam feito até essa 12ª edição.[2]

A presença da aludida perspectiva equivocada facilmente se nota também na teoria do processo administrativo (chamado igualmente de *procedimento administrativo*), a qual está centrada, de modo claro, nos atos restritivos, dada sua evidente preocupação em colocar limites que resguardem o administrado de eventuais arbitrariedades administrativas. Por isto, nem todos os princípios indicados como pertinentes ao processo administrativo são aplicáveis à generalidade deles. Alguns destes princípios não podem ser referidos aos atos ampliativos, como ao diante indicamos.

2. É óbvio que não pode servir como uma teoria do ato administrativo aquela que é erigida tão somente sobre uma categoria deles e que, de conseguinte, imputará, ainda que apenas de modo implícito, a todo e qualquer ato administrativo características só aplicáveis a uma espécie deles.

Outrossim, ao deixar de lado a necessária vestibular distinção entre as duas importantes espécies mencionadas, escamoteia a necessidade de exame particularizado de cada qual e com isto redunda na falta de percepção de aspectos que seriam decisivos para a compreensão de certos institutos.

É que alguns deles dizem respeito tão só a uma destas categorias, como ocorre com o tema da manifestação da vontade do particular ou com o tema da chamada "coisa julgada" administrativa ou da executoriedade, questões estas que não se aplicam aos atos restritivos.

Outras vezes, o próprio instituto em causa se apresenta distinto conforme estejam em questão atos ampliativos ou restritivos, como sucede no caso da invalidação.

Não é nosso propósito aqui, evidentemente, pretender reelaborar toda a teoria do ato administrativo, o que demandaria como é óbvio uma amplitude absolutamente incompatível com este despretensioso artigo, mas tão somente atrair a atenção para aquilo que deve obrigatoriamente presidir tal elaboração.

Bem observando, nota-se que a teoria da *existência* e da *validade* dos atos administrativos é, realmente, igual tanto para os atos restritivos como para os ampliativos, conquanto os efeitos da invalidação, como

1. *Droit Administratif Général*, t. 1, 6ª ed., Ed. Montchrestien, 1992, p. 375.

2. Presses Universitaires de France, 12ª ed., 1992.

se anotou, não sejam os mesmos em uma e outra categoria; mais além salientamos que nos atos restritivos os efeitos da invalidação são *ex tunc* e nos atos ampliativos geralmente são *ex nunc*. Assim também a *teoria da eficácia*, ou *dos efeitos*, é distinta entre eles, não se propondo em relação aos ampliativos nada do que se relaciona com a imperatividade, exigibilidade ou executoriedade.

Dessarte, o discrímen entre as duas espécies de atos é importantíssimo, porquanto preside uma fundamental bipartição de regimes.

3. Comece-se por anotar que ao serem relacionados atributos ou características dos atos administrativos unilaterais costuma-se arrolar como próprias deles, a *presunção* de legitimidade, a *imperatividade*, a *exigibilidade* e a *autoexecutoriedade*.

As duas primeiras certamente tanto se aplicam a atos restritivos quanto ampliativos, pois não há duvidar que em ambas as hipóteses os atos provenientes da Administração devem se presumir conformes ao Direito, até prova em contrário ou até impugnação em juízo, assim como é de se reconhecer igualmente que possuem a força jurídica inerente a quaisquer deles derivados do Poder Público. Não se trata, ressalve-se, de afirmar que podem ser impostos forçosamente a terceiros, mas de assumir que possuem a força jurídica de constituir por si mesmos uma situação jurídica, isto é, de deflagrar efeitos por si próprios. Se estas duas características são comuns a todos os atos administrativos unilaterais, as duas outras mencionadas, quais sejam, a exigibilidade e a executoriedade não comparecem no caso dos atos ampliativos, valendo tão só para os restritivos.

Com efeito, a exigibilidade, ao nosso ver, é o atributo por força do qual a Administração pode constranger o administrado a cumprir o disposto no ato valendo-se para tanto de meios indiretos de compulsão, tais as multas, como as impostas ao administrado que não atendeu a intimação para consertar a calçada fronteira à sua casa, a recusa em expedir o alvará de construção para a reforma pretendida pelo particular se ele não quitar a obrigação de demolir a obra irregular ali efetuada etc. Não faria sentido pretender constranger o particular a desfrutar de um benefício que lhe estivesse sendo outorgado por meio de algum ato ampliativo.

A executoriedade é a prerrogativa de que dispõe a Administração de promover por si mesmo a execução da pretensão administrativa, isto é, sem necessidade de obtê-la por meio do Poder Judiciário, quando legalmente previsto ou perante situações urgentes ou nas quais inexista outra via de direito igualmente eficaz para salvaguardar o interesse público em risco. É claro que, ao emitir um ato benéfico ao administrado, que lhe amplia a situação jurídica, a Administração não terá porque impor ao beneficiário sua concreção material. Daí que tal atributo só se propõe em relação aos atos restritivos.

4. Consoante se observou, a mesma visão imperfeita se reproduz ao ser tratado o tema do processo ou procedimento administrativo (expressões muitas vezes utilizadas como equivalentes). De fato, é fácil perceber-se na enumeração dos princípios a ele reportados que nem todos são pertinentes à generalidade dos processos. Assim, o princípio da *oficialidade* e o da *gratuidade* não se aplicam obrigatoriamente nos procedimentos *ampliativos de direito* suscitados pelos interessados.

5. No que atina ao tema dos atos cuja prática ou cuja eficácia depende de manifestação do particular é evidente que diz respeito tão só aos atos ampliativos e que disto não se haveria de cogitar em relação àqueles em que, inversamente, o Poder Público está preordenado a comprimir ou suprimir direitos ou interesses do administrado, pois, para fazê-lo, como é óbvio, não irá pedir a aquiescência daquele a quem queira desfavorecer.

Neste passo está-se a referir às mais variadas hipóteses em que o ato administrativo pressupõe a concordância prévia ou posterior do administrado. É o que ocorre para a emissão de autorizações, licenças, permissões, concessões e quejandos, as quais só são expedidas caso haja interessados que previamente os requeiram ou que se habilitem a tanto. O mesmo sucede em relação a alguns outros atos que a Administração pode praticar, mas cujos efeitos finais dependem de manifestação concordante, como por exemplo, uma nomeação para cargo de livre provimento, pois não acarreta investidura no cargo sem que o nomeado o aceite, tomando posse dele, ou a outorga de qualquer situação honorífica dispensada a alguém, como uma comenda, "exempli gratia". Sobre a natureza destes atos e as diversas teorias que foram sugeridas ao respeito de alguns deles, pelo menos, questionando se são atos bilaterais ou se são dois atos unilaterais que se conjugam para obtenção do resultado final, se são contratos impregnados de um elemento de comando e outras variações, é altamente elucidativa a exposição de Stassinopoulos.[3] Ao nosso ver, deixando de lado o caso da nomeação, que exigiria explicações mais minuciosas para seu completo esclarecimento, entendemos que são dois atos unilaterais que se completam e que se reclamam.

6. Também as questões suscitadas ao respeito da chamada "coisa julgada administrativa" têm lugar unicamente em relação aos atos ampliativos. *Toda vez que a Administração decidir um dado assunto em última instância, de modo contencioso, ocorrerá a chamada "coisa julgada administrativa".* Algumas vezes, com esta nomenclatura, aliás muito criticada, pretende-se referir a situação sucessiva a algum ato administrativo em decorrência do qual a Administração fica impedida não só de se retratar dele na esfera administrativa, mas também de questioná-lo judicialmente. Vale dizer: a chamada "coisa julgada administrativa" implica, *para ela*, a *definitividade* dos efeitos de uma decisão que haja tomado.

O tema, repita-se, diz respeito exclusivamente aos atos "ampliativos" da esfera jurídica dos administrados. O fenômeno aludido só ocorre em relação a este gênero de atos, pois se trata de instituto que cumpre uma função de *garantia dos administrados* e que concerne ao tema da segurança jurídica estratificada já na própria órbita da Administração. Logo, não tem porque se propor quando em causa atos restritivos.

Ressalte-se que a chamada "coisa julgada administrativa" abrange a irrevogabilidade do ato, mas sua significação é mais extensa. Com efeito, nela se compreende, além da irrevogabilidade, uma irretratabilidade que impede o Poder Público de questionar do ato também na esfera judicial, ao contrário da mera irrevogabilidade, que não proíbe a Administração de impugnar em juízo um ato que considere ilegal e não mais possa rever na própria esfera.

Inversamente, seu alcance é menos extenso do que o da coisa julgada propriamente dita. Com efeito, sua definitividade está restrita a ela própria, Administração, mas terceiros não estão impedidos de buscar judicialmente a correção do ato.

3. Michel Stassinopoulos, *Traité des Actes Administratifs*, Atenas, Librairie du Recueil Sirey, 1954, pp. 57-62.

Assim, o atingido por uma decisão produtora de coisa julgada administrativa em favor de outrem e contrária a suas pretensões poderá recorrer ao Judiciário para revisá-la. Além disto, seu questionamento na esfera judicial é admissível sempre que caiba ação popular, ação civil pública ou que, por *fas* ou por *nefas*, haja legitimidade ativa do Ministério Público.

A coisa julgada administrativa, consoante entendemos, propõe-se unicamente em situações nas quais a Administração haja decidido contenciosamente determinada questão – isto é, em que tenha *formalmente assumido a posição de aplicar o Direito a um tema litigioso*; portanto, também, com as implicações de um contraditório. Aliás, nisto se exibe mais uma diferença em relação à simples irrevogabilidade, que, como visto, estende-se a inúmeras outras hipóteses.

7. Outra utilidade da distinção entre atos ampliativos e atos restritivos reside em que é a partir dela que se consegue resolver adequadamente a questão de saber-se se os efeitos da invalidação sempre, ou nem sempre, têm efeitos *ex tunc* e é com base nela que se poderá determinar se seus efeitos serão desta espécie ou se e quando serão *ex nunc*.

Reformulando o entendimento que em época pretérita adotávamos na matéria, pensamos que o assunto só se resolve adequadamente tomando-se em conta esta fundamentalíssima distinção – e que cada vez nos parece mais importante para uma teoria do ato administrativo – entre atos *restritivos* e atos *ampliativos* da esfera jurídica dos administrados.

Na conformidade desta perspectiva, parece-nos que efetivamente nos atos unilaterais *restritivos* da esfera jurídica dos administrados, se eram inválidos, todas as razões concorrem para que sua fulminação produza efeitos *ex tunc*, exonerando por inteiro quem fora indevidamente agravado pelo Poder Público das consequências onerosas. Pelo contrário, nos atos unilaterais *ampliativos* da esfera jurídica do administrado, se este não concorreu para o vício do ato, estando de boa-fé, sua fulminação só deve produzir efeitos *ex nunc*, ou seja, depois de pronunciada.

Com efeito, se os atos em questão foram obra do próprio Poder Público, se estavam, pois, investidos da presunção de veracidade e legitimidade que acompanha os atos administrativos, é natural que o administrado de boa-fé (até por não poder se substituir à Administração na qualidade de guardião da lisura jurídica dos atos por aquela praticados) tenha agido na conformidade deles, desfrutando do que resultava de tais atos. Não há duvidar que, por terem sido invalidamente praticados, a Administração deva fulminá-los, impedindo que continuem a desencadear efeitos; mas também é certo que não há razão prestante para desconstituir o que se produziu sob o beneplácito do próprio Poder Público e que o administrado tinha o direito de supor que o habilitava regularmente.

Assim, *v.g.*, se alguém é nomeado em consequência de concurso público inválido, e por isto vem a ser anulada a nomeação dele decorrente, o nomeado não deverá restituir o que percebeu pelo tempo que trabalhou. Nem se diga que assim há de ser tão só por força da vedação do enriquecimento sem causa, que impediria ao Poder Público ser beneficiário de um trabalho gratuito. Deveras, embora não compareça tal fundamento, a solução haverá de ser a mesma se alguém é permissionário de uso de um bem público e mais tarde vem-se a descobrir que a permissão foi invalidamente outorgada. A invalidação deverá operar daí para o futuro. Descaberia eliminar retroativamente a permissão; isto é: o permissionário, salvo se estava de má-fé, não terá que devolver tudo o que lucrou durante o tempo em que desfrutou da permissão de uso do bem.

As soluções indicadas – ressalte-se – não interferem com outro tema, qual o da cabível responsabilização do agente público que haja operado de má-fé em um ou outro caso, independentemente da boa ou má-fé do administrado.

8. Os tópicos focalizados são suficientes para exibir não apenas a importância da distinção entre atos ampliativos e restritivos, mas a necessidade de revisar a teoria do ato administrativo seja para corrigir-lhe a mencionada impropriedade, seja para que se possa, através disto, explorar adequadamente o tema, iluminando aspectos que ficam na sombra ou simplesmente insuspeitados quando se faz abstração do discrímen aludido ao construir teoricamente a matéria.

ATIVISMO JUDICIAL

Silvio Luís Ferreira da Rocha

Mestre e Doutor em Direito Civil pela PUC/SP.
Doutor e Livre-Docente em Direito Administrativo pela PUC/SP.
Professor da PUC/SP. Juiz Federal em São Paulo.
Conselheiro do Conselho Nacional de Justiça

1. Conceito de ativismo judicial. 2. Inexistência do ativismo judicial no Brasil. 3. Conclusão. 4. Bibliografia.

Resumo: Neste artigo o autor discorda do conceito de ativismo judicial proposto pela doutrina especializada e demonstra a inexistência de ativismo judicial na realidade jurídica brasileira.

Abstract: In this article the author disagrees the concept of judicial activism proposed by the specialized doctrine and demonstrates that there is no judicial activism in the Brazilian legal reality.

1. Conceito de ativismo judicial

Proponho neste artigo discutir o conceito de "ativismo judicial" e sua existência na realidade jurídica brasileira.

Para tornar o tema interessante sugiro transformá-lo didaticamente numa acusação ao Poder Judiciário. Coloquemos, num exercício imaginário, o Poder Judiciário no polo passivo de uma ação na qual se atribua a ele a prática de "ativismo judicial". A inicial traria, mais ou menos, os seguintes argumentos, todos extraídos da obra de Elival da Silva Ramos, *Ativismo Judicial, Parâmetros Dogmáticos*, Editora Saraiva:

O Poder Judiciário é acusado de ativismo judicial, isto é, de exercer sua função jurisdicional para além dos limites impostos pelo próprio ordenamento, em detrimento da função legislativa e executiva mediante a incursão sobre o núcleo essencial delas. Incorre em ativismo judicial quando principalmente por seu órgão de cúpula (STF):

a) constituiu nos julgamentos dos Mandados de Segurança ns. 26.602 e 603 regra que o "desligamento voluntário do partido pelo qual o parlamentar concorreu às eleições pelo sistema proporcional implica a perda do respectivo mandato";

b) estendeu indevidamente aos demais Poderes a proibição da prática do nepotismo, dispensada a edição de lei formal que a contemple, com base na força normativa das normas-princípios, cujo conteúdo prescritivo é conformador da realidade material (RE 579.951-4-RN);

c) atribuiu eficácia plena à norma do art. 208, IV, da CF, que estabelece o dever do Poder Público de assegurar educação infantil, em creche e pré-escola, às crianças até 5 (cinco) anos de idade e obrigou o município a atendê-las, quando a efetividade da norma dependia da formulação e execução de políticas públicas pelos Poderes Legislativo e Executivo.

Contribuem para o comportamento censurável do Poder Judiciário:

a) o modelo de Estado intervencionista adotado pela CF que leva juízes e tribunais a relevar a existência de limites impostos pelo próprio ordenamento e queimar etapas e concretizar o programa que a Constituição delineou prospectivamente;

b) a expansão do controle abstrato de normas, especialmente de normas-princípios, cuja formulação textual fluída permite ao órgão de controle maior liberdade de ação no exercício de sua função hermenêutico-concretizadora;

c) o chamado neoconstitucionalismo, isto é, o conjunto de transformações ocorridas no direito constitucional que compreendem o pós-positivismo, a centralidade dos direitos fundamentais, a nova jurisdição constitucional e a dogmática da interpretação constitucional, que abrem as portas do sistema jurídico ao subjetivismo de decisões judiciais;

d) a assunção de atividade normativa atípica por parte do STF, como a edição de súmulas vinculantes de observância obrigatória por todo o aparato Judiciário.

Pede seja o Poder Judiciário condenado a voltar a proferir suas decisões nos limites do ordenamento e de não subestimar o papel do povo, representado pelo Poder Legislativo, na tarefa de concretizar uma Constituição democrática.

Esses, em síntese, os principais argumentos depreciativos e constitutivos do chamado "ativismo judicial".

2. Inexistência do ativismo judicial no Brasil

Considero, no entanto, que a discussão esteja mal formulada. Embora o conceito de ativismo judicial proposto possa ser aceito como correto ao indicar uma atuação para além dos limites da função jurisdicional, o fato é que só podemos reconhecer a existência de ativismo quando a decisão amparar-se em fundamentos que não possam ser claramente identificados explícita ou implicitamente no ordenamento jurídico, especialmente na Constituição. Nesse aspecto, muitos dos fatores enumerados como a origem do ativismo judicial não o são e funcionam como causas de exclusão de censura ao comportamento do Judiciário, porque ampliaram o papel de intervenção do Poder Judiciário na realidade normativa.

Vou ater-me, no entanto, a alguns aspectos relacionados com os Direitos Fundamentais, o pós-positivismo, o neoconstitucionalismo e como eles alteraram o papel do Poder Judiciário num Estado Democrático de Direito.

Nesse aspecto, não há como desconsiderar a importância dos Direitos Fundamentais. A ideia-guia, segundo Robert Alexy, seria um conceito geral e formal de direitos fundamentais, que pode ser expresso da seguinte forma: direitos fundamentais são posições que são tão importantes que a decisão sobre garanti-las ou não garanti-las não pode ser simplesmente deixada para a maioria parlamentar simples. A concepção formal de direito fundamental expressa um problema central dos direitos fundamentais em um Estado Democrático. Normas de direitos fundamentais que vinculam o Legislativo definem aquilo que o legislador democraticamente pode e aquilo que ele não pode decidir. Da perspectiva desse legislador, essas normas representam proibições e deveres que restringem sua liberdade e são normas negativas de competência que limitam suas competências. Há necessariamente uma colisão entre o princípio da democracia e os direitos fundamentais. O problema da divisão de competências entre o legislador com legitimação democrática direta e responsabilidade (em razão da possibilidade de não reeleição) e o tribunal constitucional apenas indiretamente legitimado democraticamente e não destituível eleitoralmente é um problema inevitável e permanente.

E é justamente essa partilha de competências acerca dos Direitos Fundamentais que não é facilmente percebida por uma parcela de operadores jurídicos, que insistem em desconsiderar a importância do Tribunal Constitucional na interpretação da Constituição e dos Direitos Fundamentais.

A par disso o pós-positivismo e o neoconstitucionalismo, ambos com pontos de contato, introduziram o compromisso do ordenamento com certos valores veiculados por normas-princípios que, embora de densidade normativa menor do que as regras, estruturam-se sob a forma lógica de mandamentos de otimização e dão origem a um novo método de interpretação e aplicação, que não é mais o de subsunção, mas o de ponderação a partir de postulados como o da proporcionalidade no sentido de descobrir, sobretudo, para os direitos fundamentais uma regra concreta para o caso.[1]

1. Robert Alexy no Capítulo 3 da obra *Teoria dos Direitos Fundamentais* (trad. de Virgílio Afonso da Silva, 2ª ed., 2ª tir., São Paulo, Malheiros Editores) cuida da estrutura das normas de Direitos Fundamentais e considera as normas de Direitos Fundamentais como princípios.

O referido autor propõe-se analisar a estrutura da norma de direito fundamental e para isso considera importante, dentre as possíveis diferenciações teorético-estruturais, a que distingue entre regras e princípios. Para ele, essa distinção é a base da teoria da fundamentação no âmbito dos direitos fundamentais, um ponto de partida para a resposta à pergunta acerca da possibilidade e dos limites da racionalidade no âmbito dos direitos fundamentais e uma chave para a solução dos problemas centrais da dogmática dos direitos fundamentais, indispensável para estabelecer doutrina satisfatória sobre restrições a direitos fundamentais, colisões, papel dos direitos fundamentais no sistema jurídico, efeitos dos direitos fundamentais perante terceiros e repartição de competências entre o tribunal constitucional e o parlamento.

O autor enuncia o critério que, segundo ele, permite distinguir precisamente regras e princípios. Princípios são normas que ordenam que algo seja realizado na maior medida possível dentro das possibilidades jurídicas e fáticas existentes, *mandamentos de otimização*. No conceito de mandamento está incluído as permissões e as proibições. Destarte, mandamentos contêm os modais deônticos conhecidos o ordenado, o proibido e o permitido, caracterizados por poderem ser satisfeitos em graus variados e pelo fato de que a ***medida devida de sua satisfação*** não ***depende*** somente das ***possibilidades fáticas***, mas também das ***possibilidades jurídicas***, entendidas estas últimas como "âmbito das possibilidades jurídicas determinado pelos princípios e regras colidentes".

As regras são normas que são sempre ou satisfeitas ou não satisfeitas. Se uma regra vale, deve ser feita exatamente aquilo que ela exige, nem mais, nem menos. Regras contêm determinações no âmbito daquilo que é fática e juridicamente possível (p. 91). Para o autor, a distinção entre regra e princípios é uma distinção qualitativa e não uma distinção de grau. Toda norma é ou uma regra ou um princípio.

Ademais devemos reconhecer uma maior racionalidade nesse critério do que a proposta positivista para a teoria da interpretação, radicada num ato de conhecimento, mas, também, num ato de vontade em que o intérprete, dentro das possibilidades, escolhe a que lhe parece mais correta.

Aliás, contra essa discricionariedade do juiz é que se erguem alguns para sustentar o contrário, isto é, de que haveria sempre, para os casos difíceis, uma solução única e essa solução só poderia ser a moralmente correta, rompido, com isso, outro dogma do positivismo consistente na separação entre direito e moral. Insere-se, com isso, como elementos do Direito, além da validade, da eficácia, a pretensão à correção no sentido de que tanto o ordenamento, como a norma jurídica, devem estar em sintonia com um mínimo de preceitos éticos e valores.

Dentre esses valores o de um Estado mais justo, que reduza as desigualdades

A diferença entre regras e princípios mostra-se com maior clareza nos casos de colisões entre princípios e conflitos entre regras.

Um conflito entre regras só pode ser solucionado se for introduzido em uma das regras uma ***cláusula de exceção*** que elimine o conflito ou se uma delas for ***declarada inválida***, ou ter a aplicação afastada por meio de regras como o da anterioridade, da especialidade ou hierárquico: *Lex posterior derogat legi priori e lex especialis derogat legi generali.*

A ***colisão entre princípios*** é resolvida de forma diversa, sem a declaração de invalidade ou sem a inserção de uma cláusula de exceção. A solução dar-se-á pelo reconhecimento da precedência de um princípio sobre o outro em face daquelas circunstâncias e condições do caso concreto.

Os conflitos entre regras ocorrem na ***dimensão da validade*** enquanto os conflitos (melhor dito: as colisões) entre princípios ocorrem na ***dimensão do peso***.

Para ele, o conceito de relação de precedência condicionada tem importância fundamental na compreensão das colisões entre princípios. A relação de precedência condicionada é uma operação que consiste na fixação de condições sob as quais um princípio tem precedência em face de outro.

Importante observar que o autor e o Tribunal Constitucional rejeitam a possibilidade de relações incondicionadas de precedência ou relações de precedências abstratas ou absolutas, isto é, nenhum princípio seria considerado abstratamente, sem levar em conta circunstâncias concretas, precedente, mais importante, que outro. A única exceção a esta afirmação, estaria relacionada ao princípio da dignidade humana (p. 97).

A precedência é respondida pela metáfora do peso: em um caso concreto, o princípio P1 tem um peso maior que o princípio colidente P2 se houver razões suficientes para que P1 prevaleça sobre P2, sob as condições C, presentes nesse caso concreto.

O sopesamento – método, caminho que leva a precedência – consiste na alusão às condições de precedência C e na fundamentação da tese segundo a qual, sob essas condições P1 prevalece sobre P2 (p. 97). O sopesamento na verdade indica condições sob as quais se verifica uma violação a um direito fundamental. Se uma ação viola um direito fundamental, isso significa que, do ponto de vista dos direitos fundamentais, ela é proibida e que pode ser formulada na seguinte regra: "se uma ação preenche as condições C, então, do ponto de vista dos direitos fundamentais, ela é proibida" (p. 98).

A condição de precedência desempenha um duplo papel. No enunciado de preferência (P1 P P2) C, C é a condição de uma relação de precedência. Na formulação da regra: "Se uma ação h preenche C, então, h é proibida sob o ponto de vista dos direitos fundamentais, C é o pressuposto do suporte fático de uma regra" (p. 98). O autor enuncia então a chamada "lei de colisão": "as condições sob as quais um princípio tem precedência em face de outro constituem o suporte fático de uma regra que expressa à consequência jurídica do princípio que tem precedência" (p. 99). Para o autor como resultado de todo o sopesamento correto do ponto de vista dos direitos fundamentais pode ser formulada uma norma de direito fundamental atribuída, que tem estrutura de ***uma regra*** e à qual o caso pode ser subsumido.

regionais e erradique a pobreza, concretizada pelos e a partir dos direitos sociais. Acontece, no entanto, que os direitos sociais enunciados no texto constitucional não foram detalhados, o que dá origem a dúvidas interpretativas quanto à sua extensão, isto é, o que o cidadão pode exigir do Estado com relação a um Direito social como o de habitação: Uma casa? Um financiamento a juros subsidiados? Um auxílio-aluguel?

É claro que a resposta a essa pergunta depende da formulação de políticas públicas pelo Legislativo e pelo Executivo, mas e quando elas não são formuladas ou são mal formuladas, deve o Judiciário abster-se de julgá-las, proferir um *non liquet* ou procurar no caso dar uma resposta satisfatória? A resposta a essa questão não é simples, mas o fato é que dada a importância dos direitos sociais não se pode subtrair do Poder Judiciário uma parcela de competência para enfrentá-la e resolvê-la.

Apoiado nas lições de Robert Alexy o modelo de direitos fundamentais sociais expressa a ideia guia formal de que os direitos fundamentais são posições tão importantes que a decisão sobre garanti-las não pode ser deixada a maioria parlamentar, de modo que a questão acerca de quais direitos fundamentais sociais o indivíduo definitivamente tem é uma questão de sopesamento entre princípios a ser resolvida pelo Poder Judiciário.

A proposta de Robert Alexy é a de que uma posição no âmbito dos direitos a prestações tem que ser vista como definitivamente garantida se (1) o princípio da liberdade fática a exigir de forma premente[2] e se (2) o princípio da separação de poderes e o princípio democrático (que inclui a competência orçamentária do parlamento) bem como (3) os princípios materiais colidentes (especialmente aqueles que dizem respeito à liberdade jurídica de outrem) forem afetados em uma medida relativamente pequena pela garantia constitucional da posição prestacional e pelas decisões do Tribunal Constitucional que a levarem em consideração.

Essas condições são necessariamente satisfeitas no caso dos direitos fundamentais sociais mínimos, ou seja, por exemplo, pelos direitos a um mínimo existencial, a uma moradia simples, à educação fundamental e média, à educação profissionalizante e a um patamar mínimo de assistência médica.

O modelo apresentado é um modelo baseado no sopesamento. É característico de todos os modelos baseados no sopesamento que aquilo que é devido *prima facie* seja mais amplo que aquilo que é devido definitivamente. De acordo com o modelo proposto, o indivíduo tem um direito definitivo à prestação quando o princípio da liberdade fática tem um peso maior que os princípios formais e materiais colidentes, considerados em conjunto. Esse é o caso dos direitos mínimos.

3. Conclusão

Do exposto, verifico que as causas atribuídas ao Poder Judiciário como fatores de intervenção indevida noutros Poderes,

2. O principal argumento a favor dos direitos fundamentais sociais é um argumento baseado na liberdade. A liberdade jurídica não tem valor sem uma liberdade fática real, isto é, a possibilidade fática de escolher entre as alternativas permitidas. A formulação dessa tese é bastante geral.

A segunda tese que sob as condições da moderna sociedade industrial um grande número de titulares de direitos fundamentais não encontra seu substrato material em um espaço vital por eles controlado, mas em atividades estatais.

o chamado ativismo judicial, constituem pressupostos e limites de atuação do Poder Judiciário em nosso complexo ordenamento jurídico, de modo que na estrutura atual de configuração de exercício de competência jurisdicional, baseada nos Direitos Fundamentais, no Pós-Positivismo e no Neoconstitucionalismo, considero ser o *ativismo judicial* uma hipótese difícil de ocorrer, aquilo que os penalistas denominam de "crime impossível".

4. Bibliografia

ALEXY, Robert. *Teoria dos Direitos Fundamentais*. 2ª ed., 2ª tir. Trad. Vírgilio Afonso da Silva. São Paulo: Malheiros Editores, 2012.

NOVAIS, Jorge Reis. *Direitos Sociais: Teoria Jurídica dos Direitos Sociais enquanto Direitos Fundamentais*. Coimbra: Coimbra Editora.

RAMOS, Elival da Silva. *Ativismo Judicial. Parâmetros Dogmáticos*. São Paulo: Saraiva.

SILVA, Virgílio Afonso. *Direitos Fundamentais: Conteúdo Essencial, Restrições e Eficácia*. 2ª ed., 2ª tir. São Paulo: Malheiros Editores, 2011.

AÇÃO PARA APURAÇÃO DE ATO DE IMPROBIDADE ADMINISTRATIVA E O SEU CABIMENTO FRENTE AOS AGENTES POLÍTICOS

EDILSON PEREIRA NOBRE JÚNIOR

Desembargador Federal. Mestre e Doutor em Direito Público
pela Faculdade de Direito do Recife – UFPE.
Professor da Universidade Federal de Pernambuco
e da Faculdade Estácio do Recife

I – Introdução. II – A compreensão do Supremo Tribunal Federal. III – A revolta da doutrina contra o Supremo Tribunal Federal. IV – Uma palavra sobre os agentes políticos. V – Os limites e possibilidades resultantes da Reclamação 2.138-6-DF. VI – Palavras finais.

I – Introdução

Consoante Dalmo Dallari,[1] a república, como forma de governo, notabiliza-se, desde o século XVII, pela ostentação de três características, a saber: temporariedade, eletividade e responsabilidade. Esta, a única que por ora nos interessa, expressa que o chefe do governo é politicamente responsável, significando que lhe compete prestar contas de sua orientação política, seja diretamente ao povo que o escolheu, ou a um órgão que congregue a representação popular.[2]

1. *Elementos de Teoria Geral do Estado*, 9ª ed., São Paulo, Saraiva, 1982, p. 201.

2. O dever imposto aos governantes de prestar contas de sua atuação, na realidade, surgiu como uma exigência do Estado Liberal de Direito, tanto que, mesmo ainda sob os auspícios da monarquia em França, restou realçado pela Declaração dos Direitos do Homem e do Cidadão, de 26 de agosto de 1789: "Art. 15º. A sociedade tem o direito de pedir contas a todo agente público pela sua administração".

Por isso, em 24 de fevereiro de 1891, abandonando-se a consagração, na Constituição de 1824 (art. 99), de que a pessoa do Imperador, Defensor Perpétuo do Brasil, era inviolável e sagrado, o texto que se propôs estruturar o incipiente regime republicano previu a possibilidade de apuração de crime de responsabilidade, cuja prática seria atribuída ao Presidente da República (arts. 53 e 54).[3]

Mantida tal forma de responsabilização pelas Constituição de 1934 (art. 58),[4] 1937 (arts. 85 a 87), 1946 (arts. 88 e 89) e 1967, com a EC 1/1969 (arts. 82 e 83), a Constituição de 1988 agregou a necessidade de vinculação da atividade administrativa aos imperativos da ética, seja pela explicitação da moralidade como princípio regente da Administração Pública (art. 37, *caput*), seja pela habilitação à lei complementar para afastar do acesso aos mandatos eletivos aqueles que atentarem contra aquela (art. 14, § 7º). Nesta órbita, o constituinte acentuou, ainda, que os atos ditos de improbidade administrativa importarão na suspensão dos direitos políticos, na perda da função pública, na indisponibilidade de bens e no ressarcimento ao erário, nos termos previstos em lei (art. 37, § 4º).

Integrado o comando constitucional a partir de 2 de junho de 1992, com a edição da Lei 8.429,[5] tem-se que o instituto da improbidade administrativa, por ainda não haver superado duas décadas de aplicação, configura-se dotado de inegável juventude.

Disso decorre o surgimento, no desenrolar de casos concretos, de várias questões que envolvem dúvidas interpretativas. Uma delas – e que tem provocado enormes discussões – mostra-se pertinente ao universo subjetivo das pessoas suscetíveis de serem atingidas pelas sanções previstas na Lei 8.429/1992. O ponto mais acirrado em torno do assunto diz respeito à responsabilização dos agentes políticos.

A jurisprudência vem tentando fornecer soluções, encontrando, porém, fortes obstáculos na seara doutrinária.

Este escrito tem por finalidade proceder uma crítica dentre as opiniões contrapostas, sem pretensão de infalibilidade, a qual não se harmoniza com a verdade científica.

II – A compreensão do Supremo Tribunal Federal

A característica da Constituição de 1988, ao dispor, de forma detalhada, sobre numeroso rol de assuntos, muitos dos quais perfeitamente disciplináveis mediante a só atuação do legislador, contribuiu com que o tema chegasse, com rapidez, aos anais do Supremo Tribunal Federal.

Tal sucedeu com a Reclamação 2.138-6-DF,[6] ajuizada para preservar a competência do Pretório Excelso. Tudo teve início com o ajuizamento, pelo Ministério Público Federal, de ação de improbidade administrativa em detrimen-

3. Integrando a previsão constitucional, por força dos §§ 1º e 2º do art. 54 da Constituição de 1891, vieram a lume as Leis 27 e 30, de 7 e 8 de janeiro de 1892, as quais, respectivamente, definiam as infrações e o seu processo e julgamento.

4. Coube ao art. 61 da Lei Maior de 1934 a iniciativa de prever a prática de crime de responsabilidade também por ministros de Estado.

5. O diploma legal, no seu art. 12, trouxe ainda previsão de outras consequências do ato ímprobo, tais como a perda dos valores acrescidos ilicitamente, o pagamento de multa civil e a proibição de contratar com o Poder Público ou de receber benefícios fiscais ou de crédito.

6. Pleno, m.v., Rel. Min. Gilmar Mendes, *DJe* 17.4.2008.

to de Ronaldo Mota Sandeberg, então Ministro-Chefe da Secretaria de Assuntos Estratégicos – SAE e, ao instante da distribuição do pedido, Ministro de Estado da Ciência e Tecnologia, ao argumento de que teria se utilizado, para transporte particular seu e de terceiros, de aeronave da FAB.

Distribuída à 14ª Vara da Seção Judiciária do Distrito Federal, o pedido, a despeito da suscitação de preliminar de incompetência, foi julgado procedente, tendo sido interposto recurso de apelação.

Durante a pendência do mencionado recurso, a União Federal ativou reclamação, ao argumento da usurpação da competência do Supremo Tribunal Federal julgar Ministro de Estado por crime de responsabilidade, postulando a suspensão da eficácia da sentença, juntamente com a extinção do processo em curso perante as instâncias ordinárias sem resolução de mérito.

O pedido foi julgado procedente. Na assentada, prevaleceu orientação constante do voto do então Ministro Nelson Jobim, o qual não permaneceu na condição de relator em face da ultimação do julgamento ao depois de sua aposentadoria.

Referido pronunciamento se assentou nas seguintes premissas:

a) o sistema constitucional brasileiro, consoante a doutrina administrativa, distingue o regime jurídico dos agentes políticos frente aos demais agentes públicos, singularizando-o pelo fato de sua investidura, competência, autonomia e responsabilidade constar de disciplina específica e de assento constitucional;

b) a apuração de improbidade administrativa, demais de revestir-se de natureza punitiva, insere-se no campo da responsabilidade político-administrativa, sendo a consequência inerente a possível obrigação de ressarcimento algo que não é essencial à ação de improbidade, podendo resultar de vias judiciais distintas, inclusive da ação civil pública;

c) a exemplo do Presidente da República, os Ministros de Estado estão submetidos, por força de norma expressa da Constituição (art. 102, I, *c*), a julgamento por crime de responsabilidade, de natureza igualmente político-administrativa, perante o Supremo Tribunal Federal, cujos tipos, descritos na Lei 1.079/1950, cominam sanções pela ofensa à probidade na Administração (art. 9º);

d) o art. 102, I, *c*, da Constituição Federal, bem como a Lei 1.079/1950, ora por tratar-se igualmente de via de apuração de responsabilidade político-administrativa, ora pelo seu caráter de norma especial, afasta a regência da Lei 8.429/1992 quanto à apuração da prática, pelas autoridades mencionadas pelo aludido dispositivo constitucional, de eventuais atentados à probidade administrativa, representando a coexistência dos dois sistemas de responsabilidade (*bis in idem*), sem contar as inúmeras possibilidades de conflitos entre órgãos judiciais diversos.

Simpática ou não, o que, por si só, não confere à orientação acima seu acerto ou incorreção, foi seguida pelos votos dos Ministros Gilmar Mendes, Ellen Gracie, Maurício Corrêa, Ilmar Galvão e Cezar Peluso.

Saliente-se, para afastar o mito de que a decisão estaria ultrapassada pelo fato de dois integrantes da maioria já se encontrarem aposentados, que o Ministro Eros Grau, apesar de votar apenas quanto às questões preliminares, deixou expresso em voto, até mais incisivo do que o proferido pelo Ministro Nelson Jobim, orientação de que a previsão específica no texto constitucional de modelo de responsabilização político-administrativa, em favor de determinados agentes políticos, afasta, por especial, a regência do art. 37, § 4º, da CF, e, de conseguinte, da Lei 8.429/1992.

Em dissidência, alinharam-se os Ministros Carlos Mário Velloso, Sepúlveda Pertence, ambos já em ócio dos autos, bem assim os Ministros Joaquim Barbosa, Celso de Mello e Marco Aurélio.

De tais entendimentos, destaco logo o do Ministro Carlos Mário Velloso que, louvado no prestígio que o constituinte de 1988 deferiu em prol da moralidade administrativa, concebia o ajuizamento da ação de improbidade administrativa contra agentes políticos quando a respectiva lei de responsabilização política não contiver tipo idêntico ao previsto na Lei 8.429/1992.

Destaque também merece o ponto de vista delineado no voto proferido pelo Ministro Joaquim Barbosa, para quem é plenamente possível a coexistência, quanto ao Presidente da República e Ministros de Estado, dos dois regimes de responsabilidade, razão pela qual se mostrou favorável ao cabimento da ação de improbidade. Fez apenas uma ressalva: a de que a incidência da Lei 8.429/1992 não poderá resultar na "na perda do cargo político, do cargo estruturante à organização do Estado, pois isto configuraria um fator de desestabilização político-institucional para a qual a lei improbidade administrativa não é vocacionada" (v. fls. 351).[7]

Nota-se, então, haver prevalecido o entendimento de que, estando o Presidente da República e os Ministros de Estado sujeitos, por desígnio constitucional (arts. 52, I, e 102, I, *c*, CF), à responsabilização político-administrativa específica, disciplinada a nível infraconstitucional pela Lei 1.079/1950 – que, inclusive, prevê condutas atentatórias da probidade na Administração (art. 9º) –, a tais agentes não se aplicaria a Lei 8.429/1992.[8]

7. A numeração que se vê se refere às folhas do voto nos autos, cuja íntegra se pode obter do *site* do Supremo Tribunal Federal. Afigura-se providencial quanto à Reclamação 2.138-6-DF, tendo em vista que a extensão do julgado se espraia por mais de quatrocentas laudas.

8. Transcrita, no essencial, a ementa do julgado sumaria o pensar sufragado na ocasião: "Reclamação. Usurpação da competência do Supremo Tribunal Federal. Improbidade administrativa. Crime de responsabilidade. Agentes políticos. I. (...). II. Mérito. II.1 Improbidade administrativa. Crimes de responsabilidade. Os atos de improbidade administrativa são tipificados como crime de responsabilidade na Lei n. 1.079/1950, delito de caráter político-administrativo. II.2 Distinção entre os regimes de responsabilização político-administrativa. O sistema constitucional brasileiro distingue o regime de responsabilidade dos agentes políticos dos demais agentes públicos. A Constituição não admite a concorrência entre dois regimes de responsabilidade político-administrativa para os agentes políticos: o previsto no art. 37, § 4º (regulado pela Lei n. 8.429/1992) e o regime fixado no art. 102, I, 'c', (disciplinado pela Lei n. 1.079/1950). Se a competência para processar e julgar a ação de improbidade (CF, art. 37, § 4º) pudesse abranger também atos praticados pelos agentes políticos, submetidos a regime de responsabilidade especial, ter-se-ia uma interpretação ab-rogante do disposto no art. 102, I, 'c', da Constituição. II.3 Regime especial. Ministros de Estado. Os Ministros de Estado, por estarem regidos por normas especiais de responsabilidade (CF, art. 102, I, 'c'; Lei n. 1.079/1950), não se submetem ao modelo de competência previsto no regime comum da Lei de Improbidade Administrativa (Lei n. 8.429/1992). II.4 Crimes de responsabilidade. Competência do Supremo Tribunal Federal. Compete exclusivamente ao Supremo Tribunal processar e julgar os delitos político-administrativos, na hipótese do art. 102, I, 'c', da Constituição. Somente o STF pode processar e julgar Ministro de Estado no caso de crime de responsabilidade e, assim, eventualmente, determinar a perda do cargo ou a suspensão de direitos políticos. II.5 Ação de improbidade administrativa. Ministro de Estado que teve decretada a suspensão de seus direitos políticos pelo prazo de 8 anos e a perda da função pública por sentença do Juízo da 14ª Vara da Justiça Federal – Seção Judiciária do Distrito Federal.

No mesmo dia da conclusão de dito julgamento, o Plenário do Supremo Tribunal Federal[9] sustentou que prefeito, posteriormente eleito deputado federal, não teria, em seu favor, convertido em crime de responsabilidade eventual ato de improbidade administrativa perpetrado na qualidade de gestor municipal, para o fim de acarretar a tramitação de execução de sentença perante o Pretório Excelso.

Restou salientado que a improbidade administrativa, consagrada no art. 37, § 4º, da Lei Fundamental, traduz-se numa valorização da moralidade administrativa, não se convertendo, só pelo fato de imputada a autoridade possuidora de prerrogativa de foro, em crime de responsabilidade.

A discussão não parou por aí. Posteriormente, no desate da ADI 1.628-8-SC,[10] o Pretório Excelso ratificou, quanto aos governadores, a validade do art. 78 da Lei 1.079/1950, a qual versa sobre a prática de crimes de responsabilidade, acentuando a prevalência das normas contidas no referido diploma, editado pela União no exercício da competência que lhe confere o art. 22, I, da Lei Maior, sobre as estabelecidas pela constituição estadual.

Dois pronunciamentos ainda merecem realce. O primeiro deles recaiu na Questão de Ordem em Petição 3.211-0-DF.[11] Cuidava-se de ação para apuração de improbidade administrativa perpetrada pelo titular da Advocacia-Geral da União, juntamente com outros servidores desta, a qual foi distribuída para a 9ª Vara da Seção Judiciária do Distrito Federal. O juiz singular, atendendo postulação de um dos requeridos, atualmente exercendo o cargo de Ministro do Supremo Tribunal Federal, determinou que fossem os autos remetidos a este.

Em decisão que se afigurou contraditória, diante do precedente tomado na ADI 2.797-DF,[12] o Supremo Tribunal Federal propendeu por assentar que a distribuição de competência em favor de juiz de primeiro grau de jurisdição, para fins de julgamento de um dos seus ministros, quebrantaria o sistema judiciário como um todo.

Ao depois de firmar o seu poder jurisdicional no caso concreto, o Pretório Excelso se pronunciou, também por maioria, pelo arquivamento do processo quanto ao réu que integra os seus quadros,

Incompetência dos juízos de primeira instância para processar e julgar ação civil de improbidade administrativa ajuizada contra agente político que possui prerrogativa de foro perante o Supremo Tribunal Federal, por crime de responsabilidade, conforme o art. 102, I, 'c', da Constituição. III. Reclamação julgada procedente."

9. Questão de Ordem em Petição 3.923-SP (v.u., Rel. Min. Joaquim Barbosa, *DJe* 26.9.2008).

10. Pleno, v.u., Rel. Min. Eros Grau, *DJU* 18.4.2008.

11. Pleno, m.v., Rel. desig. Min. Menezes Direito, *DJe* 27.6.2008.

12. Pleno, m.v., Rel. Min. Sepúlveda Pertence, *DJU* 19.12.2006. O que se apresenta tisnado de gravidade é o fato de o Supremo Tribunal Federal, menos de dois anos de ter emitido eloquente pronunciamento no sentido de que o foro por prerrogativa de função para fins criminais não se aplica à ação de improbidade administrativa, ter traçado exceção dirigida justamente em favor dos seus membros. Para minorar a eficácia de tal julgamento, outorgando-lhe uma pitada de coerência, a jurisprudência, pelo Superior Tribunal de Justiça, vem enxergando uma *overruling*, a invalidar os efeitos vinculativos da decisão proferida na ADI 2.797. Por isso, na Reclamação 2.790-SC (Corte Especial, v.u., Rel. Min. Teori Albino Zavascki, *DJU* 4.3.2010), conferiu ares de universalidade à orientação tomada pelo Pretório Excelso na Reclamação 3.211-0-DF, entendendo que, da mesma forma, juiz de primeiro grau não poderia processar e julgar ação de improbidade administrativa contra Governador de Estado, cuja competência seria do Superior Tribunal de Justiça.

devendo prosseguir-se quanto aos demais no juízo de origem.

Com a devida vênia, objeta-se contra a referida decisão não a circunstância de ter sido tomada com equívoco, mas sim a de padecer de obscuridade. De fato, dela não consta a explicitação coerente dos motivos que a justificam. Não se sabe se o arquivamento do processo decorreu da impossibilidade de cogitar-se de responsabilização por improbidade administrativa no que concerne a ato perpetrado por Ministro de Estado, pois a única menção a tal fundamento pode ser observada do voto do Relator quando, no pórtico do segundo parágrafo, faz referência ao precedente da Reclamação 2.138-6-DF. Igualmente, não há fundamentação inequívoca no sentido de que tal arquivamento se impunha porque não seria possível apurar-se improbidade administrativa supostamente praticada por Ministro do Supremo Tribunal Federal. Neste ponto, há apenas superficial referência na ementa da decisão. Tampouco restou afirmado, de maneira objetiva, que não haveria, no caso concreto, ato de improbidade perpetrado pelo mencionado réu.

Noutro passo, digno de realce o deliberado pela 2ª Turma do Supremo Tribunal Federal no AgR no RE 579.799-6-SP.[13] Mais uma vez se cuidava de ação de improbidade, agora proposta pelo Ministério Público contra integrante de Tribunal Regional Federal, tendo sido suscitado, em recurso extraordinário, a competência para o seu processo e julgamento. O Relator, Ministro Eros Grau, proferiu voto condutor, no sentido de manter as conclusões de decisão monocrática na qual provia o inconformismo, ao argumento de que: a) nos termos do art. 105, I, *a*, da Constituição Federal, o integrante dos tribunais regionais federais é suscetível de praticar crime de responsabilidade, cujo julgamento competirá ao Superior Tribunal de Justiça; b) estando sujeito à prática de crime de responsabilidade, não se sujeita à Lei 8.429/1992, mas sim a regime de responsabilização decorrente, à exclusividade, da Lei Maior.[14]

13. V.u., *DJe* 19.12.2008.

14. Eis a motivação expendida no voto preponderante: "No que concerne ao mérito da controvérsia, lembro inicialmente que o Supremo Tribunal Federal fixou entendimento nos termos do qual a Constituição do Brasil não admite concorrência entre dois regimes de responsabilidade político-administrativa para os agentes políticos [RCL n. 2.138, Redator para o acórdão o Ministro Gilmar Mendes, *DJ* 20.6.2007]. O art. 105, I, 'a', da Constituição do Brasil define ser da competência do Superior Tribunal de Justiça processar e julgar, originariamente, 'nos *crimes* comuns os Governadores dos Estados e do Distrito Federal, e, nestes e nos *de responsabilidade*, os desembargadores dos Tribunais de Justiça dos Estados e do Distrito Federal, os *membros* dos Tribunais de Contas dos Estados e do Distrito Federal, os *dos Tribunais Regionais Federais*, dos Tribunais Regionais Eleitorais e do Trabalho, os membros dos Conselhos ou Tribunais de Contas dos Municípios e os do Ministério Público da União que oficiem perante tribunais'. Desembargadores cometem crimes de responsabilidade. Estão, portanto, na esteira do que aqui decidimos, incluídos no rol dos agentes políticos que não se sujeitam à Lei de Improbidade Administrativa. Não é correta a afirmação de que o desembargador não está incluído no elenco dos agentes políticos sujeitos às sanções previstas na Lei n. 1.079/1950. O regime de responsabilização decorre exclusivamente do disposto na Constituição do Brasil, não da legislação infraconstitucional. Ademais, este Tribunal, no julgamento do RE n. 228.977, Relator o Ministro Néri da Silveira, *DJ* 12.4.2002, afirmou serem, os magistrados, agentes políticos. Referiu-se a eles como 'agentes políticos investidos para o exercício de atribuições constitucionais, sendo dotados de plena liberdade funcional no desempenho de suas funções'. Também nesse sentido a doutrina de Hely Lopes Meirelles: 'agentes políticos exercem funções governamentais, judiciais e quase-

III – A revolta da doutrina contra o Supremo Tribunal Federal

O julgamento da Reclamação 2.138-6-DF despertou forte atenção da doutrina, a qual, mesmo antes de sua conclusão, veio a emitir sinais de preocupação com o direcionamento que viria afinal a prevalecer.

Para Celso Antônio Bandeira de Mello,[15] o art. 2º da Lei 8.429/1992, ao definir o que se deve entender por agente público, para os fins a que se propõe, abarca também aqueles que, por eleição, mandato, ou designação, exerçam cargo, emprego ou função nas entidades mencionadas no seu art. 1º. Daí não será possível acrobacia ou malabarismo exegético que, restringindo a noção em causa, venha permitir que os agentes políticos possam evadir-se dos rigores do referido diploma legal. Frisa o autor que seria inteiramente desproporcionado tivesse o diploma legal os deixado fora de sua incidência, pois são justamente os agentes políticos os que desfrutam das condições mais favoráveis à perpetração de atos de improbidade.

Prosseguindo a discussão quanto a Ministro de Estado, afirma que as únicas hipóteses nas quais àquele não seria aplicável a Lei 8.429/1992 recaem quanto à decretação da perda do cargo e da inabilitação para o exercício de função pública. É que tais sanções, por força da Constituição, resultam incidentes da procedência da ação para apuração de crime de responsabilidade, nos termos do art. 102, I, *c*, da Lei Fundamental. Invoca, para tanto, o critério da interpretação conforme para a finalidade de conciliar as sanções decorrentes da prática de ato de improbidade administrativa, nos termos do diploma legal acima, com as inerentes aos crimes de responsabilidade.

Trata-se de opinião de certa maneira conciliatória, preservando a incidência das punições da Lei 8.429/1992 quando não coincidirem com as previstas para os crimes de responsabilidade, similar à orientação exposta no voto do Ministro Joaquim Barbosa no julgamento da Reclamação 2.138.

Sem embargo dessa respeitável orientação, a quase totalidade dos pontos de vista doutrinários é pela aplicabilidade integral da Lei 8.429/1992 aos agentes políticos. Daí Gustavo Sena Miranda[16] ser enfático, ao manifestar-se no sentido de que a aceitação da incidência da Lei 8.429/1992, no particular dos agentes políticos, mostra-se fundamental para: a) o respeito ao princípio constitucional da isonomia; b) a proteção suficiente da probidade administrativa, valorizada pelo o art. 37, § 4º, da Constituição Federal; c) a manutenção do Estado Democrático de Direito; d) o respeito ao princípio da dignidade da pessoa humana.

Em trabalho escrito antes da conclusão do julgamento da Reclamação 2.138-6-DF, Francisco Chaves dos Anjos Neto[17]

-judiciais, elaborando normas legais, conduzindo os negócios públicos, decidindo e atuando com independência nos assuntos de sua competência (...)' (in *Direito Administrativo Brasileiro*, 21ª ed., p. 73)" (grifos no original).

15. "Competência para julgamento de agentes políticos por ofensa à lei de improbidade administrativa (Lei n. 8.429, de 2.6.1992)", *Interesse Público*, n. 42, ano IX, pp. 15-19.

16. "Da impossibilidade de considerar os atos de improbidade administrativa como crimes de responsabilidade", *Revista dos Tribunais*, vol. 857, ano 96, mar./2007, p. 509.

17. "Da plena compatibilidade da aplicação da Lei 8.429/1992 aos agentes políticos (insustentabilidade da tese contrária)", *Boletim de Direito Administrativo*, n. 10, ano XXV, out./2009, pp. 1.118-1.122.

defende que a Constituição de 1988 almejou inaugurar um regime peculiar de tutela da probidade administrativa, englobando as mais variadas formas de responsabilidade, dentre as quais a criminal (art. 37, § 4º, parte final, da CF), a político-institucional ou político-criminal (art. 55 c/c o art. 85, parágrafo único), a extrapenal (art. 37, § 5º) e, finalmente, a eleitoral (art. 14, § 9º).

Depois disso, sustém dever-se proceder a uma distinção: a Lei 8.429/1992 alcançaria o agente político no exercício da função administrativa propriamente dita, enquanto que a Lei 1.079/1950 se voltaria a sancionar os atos genuinamente políticos, assim compreendidos aqueles praticados com mais considerável margem de discricionariedade.

Assim se impõe, no dizer do autor, porque os agentes políticos, demais da prática de atos que fazem jus à sua qualificação, levam a cabo outros de natureza eminentemente administrativa. Daí que não se poderá cogitar duma relação de prevalência, ou de prejudicialidade, entre as condutas tipificadas em ditos diplomas legais, pois cada um destes tem campo de atuação próprio.

Por isso, entende que o reconhecimento de tratamento diferenciado para os agentes políticos, por enveredar pela senda da casuística, não logra superar o teste de universalidade, bastando observar que nem todo agente político se acha submisso a um processo de *impeachment*.

Digno de realce igualmente se afigura pensamento do Eduardo Fortunato Bim,[18] ao rejeitar exegese constitucional que afirma dever toda improbidade administrativa perpetrada por agente político ser punida com base na legislação que disciplina a apuração dos crimes de responsabilidade.

Para tanto, louva-se nos fundamentos, a saber: a) o processo por crime de responsabilidade é preponderantemente de cunho político, não cabendo invocar-se, para o afastamento dos agentes políticos da Lei 8.429/1992, a pretensa natureza penal daquele; b) a Lei Maior de 1988 (art. 52, parágrafo único) acentua que a configuração do crime de responsabilidade não exclui outras sanções judiciais cabíveis, dentre as quais se acham as inerentes à improbidade administrativa; c) considerando-se que, no entendimento do Supremo Tribunal Federal, os crimes de responsabilidade julgados pelo Judiciário possuem natureza penal, só por isto não se poderia afastar a improbidade administrativa, lídima ação civil; d) o fato de projetar-se uma das sanções previstas na Lei 8.429 (suspensão dos direitos políticos) além das tradicionais sanções cíveis e administrativas não transmuda a improbidade administrativa em instituto punitivo de colorido político; e) além da semelhança de caráter nominal, o princípio republicano e o democrático tornam separáveis as responsabilidades decorrentes da improbidade administrativa e da prática de crimes de responsabilidade.

Repulsa ao ponto de vista que visa excluir os agentes políticos, pode ser ainda observada em escritos de Guilherme Feler de Paula Fraga,[19] Rosemayre Gonçalves de Carvalho Fonseca,[20] Fabiano Pereira

18. "A possibilidade de cumulação dos crimes de responsabilidade (*impeachement*) e da improbidade administrativa dos agentes políticos por distinção de suas naturezas jurídicas", *Revista de Direito do Estado – RDE*, n. 5, ano 2, jan.-mar./2007, pp. 233-237.

19. "Do alcance da lei de improbidade administrativa aos agentes políticos", *Fórum Administrativo*, n. 105, ano 9, nov./2009, pp. 40-47.

20. "A ação de improbidade administrativa e os agentes políticos", *Revista CEJ*, n. 37, ano XI, abr.-jun./2007, pp. 4-13.

Gonçalves,[21] Luiz Gonzaga Pereira Neto[22] e Arnaldo Justino da Silva.[23]

IV – Uma palavra sobre os agentes políticos

Inicialmente, é interessante que seja reavivada a ideia de agente político. Com efeito, a doutrina, entre nós, de há muito visualizou, dentre o universo dos agentes públicos, os agentes políticos como uma categoria distinta.

Oswaldo Aranha Bandeira de Mello[24] considera-os como aqueles que agem em nome e por conta do Estado, na qualidade de titular do direito de participação ativa, com a incumbência de propor, estabelecer ou decidir as diretrizes políticas dos entes públicos, sendo titulares dos cargos essenciais à estrutura de determinado tipo de Estado. O seu regime jurídico – acentua o autor – é estabelecido nas Constituições federal e estaduais, bem assim nas leis por estas previstas.

Semelhante é o pronunciamento de Celso Antônio Bandeira de Mello,[25] para quem agentes políticos são os titulares dos cargos estruturais à organização política, preenchendo o arcabouço constitucional do Estado. A sua vinculação com este não é de natureza profissional, como se dá com os servidores estatais, mas sim de natureza política, de modo que os respectivos direitos e deveres descendem diretamente da Constituição e das leis.

A distinção com a lição doutrinária anterior sucede, basicamente, pelo fato desta referenciar os magistrados na categoria de agentes políticos, enquanto que, na segunda, estes estão limitados aos chefes do poder Executivo da União, Estados, Distrito Federal e Municípios, seus auxiliares diretos, e os parlamentares nos três níveis políticos.

Já Ruy Cirne Lima[26] alude ao que denominou de condutores políticos das pessoas de existência necessária. São estes todos quantos, isolados ou em grupo, desempenham o poder de orientar e dirigir as atividades do Estado.

Traçando um paralelo com o art. 62 da codificação civil ab-rogada, ao excepcionar da condição de acessórios algumas modalidades de benfeitorias, expôs: "Os homens, aos quais incumbem as funções de condutores políticos, não são meramente prestadores de energias; são, antes de tudo, portadores de ideias. Como a pintura em relação à tela prima, neste caso, a ideia

21. "Lei de improbidade administrativa: proporcionalidade, agentes políticos, prescrição e inconstitucionalidade", *Boletim de Direito Administrativo*, n. 7, ano XXV, jul./2009, pp. 793-803.

22. "Os agentes políticos e sua responsabilização à luz da Lei n. 8.429/1992", *Revista da AGU*, n. 12, abr./2007, pp. 11-20. O texto foi elaborado em atenção ao decidido pela 1ª Turma do STJ no REsp 456.649-MG (m.v., Rel. Min. Luiz Fux, *DJU* 5.10.2006).

23. "Improbidade administrativa praticada pelos agentes políticos: competência para o processo e julgamento após a Reclamação 2.138, em curso perante o STF", *Revista de Direito Constitucional e Internacional*, n. 65, ano 16, out.-dez./2008, pp. 22-47.

24. *Princípios Gerais de Direito Administrativo*, vol. II, Rio de Janeiro, Forense, 1969, pp. 287-288 e 309-310.

25. *Curso de Direito Administrativo*, 30ª ed., São Paulo, Malheiros Editores, 2013, pp. 251-252. A lição já tinha sido exposta noutra ocasião (*Regime Constitucional dos Servidores da Administração Direta e Indireta*, São Paulo, Ed. RT, 1990, pp. 8-9).

26. *Princípios de Direito Administrativo*, 7ª ed., São Paulo, Malheiros Editores, 2007, p. 442.

sobre a energia física, que lhe condiciona a expressão objetiva".[27]

À inclusão no comentado grupo, o autor restringe os chefes dos executivos das entidades políticas, seus auxiliares diretos, e parlamentares, não fazendo qualquer referência aos magistrados e membros do Ministério Público.

Maria Sylvia Zanella Di Pietro,[28] por sua vez, afirma que agentes políticos são aqueles que têm suas atribuições ligadas, essencialmente, ao governo e à função política, abrangendo as atividades de direção e colegislação, ou seja, que implicam fixação de metas, diretrizes, ou de planos governamentais.

Na sua definição, também estão inseridos os magistrados, não pelo simples fato de exercerem atribuições previstas na Constituição, mas sim por exercerem, juntamente com o Legislativo e Executivo, parcela da soberania estatal.

Pontos de vista semelhantes constam dos escritos de Hely Lopes Meirelles[29] e Antonio A. Queiroz Telles,[30] ressaltando-se que o primeiro se filia a uma concepção de maior amplitude, inserindo dentre os agentes políticos os magistrados e membros do Ministério Público.

A delineação, em nossa doutrina, da categoria dos agentes políticos resulta da bipartição, no âmbito do Poder Executivo, duma função política ou de governo e duma função administrativa, consistente na atividade de execução da ordem normativa.

Tal é atribuído à doutrina estrangeira. No dizer de Fausto Cuoculo,[31] surge a prática de atos de orientação política (*indirizzo politico*), consubstanciados pela determinação dos fins perseguidos com a ação do Estado. O mais relevante deles recai, sem dúvida, na definição do programa de governo, isto é, da política geral, a que se refere o art. 95.1 da Constituição italiana vigente.[32]

Em consonância com as palavras do autor, assim podem ser compreendidos: "Os atos em comento, de fato, pertencem ao circuito decisório dos órgãos constitucionalmente habilitados a escolher a política do Estado e, portanto, ao corpo eleitoral, às Câmaras e ao Governo, num liame sistemático realizado mediante a regra democrática da maioria".[33]

Do lastro substancial de tais atos, tem-se que os ditos agentes políticos são aqueles que, por força da Lei Fundamental, desenvolvem atribuições nas quais se manifesta a soberania do Estado, possuin-

27. Loc. cit., p. 163.

28. *Direito Administrativo*, 19ª ed., São Paulo, Atlas, 2006, pp. 500-501.

29. *Direito Administrativo Brasileiro*, 39ª ed., São Paulo, Malheiros Editores, 2013, pp. 78 e ss.

30. *Introdução ao Direito Administrativo*, São Paulo, Ed. RT, 1995, p. 328.

31. *Principi di Diritto Costituzionale*, Milão, Giuffrè Editore, 1996, pp. 212-214.

32. Eis a redação do preceito constitucional itálico: "Art. 95.1 O Presidente do Conselho de Ministros dirige a política geral do Governo e é por ela responsável. Mantém a unidade de orientação política e administrativa, promovendo e coordenando a atividade dos Ministros" ("Art. 95. Il Presidente del Consiglio dei Ministri dirige la politica generale del Governo e ne è responsabile. Mantiene l'unità di indirizzo politico ed amministrativo, promuovendo e coordinando la attività dei Ministri" – disponível em *www.senato.it*, acesso 30.4.2010 – trad. nossa).

33. "Gli atti in discorso, infatti, appartengono al circuito decisionale degli organi costituzionalmente abilitati a scegliere la politica dello Stato e quindi al Corpo elettorale, alle Camere e al Governo, in un raccordo sistematico realizzato mediante a regola democratica della maggioranza" (loc. cit., p. 214).

do o agente, para tanto, maior liberdade de decisão.

Integram tal categoria, inicialmente, os chefes do poderes executivos, seus auxiliares imediatos, bem como os parlamentares dos diversos entes políticos.

No particular dos magistrados, o reconhecimento da sua qualificação de agentes políticos vem ganhando aceitação. Tal decorre seja da atribuição inerente à fiscalização de constitucionalidade, a qual envolve apanágios de ordem política, seja por expressar, como afirmado por Maria Sylvia Zanella Di Pietro, fração da soberania do Estado e, finalmente, pela sua atuação vir permeada de independência funcional.

Essa constatação possui respaldo em pronunciamento da 2ª Turma do Supremo Tribunal Federal no RE 228.977-2-SP.[34] Cuidava-se de ação de indenização proposta por particular em detrimento do Juiz de Direito da Comarca de Serra Negra (SP), por haver o demandado, seja por ocasião de decisão de diplomação, ou ainda em face de discurso proferido quando da diplomação dos eleitos, utilizado expressões consideradas ofensivas à honra do autor.

O juízo de primeiro grau julgou extinto o processo, sem resolução de mérito, por ilegitimidade passiva. Já a 5ª Câmara do Tribunal de Justiça de São Paulo proveu em parte apelação, para, invalidando sentença, determinar que o feito tivesse regular curso no juízo *a quo*. Apreciando Recurso Extraordinário, o Pretório Excelso, pelo órgão fracionário acima, com base em voto-condutor do Ministro Néri da Silveira, assentou, novamente, a ilegitimidade passiva do magistrado indicado como réu. Para tanto, partiu da ilação de que o juiz, por enquadrar-se na condição de agente político, com atuação dotada de plena liberdade no exercício de suas funções, não tem responsabilidade pelos atos jurisdicionais que realiza.[35]

Da mesma forma, sou da convicção de que os membros do Ministério Público também podem ser vistos, na atualidade, como integrantes da categoria de agentes políticos.

Demais da informação de Maria Sylvia Zanella Di Pietro,[36] no sentido de que tal condição resulta das elevadas funções de controle que lhe foram conferidas pela Constituição de 1988, não se pode negar, ainda, a presença de outras características que, a meu sentir, são suficientes para aproximá-los da qualificação em comento.

34. STF, 2ª T., RE 228.977-SP, Rel. Min. Néri da Silveira, *DJ* 12.4.2002, p. 66.

35. A ementa do julgado é esclarecedora do entendimento, o qual foi tomado à unanimidade: "Ementa – Recurso Extraordinário. Responsabilidade objetiva. Ação reparatória de dano por ato ilícito. Ilegitimidade de parte passiva. 2. Responsabilidade exclusiva do Estado. A autoridade judiciária não tem responsabilidade civil pelos atos jurisdicionais praticados. Os magistrados enquadram-se na espécie *agente político*, investidos para o exercício de *atribuições constitucionais*, sendo dotados de plena liberdade funcional no desempenho de suas funções, com prerrogativas próprias e legislação específica. 3. Ação que deveria ter sido ajuizada contra a Fazenda Estadual – responsável eventual pelos alegados danos causados pela autoridade judicial, ao exercer suas atribuições –, a qual, posteriormente, terá assegurado o direito de regresso contra o magistrado responsável, nas hipóteses de dolo ou culpa. 4. Legitimidade passiva reservada ao Estado. Ausência de responsabilidade concorrente em face dos eventuais prejuízos causados a terceiros pela autoridade julgadora no exercício de suas funções, a teor do art. 37, § 6º, da CF/1988. 5. Recurso extraordinário conhecido e provido" (v.u., *DJU* 12.4.2002).

36. *Direito Administrativo*, 19ª ed., São Paulo, Atlas, 2006, p. 501.

São elas: a) a aplicação aos seus membros, com diminutas diferenças, das garantias e incompatibilidades que respaldam a independência funcional da magistratura (art. 128, § 5º, I e II, CF); b) autonomia funcional e administrativa da instituição, com a exclusividade de iniciativa de proposição ao Legislativo da criação e da extinção dos seus cargos auxiliares, da sua política remuneratória, dos seus planos de carreira, bem como de sua organização e funcionamento (art. 127, § 2º, CF); c) autonomia financeira dos seus diversos órgãos, revelada pela possibilidade de encaminhar ao Legislativo sua proposta orçamentária (art. 127, §§ 2º a 5º, CF); d) modo peculiar de escolha do chefe da instituição, de sorte a assegurar, em tal procedimento, relativa independência da instituição frente ao Poder Executivo (art. 128, §§ 1º a 4º, CF).

Sem sombra de dúvida, esses traços são capazes de diferençar os membros do Ministério Público do conjunto dos demais servidores públicos, o que serve para denotar, pelos menos nos moldes do sistema jurídico brasileiro, o seu qualificativo de agentes políticos.

Uma peculiaridade que não pode passar despercebida, depois dessas considerações da doutrina e da jurisprudência, é a de que a qualidade de agente político atrai uma responsabilidade especial, a qual é disciplinada pela Constituição e pelas leis nela indicadas. É que cabe à Lei Máxima delinear o seu regime jurídico.

Não é por outra razão que, com propriedade, Hely Lopes Meirelles[37] salientou que os agentes políticos têm liberdade funcional similar à independência dos juízes, ficando a salvo de responsabilidade civil por seus equívocos, ressalvada culpa grosseira, má fé ou abuso de poder.

No entender do autor, a posição daquele que governa, dirige, é bem diferente daqueles que simplesmente administram ou executam encargos técnicos, sem responsabilidade de decisão e de opções políticas. Em assim sendo, acentua que as prerrogativas que se outorgam aos agentes políticos não são privilégios pessoais, antes se configurando garantias indispensáveis ao pleno exercício de suas altas e complexas funções governamentais e de decisão, pois do contrário ficariam tolhidos no exercício de suas competências diante do temor de seus agentes serem responsabilizados pelos padrões comuns da culpa civil e do erro técnico.

Isso não quer significar, de modo algum, que a existência de uma sistemática especial de responsabilidade possa ensejar a formação duma casta de irresponsáveis.

V – Os limites e possibilidades resultantes da Reclamação 2.138-6-DF

O primeiro aviso que se impõe na espécie resulta da Constituição de 1988. Sem embargo do inestimável mérito de, em seguida ao sepultamento de regime autoritário, o qual perdurou por duas décadas, projetar a instituição de Estado Democrático de Direito, o texto referido se notabilizou por notável extensão, distinguindo-se, perante outros contemporâneos, não somente pelo seu caráter analítico, chegando a enveredar pela senda do analítico extenso, porquanto, a despeito de dispor sobre inúmeras matérias, disciplina-as com requintes de detalhes. A assertiva carece de demonstração, mostrando-se suficiente o observar a quantidade, aliada à respectiva técnica de elaboração normativa, de seus artigos, distribuídos pela parte permanente (254),

37. *Direito Administrativo Brasileiro*, 39ª ed., cit., p. 80.

disposições transitórias (97),[38] sem contar as modificações e acréscimos introduzidos pela promulgação de imenso número de emendas constitucionais (70).

A constitucionalização excessiva envolve riscos, sendo um deles o surgimento de inevitáveis frustrações constitucionais.

Daí que a contraposição dessa mixórdia constitucional diante da necessidade de texto constitucional enxuto e vassalo de normas de conteúdo aberto, recomendada pela técnica legislativa na matéria,[39] é capaz de acarretar conflitos de ordem sistemática.

Não se pode olvidar que o sistema jurídico, em conformidade com o que assinala Claus-Wilhelm Canaris,[40] deve apresentar duas características essenciais, quais sejam a ordenação e a unidade. Não basta o todo unitário, faz-se preciso ainda que suas partes estejam envolvidas entre si de forma coerente e racional. A ordenação impõe um estado de coisas intrínseco e racionalmente apreensível.

Feita essa consideração e, logo após, passando ao exame do tema da sujeição dos agentes políticos à ação de improbidade administrativa, disciplinada pela Lei 8.429/1992, constata-se que a decisão proferida na Reclamação 2.138-6-DF, em sua irrecusável e densa carga persuasiva, em nenhum instante, afasta, de modo generalizado, todos os agentes políticos, por esta só qualificação, de sua incidência.

Absolutamente. O Pretório Excelso apenas vislumbrou a existência de antinomia sistemática e a eliminou.

É que a Constituição Federal, no seu art. 85, após salientar no seu *caput* que os crimes de responsabilidade perpetrados pelo Presidente da República constituem atentado à Lei Maior, especifica, no inciso V, que tal sucede quando haja conduta atentatória à probidade na administração.

Por seu turno, a Lei 1.059/1950 define, no seu art. 9º, itens 1 a 7, quais os atos mediante os quais se atenta o Presidente da República contra a probidade administrativa.

Quanto aos Ministros de Estado, a Constituição (arts. 52, I, e 102, I, *c*), em mais de uma passagem, afirma a possibilidade de prática de crime de responsabilidade, os quais se sucedam de maneira conexa ou não com o perpetrado pelo Presidente da República.

Por força do art. 13, itens 1 e 2, da Lei 1.079/1950, tais delitos são os mesmos definidos para o Presidente da República, sejam praticados isolada ou conjuntamente com este. Como já visto, estão dentre eles os perpetrados contra a probidade na administração.

Interessante notar que não se trata de responsabilidade criminal comum, pois tanto a Constituição (art. 102, I, *b*) quanto a Lei 1.079/1950 ressalvam o

38. Apesar de recair a numeração final da parte permanente e das disposições transitórias nos números 250 e 94, respectivamente, a existência duma maior quantidade de preceitos decorre do fato de muitos artigos serem numerados repetindo-se a numeração anterior, com o acréscimo das letras *A* ou *B* em formato maiúsculo.

39. Desprezou-se, na elaboração da Constituição de 1988, bem como nas suas modificações posteriores, sábio conselho de Victor Nunes Leal: "À maior graduação da norma corresponde maior generalidade da sua disposição. A Constituição, portanto, deve enfeixar normas mais gerais e em menor número; as leis, normas mais pormenorizadas que as constitucionais, porém menos minuciosas do que as regulamentares. Essas observações singelas devem estar presentes ao espírito de quem redige uma Constituição, uma lei ou um regulamento" (*Problemas de Direito Público*, Rio de Janeiro, Forense, 1960, pp. 10-11).

40. *Pensamento Sistemático e Conceito de Sistema na Ciência do Direito*, 2ª ed., Lisboa, Fundação Calouste Gulbenkian, 1996, p. 12. Introdução e trad. de A. Menezes Cordeiro.

cometimento de infrações comuns, cuja apuração haverá de ser processada perante o Judiciário, nos termos da lei penal e processual penal.

Portanto, constata-se que já existem normas próprias, com o escopo de responsabilização do Presidente da República, e correspondentes ministros, por ofensa à probidade administrativa.

Tem-se entre a Lei 8.429/1992 e a Lei 1.079/1950 liame semelhante ao persistente dentre norma geral e especial, de modo a acarretar o afastamento da incidência desta em detrimento da primeira.

Ambos os diplomas disciplinam a apuração de responsabilidade de natureza administrativa por atos perpetrados por agentes públicos. Se, no tocante à Lei 1.079/1950, pode-se cogitar não só de responsabilidade administrativa, mas sim político-administrativo, é porque não se cuida da responsabilização de servidor público (agente administrativo), mas sim de agente político.

Não se argumente que a Lei 8.429/1992, por disciplinar o ajuizamento de ação civil, o que seria diverso da apuração dos fatos referidos pela Lei 1.079/1950, justificaria conclusão diversa. A ação de improbidade administrativa ostenta a natureza de ação civil por tramitar perante a jurisdição civil, com base nos ritos previstos no Código de Processo Civil, em contraposição aos feitos que transitam perante a jurisdição penal, seguindo o procedimento traçado pelo Código de Processo Penal.

Na verdade, o substrato informador da Lei 8.429/1992 reside no quebrantamento do dever de ética pública, conforme assinalei em trabalho anterior.[41] De igual modo, o dever de ética pública também está presente para respaldar o art. 9º da Lei 1.079/1950.

Disso decorre que é prestável o entendimento tomado no deslinde da Reclamação 2.138-6-DF, cujo fortalecimento se dá à medida que a doutrina sempre singularizou a categoria dos agentes políticos pela sua investidura, atribuições e responsabilidade, consagrada no texto da Constituição, para resolver antinomia no sistema jurídico, através da aplicação do critério da especialidade.

Não vislumbro incorreção pela circunstância de o Pretório Excelso ter afastado por completo, no precedente indicado, a incidência da Lei 8.429/1992, quando, ao invés, poderia ter propendido pela aplicação desta última, sem a possibilidade de perda do cargo público, a qual já tinha objeto de previsão na Lei 1.079/1950. O fato de o legislador, ao editar este último diploma, ter optado somente pelas sanções da perda do cargo e da inabilitação para o exercício de função pública, constitui expressão da discricionariedade de opção legislativa de que é titular.

Por outro lado, duas advertências devem ser reavivadas. A primeira é a de que o voto-condutor da Reclamação 2.138-6-DF deixa explícita a possibilidade de ser deduzida em juízo, a parte da responsabilização político-administrativa, pretensão de ressarcimento, entendimento extensível, sem maiores dificuldades, à inerente à perda dos bens ilicitamente adquiridos.[42]

41. Trata-se de artigo – "Improbidade administrativa: alguns aspectos controvertidos", *Revista de Direito Administrativo*, vol. 235, pp. 61-64, jan.-mar./2004 –, no qual resta noticiado o prestígio que o dever de lealdade ou de ética pública do agente perante a Administração usufrui na doutrina estrangeira.

42. Nesse particular, destaque-se a existência de legitimidade do Ministério Público,

Em segundo lugar, reforça o entendimento sufragado pela Reclamação 2.138-6-DF inovação que se incorporou ao art. 12, *caput*, da Lei 8.429/1992, pela Lei 12.120/2009, ao permitir que o juiz, atento à gravidade do fato, aplique as sanções dos seus incisos isolada ou conjuntamente.

Tampouco vislumbro ofensa à isonomia, pois, em compasso com o exposto no tópico retro, a condição de agente político justificaria uma disciplina específica no particular da responsabilização pelos atos praticados nessa qualidade.

Não se cogite que o ponto de vista contrário ao sufragado pelo Supremo Tribunal Federal se impunha pela consagração, por parte do constituinte de 1988, duma proteção suficiente da probidade administrativa, o que teria motivado o surgimento do art. 37, § 4º, da Lei Maior.

Com o devido respeito, a previsão de crime de responsabilidade, tendo em vista ofensa à probidade na administração (art. 85, V, CF), não revela, só por só, que tal valor seja objeto de tutela insuficiente.

Da mesma sorte, a deliberação sob crítica não abala os alicerces do Estado Democrático de Direito nem muito menos o conteúdo essencial da dignidade da pessoa humana, aspecto que, segundo penso, dispensa qualquer comentário.

Não compartilho do entendimento, embora respeitável, de que haveria duas espécies suficientemente distintas de ofensa à probidade administrativa, de modo que o alvo da Lei 8.429/1992 seria a função administrativa, enquanto que a Lei 1.079/1950 se dirige ao exercício da função governativa, cujos atos, ditos políticos, envolvem uma maior margem de discrição.

Além da sua unicidade semântica, a probidade, como valor a ser perseguido, não se desvela suscetível de divisão em categorias ou graus.

Isso sem contar que, compulsando-se o art. 9º da Lei 1.079/1950, vê-se que os comportamentos suscetíveis de tipificação nos seus vários itens não são exclusivamente de ordem política, descortinando-se com fortíssimo colorido administrativo. À guisa de exemplificação, observe-se o item 5 do referido dispositivo, ao reputar crime de responsabilidade infração, no provimento dos cargos públicos, das normas legais.[43]

Não é suficiente para justificar o ajuizamento de ação de improbidade administrativa contra o Presidente da República e Ministros de Estado a alegação de que, em contendo componente político a apuração de crime de responsabilidade, por força da Lei 1.079/1950, não se poderia invocar sua natureza penal.

Ora, a ação de improbidade administrativa, por igual, não possui natureza penal, mas ostenta inegável caráter punitivo, bastando ver as sanções a que se refere o art. 12 da Lei 8.429/1992.

Daí segue que, ao se perscrutar suposta prática de atentado à probidade na administração, nos termos do art. 9º da Lei 1.079/1950, tem-se, da mesma forma, um viés punitivo, o que se reflete na perda do

consoante a Súmula 329 do STJ: "O Ministério Público tem legitimidade para propor ação civil pública em defesa do patrimônio público".

43. Nesse sentido, Seabra Fagundes (*O Controle dos Atos Administrativos pelo Poder Judiciário*, 5ª ed., Rio de Janeiro, Forense, 1979, pp. 159-160), diante do art. 81, VIII, da Constituição pretérita (correspondente ao art. 84, XXV, da atual), ao atribuir ao Presidente da República competência para prover os cargos públicos federais, na forma da lei, ensinava que tal cuidava de ato administrativo e não político.

cargo e na inabilitação para o exercício de função pública pelo intervalo de oito anos.

De outra parte, a previsão, constante na parte final do parágrafo único do art. 52 da Constituição Federal, de que a punição pela prática de crime de responsabilidade ocorre sem prejuízo das demais sanções judiciais pertinentes, não respalda a possibilidade de ajuizamento de ação de improbidade administrativa. É que esta, se ocorrente, dá-se quanto ao Presidente da República, nos termos do art. 9º da Lei 1.079/1950.

A ressalva constitucional – que, a meu sentir, seria desnecessária – direciona-se à responsabilidade criminal (crime comum) e civil, salientando-se mais uma vez, quanto a esta última, que tal possibilidade foi reconhecida pelo voto do Ministro Nelson Jobim proferido na Reclamação 2.138-6-DF.

Caso as sanções previstas na Lei 1.079/1950 venham a ser insuficientes para, na atualidade, salvaguardar a probidade administrativa, não serve de fundamento para sua substituição pela Lei 8.429/1992, por esta estabelecer um número mais significativo de consequências.

Conforme já frisado, a própria Lei 8.429/1992 permite a não aplicação, conforme o caso concreto, de todas as sanções previstas nos incisos I, II e III, do seu art. 12, sem considerar a possibilidade de alteração do parágrafo único do art. 52 da Lei Fundamental, para facultar a imposição de outras sanções, o que é difícil de acontecer diante da trivialidade com que, na práxis congressual brasileira, procede-se à alteração do Texto Magno.

Muito embora a Constituição Federal não tenha se referido, nos seus inúmeros artigos, aos crimes de responsabilidade suscetíveis de serem praticados pelos governadores e secretários de Estado, forçoso notar que essa compreensão lhes é extensível, por força de simetria federativa, havendo o Supremo Tribunal Federal, no desate da ADI 1.628-8-SC, reputado hígido o art. 78 da Lei 1.079/1950, o que demonstra a existência de regime específico de responsabilidade político-administrativa com assento magno.[44]

Em complemento, o art. 74 da Lei 1.079/1950 expressa que as infrações tipificadas como suscetíveis de prática pelo Presidente da Republica e pelos Ministros de Estado, quando praticadas pelos governadores e seus secretários, constituem crimes de responsabilidade.

Significa dizer, então, que os comportamentos atentatórios à probidade na administração, descritos no art. 9º, e seus itens 1 a 7, da Lei 1.079/1950, são, igualmente, capazes de ensejar a responsabilidade político-administrativa dos governadores e seus secretários, o que, adotadas as mesmas razões expostas pelo Supremo Tribunal Federal na ADI 2.138-6-DF, é suficiente para afastar a incidência da Lei 8.429/1992.

Tal não impede, porém, seja ainda o governador processado criminalmente (crime comum) perante o Superior Tribunal de Justiça (art. 105, I, *a*, CF), bem assim de figurar como réu em ações civis de ressarcimento ao erário.

Não se alegue que tal solução fará com que a responsabilização dos governa-

44. Diferentemente do que sucede com o Presidente da República e os Ministros de Estado, observe-se que esclareceu o Supremo Tribunal Federal, no julgamento da ADI 1.628-8-SC, que a duração da pena de inabilitação para o exercício de função pública, fixada em cinco anos pelo art. 78 da Lei 1.079/1950, é insuscetível de ser aumentada ou diminuída pelas Constituições estaduais, em face da competência legislativa da União, quanto à matéria, impor-se por injunção do art. 22, I, da Constituição Federal.

dores se assente em norma desprovida de efetividade. Esta dependerá, para tornar-se realidade, do nível de participação política da sociedade, servindo de exemplo o que, recentemente, sucedeu no âmbito do Distrito Federal, cujo governador foi suspenso de suas funções quando do recebimento da acusação pela Assembleia Legislativa.

Remanesce ainda indagação em saber se para os prefeitos municipais também é de se reconhecer regime próprio de responsabilidade político-administrativa.

Quanto ao tema, as manifestações constantes em passagens dos votos proferidos na Reclamação 2.138-6-DF não justificam, com segurança, a exclusão de ditos agentes do alcance da Lei 8.429/1992.

Inicialmente, destaco que, no voto do Ministro Nelson Jobim (fls. 143), há trecho que enfatiza que os prefeitos municipais estão sujeitos, em virtude da prática dos delitos previstos no art. 1º do Decreto-lei 201/1967, ao afastamento do exercício do cargo (art. 2º, II).

Já na discordância do Ministro Carlos Mário Velloso (fls. 174) há menção a entendimento do Supremo Tribunal Federal (HC 70.671-PI), no sentido de que as tipificações do art. 1º do Decreto-lei 201/1967, embora rotuladas de crime de responsabilidade, consistem, a bem da verdade, em crimes comuns.

Depois, consta rápida intervenção do Ministro Sepúlveda Pertence (fls. 188) que, em indiscutível *obter dictum*, afirma não existir previsão constitucional de responsabilidade político-administrativa quanto a prefeitos, o que foi ratificado posteriormente (fls. 197).

Outra afirmação de passagem se constata do Ministro Gilmar Mendes (fls. 368), Relator, quando parece supor que a solução, quanto aos prefeitos, é diversa.

Daí se permite concluir: a) o art. 1º do Decreto-lei 201/1967 não versa sobre responsabilidade político-administrativa, razão pela qual não é capaz para afastar, pelo critério da especialidade, a incidência da Lei 8.429/1992; b) sem embargo do art. 4º do Decreto-lei 201/1967 traduzir responsabilidade político-administrativa, a ausência de respaldo constitucional faz com que não seja afastada, pelo critério hierárquico, pela aplicação da Lei 8.429/1992, a qual possui lastro no art. 37, § 4º, da Lei Fundamental. Melhor explicando, a Constituição Federal é omissa em aludir a forma específica para fins de responsabilização político-administrativa dos prefeitos.

O tema chegou a ser examinado pela 1ª Turma do Superior Tribunal de Justiça no REsp 456.649-MG,[45] interposto pelo Ministério Público, o qual, por maioria, teve seu provimento negado, inicialmente ao argumento de que, estando tipificado o fato sob apuração em norma definidora de crime de responsabilidade, não poderia se cogitar de responsabilidade nos termos da lei de improbidade administrativa, pois haveria a configuração de inaceitável *bis in idem*.

Na espécie, respaldava o acórdão recorrido circunstância de que o fato sob apuração (negativa de informação à Câmara Municipal) se encaixaria no art. 4º, III, do Decreto-lei 201/1967, definidor de infração político-administrativa, não se encaixando no art. 12, II, da Lei 8.429/1992.

Opostos embargos de declaração,[46] os mesmos foram acolhidos não para a alteração da decisão recorrida, mas apenas

45. M.v., Rel. desig. Min. Luiz Fux, *DJU* 5.10.2006.

46. 1ª T., v.u., Rel. Min. Luiz Fux, *DJU* 20.11.2006.

para o fim de esclarecer, no que tange à motivação predominante, que a negativa de provimento do recurso se justificava pelo fato imputado configurar infração político-administrativa sem correspondência na Lei 8.429/1992.

Restou frisado, de forma evidente, que este diploma é de induvidosa aplicação em detrimento dos prefeitos municipais.

Quanto aos parlamentares, importante é de logo salientar que o exercício da função tipicamente legislativa não pode ser enquadrado como improbidade administrativa.

A apuração judicial a que se destina o art. 37, § 4º, da Constituição Federal, complementada pela Lei 8.429/1992, por seu caráter nitidamente punitivo, não pode situar-se fora do abrigo do princípio da tipicidade. A autorização constitucional, bem assim a definição do art. 1º da Lei 8.429/1992, dirige-se à punição de comportamentos levados a cabo no exercício da função administrativa,[47] de modo que escapam das sanções que menciona posturas praticadas no plano da atividade legislativa.

Isso não impede, no entanto, que, na forma do art. 3º da Lei 8.429/1992, parlamentar possa ter praticado com terceiros atos de improbidade administrativa, sem correlação com a função de legislar, o que lhe acarreta a possibilidade de incidência dos comandos daquele diploma.

De igual modo, em havendo o parlamentar, antes de sua investidura no mandato, perpetrado ação possível de subsumir-se como um dos tipos descritos na Lei 8.429/1992, a sua nova condição não prejudica o trâmite da ação civil nem, igualmente, acarreta alteração de foro para esta. Estes pontos restaram esclarecidos na Petição 3.923 (Questão de Ordem).

Volvendo-se aos magistrados e membros do Ministério Público, é forçoso notar, inicialmente, que os seus atos, no desempenho de suas funções típicas, não estão sujeitos à Lei 8.429/1992. É que, em conformidade com o salientado há pouco, não se pode imaginar a prática de improbidade administrativa quando não se está diante de comportamento integrante da função administrativa.

No mais, há que se salientar, ainda por força do princípio da especialidade, que tanto os juízes quanto os membros do Ministério Público possuem, por força de dispositivo constitucional (arts. 93, *caput*, e 128, § 5º), regime jurídico específico disciplinado em leis orgânicas, nas quais há referência ao correspondente regime disciplinar, com a previsão de procedimento específico para a perda de cargo (art. 27, Lei Complementar 35/1977; art. 208, Lei Complementar 75/1992; e art. 38, I, § 2º, Lei 8.625/1993).

Isso não obsta que, em caso de se mostrar possível responsabilização de tais agentes por dano ao erário, seja promovida a competente ação civil.

47. Conforme lição de Maurice Hauriou, entende-se por função administrativa, a denotar, de per si, sua distinção da legislativa, o seguinte: "A função administrativa consiste na satisfação das necessidades do público. É uma missão complexa, implicando para o poder administrativo a diligência de fazer reinar a ordem pública e de prover a utilidade pública pela aplicação das leis, pela polícia e pela gestão dos serviços públicos" ("La fonction administrative consiste dans la satisfation des besoins du public. C'est une mission complexe, impliquant pour le pouvoir administrative le soin de faire régner l'ordre public et de pourvoir à l'utilité publique par l'application des lois, par la police et par la gestion des services publics)" (*Précis de Droit Administratif et de Droit Public*, 12ª ed., Paris, Dalloz, 2002, pp. 14-15 – trad. nossa).

VI – Palavras finais

Tecidas estas linhas, forçoso sumariar alguns remates, a saber:

a) dentre as diversas categorias de agentes públicos, destaca-se a dos agentes ditos políticos, a singularizar-se por aqueles que, ocupando os cargos estruturais à organização política do Estado, possuem o seu regime jurídico (definição do modo de investidura, atribuições, direitos e deveres, dentre outros aspectos) delineado pela Constituição Federal e pelas leis promulgadas com base nesta, permitindo-se, com isso, a fixação de normas próprias para a sua responsabilização;

b) o Presidente da República e seus ministros, por estarem sujeitos à responsabilização político-administrativa, definida em sede constitucional, a qual contempla atentado à probidade na administração, cujos tipos são definidos pela Lei 1.079/1950, não estão sujeitos a responder por ação de improbidade administrativa na forma da Lei 8.429/1992, o mesmo sucedendo com os governadores das unidades federativas e seus secretários, aos quais também é extensível, no particular da punição dos atos contrários à probidade administrativa, o regime da Lei 1.079/1950;

c) diversamente, a responsabilidade dos prefeitos municipais, por não ostentar assento magno, não os exclui do âmbito de incidência da Lei 8.429/1992;

d) quanto aos parlamentares, muito embora não possam responder por improbidade administrativa quanto aos atos perpetrados no desempenho da função de legislar, estão suscetíveis às penalidades da Lei 8.429/1992 quanto a atos que, com terceiros, praticarem na forma do art. 3º deste diploma, bem assim quanto a comportamentos perpetrados anteriormente à investidura no mandato eletivo, podendo, nestas situações, responder a demandas para apuração de ato de improbidade administrativa;

e) os integrantes da magistratura e do Ministério Público, diante da singularidade de se encontrarem sujeitos a regimes jurídicos próprios, definidos em leis com assento constitucional, os quais preveem as sanções que lhes são aplicáveis, acham-se excluídos da aplicação da Lei 8.429/1992;

f) os agentes políticos aos quais, por força de regras específicas, não estão sujeitos à Lei 8.429/1992, podem responder a pretensões de ressarcimento e de perda de bens adquiridos ilicitamente mediante o ajuizamento de ações civis.

Bibliografia

Obras consultadas

ANJOS NETO, Francisco Chaves dos. “Da plena compatibilidade da aplicação da Lei 8.429/1992 aos agentes políticos (insustentabilidade da tese contrária)”. *Boletim de Direito Administrativo*, n. 10, ano XXV, out./2009, pp. 1.117-1.122.

BANDEIRA DE MELLO, Celso Antônio. “Competência para julgamento de agentes políticos por ofensa à lei de improbidade administrativa (Lei n. 8.429, de 2.6.1992)”. *Interesse Público*, n. 42, ano IX, pp. 15-19, 2007.

______. *Curso de Direito Administrativo*. 30ª ed. São Paulo: Malheiros Editores, 2013.

BANDEIRA DE MELLO, Oswaldo Aranha. *Princípios Gerais de Direito Administrativo*. vol. II – *Das Pessoas*. Rio de Janeiro: Forense, 1969.

BIM, Eduardo Fortunato. “A possibilidade de cumulação dos crimes de responsabilidade (*impeachment*) e da improbidade administrativa dos agentes políticos por distinção de suas naturezas jurídicas". *Revista de Direito do Estado – RDE*, n. 5, ano 2, jan.-mar./2007, pp. 197-241.

CANARIS, Claus-Wilhelm. *Pensamento Sistemático e Conceito de Sistema na Ciência do Direito*. 2ª ed. Lisboa: Fundação Calouste Gulbenkian, 1996. Introdução e trad. de A. Menezes Cordeiro.

CUOCULO, Fausto. *Principi di Diritto Costituzionale*. Milão: Giuffrè Editore, 1996.

DALLARI, Dalmo de Abreu. *Elementos da Teoria Geral do Estado*. 9ª ed. São Paulo: Saraiva, 1982.

DI PIETRO, Maria Sylvia Zanella. *Direito Administrativo*. 19ª ed. São Paulo: Atlas, 2006.

FAGUNDES, M. Seabra. *O Controle dos Atos Administrativos pelo Poder Judiciário*. 5ª ed. Rio de Janeiro: Forense, 1979.

FONSECA, Rosemayre Gonçalves de Carvalho. "A ação de improbidade administrativa e os agentes políticos". *Revista CEJ*, n. 37, ano XI, abr.-jun./2007, pp. 4-13.

FRAGA, Guilherme Feler de Paula. "Do alcance da lei de improbidade administrativa aos agentes políticos". *Fórum Administrativo*, n. 105, ano 9, nov./2009, pp. 40-47.

GONÇALVES, Fabiano Pereira. "Lei de improbidade administrativa: proporcionalidade, agentes políticos, prescrição e inconstitucionalidade". *Boletim de Direito Administrativo*, n. 7, ano XXV, jul./2009, pp. 793-803.

HAURIOU, Maurice. *Précis de Droit Administratif et de Droit Public*. 12ª ed. Paris: Dalloz, 2002.

LEAL, Victor Nunes. *Problemas de Direito Público*. Rio de Janeiro: Forense, 1960.

LIMA, Ruy Cirne. *Princípios de Direito Administrativo*. 7ª ed. São Paulo: Malheiros Editores, 2007.

MEIRELLES, Hely Lopes. *Direito Administrativo Brasileiro*. 39ª ed. São Paulo: Malheiros Editores, 2013.

MIRANDA, Gustavo Sena. "Da impossibilidade de considerar os atos de improbidade administrativa como crimes de responsabilidade". *Revista dos Tribunais*, vol. 857, ano 96, mar./2007, pp. 478-511.

NOBRE JÚNIOR, Edilson Pereira. "Improbidade administrativa: alguns aspectos controvertidos". *Revista de Direito Administrativo*, vol. 235, jan.-mar./2004, pp. 61-91.

PEREIRA NETO, Luiz Gonzaga. "Os agentes políticos e sua responsabilização à luz da Lei n. 8.429/1992". *Revista da AGU*, n. 12, abr./2007, pp. 11-20.

SILVA, Arnaldo Justino da. "Improbidade administrativa praticada pelos agentes políticos: competência para o processo e julgamento após a Reclamação 2.138, em curso perante o STF". *Revista de Direito Constitucional e Internacional*, n. 65, ano 16, out.-dez./2008, pp. 22-47.

TELLES, Antonio A. Queiroz. *Introdução ao Direito Administrativo*. São Paulo: Ed. RT, 1995.

Jurisprudência referenciada e analisada

BRASIL. Supremo Tribunal Federal. Reclamação 2.138-6. Relator para o acórdão Ministro Gilmar Mendes. *DJe* 18.4.2008. Brasília/DF.

______.______. ADI 1.628-SC. Relator Ministro Eros Grau. *DJU* 18.4.2008. Brasília/DF.

______.______. ADI 2.797-DF. Relator Ministro Sepúlveda Pertence. *DJ* 19.12.2006. Brasília/DF.

_____._____. Agravo Regimental no Recurso Extraordinário 579.799-SP. Relator Ministro Eros Grau. *DJe* 19.12.2008. Brasília/DF.

_____._____. Recurso Extraordinário 228.977-SP. Relator Ministro Néri da Silveira. *DJe* 12.4.2002, p. 66.

_____._____. Questão de Ordem em Petição 3.211-DF. Relator designado Ministro Menezes Direito. *DJe* 27.6.2008. Brasília/DF.

_____._____. Questão de Ordem em Petição 3.923-SP. Relator Ministro Joaquim Barbosa. *DJe* 26.9.2008. Brasília/DF.

_____. Superior Tribunal de Justiça. Recurso Especial 456.649-MG. Relator Ministro Luiz Fux. *DJU* 5.10.2006.

_____._____. Embargos de declaração no Recurso Especial 456.649-MG. Relator Ministro Luiz Fux. *DJU* 20.11.2006.

TRANSFERÊNCIA DO DIREITO DE CONSTRUIR: QUESTÕES SOBRE SUA APLICABILIDADE E PERTINÊNCIA

Daniela Campos Libório Di Sarno

Introdução. 1. O desenvolvimento urbano e a função socioambiental do Município. 2. A propriedade urbana e sua potencialidade de construção. 3. A transferência do direito de construir: a) Natureza jurídica; b) Solo criado e outorga onerosa do direito de construir. 4. O Plano Diretor como instrumento ordenador do território. 5. Conclusão.

Introdução

A transferência do direito de construir é um instrumento instituído na Lei federal 10.257/2001, art. 35. Na referida disposição não há a previsão explícita e detalhada da matéria, não trazendo qualquer restrição sobre sua aplicação nas áreas do Município. Assim, cabe tecer alguns comentários sobre a relação entre este instrumento, o proprietário atingido e outros instrumentos de resultado semelhante, bem como suas consequências ao desenvolvimento urbano.

1. O desenvolvimento urbano e a função socioambiental do Município

A política de desenvolvimento urbano deve contemplar os aspectos ambientais inseridos no contexto urbano, delineando um sistema de gestão convergente com as necessidades atuais das cidades, mas também que possibilite a vida com qualidade e dignidade das próximas gerações. Para citar um exemplo prático do que isto significa, o procedimento de elaboração do plano diretor deve ser informativo, transparente e eficiente, envolvendo todas as camadas sociais e econômicas da cidade, no contexto em que elas se inserem, adequando as informações aos seus receptores. Não é apenas uma questão de forma, uma obediência estrita à lei, mas sim uma questão de fundo, pois só a comunidade pode saber suas reais necessidades e anseios.

A Constituição Federal, em seu art. 182, dispõe que a política de desenvolvimento urbano "*tem por objetivo ordenar o pleno desenvolvimento das funções sociais da cidade e garantir o bem-estar de seus habitantes*". Fica claro, portanto, que o desenvolvimento urbano não cumpre um papel meramente ordenador, mas, sim, visa a qualidade de vida e o equilíbrio daqueles que vivem no Município.

Um princípio basilar de direito urbanístico é a coesão dinâmica, característica esta própria da dinâmica da gestão urbana em que a realidade deve ser acompanhada de perto pelos gestores municipais, atualizando periodicamente diagnósticos e reavaliando a eficácia e pertinência de seus planos urbanísticos. É a dinâmica de planejamento, que deve imperar em todos os Municípios brasileiros.

Dentre as possibilidades que revisão urbanística está o acompanhamento do crescimento e adensamento da cidade. A revisão do zoneamento e os coeficientes a serem aplicados precisam ser analisados cautelosamente, pois trarão consequências diretas à qualidade de vida dos cidadãos, provocando adensamentos ou tipos de uso que podem tanto prejudicar quanto valorizar uma região. Assim, a lógica de escolha dos instrumentos a serem aplicados deverá ser a do resultado prático e real, o quanto certo instrumento irá contribuir para o desenvolvimento urbano sustentável da urbes.

2. A propriedade urbana e sua potencialidade de construção

O imóvel urbano possui características diferentes do imóvel rural. Uma das diferenças significativas é seu tamanho, medido em metros (no primeiro caso) ou em alqueires. Outra diferença é o uso que se pode fazer dele. Na área urbana, os usos possíveis são descritos e organizados pelo sistema normativo urbanístico municipal em razão de princípios e parâmetros que levem a uma sustentabilidade social, ambiental e econômica. Assim, podemos afirmar que há uma conexão lógica e direta entre a qualificação e quantificação do imóvel urbano e seu valor econômico.

O uso, gozo e disposição de um imóvel trará ao seu proprietário as potencialidades que o tornarão atraentes ao seu contexto, seja este o proprietário, o mercado, sociedade ou o Estado, gerando um valor. Por outro lado, todos os imóveis devem cumprir com as expectativas públicas transcritas no Plano Diretor. Tais expectativas, traduzidas na forma da lei, contornarão a função social de cada imóvel que, em amplo senso, significa disponibilizar para o mercado seu uso adequado e proporcional.

A localização, o tamanho e a potencialidade de edificação integrarão os elementos necessários para formação de seu preço. Portanto, em um imóvel urbano, a possibilidade de edificar interferirá no próprio direito de propriedade.

O sistema constitucional e normativo brasileiro trata do direito de propriedade imóvel urbano como um direito que deve ter condicionamentos inerentes à sua função social, mas que resguarde a possibilidade de seu uso. Pode-se dizer que é inerente às propriedades imóveis urbanas um direito de construir, nos limites trazidos pela legislação urbanística em vigor. Considerando que o direito de construir pode estar ínsito ao direito de propriedade imóvel urbano então a legislação urbanística deve prever uma certa cota para edificar comum e inerente às propriedades urbanas. Tal cota é gratuita para os proprietários e garantirá um uso razoável do imóvel. É o chamado coeficiente básico.

Se de um lado há a obrigatoriedade da política urbana viabilizar a disponibilidade dos imóveis em certo grau, por outro é facultado o uso de instrumentos que agreguem potenciais de construção aquele que lhe é inerente.

Assim, em razão das possibilidades de adensamento verificadas, poderá, ou não, haver instrumentos à disposição dos proprietários para edificarem acima do coeficiente básico. Significa dizer que um Município pode ter *unicidade* ou *pluricidade* de coeficientes de aproveitamento. Pode estabelecer, por exemplo, um coeficiente básico único para toda sua área urbana e estabelecer coeficientes diferenciados para as diversas áreas que compõe o cenário urbano, em razão do adensamento pretendido, ou consolidado, de proteção ambiental, ou usos restritos, etc.

Os parâmetros do tamanho dos imóveis referem-se à necessidade do uso do espaço em certa área urbana: áreas muito adensadas pressionam para lotes menores e mais ocupados (relação entre área do lote e área edificada), áreas pouco adensadas possuem lotes maiores e menos ocupados. Portanto, cada Município deverá analisar suas regiões para estabelecer a equação mais sadia entre o exercício do direito de propriedade e o equilíbrio urbano posto que será a legislação urbanística municipal o mecanismo normativo definidor da potencialidade de uso e ocupação de cada propriedade na área urbana ou de interesse urbano.

Como parâmetro geral brasileiro (mas não obrigatório), há uma tendência em estabelecer um coeficiente de aproveitamento básico "1" para os imóveis urbanos, ou seja, a área do lote corresponde ao total da área que pode ser edificada (um terreno de 1.000m^2 pode ser edificado em 1.000 m^2, obedecendo recuos e alturas). Portanto, é necessário que seja estabelecido um coeficiente de aproveitamento básico de uso e edificação em todos os Municípios e em todas as áreas urbanas, pois isto é que trará a viabilidade do potencial econômico e o exercício do direito de propriedade imóvel.

A este direito (do coeficiente de aproveitamento básico de edificação de imóveis urbanos) chamamos de subjetivo, quer dizer, integra o conteúdo da propriedade urbana o direito de uso, gozo e disposição nos termos da Constituição Federal, da legislação urbanística e do Código Civil.

Este padrão deve ser geral e abstrato, focando o princípio de imparcialidade, tão caro à atividade administrativa. Não significa dizer que deve ser único para toda a cidade, apesar desta postura ser regra geral nos Municípios brasileiros. É considerado adequado um coeficiente básico de aproveitamento diferente no mesmo Município que tenha características de uma metrópole, com realidades e extensões diversas e que demandam atuações diferentes na busca de um reequilíbrio urbano. Por exemplo, um centro velho da cidade pode ter um coeficiente básico de 2 enquanto o restante da cidade possui um coeficiente básico de 1. O resultado que se espera ter com esta diferença é estimular um adensamento em uma área degradada, subutilizada e desinteressante para o mercado imobiliário em face do aumento da cota de edificar gratuitamente. A partir do momento em que é possível edificar em dobro sem custos extras, surge um estímulo que pretende induzir este comportamento.

Por outro lado, é natural que na dinâmica das relações urbanas, haja interesses variados nos usos das propriedades e que, tanto o particular, quanto o Poder Público, queiram dar destinações, em quantidade e qualidade, diversa do estabelecido na legislação específica. O Estatuto da Cidade, lei federal 10.257/2001, trouxe diversos instrumentos, alguns já conhecidos, outros inovadores, que possibilitam o ajuste desses interesses sem, contudo, descaracterizar os parâmetros e princípios escolhidos por cada Município.

Alguns desses instrumentos possuem, como resultado, a possibilidade de certo lote ser edificado além do coeficiente básico de aproveitamento estabelecido genericamente para todos. São eles: outorga onerosa do direito de construir, transferência do direito de construir (TRANSCON), direito de superfície e o CEPAC (instrumento inserido nas operações urbanas consorciadas). Cada um deles têm possibilidades diferentes em serem adquiridos, mas possuem exatamente o mesmo resultado material: possibilitar que se construa além do coeficiente de aproveitamento básico previsto para certo imóvel.

Será por meio da disposição adequada dos instrumentos e calcada na realidade que uma cidade conseguirá atingir sua função social, bem como os imóveis existentes conseguirão cumprir o que lhes espera a coletividade.

3. A transferência do direito de construir

O Estatuto da Cidade, lei federal 10.257/2001, ao prever a TRANSCON, estabeleceu parâmetros gerais para seu uso. Contudo, é necessário que se entenda que os Municípios podem ajustar o uso dos instrumentos urbanísticos às suas necessidades públicas, desde que fundamentadamente. Isto fica claro na leitura do *caput* do art. 4º que dispõe *"Para fins desta Lei, serão utilizados, entre outros instrumentos"*. Ou seja, para a realização da política urbana, poderão ser utilizados os instrumentos indicados no art. 4º e outros que sejam estabelecidos pela política urbana do Município. Sobre a transferência do direito de construir, dispõe o Estatuto:

"Art. 35. Lei municipal baseada no plano diretor poderá autorizar o proprietário do imóvel urbano, público ou privado, a exercer em outro local, ou alienar, mediante escritura pública, o direito de construir previsto no plano diretor ou em legislação urbanística dele decorrente quando o referido imóvel for considerado necessário para fins de:

"I – implantação de equipamentos urbanos e comunitários;

"II – preservação, quando o imóvel for considerado de interesse histórico, ambiental, paisagístico, social ou cultural;

"III – servir de programas de regularização fundiária, urbanização de áreas ocupadas por população de baixa renda e habitação de interesse social.

"*§ 1º*. A mesma faculdade poderá ser concedida ao proprietário que doar ao Poder Público seu imóvel, ou parte dele, para fins previstos nos incisos I a III do *caput*;

"*§ 2º*. A lei municipal referida no caput estabelecerá as condições relativas à aplicação da transferência do direito de construir."

a) Natureza jurídica

A natureza jurídica da transferência do direito de construir, apesar de incluir a discussão acerca do valor do potencial de construção, não tem caráter tributário. O próprio Estatuto da Cidade traz a distinção aqui pretendida. Vejamos:

"Art. 4º. Para fins desta Lei, serão utilizados, entre outros instrumentos:

"I a III (*omissis*);

"IV – institutos tributários e financeiros;

"V – institutos jurídicos e políticos:

"a) a n) (*omissis*);

"o) transferência do direito de construir."

A distinção é necessária. Enquanto os instrumentos tributários possuem uma finalidade arrecadatória, que contribuirá para a receita do Estado, o direito de construir relaciona-se com o direito de propriedade e a possibilidade de realização plena deste direito constitucionalmente consagrado, somada à competência do Município em zelar pelo equilíbrio da urbes e seu desenvolvimento sustentado. Portanto, constituem-se em fundamentos distintos.

Ao dispor sobre a possibilidade da incidência do interesse público sobre imóvel privado, a legislação destacou o direito de construir como um direito apropriável e determinado, passível de ser exercido em outro local, sobre outro imóvel urbano. Na verdade, é o reconhecimento que há um direito de construir em cada propriedade imóvel urbana de maneira insofismável, mas que pode ser destacado da existência do solo que lhe acompanha. Sendo-lhe inerente e não sendo possível seu exercício de maneira regular (sobre o solo que lhe deu origem) é facultado pelo poder público o direito do proprietário exercê-lo em outro local. Em síntese, há um decréscimo, parcial ou total, do direito de construir inerente da propriedade atingida.

A certificação do direito de construir é o reconhecimento por fé pública do direito do proprietário e, como proprietário que é desse bem (metros quadrados potenciais de construção) pode ser exercido por si ou por terceiros. A certificação da transferência identifica o direito a ser materializado quando conveniente pelo proprietário.

Em síntese, a transferência do direito de construir nasce em razão do interesse público, faz decrescer o direito de construir do proprietário que, por sua vez, é indenizado por meio da certificação da transferência do direito que lhe foi tolhido. A retração ao exercício do direito de propriedade, de maneira específica e anormal, gera um direito à indenização. Portanto, fica claro que este é um instrumento que pretende possibilitar o equilíbrio das vontades, pública e privada, criando mecanismos que podem trazer consensualidade nas atividades urbanas considerando que não há perda de propriedade, mas, sim, restrição à potencialidade de seu uso.

b) Solo criado e outorga onerosa do direito de construir

O que deve estar previsto, em qualquer Plano Diretor, é a ocupação potencial máxima de certa área ou bairro, baseando-se, entre outros itens, na infraestrutura existente, na circulação, na história e vocação da região, nos usos que foram permitidos.

A possibilidade de se construir além do básico previsto não é nova. Chamado classicamente de "solo criado", esse instituto surgiu em Roma, em 1971, a partir de discussões sobre a necessidade de se dissociar o direito de construir do direito de propriedade posto que este último deveria pertencer à coletividade e condicionado à autorização ou concessão do Poder Público (Eros Grau, *Direito Urbano: Regiões Metropolitanas, Solo Criado, Zoneamento e Controle Ambiental*, São Paulo, Ed. RT, 1983, p. 60).

A partir da evolução deste conceito, o Estatuto da Cidade incorporou diversos instrumentos em uma estrutura que pode-se chamar da "pactuação urbana", entendendo que o equilíbrio do desenvolvimento urbano deve envolver as diversas camadas sociais posto que possibilita entrosamento amigável entre o interesse público e as vontades dos proprietários.

Na outorga onerosa do direito de construir há a possibilidade de construir acima do coeficiente básico na região em que se encontra determinado imóvel. A competência exclusiva para atribuição desta faculdade é do Município que deverá dispor em lei, com previsão no Plano Diretor, do procedimento, limites e contrapartidas possíveis para a efetiva aplicação deste instrumento.

Na essência, é deixar à livre iniciativa da sociedade que solicite, quando e quanto desejar o adensamento dos imóveis urbanos, nos limites estabelecidos no Plano Diretor. Esta aquisição de direitos será mensurada na diferença entre o coeficiente de aproveitamento básico e o coeficiente de aproveitamento máximo, de forma que a potencialidade de edificar, entre o básico e o adquirido na forma da outorga onerosa, fique abaixo do coeficiente máximo estipulado para a área. Haverá uma aquisição, solicitada pelo proprietário. Esta aquisição em geral é remunerada financeiramente, mas nada obsta que possa ser feita uma compensação em serviços e infraestrutura urbana, desde que previamente acordado.

No caso da outorga onerosa do direito de construir, a aquisição dos metros quadrados a serem edificados a maior já traz definido o local do uso, pois deve haver o condicionamento a certo imóvel, ou seja, não são títulos que possam ser adquiridos aleatoriamente. Também devem ser observados limites estritos do diagnóstico feito para cada área da cidade, sob pena de se tornar simples medida arrecadatória, desordenando o espaço urbano e desvirtuando sua finalidade. Caso seja aplicado com este intuito, entendemos que é eivado de vício ao menos quanto ao motivo, ensejando sua anulação ou revogação.

Se na outorga onerosa o Poder Público tem um resultado arrecadador, na TRANSCON o Poder Público deixa de gastar. Aquilo que seria motivo de indenização (reduzir ou aniquilar o direito subjetivo básico de edificar) é transformado na potencialidade de uso de edificar em outro lote. Ou seja, transforma-se em crédito para o proprietário que sofre uma restrição anormal e diferenciada sobre os demais proprietários. Mas não é só essa a diferença.

Na outorga onerosa o particular escolhe adquiri-los, quando e quanto quiser naquilo que estiver disposto pela legislação municipal. É uma faculdade de o particular usufruir deste instrumento, caso esteja disponível de forma interessante para seus fins. Entretanto, na TRANSCON, o proprietário não tem escolha, pois o interesse público se sobreporá ao interesse particular e sua propriedade, em razão de suas características e localização, poderá ensejar restrições que reduzirão ou aniquilarão seu uso. Caberia uma indenização.

Ocorre que a TRANSCON viabiliza justamente a negociação da transferência do potencial de construção do imóvel atingido podendo ser executado pelo seu proprietário original ou por terceiros, mediante registro em escritura. A TRANSCON é imposta pelo Poder Público ao proprietário que não tem outra saída senão aceitá-la como forma de pagamento pelo seu direito atingido.

Outra característica diferenciadora entre a outorga onerosa e a TRANSCON é que o primeiro instrumento tem origem na vontade do particular em acrescentar área edificada ao seu potencial básico; no segundo caso, sua origem ocorre na restrição do exercício de edificar o coeficiente básico. Ou seja, a outorga onerosa acresce; a TRANSCON decresce.

O coeficiente de aproveitamento máximo será agregado ao coeficiente de aproveitamento básico de forma que seja possível mensurar a altura e extensão que pretende e que não ultrapasse os limites máximos previstos abstratamente para aquela área.

Com relação ao resultado, a TRANSCON se adequa perfeitamente ao da outorga onerosa, pois só poderá ser utilizada a partir do esgotamento do uso do coeficiente básico de aproveitamento. Significa dizer que o uso do coeficiente de aproveitamento máximo deve ser aplicado e exercido sobre um direito que existe previamente – o coeficiente de aproveitamento básico e que, em certos casos, não é suficiente para realizar aquilo que seu proprietário deseja (por exemplo, a construção de um prédio). Para o proprietário interessado em edificar a maior de sua cota básica não há diferença na essência se o instrumento a ser utilizado será a TRANSCON ou a outorga onerosa.

A diferença entre o potencial de aproveitamento básico e o potencial de aproveitamento máximo é que poderá disponibilizar o uso de certificados, ou instrumento similar, quando assim desejado pelos proprietários e permitido pela legislação urbanística em vigor. A inclusão de potenciais de aproveitamento máximo é uma faculdade pública, não um direito do proprietário. Quanto será disponibilizado e onde, será uma decisão política baseada em laudos técnicos, que garantirão a sustentabilidade do coeficiente pretendido. Por certo que, se assim decidido, deverá ser aprovado na forma da lei para gerar os efeitos pretendidos.

4. O Plano Diretor como instrumento ordenador do território

A Constituição Federal determina, em seu art. 182, que o Plano Diretor Municipal é o instrumento básico de ordenação do território. Se por um lado, este é o instrumento específico indicado para organizar o desenvolvimento urbano, por outro não poderá se furtar em obedecer regramentos mínimos bem como seguir os princípios gerais de direito público e a legislação urbanística que conforma o tema. A competência no estabelecimento do Plano Diretor é municipal e disso não há dúvidas. Também não há o que questionar acerca da competência do município como ente federativo a estabelecer sua legislação e suas políticas públicas.

Diante de todo esse quadro, a motivação dos atos públicos guarda especial interesse para o caso, assim como para a gestão democrática das cidades. Segundo José dos Santos Carvalho Filho: "Pode-se, pois, conceituar o motivo como a situação de fato ou de direito que gera a vontade do agente quando pratica o ato administrativo" (*Manual de Direito Administrativo*, 16ª ed., Rio de Janeiro, Lumen Juris, p. 99).

O que se está pretendendo dizer é que o estabelecimento de política urbana deve ser condicionado a um querer social, legitimamente consolidado e naquilo que for pertinente a escolha da autoridade pública, deverá fazê-lo justificadamente. É o que dispõe o Conselho Nacional das Cidades:

"*Resolução 34 do Conselho Nacional das Cidades*

"Art. 4º. Nos termos do art. 42, inciso II do Estatuto da Cidade, caso o Plano Diretor determine a aplicação dos instrumentos: direito de preempção, outorga onerosa do direito de construir e de alteração de uso, operações urbanas e a transferência do direito de construir; estes só poderão ser aplicados se tiverem sua área de aplicação delimitada no Plano Diretor.

"Parágrafo único. Na exposição de motivos, o Plano Diretor deverá apresentar a justificativa de aplicação de cada um dos instrumentos previstos no art. 4º desta Resolução, com vinculação às respectivas estratégias e objetivos."

Em decisão acertada, o Superior Tribunal de Justiça já reconheceu que deve haver parâmetros justificados para que haja restrições sobre o direito de propriedade:

"STJ, REsp 1.011.581-RS

"Recurso Especial 2007/0284721-0

"Ministro Teori Albino Zavascki (1124)

"T1 - 1ª Turma, 7.8.2008

"Administrativo. Ação Popular. ***Aprovação e licenciamento de edificação de nove andares na orla marítima em conformidade com a legislação local*** e normas da ABNT. Laudo pericial conclusivo pela inexistência de dano ambiental. Inexistência de óbice à conclusão da obra. Violação ao art. 1.299 do Código Civil configurada.

"1. Aprovado e licenciado o projeto para construção de edifício pelo Poder Público Municipal, em obediência à legislação correspondente e às normas técnicas aplicáveis, a licença então concedida trará a presunção de legitimidade e definitividade, e somente poderá ser (a) cassada, quando comprovado que o projeto está em desacordo com os limites e termos do sistema jurídico em que aprovado; (b) revogada, quando sobrevier interesse público relevante, hipótese na qual ficará o Município obrigado a indenizar os prejuízos gerados pela paralisação e demolição da obra; ou (c) anulada, na hipótese de se apurar que o projeto foi aprovado em desacordo com as normas edilícias vigentes.

"2. No caso, a licença para ***construir*** foi concedida em conformidade com o Código de Obras do Município de Osório (Lei n. 1.645, de 27 de novembro de 1978) e Código de Posturas do Município de Osório (Lei n. 3.147, de 17 de dezembro de 1999), além das normas da ABNT pertinentes, e não há nos autos qualquer informação de que a construção encontra-se em desconformidade com o projeto apresentado quando do licenciamento ou de qualquer outra irregularidade que obstaria o seguimento da obra. Tampouco se indica com precisão em que consiste os danos paisagísticos e ambientais que a construção do edifício irá ocasionar ao meio ambiente e aos munícipes. ***O que se tem é a suposição de que a construção de edifício de nove pavimentos poderá gerar prejuízos ao interesse público, pois prejudicaria o potencial turístico do Município, além de causar transtornos aos seus munícipes, o que foi devidamente refutado pela prova pericial realizada*** (destaques nosso). Sendo assim, não cabe ao Judiciário determinar a paralisação e demolição da obra anulando, desta forma, aquele ato administrativo, porque importaria violação ao ***direito*** de ***construir*** delineado no art. 1.299 do Código Civil.

"3. Recurso Especial a que se dá provimento."

Com isso, fica claro que não basta dispor sobre restrições, mas que estas devem estar em consonância com os estudos e diagnósticos feitos adequadamente para a localidade.

5. Conclusão

1. A transferência do direito de construir é instrumento legítimo da política de desenvolvimento urbano, incidindo sobre o potencial básico de aproveitamento da propriedade imobiliária urbana. Ao decidir pelo interesse público sobre certo imóvel, o Poder Público deve indenizar as perdas especiais e anormais causadas pela declaração do interesse e pela perda do domínio e/ou propriedade. A forma de indenização prevista, no uso desse instrumento, é a expedição de certificados de potencial de construção que haviam no imóvel atingido, mas ainda não usado. O que há é o reconhecimento, por parte do Poder Público, de um direito subjetivo que é inerente ao direito de propriedade: o direito de construir. Assim, pela natureza do instituto, adquire-se um direito quando de sua expedição e sua alteração posterior, com prejuízos ao seu proprietário-portador atinge o direito adquirido, o que sofre restrições de ordem constitucional.

2. Considerando que a transferência do direito de construir decorre de um direito subjetivo, é de fundamental importância quantificar a metragem e as condições de uso que constarão no certificado de forma que o proprietário atingido seja recompensado pela restrição havida.

3. O Município, ao exercer sua competência privativa na instituição de uma política de desenvolvimento urbano, poderá modificar parâmetros, extinguir ou criar instrumentos desde que respaldado por diagnósticos seguros, com a devida participação popular e garantindo a sustentabilidade da cidade. Não pode modificar padrões ou instrumentos aleatoriamente, ou mesmo usar da política urbana para fins meramente arrecadatórios.

PARECERES

MANDADO DE SEGURANÇA. SERVENTUÁRIO. EFETIVAÇÃO. EXAME DA LEGISLAÇÃO LOCAL. RECURSO EXTRAORDINÁRIO. DESCABIMENTO

Carlos Thompson Flores

Ministro Aposentado e ex-Presidente do STF

Parecer. I – Os fatos. II – O procedimento judicial. III – Dos Recursos Extraordinários. IV – Conclusão.

Parecer

Consultou-me M. G., por intermédio de seu procurador, sobre a possibilidade de emitir Parecer jurídico a respeito da inviabilidade dos Recursos Extraordinários manifestados pelo Estado do Rio de Janeiro (1º recorrente) e o litisconsorte passivo, L. B. (2º recorrente), contra a decisão proferida pelo Órgão Especial do Tribunal de Justiça do Estado do Rio de Janeiro que, por maioria de votos, em sessão de 4.10.1984, concedeu o mandado de segurança impetrado pela consulente, cassando o Decreto Governamental, de 18.1.1983, que efetivou o litisconsorte L. B. no cargo de Oficial do 1º Ofício do Registro de Protestos de Títulos, assegurando dito direito à consulente.

Para tanto, encaminhou-me o ilustre procurador xerocópias dos respectivos autos, indispensáveis para o devido esclarecimento das questões jurídicas suscitadas no mandado de segurança, inclusive e especialmente, das deduzidas nas petições dos recursos extraordinários interpostos e suas impugnações; bem assim, do despacho presidencial, inadmitindo ditas inconformações.

Procedi a minucioso exame dos documentos em apreço. E, do estudo que realizei sobre os temas jurídicos versados, convenci-me da inviabilidade dos discutidos recursos. Por isso, dispus-me a atender à solicitação da consulente, proporcionando-lhe este Parecer.

É que passo a fazer.

I – Os fatos

1. Assim, com clareza e precisão, resumiu os fatos o nobre Desembargador Doreste Baptista, cujo voto prevaleceu na decisão do Eg. Tribunal de Justiça, por seu Órgão Especial, fl. 198, *verbis*:

"(...).

"1. Com o afastamento do titular do 1º Ofício do Cartório de Registro de Protestos de Títulos e da substituta (a impetrante), o litisconsorte – segundo seu próprio relato – fora designado para 'responder pelo expediente', em agosto de 1971. Em setembro seguinte, o encargo (de responsável pelo expediente) era transferido ao Tabelião M. B., havendo este, por seu turno, como responsável pelo expediente do cartório – indicado o litisconsorte seu substituto –, isto ainda em setembro de 1971. Em junho de 1977, M. B. e o litisconsorte foram dispensados, ocasião em que um terceiro (R. F.) era designado para o mesmo mister de responder pelo expediente.

"Inconformado, o litisconsorte recorreu do ato do Sr. Desembargador Corregedor, sendo provido o seu recurso e, em consequência, pela Portaria 5.278, de 28.3.1980, o litisconsorte era designado para 'responder pelo expediente' do questionado cartório. Nessa qualidade se encontrava, de 'responsável pelo expediente', quando adveio a Emenda n. 22, de 15.11.1982, dando nova redação ao art. 208 da Constituição Federal.

"*Omissis* (...)."

E prosseguiu, fl. 200, *verbis*:

"4. Quando entrou em vigor a Emenda Constitucional n. 22, o Cartório não tinha titular e a substituta, absolvida no processo administrativo, não fora reconduzida às suas funções, apesar de o V. Acórdão do E. Conselho da Magistratura, haver determinado a sua volta.

"Assim consta do R. aresto: 'Assim, é de dar-se provimento ao recurso de M. G., determinando a sua volta, uma vez que é improcedente a acusação de ter abandonado o cargo' (fl. 155).

"Com efeito, a impetrante fora suspensa preventivamente, sob acusação de abandono do cargo. Ao tempo, vigia o DL n. 100, de 8.8.1969, da antiga Guanabara, expressamente invocado no aresto que a absolveu."

2. Acrescento. Aconteceu que, por Decreto do Governo do Estado, de 18.1.1983, foi declarado titular do Cartório do 1º Ofício do Registro de Protestos de Títulos da Comarca do Rio de Janeiro, o litisconsorte L. B.

II – O procedimento judicial

1. Inconformada, a consulente ajuizou, perante o Eg. Tribunal de Justiça, por seu Órgão Especial, ação de mandado de segurança, visando a anular o decreto governamental citado, para ver assegurado seu direito à titularidade do Cartório em questão.

Como litisconsorte passivo necessário interveio o beneficiário do decreto impugnado. Sustenta ele seu pretenso direito, secundando os fundamentos deduzidos nas informações prestadas pela autoridade impugnada.

2. Por fim, após tramitação regular, houve por bem o Cdo. Órgão Especial, em decisão de 4.10.1984, deferir a segurança impetrada, fazendo-o por maioria de votos.

Diz a ementa do acórdão em questão, fls. 189/90:

"Serventuários. Efetivação de substitutos (Const. Federal, art. 208, red. Em. 22, de 15.11.1982).

"Destinatários da norma são somente aqueles que regularmente investidos na substituição, por indicação do titular e de acordo com o que mais dispuser a lei de organização judiciária. O tratamento especial, que o texto constitucional consagra, não alcança 'responsáveis' pela serventia, em fase anômala, sob intervenção da Administração da Justiça.

"Suspensão do titular e vacância da serventia. Caráter ocasional e precário do ato do Corregedor (Lei n. 2.085-A, 1972, arts. 50 e 51).

"Substituta investida na forma da lei.

"Longos anos na substituição. Processo administrativo. Suspensão preventiva. Absolvição. Princípio constitucional da *restitutio in integrum* e seu corolário no direito estatutário estadual: contagem do período de suspensão e de todas as vantagens do exercício, como se nela houvera sido mantida (DL est. n. 100, art. 217, III). Concessão da ordem.

"Votos vencidos."

3. Opostos embargos declaratórios, não tiveram sucesso, fls. 288/91.

4. A tempo, foram interpostos dois recursos extraordinários: um pelo Estado do Rio de Janeiro (1º recurso), fls. 343/7, e o outro pelo litisconsorte já referido (2º recurso), fls. 349/84.

Funda-se o primeiro no art. 119, III, "a", da Constituição Federal, invocando contrariedade a seus arts. 105, parágrafo único, 153, § 21, e 208.

Sustenta o segundo violação, além dos dispositivos antes indicados, a do § 3º do art. 153. E acrescenta, com base no art. 119, III, "d", da citada Carta, divergência com o acórdão do Tribunal de Justiça de Goiás, proferido no mandado de segurança n. 876, e com os enunciados na Súmula, verbetes 24 e 270. Argui, outrossim, relevância da questão federal.

5. Oferecidas as impugnações, despachou o nobre Presidente do Tribunal de Justiça, não admitindo as irresignações, pela inocorrência dos pressupostos nelas mencionados, ordenando, porém, o processamento da arguição de relevância, fls. 440/3.

6. Rejeitada a arguição de relevância, processado o agravo manifestado contra o referido despacho Presidencial, quando inadmitiu o recurso extraordinário, houve por bem seu eminente Relator no Eg. Supremo Tribunal Federal de provê-lo, determinando o processamento das irresignações.

7. A essa altura do procedimento judicial, é que a consulente postulou o exame da possibilidade de emitir Parecer, com o propósito já referido: inviabilidade dos recursos em questão.

III – Dos Recursos Extraordinários

1. Como ficou acentuado, na parte expositiva deste Parecer, dois foram os extraordinários manifestados. O primeiro, do Estado, limitado à letra "a" do permissivo constitucional, invocando contrariedade, por parte do acórdão, aos arts. 105, parágrafo único, 153, § 21, e 208 da Constituição, o último com a redação que lhe atribuiu a Emenda n. 22/1982; o segundo dos recursos, do litisconsorte, e, secundando os fundamentos do primeiro, acrescentou o § 3º do citado art. 153; aditou, outrossim, divergência do aresto impugnado, não só com o julgado proferido pelo Egrégio Tribunal de Justiça de Goiás, no MS n. 876, mas, ainda, com o enunciado nos verbetes ns. 24 e 270 da Súmula do Supremo Tribunal Federal.

1.1 Procurando justificar as violações das disposições constitucionais mencionadas sustentaram os recorrentes que o acórdão impugnado:

a) aplicou erroneamente o parágrafo único do art. 105 da Constituição, ao extrair dele o princípio da *restitutio in integrum*, o qual cuida das hipóteses de funcionários vitalícios ou estáveis que fossem mal ***demitidos***, enquanto a espécie versa sobre serventuário apenas suspenso preventivamente, por força de determinação administrativa, emergente de inquérito, no qual prova não foi feita da falta imputada – abandono do cargo. Ademais, não se tratava de "cargo", mas de "função", qual seja, a de "escrevente juramentada";

b) de outra parte, afrontou ele o § 3º do art. 153 da Carta Maior – coisa julgada –, quando desrespeitou a decisão do mesmo Órgão Especial do Tribunal de Justiça, proferida no MS n. 1.146, onde figurou como impetrante o ora litisconsorte. Dito julgado houve por bem assegurar-lhe o direito de continuar a exercer a "função de substituto responsável pelo cartório do 1º Of. do Reg. de Prot. de Títulos";

c) ademais, violou aquele decisório o § 21 do art. 153 do Estatuto Máximo, eis que atribuiu direito líquido e certo à recorrida na efetivação no cargo de titular do mencionado Ofício, quando tal direito era de reconhecer-se ao recorrente, litisconsorte, tal como ficara decidido anteriormente e reconheceu o ilustre Prof. Hely Lopes Meirelles, em Parecer que transcreve;

d) por fim, desatendeu, dito acórdão, ao disposto no art. 208 do comentado Estatuto Supremo, dado que reconheceu titularidade à recorrida sem que fosse ela "substituta, investida na forma da lei, contando, ou viesse a contar cinco anos de exercício até 31.12.1983, e na mesma serventia", acenando ainda, nesse passo, para o aludido Parecer, em transcrição que faz.

1.2 A derradeiro, deduz o litisconsorte que o julgado divergiu do acórdão do Tribunal de Justiça de Goiás já mencionado, ao fazer aplicação do art. 208 da Constituição Federal, destoante, ademais, da Súmula, verbetes 24 e 270.

2. Penso que inocorreram quaisquer dos pressupostos nos quais se procuraram, com grande esforço é certo, arrimarem-se os recorrentes, tal como, corretamente, se pronunciaram o despacho presidencial, ao não admitir ditos excepcionais, e o bem elaborado Parecer do eminente Ministro Oswaldo Trigueiro.

2.1 Para dirimir a controvérsia entre os dois servidores de justiça, a recorrida e o litisconsorte recorrente, cada um se arrogando no direito à titularidade do 1º Ofício, onde exerciam a sua atividade, e com base no art. 208 da Constituição, na redação da Emenda n. 22/1982, o acórdão recorrido foi buscar, em princípio, nos fatos (provas), e, após, na legislação estadual que indicou, e, por vezes, transcreveu, os fundamentos que o levaram a decidir.

2.2 Eis o que afirmou o julgado, após examinar a situação funcional do litisconsorte, na passagem já transcrita na parte expositiva deste Parecer, a qual me reporto, e acrescentou ele, fl. 198, *infra usque* 199:

"Verifica-se, portanto, *data venia*, que o litisconsorte, em momento algum, teve normal investidura de substituto. Estando sob intervenção o Cartório, fora ele designado 'responsável pelo expediente' e, depois, por longo tempo, substituto do 'responsável pelo expediente' (então, Sr. M. B.). Posteriormente, voltou a ser 'responsável pelo expediente', e assim se achava ao entrar em vigor a Emenda Constitucional."

E, examinando a situação da impetrante, depois de invocar o parágrafo único do art. 105 da Constituição, acentuou, *verbis*, fl. 201:

"No caso dos autos, todavia, é bem mais simples a situação da impetrante, visto que não foi demitida, senão suspensa preventivamente. A suspensão preventiva – texto expresso no enfocado DL 100 – é medida acautelatória e não constitui pena (art. 216, § 2º).

"No dispositivo seguinte, art. 217, III, o estatuto guanabarino – seguindo a esteira do federal (Lei n. 1.711, de 28.10.1952, art. 216, III) – prescreve, em fiel sintonia com o princípio da *restitutio in integrum*, que, nessas hipóteses, o funcionário terá direito:

"III) à contagem do período de suspensão preventiva e ao pagamento do vencimento ou remuneração e de *todas as vantagens do exercício*, desde que reconhecida a sua inocência."

2.3 Mas não ficou aí o decisório. Prosseguiu em sua fundamentação, reforçando-a e, conforme sua própria expressão, por "demasia". Trouxe, então, à consideração, fatos novos, oriundos da documentação apresentada, cotejando-os com vários dispositivos da legislação estadual, tais como os arts. 50, 51, 49, § 2º, e 44 da Lei n. 2.085-A, de 5.9.1972, na ordem em que foram citados.

Deles, após considerar a situação do cartório, com a suspensão do seu titular, P. B. e de sua esposa, a recorrida, com o funcionamento todo em caráter provisório e precário, a situação do recorrente litisconsorte era, a toda evidência, como não poderia deixar de ser, também provisória e precária, isto é, de um mero "responsável pelo expediente do Ofício".

2.4 Tudo, pois, está a mostrar, de forma clara, que o desfecho da demanda assentou, substancialmente, no exame dos fatos reconstituídos com base na prova documental apresentada, e não contestada como tal; e, bem assim, nos dispositivos da legislação local mencionados e, por vezes, transcritos.

2.5 Exato é que o acórdão, ao aplicar o princípio da *restitutio in integrum*, citou o art. 105, parágrafo único, da Constituição, fls. 200/1. Fê-lo para salientar a sua proeminência, porque inscrito como verdadeira garantia naquele Estatuto, de resto, já constante das Constituições de 1934 e 1946, arts. 173 e 190, respectivamente.

Todavia, a menção do preceito constitucional não passou de mero destaque, por sua relevância. Ele poderia até ser omitido, sem que influísse nas conclusões do veredito.

A aplicação, em verdade, foi do texto de lei local, qual seja, o art. 217, III, do Decreto-lei n. 100/1969, do extinto Estado da Guanabara, de fronteiras mais amplas e precisas, basta que se rememore o seu conteúdo.

3. É certo que somente a reconstituição dos fatos e o seu embasamento na legislação estadual não se faziam bastantes para a total solução do litígio. Mister se impunha a aplicação do já referido art. 208 do Estatuto Fundamental, na redação de sua Emenda n. 22/1982.

Diz ele: "Art. 208. Fica assegurada aos substitutos das serventias extrajudiciais e do foro judicial, na vacância, a efetivação, no cargo de titular, desde que, investidos na forma da lei, contem ou venham a contar cinco anos de exercício, nessa condição e na mesma serventia, até 31 de dezembro de 1983".

Requer, pois, o mandamento constitucional para reconhecer o direito dos substitutos das serventias à substituição do titular: 1º) a investidura, na forma da lei; 2º) contem ou venham a contar eles cinco anos de exercício nessa condição e na mesma serventia, até 31.12.1983.

Tais atributos, certamente, hão de decorrer do que dispõe a legislação estadual e, com base nela, a contagem do prazo de exercício.

Nesse rumo se orientou o julgado, bem aplicando as disposições constitucionais e em perfeita harmonia com a jurisprudência do Eg. Supremo Tribunal Federal.

Limito-me a indicar dois de seus últimos e respeitáveis precedentes: refiro-me aos RREE 106.126-0, do Piauí, e 109.037-5, do Rio Grande do Sul, ambos com julgamento findo em 19.8.1986.

Lê-se no primeiro, através do voto de seu eminente Relator, o Min. Rafael Mayer: "Exige-se do substituto a investidura legal nessa condição, e nessa condição é que se computa o quinquênio para perfazer o direito. O substituto é conotação típica do exercitamento potencial de um outro e determinado cargo, em caráter transitório. A substituição se faz, ordinariamente, nos impedimentos do titular, mas ainda que assim não se verifique nem por isso se perde a conotação funcional específica, que é contemplada pela norma constitucional. Quer se encontre na substituição eventual do cargo titular, quer na situação potencial de substituir, o essencial é a condição de substituto".

Identicamente, decidiu a mesma Corte, no segundo dos recursos mencionados, e do qual se tornou relator o ilustre Ministro Sydney Sanches.

4. Evidencia-se, assim, que o veredito impugnado assentou suas conclusões, de um lado, *nos fatos*, constituídos com base *nas provas*, de resto, não contestadas como tais; e, de outro, nas disposições da legislação estadual que indicou e, por vezes, transcreveu.

4.1 Pretendem os recorrentes que, nesta via extraordinária, se revejam, em busca de solução diversa, ditos *fatos e provas*; e mais, a suposta ofensa ao direito local.

Tais proposições, de há muito reconheceu a Eg. Suprema Corte serem inviáveis na via excepcional, tal como ficou estratificado de sua pacífica jurisprudência, nos verbetes 279 e 280 da Súmula.

4.2 É certo, como se afirmou antes, o decisório recorrido não se conteve naqueles dois fundamentos. Serviram eles para alicerçar a aplicação do art. 208 da Carta Maior. Mas, ao fazê-lo, longe de contrariá-lo, como sustentam os recorrentes, aplicou-o, correta e pontualmente, em nítida sintonia com os dois julgados já indicados do Cdo. Supremo Tribunal Federal.

5. No que pertine às deduzidas contrariedades dos demais preceitos da Constituição, por parte do acórdão impugnado, manifesta é a sua improcedência.

5.1 No que tange à suposta transgressão do § 3º do art. 153 citado – coisa julgada –, também inexistiu.

Como decidiu o Eg. Supremo, por sua 1ª Turma, ao julgar, em 8.6.1984, o RE n. 100.254-BA e do qual foi relator o eminente Ministro Alfredo Buzaid (*RTJ* 112/1.270-1.704), tal dispositivo refere-se, apenas, ao legislador, o que dispensaria quaisquer outras considerações para desprezar, de logo, a arguição.

Todavia, quando assim não fosse, inocorre entre o aresto impugnado e o que teria sido descumprido, qualquer contradição. O próprio acórdão recorrido, em fragmento já transcrito, evidenciou-o, mostrando que decidiram os julgados questões jurídicas totalmente diversas.

Assegurou o primeiro decisório o direito do litisconsorte de continuar a exercer a função de "responsável pelo Cartório", pretendido por outrem. O julgado aqui impugnado admitiu aquela qualidade ao litisconsorte, posto viesse a reconhecer não ser ele o substituto devidamente titulado para efetivar-se no Ofício vago, tal como requer o já comentado art. 208 da Constituição.

Ausente, assim, a tríplice exigência capaz de configurar a *res judicata*: identidade de causa, coisa e pessoa.

A respeito leciona Francesco Carnelutti, *verbis*: "b) Secondo il diritto positivo italiano la cosa giudicata ottenuta col processo civile ha, appunto, il suo limite nella lite decisa. Questo limite viene enunziato dall'art. 1.351 in modo analitico, anzichè sintetico, cioè con riferimento ai singoli elementi della lite: 'è necessario che la cosa domandata sia la stessa; che la domanda sia fondata sulla medesima causa; che la domanda sia tra le medesime parti e proposta da esse e contro di esse nella medesima qualità'; appunto dalla identità di questi elementi risulta la identità della lite (infra, n. 130)" (in *Sistema di Diritto Processuale Civile*, vol. I, Padova, CEDAM, 1936, p. 289, n. 99, "b"; nesse sentido, ainda, *Studi di Diritto Processuale*, Padova, CEDAM, 1925, pp. 432-435).

5.2 Por fim, o § 21 do art. 153. O fundamento invocado como justificando a afronta à norma, qual seja, que o direito líquido e certo cabia ao litisconsorte e não à recorrida, importa numa verdadeira "petição de princípios". Mas cabe acentuar que correta se fez a via adotada, o mandado de segurança. E isto porque os fatos são certos; e como o direito é sempre certo, tudo está em saber se ele, direito, existe ou não, em prol daquele que o invoca. É a lição do saudoso Ministro Costa Manso e que norteou, desde seu tempo na composição do Eg. Supremo, sua jurisprudência (Castro Nunes, in *Mandado de Segurança*, 1949, pp. 81 e ss.). E, como ditos fatos se fizeram certos, relacionados que foram ao direito invocado, permitiu concluir que ele, direito, vinha em favor da impetrante, ora recorrida, e não do litisconsorte, como já foi considerado anteriormente.

6. Mas, em seu denodado esforço, argui ainda o litisconsorte divergência pretoriana. Indica como paradigmas não só o acórdão proferido pelo Tribunal de Justiça de Goiás, no julgamento do MS n. 876, bem como nos enunciados verbetes 24 e 270 da Súmula.

6.1 Também aqui a irresignação não oferece a menor consistência.

De todo deficiente se faz a petição recursal.

Deslembraram-se seus ilustres firmatários de cumprir as determinações do Regimento Interno do Supremo Tribunal Federal, art. 322, última parte, reproduzindo o que já assentara a jurisprudência, segundo enunciado na Súmula, verbete 291.

Seria o bastante para, desde logo, obstar o conhecimento do recurso, pela deficiência formal.

6.2 Quando, porém, a omissão apontada não ocorresse, não se percebe qualquer divergência entre o decisório considerado e os padrões referidos.

No que se refere ao julgado goiano, é bastante ater-se à sua expressiva ementa, fiel ao seu conteúdo.

Afirma ele: "(...). A qualidade de escrevente não confere, por si só, a de substituto. A lei exige a indicação do titular e a designação pelo Diretor do Foro".

Diversamente não decidiu o acórdão atacado. Antes, assegurou a efetivação à recorrida, porque era ela "escrevente substituta", fora indicada pelo titular do Ofício vago e nomeada pela autoridade competente.

Ademais, contava mais de cinco anos como substituta, e no mesmo Ofício, condições, de resto, não satisfeitas pelo litisconsorte.

Mais, se dissonância ocorresse, como pretende o inconformado, o que se contesta, cuidar-se-ia de simples desacordo no aplicar legislação dos Estados. Sucede que a Constituição, expressamente, requer que o dissídio ocorra na aplicação de *leis federais* (art. 119, III, "d").

Com referência ao dissídio com os verbetes sumulados e já mencionados, custa a crer que pudesse ser arguido.

Cuida o primeiro de funcionário interino, afirmando ele a possibilidade de ser livremente demitido.

Versa o segundo de "enquadramento de funcionário com base na Lei Federal n. 3.780/1960".

Sucede que o julgado recorrido não examinou quaisquer dessas questões, mesmo porque, sequer foram suscitadas, e razão não havia para fazê-lo.

7. Ante o que acaba de ser exposto, por vezes com certa insistência, mas com o único propósito de melhor esclarecer e positivar nosso pensamento, resta apenas encerrar, concluindo.

É o que faço.

IV – Conclusão

Resposta única: os recursos extraordinários interpostos pelo Estado do Rio de Janeiro e seu litisconsorte passivo necessário, L. B., contra a decisão proferida pelo Órgão Especial do Eg. Tribunal de Justiça, concedendo mandado de segurança à impetrante, ora consulente, são totalmente incabíveis.

E isto porque não se verificaram quaisquer dos pressupostos nos quais se procuraram arrimar como, exaustivamente, ficou, *data venia*, demonstrado.

Dessarte, é de esperar-se que o Egrégio Supremo Tribunal Federal deles não venha a conhecer.

É o Parecer.

Porto Alegre, 28 de março de 1987.

CONCESSÕES, PERMISSÕES E AUTORIZAÇÕES DE RADIODIFUSÃO POR PESSOAS JURÍDICAS QUE POSSUEM POLÍTICOS TITULARES DE MANDATO ELETIVO COMO SÓCIOS OU ASSOCIADOS – INCONSTITUCIONALIDADE

Gilberto Bercovici

Professor Titular da Faculdade de Direito da Universidade de São Paulo

Airton L. Cerqueira Leite Seelaender

Professor Adjunto da Faculdade de Direito
da Universidade Federal de Santa Catarina

Consulta. Quesitos. Parecer. I. A violação do direito à liberdade de expressão e a ameaça à autonomia da imprensa. II. A violação à complementaridade entre os sistemas público, privado e estatal de radiodifusão. III. A violação ao direito à informação. IV. A orientação antioligárquica da Constituição de 1988. V. A violação às vedações constitucionalmente impostas a membros do Poder Legislativo. VI. Síntese conclusiva. Resposta.

Consulta

O *Intervozes – Coletivo Brasil de Comunicação Social* vem, por meio de seu integrante, Dr. Bráulio Araújo, submeter uma Consulta sobre a constitucionalidade do controle de outorgas de radiodifusão por políticos, cujos termos transcrevemos abaixo.

"O controle de outorgas de radiodifusão por políticos é uma prática antiga no Brasil. Em 1980, 103 políticos de 16 estados controlavam, direta ou indiretamente, emissoras de rádio e televisão".[1] Em 1981, políticos controlavam, ao todo, 188 canais de rádio e televisão no país.[2] A prática foi mantida no período de redemocratização. Entre 1985 e 1988, o governo José Sarney distribuiu 91 outorgas de radiodifusão diretamente a deputados e senadores constituintes.[3] Dos 559 constituintes, 146 parlamentares, ou 26,1% do total, eram controladores de empresas prestadoras do serviço de radiodifusão.[4]

O governo Fernando Henrique Cardoso distribuiu 357 outorgas de radiodifusão educativa, entre as quais ao menos 23 foram direta ou indiretamente para políticos.[5] O Governo Lula, por sua vez, havia distribuído, até agosto de 2006, 110 outorgas de emissoras educativas, entre as quais ao menos 7 canais de TV e 27 de rádio foram distribuídos a fundações ligadas a políticos.[6]

Segundo o *site* "Donos da Mídia", no mandato de 2005-2008, 147 prefeitos eram proprietários de emissoras de rádio ou TV.[7] Na legislatura de 2007-2010, 20 dos 81 senadores (24,69%), 48 dos 513 deputados federais (9,35%) e 55 deputados estaduais eram proprietários de emissoras de rádio ou TV.[8] Lima e Lopes apontam que das 2.205 rádios comunitárias autorizadas pelo Ministério das Comunicações de 1999 a 2004, 1.106 (50,2%) tinham vínculos políticos.[9] Na atual legislatura, 52 deputados (10,15%) e 18 senadores (22%) são sócios ou associados de pessoas jurídicas concessionárias, permissionárias ou autorizatárias de radiodifusão.[10]

O tema é relevante. A radiodifusão é o meio de comunicação mais influente do país, essencial para a atividade da imprensa, para a distribuição da produção cultural, para o equilíbrio entre partidos políticos e para a realização de eleições livres, além de ser objeto de intensa disputa política. Nesse cenário, o controle de veículos de radiodifusão por políticos, chamado de "coronelismo eletrônico", é criticado por (i) gerar uma relação clientelista entre políticos e grandes redes de radiodifusão, com as quais eles celebram contratos de filiação, (ii) submeter a imprensa e a produção cultural ao controle

1. Cf. matéria do *Jornal do Brasil* intitulada "No ar, a voz do dono", de 7.12.1980. Venício A. de Lima e Cristiano Aguiar Lopes, *Coronelismo Eletrônico de Novo Tipo*, Projor – Instituto para o Desenvolvimento do Jornalismo, jun./2007, disponível em *http://donosdamidia.com.br/artigos*, acesso 10.4.2010, p. 8.

2. Cf. matéria do *Jornal do Brasil*, intitulada "Rádio e TV dão ao PDS vantagem sobre as oposições", de 29.11.1981. José Salomão David Amorim, "A radiodifusão no Brasil: 1974-1981", in *Comunicação & Política*, vol. 1, n. 2, Rio de Janeiro, Cebela, 1983, pp. 57-59.

3. Paulino Motter, "O uso político das concessões das emissoras de rádio e televisão no governo Sarney", in *Comunicação & Política*, vol. I, n. 1, ago.-nov./1994, pp. 89- 115.

4. Idem, pp. 89-115.

5. Elvira Lobato, "FHC distribuiu rádios e TVs educativas para políticos", *Folha de S. Paulo*, 25.8.2002, disponível em *http://www.observatoriodaimprensa.com.br/artigos/asp280820025.htm*, acesso 10.4.2010.

6. Elvira Lobato, "Governo Lula distribui TVs e rádios educativas a políticos", *Folha de S. Paulo*, 18.6.2006, disponível em *http://www1.folha.uol.com.br/folha/brasil/ult96u79613.shtml*, acesso 10.4.2010.

7. *Projeto Donos da Mídia*, disponível em *http://donosdamidia.com.br/levantamento/politicos*, acesso 10.4.2010.

8. Idem, ibidem.

9. Venício A. de Lima e Cristiano Aguiar Lopes, *Coronelismo Eletrônico de Novo Tipo*, cit., p. 40.

10. *Transparência Brasil, Projeto Excelências*, disponível em *http://www.excelencias.org.br/@casa.php?bc=concessao&casa=0*, acesso 19.3.2011.

político, e, (iii) sustentar a influência dos políticos radiodifusores sobre o eleitorado, perpetuando-os no poder.[11]

A constitucionalidade de referido controle é questão jurídica controversa que ainda não foi enfrentada nem pela doutrina nem pela jurisprudência.[12] O STF pronunciou-se apenas lateralmente sobre o tema. Em seu voto na ADI 3.944, o Ministro Gilmar Mendes afirmou:

"(...) a obtenção de rádios, televisões por parlamentares, muitas vezes, ou empresas associadas a parlamentares, revela uma distorção desse sistema. É uma questão que temos de discutir no plano do ser (...) e talvez não guarde a devida relação com aquilo que preconiza o texto constitucional" (STF, ADI 3.944, 2010, p. 55).

No entanto, esse tema é frequentemente debatido pelo governo e pela imprensa. Em 2005 e em 2010, o Ministério das Comunicações afirmou que a Constituição brasileira não proíbe políticos de participarem da composição societária de empresas de rádio e televisão.[13] Essa afirmação também foi feita pela imprensa.[14] Em outro momento, a imprensa afirmou que a Constituição proíbe o controle de outorgas por políticos, mas que tal proibição carece de regulamentação para ser eficaz.[15] Já a partir do final de 2010, o Poder Executivo manifestou uma posição

11. Cf. Suzy dos Santos e Sérgio Capparelli, "Coronelismo, radiodifusão e voto: a nova face de um velho conceito", in Valério Cruz Brittos e César Ricardo Siqueira Bolaño (orgs.), *Rede Globo – 40 Anos de Poder e Hegemonia*, São Paulo, Paulus, 2005, pp. 77-101; Venício A. de Lima e Cristiano Aguiar Lopes, *Coronelismo Eletrônico de Novo Tipo*, cit., p. 3; 2-10.

12. A legislação infraconstitucional proíbe os que estejam em gozo de imunidade parlamentar ou de foro especial de exercer a função de diretor ou gerente de concessionária, permissionária ou autorizada de serviço de radiodifusão (art. 38, parágrafo único, da Lei n. 4.117/1962). Não os proíbe, entretanto, de serem sócios ou associados de tais entidades.

13. Em procedimento administrativo instaurado em 2005 pelo Ministério Público Federal, o Ministério das Comunicações afirmou que: "No que tange ao caso específico das vedações constitucionais atinentes aos deputados e senadores previstos [*sic*] no art. 54, I, 'a' e 'b' da CF, é de entendimento da Consultoria Jurídica deste Ministério não serem impeditivas para que os congressistas participem da composição societária das empresas de rádio e TV, ressalvando a impossibilidade de serem diretores, nos termos do já citado Parágrafo único do art. 38 da Lei 4.117/62" (in Informações prestadas pelo Ministério das Comunicações ao Ministério Público Federal no âmbito do Procedimento Administrativo n. 1.00.000.011221/2005-71, fls. 53-57).

Em 29.3.2010, o Ministério das Comunicações declarou, por meio da Secretaria de Serviços de Comunicação Eletrônica, que: "A Constituição não veda a propriedade. O parlamentar só não pode ser gerente ou diretor de meio de comunicação. (...) Não há previsão legal para esse impedimento" (in Eduardo Militão, "Ministério diz que parlamentar pode ser dono de TV", *Congresso em Foco*, 29.3.2010, disponível em *http://congressoemfoco.uol.com.br/noticia.asp?cod_canal=21&cod_publicacao=32376*, acesso em 17.2.2011).

14. Em reportagem da *Folha de S. Paulo*, os repórteres Felipe Bätchold e Sílvia Freire afirmam que: "A lei permite que ocupantes de cargos no Executivo ou Legislativo sejam sócios de empresas de rádio e TV e proíbe que estejam à frente da gestão das emissoras, o que é pouco fiscalizado" (in Felipe Bätchold e Sílvia Freire, "61 políticos eleitos são proprietários de rádios ou TVs", *Folha de S. Paulo*, 17.10.2010, disponível em *http://www1.folha.uol.com.br/fsp/poder/po1710201025.htm*, acesso 15.2.2011).

15. A *Folha de S. Paulo* afirma em capa da edição de 7.1.2011: "O veto, que está na Constituição, mas não foi regulamentado, consta de anteprojeto de lei que o governo levará a discussão pública" (*Folha de S. Paulo*, "Político não deve ganhar TV e rádio, diz Ministro", 7.1.2011, disponível em *http://www1.folha.uol.com.br/fsp/inde07012011.shl*, acesso 17.2.2011).

distinta. Em novembro de 2010, o então Ministro Chefe da Secretaria de Comunicação Social, Franklin Martins, afirmou a inconstitucionalidade do controle de outorgas de radiodifusão por políticos.[16] Em janeiro de 2011, o Ministro das Comunicações Paulo Bernardo reafirmou a referida inconstitucionalidade.[17]

A controvérsia refere-se à constitucionalidade de referido controle em face de preceitos constitucionais fundamentais e à interpretação dos arts. 54, I, "a" e 54, II, "a", particularmente, ao significado das expressões "contratos que obedecem a cláusulas uniformes" e "favor decorrente de contrato com pessoa jurídica de direito público".

Quesitos

Diante dessa controvérsia, indaga-se:

1. O controle de concessões, permissões e autorizações de radiodifusão por pessoas jurídicas que possuem políticos titulares de mandato eletivo como sócios ou associados viola:

(i) o direito à liberdade de expressão e a autonomia da imprensa (*caput* do art. 220 da CF)?

(ii) a complementaridade entre os sistemas público, privado e estatal de radiodifusão (art. 223 da CF)?

(iii) o direito à informação (art. 5º, XIV, da CF)?

2. O controle de concessões, permissões e autorizações de radiodifusão por pessoas jurídicas que possuem políticos titulares de mandato eletivo como sócios ou associados prejudica a realização de eleições livres (art. 60, § 4º, II, da CF), violando, consequentemente, a democracia (preâmbulo e art. 1º da CF), a cidadania (art. 1º, II, da CF), a isonomia (art. 5º da CF), o pluralismo político (art. 1º, V, da CF) e a soberania popular (parágrafo único do art. 1º e art. 14 da CF)?

3. O controle de concessões, permissões e autorizações de radiodifusão por pessoas jurídicas que possuem políticos titulares de mandato eletivo como sócios ou associados viola os arts. 54, I, "a" e 54, II, "a" da Constituição?

4. Por fim, indaga-se, é constitucional o controle de concessões, permissões e autorizações de radiodifusão por pessoas jurídicas que possuem políticos titulares de mandato eletivo como sócios ou associados?

16. Afirmou o então Ministro Franklin Martins: "Criou-se terra de ninguém. Todos sabemos que deputados e senadores não podem ter televisão, tem TV e usam de subterfúgios dos mais variados" (in Mônica Tavares e Evandro Éboli, "Em seminário, Franklin Martins critica concessão irregular de TVs para deputados e senadores", *O Globo*, 9.11.2000, disponível em *http://oglobo.globo.com/pais/mat/2010/11/09/em-seminario-franklin-martins-critica-concessao-irregular-de-tvs-para-deputados-senadores-922983317.asp*, acesso 17.2.2011).

17. Afirmou o Ministro Paulo Bernardo: "Tem já uma restrição que está colocada na Constituição". "A Constituição (...) menciona que políticos não deveriam ser donos de radiodifusão. (...). É o Congresso que autoriza as concessões. Então, me parece claro que o congressista não pode ter concessão, para não legislar em causa própria. Os políticos já têm espaço garantido na televisão, nos programas eleitorais. E há também a vantagem nas disputas eleitorais, e o poder político e econômico" (in José Carlos de Oliveira, "Parlamentares comentam declaração de ministro sobre concessão de emissoras", *Rádio Câmara*, 7.1.2011, disponível em *http://www.camara.gov.br/internet/radiocamara/?lnk=2000-PARLAMENTARES-COMENTAM-DECLARACAO-DE-MINISTRO-SOBRE-CONCESSAO-DE-EMISSORAS-343&selecao=MAT&materia=115568&programa=41*, acesso 17.2.2011; e Elvira Lobato, "Ministro defende proibição de que políticos tenham TV", *Folha de S. Paulo*, 7.1.2011, disponível em *http://www1.folha.uol.com.br/fsp/poder/po0701201102.htm*, acesso 21.2.2011).

Parecer

I. A violação do direito à liberdade de expressão e a ameaça à autonomia da imprensa

A Constituição não nega ao político, visto como cidadão ou como sócio de pessoa jurídica atuante no ramo da radiodifusão, o direito de se expressar livremente. Para tanto, há respaldo tanto no art. 5º, IX, quanto no art. 220, *caput*, da Lei Maior:

"Art. 5º. (...). IX – é livre a expressão da atividade intelectual, artística, científica e de comunicação, independentemente de censura ou licença."

"Art. 220. A manifestação do pensamento, a criação, a expressão e a informação, sob qualquer forma, processo ou veículo não sofrerão qualquer restrição, observado o disposto nesta Constituição."

Em uma interpretação sistemática que observe o "*princípio do legislador racional*", base de toda interpretação técnico-jurídica adequada,[18] deve-se observar, contudo, que a existência de duas referências constitucionais à "liberdade de expressão" só faz sentido, a rigor, se uma delas tiver algo de específico, de singular, que da outra a possa distinguir, mesmo que ligeiramente.

Esse aspecto singular se revela claramente no art. 220. Ali não se fala de uma "liberdade de expressão" no sentido liberal-tradicional, que considera apenas o indivíduo, como unidade social atomística, como ponto de partida. Pelo contrário, ali se refere a Constituição a uma "liberdade de expressão" específica do campo da "Comunicação Social", como indica a própria localização do artigo no texto.

Essa "liberdade de expressão" específica foi, na verdade, prevista como resposta aos desafios da era atual, marcada pelo desenvolvimento tecnológico e por uma acentuada concentração empresarial na área da mídia. Trata-se, pois, de uma "liberdade de expressão" a ser protegida também contra todo e qualquer "monopólio ou oligopólio" nesse setor, como bem indica, aliás, o próprio § 5º do artigo ora examinado.

Inseridos como estão em um sistema, os dispositivos da Constituição não podem ser interpretados "*em tiras, aos pedaços*".[19] Seria, portanto, evidente despropósito desconsiderar partes do próprio art. 220 na interpretação de seu *caput*. Tanto isto é verdade que o Constituinte viu ligados os temas do *caput* e do § 5º, que optou por colocá-los no mesmo e exato artigo da Constituição.

Dentro desse contexto, não há dúvida de que a liberdade de expressão referida no art. 220, *caput*, se refere especificamente à "Comunicação Social", opondo-se a todo e qualquer "monopólio ou oligopólio" nesta última. Assim sendo, se, no campo da radiodifusão, concessões, autorizações e permissões são feitas sistematicamente a pessoas jurídicas controladas por um pequeno grupo de políticos situacionistas, configura-se nisso não a observância da liberdade referida no art. 220, *caput*, mas sim uma ***burla ao mesmo dispositivo***. O Governo Federal estaria, então, estimulando a criação de oligopólios contrários à liberdade de expressão, e não fazendo o contrário, como lhe impõe a Constituição.

18. Sobre o tema Carlos Santiago Niño, *Introducción al Análisis del Derecho*, Buenos Aires, Astrea, 1987, pp. 328 e ss. e Tercio Sampaio Ferraz Jr., *Introdução ao Estudo do Direito*, São Paulo, Atlas, 1988, pp. 254-255.

19. V., por todos, Eros Roberto Grau, *A Ordem Econômica na Constituição de 1988 (Interpretação e Crítica)*, 15ª ed., São Paulo, Malheiros Editores, 2012, p. 161.

Note-se, aliás, que a liberdade de expressão especificamente referida no art. 220 também é um "direito função", destinando-se a resguardar o *pluralismo político* que é fundamento de nossa República e do nosso Estado Democrático de Direito (art. 1º, *caput* e art. 1º, V, da Constituição de 1988).[20] Há, assim, entre a livre expressão do art. 220 e o pluralismo em tela, uma conexão íntima e manifesta.[21]

O pluralismo político, como fundamento e princípio inspirador de toda interpretação correta da Constituição, seria de todo esvaziado se políticos governistas, ideologicamente identificados com os ocupantes temporários do Poder Executivo, pudessem ser contemplados com concessões e autorizações de serviços de radiodifusão, por meio de empresas em que tivessem influência como sócios. Nessa situação, mesmo em um mercado fracionado por várias empresas se configuraria aquele "*monopólio das opiniões*" (*Meinungsmonopol*) que a doutrina e a jurisprudência alemãs apontam como incompatível com a real liberdade e com a democracia.[22]

Tal "*monopólio das opiniões*" descaracterizaria, ainda, aquela autonomia da imprensa que é essencial ao próprio regime democrático. Realmente, se as concessões de serviços de radiodifusão se concentrassem direta ou indiretamente nas mãos de políticos afinados com o governo, seria inevitável um alto grau de situacionismo e de uniformização ideológica na mídia, comprometendo-se assim, na prática, o próprio núcleo essencial da imprensa livre como instituição constitucionalmente protegida.

Impõe-se registrar que tal fato seria ainda mais grave no campo da radiodifusão, por ser este de importância central para a funcionalidade do regime democrático, em um país como o Brasil, em que dezenas de milhões de cidadãos não leem jornais e se informam quase que exclusivamente pela TV e pelo rádio. O Estado Democrático previsto no art. 1º, *caput*, da Constituição fica, destaquemos, em risco, quando o pluralismo da mídia é eliminado, imperando na prática um "*Meinungsmonopol*".

Em relação à radiodifusão no Brasil, portanto, cumpre mesmo reforçar o raciocínio exposto por Denninger e Beye na análise da Lei Fundamental alemã de 1949 e do "Projeto de Lei para a Proteção da Livre Formação da Opinião", elaborado por destacados juristas alemães: "*Da garantia da liberdade de imprensa deriva o dever do Estado de proteger tal liberdade contra tudo que possa afetar os pressupostos básicos de sua realização*".[23]

20. Sobre o pluralismo político como fundamento da República e do Estado Democrático de Direito instituídos com a Constituição de 1988, v. Antonio Gomes Moreira Maués, *Poder e Democracia: o Pluralismo Político na Constituição Federal de 1988*, Porto Alegre, Síntese, 1999, pp. 21-24 e 93-105.

21. Analisando os julgados do Tribunal Constitucional, a doutrina espanhola tem percebido "*la conexión fundamentadora entre la libertad de expresión y el derecho de acceso*", direito, este, profundamente vinculado à garantia do pluralismo. Cf. José Ramón Polo Sabau, *Libertad de Expresión y Derecho de Acceso a los Medios de Comunicación*, Madrid, Centro de Estudios Políticos y Constitucionales, 2002, p. 67.

22. Sobre a necessidade de a imprensa ser, na democracia, o campo do pluralismo, v. as reflexões de Wolfgang Fikentscher, "Rechtspolitische Gedanken...", in H. Armbruster *et al.*, *Pressefreiheit: Entwurf eines Gesetzes zum Schutze freier Meinungsbildung*, Berlin/Neuwied, Luchterhand, 1970, p. 153.

23. Erhard Denninger e Friedrich-Wilhelm Beye, "Art. 14, 15 GG und die Reformvorschläge zur Bekämpfung der Pressekonzentration", in H. Armbruster *et al.*, *Pressefreiheit*, cit., p. 36.

Em nosso ordenamento, até mesmo por um imperativo decorrente do art. 1º da Constituição, há um *dever estatal* de impedir a oligarquização do regime democrático. Em nosso ordenamento, por imposição do art. 1º, V e do art. 220 e ss., há um *dever estatal* de fomentar o pluralismo na mídia e de se abster de restringi-lo. Em nosso ordenamento, em razão do art. 220, § 5º, há, ainda, um *dever estatal* de combater a oligopolização da mídia, seja nas mãos de grupos econômicos, seja nas mãos de forças políticas específicas: art. 220, § 5º, da Constituição de 1988: "§ 5º. Os meios de comunicação social não podem, direta ou indiretamente, ser objeto de monopólio ou oligopólio".

É importante notar que a concessão de serviços de radiodifusão a uma minoria privilegiada de indivíduos próximos do núcleo governante eliminaria fatalmente o pluralismo exigido na Constituição de 1988, fazendo com que, no lugar de uma pluralidade de vozes distintas e concorrentes,[24] houvesse um coro de repertório idêntico ou assemelhado.

A importância de preservar o dissenso na radiodifusão, por sinal, já foi reconhecida até nos países menos afeitos a restringir a atuação de políticos e empresários no mercado da mídia. Mesmo nos EUA, no caso *Red Lion Broadcasting Co. v. FCC* (1969), a Suprema Corte teve de reconhecer que as empresas ocupantes do espectro eletromagnético não se poderiam manter fechadas ao dissenso. Mesmo ali, onde a oligopolização da radiodifusão por parte de interesses empresariais e político-partidários jamais foi vedado constitucionalmente por um dispositivo análogo ao existente em nosso texto constitucional, entendeu o Poder Judiciário que a imprensa também se sujeitava às normas antitruste[25] e que a função das liberdades de imprensa, informação e radiodifusão era, sim, resguardar o pluralismo, e não destroçá-lo.[26]

II. A violação à complementaridade entre os sistemas público, privado e estatal de radiodifusão

Os serviços de radiodifusão são considerados constitucionalmente como serviços públicos de competência da União desde a Constituição de 1934 (art.

24. Como ensina Corasaniti, é "*somente através de uma pluralidade de vozes concorrentes*" que se assegura, na ordem constitucional democrática, aquele pluralismo que reflete a "*composição entre o direito à informação dos cidadãos e a liberdade assegurada à imprensa*" (cf. Giuseppe Corasaniti, *Diritto dell'Informazione*, Padova, CEDAM, 1992, p. 55).

25. *Associated Press v. U.S. 326*, U.S., I, 1945. Sobre a concentração e monopolização dos meios de comunicação de massa nos Estados Unidos, v. Owen M. Fiss, *The Irony of Free Speech*, 2ª ed., Cambridge (Ma.)/London, Harvard University Press, 1996, pp. 50-78 e C. Edwin Baker, *Media Concentration and Democracy: why Ownership Matters*, Cambridge/New York, Cambridge University Press, 2007, pp. 5-53 e 163-202. Para o debate alemão sobre a aplicação da legislação de defesa da concorrência aos meios de comunicação, examinando as relações intrínsecas entre poder econômico e os meios de comunicação de massa, v. Wolfgang Hoffmann-Riem, "Rundfunkrecht und Wirtschaftsrecht – ein Paradigmawechsel in der Rundfunkverfassung", in *Wandel der Medienordnung – Reaktionen in Medienrecht, Medienpolitik und Medienwissenschaft*, Baden-Baden, Nomos Verlagsgesellschaft, 2009, pp. 571-586; Frank Fechner, *Medienrecht*, 12ª ed., Tübingen, Mohr Siebeck, 2011, pp. 9 e 169-184 e Friedrich Kübler, *Medien, Menschenrechte und Demokratie: Das Recht der Massenkommunikation*, Heidelberg, C. F. Müller Verlag, 2008, pp. 27-40, 265-279 e 285-286.

26. Giuseppe Corasaniti, *Diritto dell'Informazione*, cit., p. 31.

5º, VIII),[27] decisão mantida pela Carta de 1937 (art. 15, VII), pela Constituição de 1946 (art. 5º, XII)[28] e pelas Cartas de 1967 (art. 8º, XV, "a")[29] e 1969 (8º, XV, "a"). A Constituição de 1988 foi ainda mais enfática nesta conceituação, conforme determinam seus arts. 21, XI e XII, "a" e 223, *caput*:

"Art. 21. Compete à União: (...); XI – explorar, diretamente ou mediante autorização, concessão ou permissão, os serviços de telecomunicações, nos termos da lei, que disporá sobre a organização dos serviços, a criação de um órgão regulador e outros aspectos institucionais; XII – explorar, diretamente ou mediante autorização, concessão ou permissão: a) os serviços de radiodifusão sonora e de sons e imagens" (*redação de ambos os dispositivos introduzida pela Emenda Constitucional n. 8, de 15.8.1995*).

"Art. 223. Compete ao Poder Executivo outorgar e renovar concessão, permissão e autorização para o serviço de radiodifusão sonora e de sons e imagens, observado o princípio da complementaridade dos sistemas privado, público e estatal."

Serviço público é uma das formas de atuação do Estado no domínio econômico, prevista expressamente no art. 175, *caput*, da Constituição de 1988.[30] É, portanto, essencial compreender os pressupostos teóricos que se encontram por trás das várias concepções de serviço público da doutrina brasileira, cuja grande influência, é de matriz francesa.

Nesta análise, pela sua importância teórica, destacam-se os franceses Léon Duguit e Gaston Jèze, cujas teorias são, sem dúvida, as mais influentes na nossa doutrina. Estes autores, no entanto, não só necessitam ser compreendidos no contexto histórico em que desenvolveram sua obra (o início do século XX), mas também é necessário que se problematize, tendo

27. Art. 5º, VIII, CF/1934: "Art. 5º. Compete privativamente à União: (...); VIII – *explorar ou dar em concessão os serviços de* telégrafos, *radiocomunicação* e navegação aérea, inclusive as instalações de pouso, bem como as vias férreas que liguem diretamente portos marítimos a fronteiras nacionais, ou transponham os limites de um Estado" (grifos nossos). A Constituição de 1934 constitucionalizou o regime introduzido pelo Decreto n. 20.047, de 27.5.1931, e pelo Decreto n. 21.111, de 1º.3.1932, ambos editados durante o Governo Provisório de Getúlio Vargas. Sobre este período, v. Gaspar Vianna, *Direito de Telecomunicações*, Rio de Janeiro, Ed. Rio, 1976, pp. 118-121. A redação do art. 15, VII, da Carta de 1937 é a mesma do texto constitucional de 1934.

28. Art. 5º, XII, CF/1946: "Art. 5º. Compete à União: (...); XII – *explorar, diretamente ou mediante autorização ou concessão, os serviços* de telégrafos, *de radiocomunicação, de radiodifusão*, de telefones interestaduais e internacionais, de navegação aérea e de vias férrea que liguem portos marítimos a fronteiras nacionais, ou transponham os limites de um Estado" (grifos nossos). Foi sob a vigência da Constituição de 1946 que se debateu e aprovou o atual Código Brasileiro de Telecomunicações (Lei n. 4.117, de 27.8.1962), ainda parcialmente em vigor. Para o debate em torno da elaboração e promulgação do Código Brasileiro de Telecomunicações, v. Gaspar Vianna, *Direito de Telecomunicações*, cit., pp. 133-147.

29. Art. 8º, XV, "a", da Carta de 1967: "Art. 8º. Compete à União: (...); XV – explorar, diretamente ou mediante autorização ou concessão: a) os serviços de telecomunicações". A Carta de 1969 manteve o mesmo texto e a mesma numeração do dispositivo.

30. Art. 175, *caput*, CF/1988: "Incumbe ao poder público, na forma da lei, diretamente ou sob regime de concessão ou permissão, sempre através de licitação, a prestação de serviços públicos". Sobre a clássica distinção da atividade econômica em sentido amplo em atividade econômica em sentido estrito e serviço público, v. Eros Roberto Grau, *A Ordem Econômica na Constituição de 1988*, cit., pp. 105-111.

em vista o atual debate sobre os serviços públicos, a adequação destas teorias à nossa realidade, levando em conta a especificidade da formação histórico-social do Estado brasileiro.[31]

Léon Duguit combate, em suas obras, a visão tradicional do Estado soberano, criticando a concepção do Poder Público como uma vontade subjetiva dos governantes sobre os governados. Para Duguit, o Estado não é um soberano que comanda, mas uma força capaz de criar e gerar serviços públicos, formando um sistema realista com base na solidariedade social, objetivamente imposto a todos os cidadãos. O ponto central é a sua defesa do fim da ideia de dominação (*Herrschaft, puissance publique*) na Teoria do Estado, substituindo a soberania pelo serviço público como noção fundamental do direito público. A doutrina de Duguit é teleológica, o Estado se legitima por seus fins. Para Duguit, os governantes monopolizam a força para organizar e controlar o funcionamento dos serviços públicos. Serviço público, assim, é toda atividade cuja realização deva ser assegurada, regulada e controlada pelos governantes, pois sua prestação é indispensável à interdependência social.

O Estado, para Duguit, é o garantidor da interdependência e solidariedade sociais. Os serviços públicos não podem ser interrompidos, sua continuidade é essencial e é uma obrigação imposta aos governantes pelo fato de serem governantes, constituindo o fundamento e o limite de seu poder. Segundo Duguit, o poder público é um dever, uma função, não um direito dos governantes. Duguit propõe, assim, um regime político fundado na solidariedade social, em que os governantes têm deveres e obrigações de agir, o que implica na intervenção estatal nos domínios econômico e social. A solidariedade social, concretizada por meio dos serviços públicos, é, na sua visão, a forma mais adequada de legitimidade do Estado.[32]

Para o estudo do debate clássico francês em torno da concepção de serviço público resta, ainda, mencionar o discípulo de Duguit, Gaston Jèze. Jèze entende o serviço público como elemento fundamental e definidor do direito administrativo, cujo objeto seria formular as regras para o bom funcionamento dos serviços públicos.[33] No entanto, Jèze diverge do sociologismo de Duguit, preferindo adotar a metodologia essencialmente jurídica. Para ele, serviço público está necessariamente ligado a um regime jurídico especial, cuja base é a supremacia do interesse geral (público) sobre o interesse particular (privado). Ao

31. Sobre o debate publicista francês do final do século XIX e início do século XX, travado entre os adeptos das concepções de État *Légal* e de État *de Droit*, v. Marie-Joëlle Redor, *De l'État Legal a l'État de Droit: l'Evolution des Conceptions de la Doctrine Publiciste Française, 1879-1914*, Paris, Economica/Presses Universitaires d'Aix-Marseille, 1992 e Gilberto Bercovici, *Soberania e Constituição: para uma Crítica do Constitucionalismo*, São Paulo, Quartier Latin, 2008, pp. 259-272.

32. De Léon Duguit, *Les Transformations du Droit Public*, Paris, Éditions La Mémoire du Droit, 1999, pp. 33-72; *Manuel de Droit Constitutionnel*, 3ª ed., Paris, Ancienne Librairie Fontemoing & Cie Éditeurs, 1918, pp. 29-30, 67-68 e 71-84; *Leçons de Droit Public Général*, Paris, Éditions La Mémoire du Droit, 2000, pp. 124-152; *Traité de Droit Constitutionnel*, 3ª ed., Paris, E. de Boccard, 1928, vol. 1 (1927), pp. 541-551, 603-631, 649-654 e 670-680 e vol. 2 (1928), pp. 59-107 e 118-142. Para a importância da noção de serviço público na Teoria do Estado de Duguit, v. o indispensável estudo de Evelyne Pisier-Kouchner, *Le Service Public dans la Théorie de l'État de Léon Duguit*, Paris, LGDJ, 1972.

33. Gaston Jèze, *Les Principes Généraux du Droit Administratif*, vol. 1, 3ª ed., Paris, Marcel Giard Libraire-Éditeur, 1925, pp. 1-2.

buscar a instrumentalização do exercício do serviço público pelo direito público administrativo, Jèze acaba abandonando o sentido material de serviço público de Duguit, limitando-se a uma concepção jurídico-formal. Nesta perspectiva, Gaston Jèze define serviço público como um procedimento técnico que se traduz em um regime jurídico peculiar.[34]

A concepção de serviço público dominante na maior parte da doutrina brasileira é a concepção formal, inspirada em Jèze. Celso Antônio Bandeira de Mello, por exemplo, entende a concepção material de serviço público como "extrajurídica". Para ele, é impossível uma definição não formal de serviço público: "Serviço público é toda atividade de oferecimento de utilidade ou comodidade material destinada à satisfação da coletividade em geral, mas fruível singularmente pelos administrados, que o Estado assume como pertinente a seus deveres e presta por si mesmo ou por quem lhe faça as vezes, sob um regime de Direito Público – portanto, consagrador de prerrogativas de supremacia e de restrições especiais –, instituído em favor dos interesses definidos como públicos no sistema normativo".[35]

Há dois elementos essenciais em sua concepção de serviço público: o substrato material, a prestação de "utilidade ou comodidade material fruível diretamente pelos administrados", e o elemento formal, que, para Celso Antônio Bandeira de Mello, é o que caracteriza efetivamente o serviço público. Só é serviço público a prestação submetida ao regime de direito público, isto é, ao regime administrativo.[36]

A concepção material de serviço público, na atualidade, é defendida, entre outros, por Eros Roberto Grau. Partindo da sua classificação do serviço público como espécie da atividade econômica em sentido amplo, que compete preferencialmente ao setor público, este autor defende a noção de serviço público como atividade indispensável à consecução da coesão e interdependência sociais. Ao prestar serviço público, o Estado, ou quem atue em seu nome, está acatando ao interesse social. A inspiração da concepção material de serviço público de Eros Grau é proveniente, além de Duguit, da conceituação do administrativista gaúcho Ruy Cirne Lima. A concepção material de serviço público, assim, é construída sobre as ideias de coesão e interdependência sociais, justificando a necessidade da prestação estatal, direta ou indireta, do serviço público. Para os adeptos da concepção material, os serviços públicos podem estar previs-

34. Gaston Jèze, *Les Principes Généraux du Droit Administratif*, vol. 2, 3ª ed., cit., 1930, pp. 1-23.

35. Celso Antônio Bandeira de Mello, *Curso de Direito Administrativo*, 30ª ed., São Paulo, Malheiros Editores, 2013, p. 686.

36. Idem, pp. 662-669. V. também, de Celso Antônio Bandeira de Mello, *Natureza e Regime Jurídico das Autarquias*, São Paulo, Ed. RT, 1968, pp. 167-171 e *Prestação de Serviços Públicos e Administração Indireta*, 2ª ed., São Paulo, Ed. RT, 1987, pp. 18-27. A concepção formal de serviço público também é a adotada por Maria Sylvia Zanella Di Pietro. Na sua definição, serviço público é entendido "como toda atividade material que a lei atribui ao Estado para que a exerça diretamente ou por meio de seus delegados, com o objetivo de satisfazer concretamente às necessidades coletivas, sob regime jurídico total ou parcialmente público". O elemento material ("satisfazer concretamente às necessidades coletivas") é, novamente, colocado em segundo plano diante do elemento formal, o regime jurídico e a atribuição do serviço ao Estado por lei, que, para Di Pietro, caracteriza efetivamente o serviço público. V. Maria Sylvia Zanella Di Pietro, *Direito Administrativo*, 20ª ed., São Paulo, Atlas, 2007, pp. 86-92.

tos explícita ou implicitamente no texto constitucional, destacando como elemento fundamental para a caracterização de um serviço público a importância daquela atividade econômica, em dado momento histórico, para a coesão e interdependência sociais.[37]

Qualquer que seja a concepção de serviço público adotada, formal ou material, o papel do Estado em sua prestação, direta ou indiretamente, faz parte do núcleo essencial da ideia de serviço público. Ao manter expressamente a TV e o rádio com a natureza jurídica de serviço público (cf. arts. 21, XII, "a" e 223, *caput*), a Constituição de 1988 não baniu da mídia o pluralismo constitucionalmente previsto, mas, pelo contrário, tentou resguardá-lo.[38] É dentro desse quadro que devemos analisar a previsão de três "sistemas", distintos e complementares, de rádio e TV (art. 223, *caput*).

O assim chamado "sistema privado" de rádio e TV recebe tal designação, no texto constitucional, para indicar que a Constituição aceita que as atividades de radiodifusão também se realizem, dentro de certos parâmetros e de forma não exclusiva, com o apoio do mercado e com o objetivo de gerar lucros. A aceitação, aqui, do apoio de empresas privadas controladas por particulares não implica, porém, a descaracterização da atividade como serviço público, calcado em padrões mínimos de impessoalidade e objetividade.[39] Nem legitima, ao menos do ponto de vista técnico-jurídico, a conversão fática, por meio de empresas-biombo, de deputados, senadores e ex-ministros em concessionários e permissionários de serviços de radiodifusão.

Na verdade, a parcial abertura do setor ao capital privado se destina a favorecer o seu desenvolvimento tecnológico e a ampliar o pluralismo político constitucionalmente consagrado.[40] Tal abertura não se destina a deixar dezenas de milhões de telespectadores à mercê de um poder midiático exercido direta ou indiretamente por políticos e seus testas-de-ferro.

Por outro lado, é evidente que a Constituição não concebeu o chamado

37. De Eros Roberto Grau, *A Ordem Econômica na Constituição de 1988*, cit., pp. 126-145 e "Constituição e serviço público", in Eros Roberto Grau e Willis Santiago Guerra Filho (orgs.), *Direito Constitucional – Estudos em Homenagem a Paulo Bonavides*, São Paulo, Malheiros Editores, 2001, pp. 249-267. V., ainda, Ruy Cirne Lima, *Princípios de Direito Administrativo*, 7ª ed., São Paulo, Malheiros Editores, 2007, p. 215.

38. Mesmo nos países onde o direito constitucional parece, nesse ponto, ser menos claro que o disposto no nosso, juristas de inclinações privatistas são forçados a reconhecer o caráter de serviço público da radiodifusão. Segundo González Encinar, "considerar que en nuestro ordenamiento jurídico el 'servicio público de televisión' no es una realidad 'necesaria' sería no solo jurídicamente inconstitucional, sino también políticamente suicida", in José Juan González Encinar, *El Régimen Jurídico de la Televisión*, Madrid, Centro de Estudios Constitucionales, 1995, p. 18. Frisando a compatibilidade entre a defesa das liberdades e o regime de serviço público, v. também as pp. 110-111.

39. Sobre o tema, mais detidamente, Airton L. Cerqueira Leite Seelaender, "O regime constitucional da televisão e os mecanismos de contenção do poder privado no Estado Democrático de Direito", conferência proferida no *Seminário "20 Anos da Constituição"* (org. Daniel Sarmento), Petrópolis, 2008. V., ainda, Venício A. de Lima, *Liberdade de Expressão x Liberdade de Imprensa: Direito à Comunicação e Democracia*, São Paulo, Publisher Brasil, 2010, p. 68.

40. Como mostra González Encinar, na televisão "el sector privado debe cumplir algunas misiones de interés público (...): tiene que hacer factible el pluralismo y la democracia" (cf. José Juan González Encinar, *El Régimen Jurídico de la Televisión*, cit., pp. 33-34).

"sistema privado" de radiodifusão (art. 223) para ser operado por partidos políticos. E, se não o concebeu para ser operado *diretamente* por forças partidárias, óbvio é que não desejou, tampouco, que elas *indiretamente* viessem a operá-lo, através de concessões, permissões e autorizações em favor de deputados, senadores e pessoas físicas e jurídicas a eles vinculadas.

Como pode se notar, a concessão de canais a políticos colide com a finalidade do próprio dispositivo constitucional que autoriza a existência do chamado "sistema privado" de radiodifusão. E colide, como agora veremos, igualmente com a finalidade do assim chamado "setor público", diferenciado pela Constituição tanto do "privado" quanto do "estatal" *stricto sensu* (art. 223, *caput*).

É importante notar que a criação de um "sistema público" de rádio e televisão não se deu para autorizar a transformação do "sistema estatal" em *venal voz dos governantes* e a do assim chamado "sistema privado" em um *servil coral de oligarquias*. Pelo contrário, apenas sinalizou a preocupação do Constituinte em estimular de forma particularmente intensa o pluralismo, valor da ordem constitucional que rege todos os três "sistemas" supramencionados.

Distingue-se o "setor público" do chamado "setor privado" por não pressupor o exercício da atividade por empresas concessionárias ou permissionárias destinadas à obtenção de lucros e controladas por particulares ou empresas privadas. Distingue-se, por outro lado, do "sistema estatal" por ser organizado e dirigido por organizações da sociedade civil, e não pelo Estado.

Na concepção da Constituição, a TV e o rádio do "sistema público" deveriam, como vemos, ser geridos por associações, sindicatos e "organizações sociais", servindo à sociedade civil e não aos interesses dos governantes e seus aliados. A TV e o rádio do "sistema público" deveriam, inclusive, fragmentar sua programação, permitindo a produção descentralizada da mesma, de forma a assegurar um "direito de antena" a distintos setores da sociedade.

Do exposto já se depreende que não é função do "sistema público" de rádio e TV servir a políticos dos partidos situacionistas. A razão de ser de tal sistema, como é óbvio, é bem outra.

A previsão constitucional de três sistemas de rádio e televisão distintos – um "privado", um "público" e um "estatal" (art. 223, *caput*) –, não despubliciza, na verdade, nem o setor dito "privado" nem o setor "público não estatal", que seguem, ambos, dependendo de concessões, autorizações e permissões, regidas pelo direito público, de serviços de competência da União. A previsão em tela tampouco surgiu para criar diferentes canais para poderes oligárquicos de fato, que a Constituição de 1988 não legitima em momento algum.

Vista como freio ao poder privado, a previsão de um sistema "estatal" também se destina, por fim, a reforçar o pluralismo, e não a legitimar a criação de uma rede "chapa-branca", a serviço da propaganda política governamental.[41] Tanto isso é ver-

41. Nesse sentido, v., também, a conclusão de José Joaquim Gomes Canotilho e Vital Moreira, *Constituição da República Portuguesa Anotada*, vol. 1, 4ª ed., São Paulo, Ed. RT, 2007, p. 589. Na Alemanha, autores como Stern e Wufka já consideravam, há décadas atrás, inconstitucional uma representação governamental formal na gestão das TVs públicas que fosse capaz de influenciar estas últimas. Cf. Otto Schlie, "Organisation und gesellschaftliche Kontrolle des Rundfunks", in J. Aufermann, W. Scharf e O. Schlie (orgs.), *Fernsehen und Hörfunk für die Demokratie*, Opladen, Westdeutscher Verlag, 1979, p. 57.

dade, que a Constituição dispõe sobre um "sistema estatal", e não sobre um "sistema governamental" ou "governista".

E este "sistema estatal", ainda que não entregue diretamente à sociedade civil (gestora direta do "sistema público", na linguagem do art. 223), pode e deve ser organizado pelo Estado de modo a resguardar o pluralismo e a informação contra pressões do situacionismo político para controlar a mídia. Uma TV ou rádio estatal não deve silenciar a oposição. Não por acaso, há países democráticos em que a direção das redes estatais tem de ser mesmo compartilhada entre partidos oposicionistas e governistas, para que estes últimos não fiquem tentados a abusar do controle dos veículos do "sistema estatal".

Ao não excetuar do campo do pluralismo o chamado "sistema estatal", está a Constituição, pois, fechando as portas ao telejornalismo "chapa-branca" e dando lastro a normas que permitam às TVs e rádios deste sistema uma abertura a todos os partidos e a todos os grupos sociais e correntes com algum significado na vida coletiva, nas suas discussões e nos seus conflitos.[42]

A exigência constitucional de que também exista um sistema de TVs e rádios sem nenhuma participação do capital privado pode ser vista, em suma, como uma garantia da própria liberdade e pluralidade da comunicação social.[43] O "sistema estatal" não se justifica, pois, só para garantir o exercício da atividade informativa onde exista desinteresse da iniciativa privada em assumi-la, através de concessões. O princípio da complementaridade dos "sistemas privado, público e estatal" (art. 223, *caput*) reflete, sim, o relevo do pluralismo na esfera constitucional e visa, sobretudo, a criar dentro da mídia um *sistema de freios e contrapesos* próprio, que a impeça de se tornar um polo social de poder descontrolado.

Ora, se nem no "sistema estatal" a Constituição permite o uso abusivo do serviço público de radiodifusão, se nem no "sistema estatal" permite a submissão total e automática do rádio e da TV aos interesses do grupo situacionista, resta evidente que este último não pode, tampouco, através de concessões e outros atos administrativos, apossar-se do "sistema público" e do "sistema privado", sabotando a ordem constitucional por outras vias.

Cumpre destacar novamente, por fim, que os três "sistemas" se inserem na lógica do exercício de um serviço público, no qual é dever do Estado impedir o que na Alemanha se denomina "*poder unidirecional sobre a opinião*".[44]

Concebida como serviço público, a radiodifusão é regrada em nossa Constituição de forma distinta daquela referente às atividades do setor periodístico. Se estas últimas independem de concessões,

42. A este respeito, v. Otto Schlie, "Organisation und gesellschaftliche Kontrolle des Rundfunks", cit., p. 59. Ainda analisando o direito alemão, Friedrich Müller e Bodo Pieroth também salientam que a radiodifusão estatal apresenta um dever de neutralidade que, mesmo não se confundindo com a "indiferença" do jornalista, veda com sua "praticabilidade relativa" todo facciosismo imposto a partir dos órgãos dirigentes do ente gestor do serviço (cf. Friedrich Müller e Bodo Pieroth, *Politische Freiheitsrechte der Rundfunkmitarbeiter*, Berlin, Duncker & Humblot, 1976, pp. 53 e 75).

43. José Joaquim Gomes Canotilho e Vital Moreira, *Constituição da República Portuguesa Anotada*, vol. 1, cit., p. 586.

44. Cf. Wolfgang Hoffmann-Riem, *Erosionen des Rundfunkrechts*, München, Verlag C. H. Beck, 1990, p. 14. V., ainda, Venício A. de Lima, *Regulação das Comunicações: História, Poder e Direitos*, São Paulo, Paulus, 2011, pp. 93-101.

permissões e autorizações estatais, já na radiodifusão tais atos são constitucionalmente previstos (art. 223, *caput*), pois compete à Administração assegurar que a prestação do serviço sirva a objetivos constitucionais próprios, evitando, por exemplo, os riscos políticos decorrentes da oligopolização (art. 220, § 5º, da Constituição de 1988). Dentro desse quadro, não seria exagero aceitar a tese de que, ao conceder o serviço, o Estado tenha de garantir um fornecimento mínimo de informações livres de qualquer "*monopólio das opiniões*".[45]

Tal dever de assegurar um *fornecimento mínimo de informações em uma atmosfera de pluralismo*, se justifica por si só o dever-reflexo de criar e manter um "sistema estatal" de radiodifusão,[46] nem por isso deve ser desconsiderado à hora da Administração distribuir concessões, autorizações e permissões no âmbito do "sistema privado". Converter este último em feudo dos partidários do governo e de sua ideologia afetaria substancialmente a diversidade, e, portanto, a própria qualidade da informação prestada pela mídia, comprometendo não só o pluralismo desta, mas também a essência e a finalidade do *serviço público de TV e rádio executado por empresas privadas*.

Voltada ao fomento do pluralismo constitucionalmente desejado, a existência do "sistema privado" não basta, por si só, para assegurar a boa prestação do serviço. Esta seria, aliás, inviável, no entender da própria Constituição, em se verificando um alto grau de concentração empresarial neste "sistema".[47] E seria igualmente inviável, evidentemente, se o "sistema privado" tivesse sua finalidade constitucional ignorada ou deturpada, convertendo-se em expediente para disfarçar e travestir o domínio dos políticos governistas sobre a mídia e sobre os processos de formação da opinião pública.

Enquanto no Reino Unido e na Alemanha os partidos governistas encontram séria resistência a cada tentativa de influenciar as TVs geridas pelo Estado, a tal ponto que se criam novos meios para proteger a independência desses canais,[48] entre nós a Administração tenta criar *costume inconstitucional*, permitindo que tentativas análogas prosperem até mesmo no "sistema privado" de radiodifusão. Tal atitude merece repúdio, inclusive por meio da declaração de nulidade dos atos contrários à Constituição da República.

III. A violação ao direito à informação

Mutatis mutandis, aplicam-se ao direito à informação nossas observações

45. Sobre a ideia de *fornecimento mínimo* no serviço de radiodifusão, cf. Frank Fechner, *Medienrecht*, cit., p. 19, que aqui também remete ao Princípio do Estado Social presente na Lei Fundamental alemã.

46. BVerfGE 73, pp. 157 e ss. e BVerfGE 74, pp. 325 e ss.

47. Sobre o monopólio dos meios de comunicação no Brasil, situação na qual uma única empresa de mídia detém cerca de 56% da audiência da televisão aberta (dados da pesquisa divulgada pela organização não governamental *Article 19*, em 2008), v. de Venício A. de Lima, *Liberdade de Expressão x Liberdade de Imprensa*, cit., pp. 83-87 e *Regulação das Comunicações*, cit., pp. 28-31 e 85-86; Dênis Moraes, *Vozes Abertas da América Latina: Estado, Políticas Públicas e Democratização da Comunicação*, Rio de Janeiro, Mauad/Faperj, 2011, pp. 35-46. Para a análise da evolução recente do mercado brasileiro de televisão, a partir de 1985, v. César Ricardo Siqueira Bolaño, *Mercado Brasileiro de Televisão*, 2ª ed., São Paulo/Aracaju, EDUC/Editora-UFS, 2004, pp. 205-281.

48. Wolfgang Hoffmann-Riem, *Erosionen des Rundfunkrechts*, cit., pp. 33-40.

sobre a relação entre a liberdade de expressão referida no art. 5º da Constituição e aquela prevista no seu art. 220. Este último, portanto, já bastaria aqui, por si só, para fundamentar nosso entendimento, ainda que o art. 5º, XIV, da Constituição,[49] não existisse.

A democracia não é possível onde se inviabiliza o exercício do direito constitucional de informar. Tampouco o é onde se nega ao cidadão o acesso às informações indispensáveis para que ele possa participar do processo político de condução do Estado Democrático. O exercício do direito à informação é, na verdade, pressuposto da atuação consciente dos cidadãos na esfera política – o que o faz corresponder, em certa medida, àquela ideia de autonomia que compôs, a partir de Rousseau, o núcleo da própria concepção moderna de democracia.

Previsto no art. 220 da Constituição em relação à "Comunicação Social", o direito constitucional à informação engloba o *direito de informar, o direito de se informar* e o *direito de ser informado* sobre as condições, o contexto e o modo de direção dos assuntos públicos.[50]

Ora, como frisa González Encinar[51] quando analisa o regime jurídico da televisão espanhola, é óbvio que o reconhecimento de um *direito de ser informado* implica a necessidade de admitir uma correlata *obrigação de informar*. É para proteger esse direito, dando à imprensa condições de cumprir a obrigação correspondente, que existe o vasto arsenal de normas estatais protetivas dos jornalistas e das empresas de comunicação.[52]

Configurando um regime específico no campo jurídico, tais normas se vinculam essencialmente à proteção da democracia e da liberdade política. É errado, pois, considerá-las mero reflexo do direito de propriedade dos controladores dos meios de comunicação. Como bem afirmou Fábio Konder Comparato: "Criou-se, com isto, uma lamentável confusão entre a liberdade de expressão e a liberdade de empresa. A lógica da atividade empresarial, no sistema capitalista de produção, funda-se na lucratividade, não na defesa da pessoa humana. Uma organização econômica voltada à produção do lucro e sua ulterior partilha entre capitalistas e empresários não pode, pois, apresentar-se como titular de direitos inerentes à dignidade humana. Ora, a liberdade de expressão não se confunde com liberdade de exploração empresarial nem é, de modo algum, garantida por ela. Constitui, pois, uma aberração que os grandes conglomerados do setor de comunicação de massa invoquem esse direito fundamental à liberdade de expressão, para estabelecer um verdadeiro oligopólio nos mercados, de forma a exercer, com segurança, isto é, sem controle social ou popular, uma influência dominante sobre a opinião pública".[53]

49. Art. 5º, XIV, CF/1988: "XIV – é assegurado a todos o acesso à informação e resguardado o sigilo da fonte, quando necessário ao exercício profissional".

50. Em decisão datada de 1990, já identificava a Corte Constitucional italiana o direito de ser informado como uma "condizione preliminare (o, se vogliamo, un presupposto insopprimibile) per l'attuazione ad ogni livello, centrale o locale, della forma propria dello Stato democratico", cf. Giuseppe Corasaniti, *Diritto dell'Informazione*, cit., p. 10.

51. José Juan González Encinar, *El Régimen Jurídico de la Televisión*, cit., p. 22.

52. Airton L. Cerqueira Leite Seelaender, *Habeas Data e Imprensa: Processo e Autodeterminação Informativa*, mimeo., Florianópolis, UFSC, 2006, p. 6.

53. Fábio Konder Comparato, "A democratização dos meios de comunicação de massa", in

Se as faculdades e garantias do proprietário fossem mesmo o cerne do direito da comunicação social, muitos dos elementos mais típicos deste sequer poderiam existir. Lembremos, por exemplo, que, no passado, os opositores do direito de resposta chegaram a destacar a sua incompatibilidade com o direito do proprietário ao livre uso e gozo dos seus bens.[54]

Já houve quem defendesse, no meio jurídico nacional, que a liberdade de imprensa fosse analisada não como "simplesmente a liberdade do dono da empresa jornalística ou do jornalista", mas sim como instrumento destinado a facilitar o exercício, pelo cidadão, do direito de ser informado.[55] Tal proposta conta com lastro constitucional e é mais adequada para o enfrentamento dos desafios da democracia contemporânea do que as concepções liberais tradicionais, que nas situações de conflito entre tal direito e a liberdade empresarial da mídia tenderiam a favorecer esta última, invocando o direito de propriedade e mesmo um direito de livre expressão, na prática, restrito a um privilegiado microgrupo de empresários.[56]

É importante notar que a comunicação de massa também constitui um importante polo de poder social. Deixado hoje em poucas mãos em decorrência do acentuado processo de concentração empresarial ocorrido no setor, tal poder não deveria ficar sem amarras. Mesmo quem reduzisse a informação à condição de pura mercadoria teria de convir que essa concentração põe em risco a qualidade do "*produto*" e gera disfunções no "*mercado*" correspondente. Na verdade, é ingênuo conceber a mídia como um amplo universo de fornecedores desarticulados, atuando em um "*livre mercado*" de informações.

A oligopolização da mídia e o acúmulo excessivo de poder nas mãos dos beneficiários desse fenômeno lançam novos desafios ao direito atual. Nas democracias, o direito dos governados à informação passa a sofrer novas ameaças, vindas agora da mesma mídia que deveria ajudar a garanti-lo. É dentro desse quadro que devemos compreender o art. 220 da Constituição, que prevê um direito à informação no *caput* que só é viável com o banimento da censura (art. 220, §§ 1º e 2º[57]) e dos oligopólios e monopólios que controlam os meios de comunicação de massa e influenciam a opinião pública (art. 220, § 5º).

Eros Roberto Grau e Willis Santiago Guerra Filho, *Direito Constitucional: Estudos em Homenagem a Paulo Bonavides*, cit., pp. 157-158. No mesmo sentido, v. Venício A. de Lima, *Liberdade de Expressão x Liberdade de Imprensa*, cit., pp. 125-128 e Robert W. McChesney, "The new theology of the First Amendment: class privilege over democracy", in *The Political Economy of Media: Enduring Issues, Emerging Dilemmas*, New York, Monthly Review Press, 2008, pp. 249-263.

54. Cf. Eliel Ballester, *Derecho de Respuesta*, Buenos Aires, Astrea, 1987, p. 19 e Airton L. Cerqueira Leite Seelaender, *Habeas Data e Imprensa*, cit., p. 7.

55. José Afonso da Silva, *Curso de Direito Constitucional Positivo*, 36ª ed., São Paulo, Malheiros Editores, 2013, p. 249 e Airton L. Cerqueira Leite Seelaender, "O direito de ser informado – Base do paradigma moderno do direito de informação", *Revista de Direito Público* 99, São Paulo, 1991, pp. 147-159. V., ainda, Venício A. de Lima, *Liberdade de Expressão x Liberdade de Imprensa*, cit., pp. 36-37.

56. Airton L. Cerqueira Leite Seelaender, *Habeas Data e Imprensa*, cit., p. 7.

57. Art. 220, §§ 1º e 2º, CF/1988: "§ 1º. Nenhuma lei conterá dispositivo que possa constituir embaraço à plena liberdade de informação jornalística em qualquer veículo de comunicação social, observado o disposto no art. 5º, IV, V, X, XIII e XIV. § 2º. É vedada toda e qualquer censura de natureza política, ideológica e artística".

Mais uma vez, ressaltemos que o perfil do direito à informação do art. 220 é parcialmente distinto daquele previsto no art. 5º, XIV. É no art. 220, e não no art. 5º, XIV, que se encontra o *direito à informação* específico do setor da "Comunicação Social". Englobando um direito de informar e um direito de ser informado, tal *direito à informação* é declarado, pela própria Constituição, incompatível com a censura e com a oligopolização da mídia.

Ora, é evidente que o serviço público de radiodifusão, sendo exercido por empresas vinculadas a políticos da base governista, tende a refletir as preocupações, temáticas, ideologias e juízos de valor de uma escassa minoria tendencialmente homogênea, o que compromete substancialmente a qualidade da informação e, por conseguinte, o próprio direito de ser informado. Mesmo quando for veraz e não moldada por um facciosismo consciente, a informação prestada por uma mídia assim controlada acabará tendo deficiências, distorções da realidade e inclinações antipluralistas para a uniformidade ideológica que prejudicarão gravemente o cidadão, violando a Constituição que o quer proteger.

Por outro lado, o próprio direito constitucional de informar não faria sentido algum, se fosse reduzido a um caricato direito de *informar só de acordo com as concepções do grupo político dominante*, com a entrega, em última análise, da maior parte da mídia a este último, por meio de concessões, permissões e autorizações às empresas que ele total ou parcialmente controle.

IV. A orientação antioligárquica da Constituição de 1988

Nosso ordenamento rejeita toda emenda constitucional que possa comprometer a realização de eleições livres e periódicas (art. 60, § 4º, II, da Constituição). As vedações referentes ao segredo do voto ou quanto a seu caráter direto e universal devem ser compreendidas como mecanismos de proteção de uma liberdade mais ampla – tudo que impeça eleições realmente livres, afetando o núcleo essencial da eleição como procedimento e instituto jurídico, pode ter sua constitucionalidade questionada.

Muito embora não se trate aqui de emenda constitucional, inexistindo razão para invocar diretamente o art. 60, § 4º,[58] o fato é que o Constituinte, neste e em outros artigos, claramente sinaliza sua repulsa diante de tudo que esvazie a democracia como forma política. Democracia que é o canal da soberania popular (art. 1º, parágrafo único e art. 14, *caput*, da Constituição) e o reflexo da "cidadania" (art. 1º, II) que tem, entre seus pilares, a igualdade jurídica (art. 5º, *caput*).

A interpretação histórica dos dispositivos em tela aponta não só para a superação da ditadura de 1964. Indica, também, uma corrente de tradição democrática dentro de nosso constitucionalismo. Nossas constituições rejeitam, desde 1891, a desigualdade e o privilégio e, desde 1934, a oligarquização partidarizada do regime político.

Dando prosseguimento a isso, o Constituinte de 1987-1988 retomou a orientação antioligarquizante de seus predecessores democráticos, e foi muito além deles, recusando a influência do po-

58. Não discutiremos aqui questões ligadas às chamadas "cláusulas pétreas" ou ao significado da expressão "tendente a abolir". Para esta discussão, v., por todos, Manoel Gonçalves Ferreira Filho, "Significação e alcance das 'cláusulas pétreas'", *Revista de Direito Administrativo* 202, Rio de Janeiro, Renovar, out.-dez./1995, pp. 11-17.

der econômico e o uso da máquina estatal nas eleições (art. 14, § 9º, da Constituição), vinculando o regime democrático ao pluripartidarismo e ao pluralismo em sentido mais amplo (art. 1º, V, art. 17, *caput*, entre outros) e proibindo, em princípio, todo controle governamental, partidário ou privado sobre o fluxo de informações, opiniões e ideias (por exemplo, arts. 5º, IV, IX, XII e XIV; 220, *caput* e §§ 1º, 2º e 5º; e 223).

Conhecedor das práticas manipulatórias de certas redes de TV e rádio no sabotar da democracia (que teriam chegado, em 1982, à divulgação de *resultados fraudados* em eleições para governador) e ciente da atmosfera de aliança e conivência de conglomerados da mídia com as lideranças políticas subservientes à ditadura militar, o Constituinte de 1987-1988 tomou a importante iniciativa de inserir na Constituição uma expressa proibição dos monopólios e oligopólios na radiodifusão (art. 220, § 5º), dispondo de forma cuidadosa, ao tratar deste serviço público, dos mecanismos de concessão, permissão, autorização, renovação e não renovação.

A Constituição, nisso também, se mostra um sistema coerente. Proclamando a soberania do povo (art. 1º, parágrafo único) e declarando o Brasil como um Estado Democrático e uma República (art. 1º, *caput*), não podia mesmo o Constituinte permitir a oligarquização do país que fatalmente decorreria do controle direto ou indireto, por parte de políticos governistas e seus aliados no empresariado, da atividade informativa pela televisão e rádio. Oligarquização e oligopolização tinham de ser conjuntamente vedadas. E efetivamente o foram em nosso ordenamento constitucional.

Na doutrina juspublicista, nos tempos atuais, só as vozes do sonambulismo fechariam os olhos ao risco à democracia representado pela associação entre o situacionismo político e o poder midiático. Se não se quer fazer da interpretação constitucional *lápide funerária da própria Constituição*, impõe-se interpretar esta última sem desconsiderar o mundo dos fatos, em que a concentração econômica e o patrimonialismo ainda se associam com tanta frequência.

Do exposto se depreende que, ao interpretar os dispositivos referentes à comunicação social e às vedações impostas aos parlamentares no que tange a sua influência nas empresas de radiodifusão, deve o jurista ater-se aos artigos pertinentes ao tema, aplicando o texto constitucional como um sistema coerente, feito para dar respostas a problemas concretos, na defesa da ordem democrática desejada pela Assembleia Nacional Constituinte de 1987-1988.

V. A violação às vedações constitucionalmente impostas a membros do Poder Legislativo

Em relação às vedações constitucionalmente impostas aos que exercem mandatos eletivos de deputado e senador, o controle de concessões, permissões e autorizações de radiodifusão por pessoas jurídicas que possuem políticos titulares de mandato eletivo como sócios ou associados viola expressamente os arts. 54, I, "a" e 54, II, "a" da Constituição de 1988:

"Art. 54. Os Deputados e Senadores não poderão: I – desde a expedição do diploma: a) firmar ou manter contrato com pessoa jurídica de direito público, autarquia, empresa pública, sociedade de economia mista ou empresa concessionária de serviço público, salvo quando o contrato obedecer a cláusulas uniformes."

"Art. 54. Os Deputados e Senadores não poderão: II – desde a posse: a) ser proprietários, controladores ou diretores de empresa que goze de favor decorrente de contrato com pessoa jurídica de direito público, ou nela exercer função remunerada."

Além do que já foi exposto anteriormente, devemos acrescentar outras reflexões. Como já ensinava Rudolf von Jhering, considerar a finalidade da norma é a tarefa mais essencial do hermeneuta. O "*Zweck*", a finalidade, não indica só a razão de ser do dispositivo, mas indica, também, qual a sua melhor interpretação. Analisemos cada um dos dispositivos mencionados acima.

Na alínea "a" do art. 54, I se indica claramente que o deputado ou senador não pode firmar nem manter contrato com empresa concessionária de serviço público, nem com o ente concedente do referido serviço. Tal dispositivo veda, naturalmente, que o deputado ou senador o faça como *pessoa física*, diretamente.

Importa aqui questionar, no entanto, se tal vedação se estende ao deputado ou senador, quando tal contratação é na prática intermediada, e formalmente realizada, por *pessoa jurídica* de que seja sócio.

Também importa questionar o alcance da ressalva constante do final da alínea. Que tal *ressalva* se refira somente ao deputado ou senador como *pessoa física*, isso nos parece evidente.

Como qualquer indivíduo que viva hoje no meio urbano, o deputado ou senador depende fundamentalmente das atividades que Forsthoff classificaria no campo do *Daseinsvorsorge*.[59] Por mais influência política que tenha ou possa ter, o deputado ou senador será fatalmente, na cidade em que vive, usuário dos serviços públicos de água, luz, esgoto, gás e eletricidade a todos disponibilizados.

Dentro desse quadro, seria irrazoável impedi-lo de firmar ou manter contrato com a Administração Pública prestadora de serviços (*Leistungsverwaltung*) ou com as empresas privadas concessionárias desses mesmos serviços. Uma proibição total excluiria o congressista dos benefícios mais básicos da civilização moderna, requisitos indispensáveis para a vida digna, senão para a vida mesma, no âmbito urbano.

Era nisso que pensava o Constituinte, quando inseriu, ao final da referida alínea, a ressalva: "*salvo quando o contrato obedecer a cláusulas uniformes*". Como é sabido, serviços públicos de água, luz, esgoto, gás e eletricidade são prestados simultaneamente a uma infinidade de contratantes que assinam *contratos de adesão, firmados em massa, com cláusulas uniformes*. Eram estes os serviços pensa-

59. O debate alemão sobre serviço público gira em torno da concepção de *Daseinsvorsorge*, desenvolvida originariamente por Ernst Forsthoff durante o nazismo e, posteriormente, adaptada à democracia da Lei Fundamental. V. Ernst Forsthoff, *Die Verwaltung als Leistungsträger*, Stuttgart/Berlin, W. Kohlhammer Verlag, 1938, pp. 1-15 (capítulo 1, cujo título, emblemático, afirma ser a prestação de *Daseinsvorsorge* a tarefa da Administração Pública moderna – "Die Daseinsvorsorge als Aufgabe der modernen Verwaltung") e *Lehrbuch des Verwaltungsrechts*, vol. 1, 9ª ed., München, Verlag C. H. Beck, 1966, pp. 340-345; Bernardo Sordi, *Tra Weimar e Vienna: Amministrazione Pubblica e Teoria Giuridica nel Primo Dopoguerra*, Milano, Giuffrè, 1987, pp. 274-309. Para o debate atual na Alemanha, v. Reiner Schmidt, "Der Liberalisierung der Daseinsvorsorge", *Der Staat*, vol. 42, Berlin, Duncker & Humblot, 2003, pp. 225-247 e Michael Ronellenfitsch, "Daseinsvorsorge als Rechtsbegriff – Aktuelle Entwicklungen im nationalen und europäischen Recht", in Willi Blümel (org.), *Ernst Forsthoff: Kolloquium aus Anlass des 100. Geburstags von Prof. Dr. Dr. h. c. Ernst Forsthoff*, Berlin, Duncker & Humblot, 2003, pp. 67-114.

dos pelo Constituinte, ao criar em 1988 a ressalva em tela.

A *ressalva*, pois, se refere a tais contratos, nada tendo a ver com os contratos específicos do campo dos serviços de radiodifusão. Contratos que, note-se, embora tenham de se ater a padrões legais comuns, nem por isso teriam de ser ao longo do tempo, em tudo, constituídos por cláusulas uniformes.

A alínca "a" do art. 54, I, contudo, não se limita a tal ressalva. Também precisamos examinar, aqui, o alcance da *parte inicial* do texto, antes do mesmo ser ressalvado. Desta parte inicial do texto deflui a conclusão de que o deputado ou senador não poderia firmar ou manter contrato com a Administração Direta nem Indireta, nem mesmo contratos de concessão de serviço público.

Note-se que os contratos de concessão de serviço público não foram, aqui, excluídos pelo texto constitucional. E nem faria sentido que o fossem, já que os mesmos tendem a figurar, justamente, entre os contratos de maior importância e valor. Os problemas que a Constituição desejou enfrentar no art. 54, I, "a", ou seja, os riscos à moralidade pública e à independência do Poder Legislativo, a sedução de parlamentares por meio de contratos lucrativos, a conivência entre os Poderes e o patrimonialismo, ficariam agravados, e não resolvidos, se a proibição ali prevista não abrangesse os contratos de concessão de serviço público, inclusive de serviço público de radiodifusão.

Por outro lado, como é sabido, tais contratos, em virtude de sua complexidade e do volume de prestações envolvidas, são em regra executados, e firmados, por pessoas jurídicas, representando empresas de dimensões consideráveis. Aqui, naturalmente, devemos utilizar o princípio da razoabilidade e as regras da experiência para chegar a uma inferência óbvia: para não virar letra-morta e dispositivo constitucional totalmente inútil, o art. 54, I, "a", tem de abranger os contratos de concessão de serviço público firmados e mantidos por empresas de congressistas.

O legislador constituinte não temia que as *pessoas físicas* dos congressistas se vinculassem à Administração Pública, iluminando *pessoalmente* as cidades, retirando *pessoalmente* o lixo das casas, operando *pessoalmente* estações de TV e usinas hidrelétricas. Temia que tal vínculo surgisse, como é óbvio, ***intermediado por empresas de que os parlamentares fossem sócios***, por *pessoas jurídicas* que encarnassem os interesses econômicos dos deputados e senadores.

Ler de outra forma o dispositivo seria condená-lo à inocuidade, ignorando a sua finalidade intrínseca e a sistemática do texto constitucional.

Do exposto se depreende que, como resta evidente, a *parte inicial do art. 54, I, "a"*, não se restringe, como a ressalva constante da parte final, à pessoa física do parlamentar. Abrange, igualmente, a pessoa jurídica de que este participe, seja como dirigente (art. 54, I, "b"), seja como mero empregado (art. 54, II, "b"),[60] seja com mais razão ainda como sócio com direito a dividendos ou como sócio controlador.

A leitura conjunta das alíneas "a" e "b" do art. 54, I, da Constituição, bem o demonstra.

Para que o texto constitucional se torne um todo coerente, é preciso reco-

60. Art. 54, I, "b", da CF/1988: "Art. 54. Os Deputados e Senadores não poderão: I – desde a expedição do diploma: (...); b) aceitar ou exercer cargo, função ou emprego remunerado, inclusive os de que sejam demissíveis *ad nutum*, nas entidades constantes da alínea anterior".

nhecer que a intermediação por pessoa jurídica não descaracteriza a vedação constante da alínea "a". Realmente, por que a Constituição proibiria o parlamentar de ser um mero *empregado*, sem nenhum direito legalmente reconhecido aos lucros decorrentes da prestação dos serviços, e lhe permitiria ser um *sócio*, que, de uma forma ou outra, se beneficiaria desses lucros? Por que a Constituição proibiria um parlamentar de prestar um pequeno serviço pessoalmente, como *pessoa física*, e permitiria que uma empresa de que ele fosse sócio, eventualmente até acionista controlador, ganhasse fortunas, só pelo uso do biombo de uma *pessoa jurídica*?

Impõe-se reconhecer, pois, que o art. 54, I, "a", impede a pessoas jurídicas que tenham parlamentares como sócios que firmem ou mantenham contrato de concessão de serviços públicos de radiodifusão com entes da Administração Pública Federal.

E tão importante é tal proibição, que a Constituição não a quis deixar para depois da *posse* do parlamentar. Pelo contrário, o texto constitucional de 1988 deliberadamente observou, nesse ponto, a tradição constitucional brasileira, antecipando para a *diplomação* do parlamentar o termo inicial da vedação em tela. Nas discussões em que se definiu o texto final da Constituição, assim encaminhou um influente parlamentar da época o entendimento que veio a prevalecer:

"O intervalo entre a diplomação e a posse é curto, mas é de grande importância para que se estabeleça o resguardo do Parlamentar, não só no que se refere à imunidade e à inviolabilidade, mas também na cooptação que ele porventura possa sofrer por parte do Estado e dos grupos econômicos a ele ligados. Sr. Relator Bernardo Cabral, chamo a atenção de V. Ex. para a necessidade imperiosa de se restaurarem aqueles impedimentos e proibições a partir da diplomação, os quais integram o Direito Constitucional brasileiro desde a Constituição de 1934".[61]

Analisemos mais detidamente, agora, o art. 54, II, "a" da Constituição.

De início, cumpre advertir, aqui, que ser acionista ou sócio é ser, ainda que apenas parcialmente, "proprietário".[62] Inerente ao *status* de sócio, a condição de coproprietário da empresa basta por si só, no entendimento da Constituição, para caracterizar a hipótese de incidência do art. 54, II, "a". E que não se exige que tal sócio seja *simultaneamente* "controlador", isso é uma conclusão que deflui não só da redação literal do dispositivo, mas também do exame das discussões da Assembleia Nacional Constituinte.

Aliás, se o art. 54, II, "a" impede até que o congressista se beneficie pouquíssimo do contrato, por vias mais que indiretas, *como simples empregado* (cf. parte final: "*ou nela exercer função remunerada*"), muito mais impede que o parlamentar se beneficie à larga desse mesmo contrato *como sócio*, na forma de dividendos ou na expansão do próprio patrimônio empresarial de que é cotitular.

A interpretação literal do texto do art. 54, II, "a", deve, sem dúvida, ser completada por sua interpretação histórica, sistemática e teleológica. Desse modo, percebe-se claramente a razão de ser da norma, que visa a impedir que membros do Congresso vivenciem situações de conflito de interesses, em um assunto tão

61. Deputado Egídio F. Lima, *Diário da Assembleia Nacional Constituinte* 208.

62. Tullio Ascarelli, "Princípios e problemas das sociedades anônimas", in *Problemas das Sociedades Anônimas e Direito Comparado*, 2ª ed., São Paulo, Saraiva, 1969, pp. 340-343 e Fábio Konder Comparato e Calixto Salomão Filho, *O Poder de Controle na Sociedade Anônima*, 5ª ed., Rio de Janeiro, Forense, 2008, pp. 113 e 129-131.

fundamental à ordem democrática como é a radiodifusão.

Órgão diretamente envolvido na gestão do setor (art. 222, § 5º, art. 223, §§ 1º, 2º e 3º e art. 224 da Constituição), o Congresso Nacional tem que atuar de modo isento e livre de amarras, sendo inaceitável que interesses pessoais de parlamentares possam aqui interferir.

E que interesses são estes, que a todo custo se quer afastar? A própria Constituição já o esclarece. Em primeiro lugar, o interesse do parlamentar como "proprietário". Ou seja, como "proprietário único" ou "coletivo" da empresa prestadora do serviço de radiodifusão. O conceito constitucional não exige a titularidade exclusiva do domínio, bastando a propriedade compartilhada: onde o texto constitucional não distingue, não cabe ao intérprete distinguir. Assim sendo, também estão abarcados pela hipótese de incidência do art. 54, II, "a", os coproprietários de empresas, isto é, os acionistas, os sócios-quotistas e os sócios em geral.

Em segundo lugar, pensa-se no interesse do parlamentar como "controlador". Ciente de que o poder de controle empresarial nem sempre se embasa na titularidade formal da totalidade, da maioria ou mesmo de uma parcela minoritária das ações da própria empresa contemplada com o serviço,[63] a Constituição deliberadamente fechou as portas, aqui, aos que quisessem burlar o seu texto. Desconsiderando todos os biombos para o poder empresarial de fato, a Constituição atingiu, aqui, mesmo o parlamentar que efetivamente controle a empresa de radiodifusão por meio de intermediários, sejam eles "testas-de-ferro", sejam eles pessoas jurídicas que, direta ou indiretamente, controlem a empresa beneficiária da concessão.

Em terceiro lugar, pensa-se no interesse do parlamentar que atue como "diretor". Nessa posição, respondendo perante os sócios pelos resultados empresariais e podendo influenciar diretamente a linha editorial da TV ou rádio em benefício de sua linha política pessoal, o congressista teria manifesto interesse em favorecer a empresa que estivesse administrando.

Em quarto lugar, pensa-se no interesse do parlamentar como empregado, conselheiro fiscal ou membro do Conselho de Administração da empresa. O confronto das alíneas "a" e "b" do art. 54, II,[64] revela que, na primeira, a Constituição não cogita do temor de demissão e dos riscos desta decorrentes para a independência do empregado empossado como parlamentar. Cogita, isso sim, do risco do parlamentar comprometer sua isenção, em busca de quaisquer vantagens ou ganhos, mesmo que indiretos ou de mero prestígio, no âmbito da empresa contratada pela Administração Pública. Novamente haveria aqui, portanto, um conflito de interesses que a Constituição desejaria afastar.

Por fim, cumpre salientar, na análise do art. 54, II, "a", que toda empresa de radiodifusão pode ser definida, no Brasil, como "empresa que goze de favor decorrente de contrato com pessoa jurídica de direito público". Como é notório, as concessões, autorizações e permissões de serviços de radiodifusão não são feitas, em nosso direito, recebendo o ente público uma exata contrapartida pelas oportunidades que oferece. No "sistema privado"

63. V. o clássico estudo Fábio Konder Comparato e Calixto Salomão Filho, *O Poder de Controle na Sociedade Anônima*, cit., pp. 41-88.

64. Art. 54, II, "b", CF/1988: "Art. 54. Os Deputados e Senadores não poderão: II – desde a posse: (...); b) ocupar cargo ou função de que sejam demissíveis *ad nutum*, nas entidades referidas no inciso I, a".

de rádio e TV mesmo os contratos mais favoráveis ao interesse público não se caracterizam, jamais, por uma estrita equivalência das prestações da concessionária, que sempre conta, pelo contrário, com uma margem de "favor" manifesta.

VI. Síntese conclusiva

Por fim, sintetizando todo o exposto, pode-se indagar se é constitucional o controle de concessões, permissões e autorizações de radiodifusão por pessoas jurídicas que possuem políticos titulares de mandato eletivo como sócios ou associados. E a resposta, de acordo com o disposto no texto da Constituição de 1988, só pode ser negativa.

As alíneas I, "a" e II, "a" do art. 54 trazem soluções da Constituição para um problema grave e, na década de 1980, já bastante concreto: o uso abusivo e imoral, por parte do Poder Executivo, da concessão de serviços de radiodifusão como *meio de sedução e cooptação de parlamentares*.[65] Uma rápida análise na documentação da Assembleia Nacional Constituinte de 1987-1988 já bastaria para comprovar tal fato.

A Assembleia Nacional Constituinte também buscou, com tais dispositivos, imprimir coerência à própria Constituição que então redigia. Com efeito, ao atribuírem a si mesmos um direito de interferir nas concessões, permissões e autorizações de serviços de radiodifusão (conforme o disposto no art. 223, §§ 1º, 2º e 3º, da Constituição), os parlamentares naturalmente perceberam que disso poderia resultar um grave conflito de interesses. Impunha-se, pois, impedir que o árbitro atuasse como *parte interessada*, ou seja, que pudesse ser *beneficiário* de tais atos quem os deveria, em última análise, fiscalizar como *agente político do Estado*.

Na feliz síntese de um destacado integrante da Assembleia Nacional Constituinte de 1987-1988, o então Senador Artur da Távola, "*não haverá fator maior de corrupção do Congresso Nacional*" do que ele, "*ao mesmo tempo em que se constituir em poder concedente, transformar seus membros em eventuais beneficiários da concessão*".[66] Reconhecendo tal fato, a Constituição de 1988 deliberadamente criou um regime mais rígido para os parlamentares do que para os demais cidadãos, no que tange ao setor da radiodifusão.

A finalidade desse regime seria desconsiderada, sem dúvida, se as normas que o embasam não fossem interpretadas de forma a impedir que pessoas jurídicas em que parlamentares tenham interesse (como sócios, diretores, controladores etc.) viessem a ser beneficiárias de concessões, permissões e autorizações de serviços públicos de radiodifusão.[67]

Examinados, isolada ou sistematicamente, os dispositivos constitucionais aqui abordados revelam, no que tange aos serviços públicos de radiodifusão, a inconstitucionalidade da manutenção, renovação ou outorga de concessões, autorizações ou permissões a pessoas jurí-

65. Venício A. de Lima, *Regulação das Comunicações*, cit., pp. 104-107 e 114-117.

66. Neste mesmo sentido, criticando o fato injustificável de o poder concedente se transformar também em concessionário, v. Venício A. de Lima, *Regulação das Comunicações*, cit., pp. 31-32 e 87-89.

67. V. o exaustivo levantamento feito por Venício A. de Lima sobre parlamentares com interesse direto no setor de radiodifusão em "Parlamentares e radiodifusão: relações suspeitas", in *Mídia: Crise Política e Poder no Brasil*, São Paulo, Ed. Fundação Perseu Abramo, 2006, pp. 119-143.

dicas, quando estas tiverem parlamentares por proprietários, coproprietários, sócios, acionistas, controladores formais ou informais, diretores ou simples empregados.

A margem de tolerância da Constituição de 1988 é muito pequena, e foi instituída claramente para impedir injustos prejuízos aos trabalhadores das empresas de radiodifusão que optem por participar das eleições. Eleitos estes últimos para o Congresso e diplomados pela Justiça Eleitoral, têm eles seu direito constitucional ao trabalho (art. 6º) resguardado até a data da posse: a validade do ato administrativo em favor da empresa não será afetada, se o empregado eleito deputado ou senador dela se desligar antes dessa mesma data (art. 54, II, "a", parte final).

De todo o exposto, podemos concluir o seguinte:

Feitos, como acima demonstramos, em clara burla à Constituição, por comprometerem o pluralismo constitucionalmente exigido, o direito à informação, a liberdade de expressão e as próprias finalidades do "tríplice sistema" do art. 223, são nulos os atos de outorga ou renovação de concessões, permissões ou autorizações feitos em benefício direto ou indireto de parlamentares e até mesmo de ex-parlamentares governistas, após a data de promulgação da Constituição da República, em 5 de outubro de 1988.

Resposta

Diante de toda a argumentação exposta acima, concluímos:

1. *O controle de concessões, permissões e autorizações de radiodifusão por pessoas jurídicas que possuem políticos titulares de mandato eletivo como sócios ou associados viola*:

(i) o direito à liberdade de expressão e a autonomia da imprensa (*caput* do art. 220 da CF)?

Sim, pelas razões acima expostas, concluímos que o controle de concessões, permissões e autorizações de radiodifusão por pessoas jurídicas que possuem políticos titulares de mandato eletivo como sócios ou associados viola o direito à liberdade de expressão (arts. 5º, IX e 220, *caput*, da Constituição de 1988) e a autonomia da imprensa.

(ii) a complementaridade entre os sistemas público, privado e estatal de radiodifusão (art. 223 da CF)?

Sim, diante do exposto, concluímos que o controle de concessões, permissões e autorizações de radiodifusão por pessoas jurídicas que possuem políticos titulares de mandato eletivo como sócios ou associados viola a complementaridade entre os sistemas público, privado e estatal de radiodifusão (art. 223, *caput*, da Constituição de 1988).

(iii) o direito à informação (art. 5º, XIV, da CF)?

Sim, do exposto, se depreende que o controle de concessões, permissões e autorizações de radiodifusão por pessoas jurídicas que possuem políticos titulares de mandato eletivo como sócios ou associados viola o direito à informação (arts. 5º, XIV e 220 da Constituição de 1988).

2. *O controle de concessões, permissões e autorizações de radiodifusão por pessoas jurídicas que possuem políticos titulares de mandato eletivo como sócios ou associados prejudica a realização de eleições livres (art. 60, § 4º, II, da CF), violando, consequentemente, a democracia (preâmbulo e art. 1º da CF), a cidadania (art. 1º, II, da CF), a isonomia (art. 5º da CF), o pluralismo político (art. 1º, V, da CF) e a soberania popular (parágrafo único do art. 1º e art. 14 da CF)?*

Embora o controle de concessões, permissões e autorizações de radiodifusão por pessoas jurídicas que possuem políticos titulares de mandato eletivo como sócios ou associados não viole propriamente os limites de reforma constitucional (as chamadas "cláusulas pétreas"), esta prática afronta a direção manifestamente antioligárquica adotada pelo texto constitucional de 1988, prejudicando, assim, os pressupostos democráticos e republicanos incorporados à Constituição.

3. O controle de concessões, permissões e autorizações de radiodifusão por pessoas jurídicas que possuem políticos titulares de mandato eletivo como sócios ou associados viola os arts. 54, I, "a" e 54, II, "a", da Constituição?

Sim, pela argumentação acima desenvolvida, podemos afirmar que o controle de concessões, permissões e autorizações de radiodifusão por pessoas jurídicas que possuem políticos titulares de mandato eletivo como sócios ou associados viola as vedações constitucionalmente impostas aos membros do Congresso Nacional, explicitadas nos arts. 54, I, "a" e 54, II, "a", da Constituição.

4. Por fim, indaga-se, é constitucional o controle de concessões, permissões e autorizações de radiodifusão por pessoas jurídicas que possuem políticos titulares de mandato eletivo como sócios ou associados?

Finalmente, podemos concluir afirmando que o controle de concessões, permissões e autorizações de radiodifusão por pessoas jurídicas que possuem políticos titulares de mandato eletivo como sócios ou associados não encontra guarida no texto da Constituição de 1988. Portanto, trata-se de uma prática manifestamente inconstitucional.

Este é o nosso Parecer.

São Paulo, 29 de novembro de 2011.

PRINCÍPIO DA LEGALIDADE ADMINISTRATIVA – ADMINISTRAÇÃO ORDENADORA AMBIENTAL – NULIDADE DE SANÇÃO ADMINISTRATIVA POR VÍCIOS QUANTO AO MOTIVO E À CAUSA

Vladimir da Rocha França

Mestre em Direito Público pela Universidade Federal de Pernambuco.
Doutor em Direito Administrativo pela PUC/SP.
Professor Adjunto III do Departamento de Direito Público
da Universidade Federal do Rio Grande do Norte.
Professor Titular III do Curso de Direito da Faculdade Estácio de Natal. Advogado

I – A Consulta. II – O Parecer: 1. Legalidade administrativa e processo administrativo sancionador no âmbito da administração ordenadora ambiental; 2. Conteúdo, motivo e causa do ato administrativo sancionador aplicado à Consulente. 3. Nulidade quanto ao motivo na sanção administrativa ambiental aplicada à Consulente. 4. Nulidade quanto à causa na sanção administrativa ambiental aplicada à Consulente. III – Resposta à Consulta.

I – A Consulta

A empresa "X" apresenta *Consulta* sobre a validade de ato administrativo sancionador que lhe foi aplicado pelo *Instituto Brasileiro do Meio Ambiente e dos Recursos Naturais Renováveis (IBAMA)*, autarquia integrante da administração pública federal e com atuação no Estado do Rio Grande do Norte.[1]

A Consulente presta serviços de hotelaria em área situada no Litoral Leste da Zona Costeira do Estado do Rio Grande do Norte desde a década de 1980. Conforme documentação fornecida pela referida empresa, o hotel ocupa gleba de terra dotada da seguinte composição: (i) domínio direto e pleno de terreno próprio; (ii) domínio útil de terreno de marinha.

Por meio do processo administrativo o IBAMA aplicou ao Consulente multa administrativa no valor de R$ 350.000,00 (trezentos e cinquenta mil), com amparo

1. V. Lei federal 7.735, de 22.2.1989.

no art. 66 do Decreto federal 6.514, de 22.7.2008,[2] pelo que se depreende da leitura do Parecer Z, da Advocacia-Geral da União (AGU).

Informa a Consulente que se encontra em tramitação, junto à administração pública do Município do Natal/RN, pedido de licença ambiental que se encontra *sub judice*, em razão do questionamento da validade de taxa pelo exercício de poder polícia que lhe foi cobrada para o seu deferimento. Segundo a Consulente, trata-se do único obstáculo interposto pela administração pública municipal na emissão desse provimento administrativo ampliativo.

Levando-se em consideração a Constituição Federal e a legislação em vigor, e as circunstâncias de fato que expôs, indaga-se:

(A) *A sanção administrativa ambiental aplicada pelo IBAMA à Consulente é passível de invalidação?*

(B) *Caso a questão (A) tenha resposta afirmativa, que invalidades se encontram presentes no ato administrativo sancionador sob exame?*

II – O Parecer

1. Legalidade administrativa e processo administrativo sancionador no âmbito da administração ordenadora ambiental

Assegura-se no art. 225, *caput*, da Constituição Federal, o meio ambiente ecologicamente equilibrado como direito fundamental, sendo dever do Estado defendê-lo e preservá-lo para as presentes e futuras gerações.[3]

No sistema constitucional brasileiro, a competência para o exercício da administração ordenadora[4] – ou polícia administrativa[5] caso se prefira – em matéria ambiental é qualificada como *comum* para

2. Esse preceito regulamentar tem a seguinte redação: "Art. 66. Construir, reformar, ampliar, instalar ou fazer funcionar estabelecimentos, atividades, obras ou serviços utilizadores de recursos ambientais, considerados efetiva ou potencialmente poluidores, sem licença ou autorização dos órgãos ambientais competentes, em desacordo com a licença ou contrariando as normas legais e regulamentos pertinentes".

3. Esse enunciado constitucional tem a seguinte redação: "Art. 225. Todos têm direito ao meio ambiente ecologicamente equilibrado, bem de uso comum do povo e essencial à sadia qualidade de vida, impondo-se ao Poder Público e à coletividade o dever de defendê-lo e preservá-lo para as presentes e futuras gerações".

4. Como bem leciona Carlos Ari Sundfeld: "A Administração ordenadora é a parcela da função administrativa, desenvolvida com o uso do poder de autoridade, para disciplinar, nos termos e para os fins da lei, os comportamentos dos particulares no campo de atividades que lhes é próprio" (*Direito Administrativo Ordenador*, São Paulo, Malheiros Editores, 1ª ed., 3ª tir., 2003, p. 20).

5. A expressão "poder de polícia" não abrange com precisão o âmbito da atuação administrativa do estado junto à liberdade e à propriedade do administrado, como bem demonstra Carlos Ari Sundfeld (*Direito*..., cit.). De todo modo, parece-me que o conceito de polícia administrativa que melhor se coaduna com o arcabouço constitucional do direito administrativo brasileiro é o proposto por Celso Antônio Bandeira de Mello: "(...) pode-se definir a polícia administrativa como *a atividade da Administração Pública, expressa em atos normativos ou concretos, de condicionar, com fundamento em sua supremacia geral e na forma da lei, a liberdade e a propriedade dos indivíduos, mediante ação ora fiscalizadora, ora preventiva, ora repressiva, impondo coercitivamente aos particulares um dever de abstenção ('non facere') a fim de conformar-lhes os comportamentos aos interesses sociais consagrados no sistema normativo*" (*Curso de Direito Administrativo*, 30ª ed., São Paulo, Malheiros Editores, 2013, p. 853; grifos no original).

os entes federativos e demarcada para cada ente federativo por *lei complementar federal*, nos termos do art. 23, VI, e parágrafo único, da Constituição Federal.[6] Convém acrescer que a Lei Maior determina em seu art. 24, VI, que a *proteção do meio ambiente* está sujeita à competência legislativa concorrente da União, dos Estados e do Distrito Federal.[7] Merece igual destaque que os Municípios têm competência para legislar sobre a proteção do meio ambiente quando se tratar de assunto de interesse local e houver necessidade de se suplementar a legislação federal e estadual para viabilizar a sua aplicação nos respectivos limites, haja vista o disposto no art. 30, I e II, da Constituição Federal.[8]

Logo, em se tratando de competência legislativa, cabe à União expedir normas gerais sobre a proteção do meio ambiente, reconhecendo-se aos Estados e aos Municípios a edição de normas que lhes sejam suplementares.

No que concerne ao exercício da administração ordenadora ambiental, há, portanto, a necessidade de lei complementar federal que demarque as atribuições administrativas de cada ente federativo para prevenir o conflito de competências e a sobreposição de medidas punitivas. Como esse diploma legal jamais foi editado, entende-se que a Lei federal 6.938, de 31.8.1981 – instituidor e estruturante da Política Nacional do Meio Ambiente – foi recepcionado pela atual ordem constitucional na condição de lei complementar no que diz respeito ao delineamento das esferas de competência administrativa ambiental.[9] Entretanto, esse diploma deve

Há uma definição legal de poder de polícia no art. 78 da Lei federal 5.172, de 25.10.1966 (Código Tributário Nacional): "Art. 78. Considera-se poder de polícia atividade da administração pública que, limitando ou disciplinando direito, interesse ou liberdade, regula a prática de ato ou abstenção de fato, em razão de interesse público concernente à segurança, à higiene, à ordem, aos costumes, à disciplina da produção e do mercado, ao exercício de atividades econômicas dependentes de concessão ou autorização do Poder Público, à tranquilidade pública ou ao respeito à propriedade e aos direitos individuais ou coletivos. Parágrafo único. Considera-se regular o exercício do poder de polícia quando desempenhado pelo órgão competente nos limites da lei aplicável, com observância do processo legal e, tratando-se de atividade que a lei tenha como discricionária, sem abuso ou desvio de poder".

6. Esse preceito constitucional tem a seguinte redação: "Art. 23. É de competência comum da União, dos Estados, do Distrito Federal e dos Municípios: (...); VI – proteger o meio ambiente e combater a poluição em qualquer de suas formas; (...). Parágrafo único. Leis complementares fixarão as normas para a cooperação entre a União e os Estados, o Distrito Federal e os Municípios, tendo em vista o equilíbrio do desenvolvimento e do bem-estar em âmbito nacional".

7. Esse preceito constitucional tem a seguinte redação: "Art. 24. Compete à União, aos Estados e ao Distrito Federal legislar concorrentemente sobre: (...); VI – florestas, caça, pesca, fauna, conservação da natureza, defesa do solo e dos recursos naturais, proteção do meio ambiente e controle da poluição; (...). § 1º. No âmbito da legislação concorrente, a competência da União limitar-se-á a estabelecer normas gerais. § 2º. A competência da União para legislar sobre normas gerais não exclui a competência suplementar dos Estados. § 3º. Inexistindo lei federal sobre normas gerais, os Estados exercerão a competência legislativa plena, para atender a suas peculiaridades. § 4º. A superveniência de lei federal sobre normas gerais suspende a eficácia da lei estadual, no que lhe for contrário".

8. Esse preceito constitucional tem a seguinte redação: "Art. 30. Compete aos Municípios: I – legislar sobre assuntos de interesse local; II – suplementar a legislação federal e a estadual no que couber".

9. Não se trata de uma proposta hermenêutica inédita no campo do direito público, haja vista o modo como foi recepcionado o Código Tributário Nacional pela Constituição Federal vigente.

ser interpretado e aplicado em conformidade com a Constituição Federal e seus princípios.

Dentre os instrumentos da administração ordenadora ambiental, há as *competências administrativas sancionadoras*.

De acordo com o art. 225, § 3º, da Constituição Federal,[10] as condutas e atividades consideradas lesivas ao meio ambiente[11] sujeitarão os infratores, pessoas físicas ou jurídicas, a *sanções administrativas ambientais*.

No plano infraconstitucional, a imposição de *penalidades disciplinares ou compensatórias* encontra-se prevista na Política Nacional do Meio Ambiente, conforme o art. 9º, IX e o art. 14, ambos da Lei federal 6.938/1981.[12] Recorde-se ainda o art. 70, *caput*, da Lei federal 9.605, de 12.2.1998, que considera *infração administrativa ambiental* toda ação ou omissão que viole as regras jurídicas de uso, gozo, promoção, proteção e recuperação do meio ambiente.[13]

Como a Lei federal 9.605/1998 não é lei complementar convém interpretá-la conforme a Constituição Federal e considerá-la restrita à administração pública federal, não vinculando a administração pública estadual, distrital ou municipal no que diz respeito à administração ordenadora ambiental. E, anote-se, deve ser interpretada e aplicada à luz da Constituição Federal e da Lei federal 6.938/1981.

10. Esse preceito constitucional tem a seguinte redação: “Art. 225. (...). § 3º. As condutas e atividades consideradas lesivas ao meio ambiente sujeitarão os infratores, pessoas físicas ou jurídicas, a sanções penais ou administrativas, independentemente da obrigação de reparar os danos causados”.

11. Compreenda-se por *meio ambiente* o disposto no art. 3º, I, da Lei federal 6.938, de 31.8.1981: “Art. 3º. Para os fins previstos nesta Lei, entende-se por: I – meio ambiente: o conjunto de condições, leis, influências e interações de ordem física, química e biológica, que permite, abriga e rege a vida em todas as suas formas”.

12. Esses preceitos legais têm a seguinte redação: “Art. 9º. São instrumentos da Política Nacional do Meio Ambiente: (...); IX – as penalidades disciplinares ou compensatórias ao não cumprimento das medidas necessárias à preservação ou correção da degradação ambiental; (...). Art. 14. Sem prejuízo das penalidades definidas pela legislação federal, estadual e municipal, o não cumprimento das medidas necessárias à preservação ou correção dos inconvenientes e danos causados pela degradação da qualidade ambiental sujeitará os transgressores: I – à multa simples ou diária, nos valores correspondentes, no mínimo, a 10 (dez) e, no máximo, a 1.000 (mil) Obrigações Reajustáveis do Tesouro Nacional – ORTNs, agravada em casos de reincidência específica, conforme dispuser o regulamento, vedada a sua cobrança pela União se já tiver sido aplicada pelo Estado, Distrito Federal, Territórios ou pelos Municípios; II – à perda ou restrição de incentivos e benefícios fiscais concedidos pelo Poder Público; III – à perda ou suspensão de participação em linhas de financiamento em estabelecimentos oficiais de crédito; IV – à suspensão de sua atividade. § 1º. Sem obstar a aplicação das penalidades previstas neste artigo, é o poluidor obrigado, independentemente da existência de culpa, a indenizar ou reparar os danos causados ao meio ambiente e a terceiros, afetados por sua atividade. O Ministério Público da União e dos Estados terá legitimidade para propor ação de responsabilidade civil e criminal, por danos causados ao meio ambiente. § 2º. No caso de omissão da autoridade estadual ou municipal, caberá ao Secretário do Meio Ambiente a aplicação das penalidades pecuniárias previstas neste artigo. § 3º. Nos casos previstos nos incisos II e III deste artigo, o ato declaratório da perda, restrição ou suspensão será atribuição da autoridade administrativa ou financeira que concedeu os benefícios, incentivos ou financiamento, cumprindo resolução do CONAMA. [*§ 4º, revogado*]. § 5º. A execução das garantias exigidas do poluidor não impede a aplicação das obrigações de indenização e reparação de danos previstas no § 1º deste artigo”.

13. Esse preceito legal tem a seguinte redação: “Art. 70. Considera-se infração administrativa ambiental toda ação ou omissão que viole as regras jurídicas de uso, gozo, promoção, proteção e recuperação do meio ambiente”.

A sanção administrativa ambiental é o ato administrativo unilateral e individual mediante o qual há a privação de bem jurídico do administrado, ou sua restrição em virtude do descumprimento voluntário do respectivo dever jurídico-administrativo ambiental.[14] Por sua vez, entende-se aqui por infração administrativa ambiental como a conduta abstratamente qualificada em regra jurídica como pressuposto de fato para a sanção administrativa ambiental.[15]

Somente há infração administrativa ambiental no contexto de uma sanção administrativa ambiental.

Ressalte-se que a aplicação da sanção administrativa ambiental somente deverá ser considerada juridicamente legítima quando observado o *devido processo legal*.[16] Em rigor, essa cláusula constitucional impõe um modelo constitucional de processo administrativo, a ser observado pela lei e pela administração pública na disciplina jurídica do procedimento a ser empregado na expedição de provimentos administrativos punitivos.

Quando se qualifica uma conduta do administrado como infração administrativa ambiental, há um realinhamento jurídico da liberdade – especialmente da liberdade econômica[17] – e passa a haver o dever jurídico da pessoa privada de fazer ou não fazer. E o único instrumento jurídico legítimo para fazê-lo é a *lei*.[18]

14. Adapta-se aqui o conceito de sanção administrativa que expus em trabalho anterior. Cf. Vladimir da Rocha França, "Processo administrativo sancionador na Lei federal n. 9.784/1999", in Irene Patrícia Nohara e Marco Antônio Praxedes de Moraes Filho, *Processo Administrativo: Temas Polêmicos da Lei n. 9.784/1999*, São Paulo, Atlas, 2011, pp. 264-265.

15. Cf. Vladimir da Rocha França, "Processo...", cit., p. 265. Sobre o tema das infrações e sanções administrativas no direito brasileiro, consultar: Celso Antônio Bandeira de Mello, *Curso...*, cit., pp. 863-880; Daniel Ferreira, *Sanções Administrativas*, São Paulo, Malheiros Editores, 2001; Rafael Munhoz de Mello, *Princípios Constitucionais do Direito Administrativo Sancionador: as Sanções Administrativas à Luz da Constituição Federal de 1988*, São Paulo, Malheiros Editores, 2007; e Heraldo Garcia Vitta, *A Sanção no Direito Administrativo*, São Paulo, Malheiros Editores, 2003.

16. V. o art. 5º, LIV, da Constituição Federal: "Art. 5º. (...). LIV – ninguém será privado da liberdade ou de seus bens sem o devido processo legal".

17. A liberdade econômica tem qualidade de direito fundamental no sistema constitucional brasileiro, por força do art. 1º, IV, do art. 5º, *caput,* XIII, 170, *caput* e parágrafo único, todos da Constituição Federal: "Art. 1º. A República Federativa do Brasil, formada pela união indissolúvel dos Estados e Municípios e do Distrito Federal, constitui-se em Estado Democrático de Direito e tem como fundamentos: (...); IV – os valores sociais do trabalho e da livre iniciativa (...). Art. 5º. Todos são iguais perante a lei, sem distinção de qualquer natureza, garantindo-se aos brasileiros e aos estrangeiros residentes no País a inviolabilidade do direito à vida, à liberdade, à igualdade, à segurança e à propriedade, nos termos seguintes: (...); XIII – é livre o exercício de qualquer trabalho, ofício ou profissão, atendidas as qualificações profissionais que a lei estabelecer; (...). Art. 170. A ordem econômica, fundada na valorização do trabalho humano e na livre iniciativa, tem por fim assegurar a todos existência digna, conforme os ditames da justiça social, observados os seguintes princípios: (...). Parágrafo único. É assegurado a todos o livre exercício de qualquer atividade econômica, independentemente de autorização de órgãos públicos, salvo nos casos previstos em lei".

Sobre a matéria, consultar: Celso Ribeiro Bastos, *Direito Econômico Brasileiro*, São Paulo, Celso Bastos Editor, 2000, pp. 110-120; e André Ramos Tavares, *Direito Constitucional Econômico*, São Paulo, Método, 2003, pp. 245-252.

18. Lei é aqui compreendida como uma das espécies normativas constantes do art. 59 da Constituição Federal: "Art. 59. O processo legislativo compreende a elaboração de: I – emendas à Constituição; II – leis complementares; III – leis ordinárias; IV – leis delegadas; V – medidas provi-

Afinal, determina o art. 5º, II, da Constituição Federal que ninguém será obrigado a fazer ou deixar de fazer alguma coisa senão em virtude de lei.[19] A legalidade é um dos princípios constitucionais do regime jurídico-administrativo e limita à expedição de regulamentos e atos normativos pela administração pública àqueles destinados à fiel execução da lei, quando se trata de relações de supremacia geral.[20] Somente a lei pode condicionar o livre exercício da atividade econômica ao consentimento administrativo, nos termos do art. 170, parágrafo único, do texto constitucional.

Ademais, o art. 48 da Constituição Federal determina que cabe ao Congresso Nacional, com a sanção do presidente da república, dispor sobre as matérias de competência da União que não estejam listadas nos arts. 49, 51 e 52 do mesmo texto constitucional.[21] Ou seja, mediante processo legislativo ordinário ou complementar. Como então negar incidência desse dispositivo constitucional ao rol de atribuições constantes do art. 23, VI, e do art. 24, VI, ambos da lei maior?

Portanto, a juridicidade da instituição de uma sanção administrativa ambiental demanda necessariamente que o seu conteúdo e os seus pressupostos de validade estejam previstos em lei.

Não parece compatível com a ordem constitucional vigente a remessa integral da disciplina das sanções administrativas ambientais para ato normativo da administração pública. Em se tratando de ato administrativo sancionador que viabiliza sanção administrativa vinculada à relação de supremacia geral, a lei deve estabelecer as regras imprescindíveis para que o administrado tenha a proteção efetiva que a legalidade lhe promete.

Noutro giro: a *legalidade sujeita à disciplina jurídica do ato administrativo sancionador nas relações de supremacia geral à discricionariedade do legislador, observados os direitos e garantias fundamentais e a repartição constitucional de competências, devendo o administrador fazer apenas o que a lei expressa ou implicitamente autoriza.*

Pensar o contrário, com a devida vênia, é vulnerabilizar os direitos fundamentais de liberdade e de propriedade.

sórias; VI – decretos legislativos; VII – resoluções. Parágrafo único. Lei complementar disporá sobre a elaboração, redação, alteração e consolidação das leis".

Para a identificação de um assunto como reserva de lei ordinária ou de lei complementar, é indispensável uma interpretação sistemática da Constituição Federal.

19. Esse preceito constitucional tem a seguinte redação: "Art. 5º. (...); II – ninguém será obrigado a fazer ou deixar de fazer alguma coisa senão em virtude de lei".

20. Nesse sentido, consultar: Carlos Ari Sundfeld, *Direito...*, cit., pp. 28-37; e Celso Antônio Bandeira de Mello, *Curso...*, cit., pp. 343-374 e 840-845. V. o art. 37, *caput*, o art. 84, IV, e o art. 87, parágrafo único, II, todos da Constituição Federal: "Art. 37. A administração pública direta e indireta de qualquer dos Poderes da União, dos Estados, do Distrito Federal e dos Municípios obedecerá aos princípios de legalidade, impessoalidade, moralidade, publicidade e eficiência (...). Art. 84. Compete privativamente ao Presidente da República: (...); IV – sancionar, promulgar e fazer publicar as leis, bem como expedir decretos e regulamentos para sua fiel execução; (...). Art. 87. (...). Parágrafo único. Compete ao Ministro de Estado, além de outras atribuições estabelecidas nesta Constituição e na lei: (...); II – expedir instruções para a execução das leis, decretos e regulamentos".

21. Esse preceito constitucional tem a seguinte redação: "Art. 48. Cabe ao Congresso Nacional, com a sanção do Presidente da República, não exigida esta para o especificado nos arts. 49, 51 e 52, dispor sobre todas as matérias de competência da União (...)".

Em defesa da possibilidade de ato normativo da administração dispor sobre a sanção administrativa ambiental, poder-se-ia afirmar que o art. 5º, § 1º, da Constituição Federal o viabilizaria, caso esse provimento administrativo ofertasse regramento coerente com o devido processo legal. Mesmo assim, essa proposta hermenêutica somente se justificaria diante da ausência de lei que disponha sobre normas gerais sobre o processo administrativo no âmbito do ente federativo envolvido.

Também não deve sensibilizar a eventual chamada do art. 84, VI, *a*, da Constituição Federal,[22] haja vista sua incidência à desconcentração (ou concentração) de órgãos públicos e à repartição interna de competências que já se encontram previstas em lei.

Por conseguinte, a competência normativa da administração na disciplina da sanção administrativa ambiental deve se restringir à limitação dos espaços de discricionariedade administrativa deixados pela lei regente da sanção em apreço ou à decomposição dos conceitos sintéticos empregados nesse diploma legal. Ademais, se há lei que disponha sobre a sanção administrativa, ela deverá naturalmente prevalecer sobre quaisquer atos normativos que lhe contraponham.

Na administração pública federal, a sanção administrativa ambiental tem três diplomas legais básicos: (i) a Lei federal 6.938/1981; (ii) a Lei federal 9.605/1998; e, (iii) a Lei federal 9.784, de 29.1.1999.[23]

Mediante o Decreto federal 6.514/2008, a administração pública federal resolveu dispor sobre "as infrações e sanções administrativas ao meio ambiente" e estabelecer "o processo administrativo federal para a apuração destas infrações".

De imediato, registre-se que esse regulamento federal não revogou qualquer lei nem tem força jurídica para afastar a incidência das normas legais já existentes.[24]

Feitas essas considerações, examina-se agora a estrutura do provimento administrativo sancionador aplicado pelo IBAMA à Consulente para aferir a sua juridicidade.

2. Conteúdo, motivo e causa do ato administrativo sancionador aplicado à Consulente

Como todo ato administrativo, o provimento administrativo sancionador deve ter a sua *validade*[25] examinada a partir de

22. Esse preceito constitucional tem a seguinte redação: "Art. 84. Compete privativamente ao Presidente da República: a) organização e funcionamento da administração federal, quando não implicar aumento de despesa nem criação ou extinção de órgãos públicos".

23. Naturalmente, pode haver lei federal específica, que afaste a incidência de preceitos dos diplomas legais citados. V. o art. 2º, § 2º, do Decreto-lei 4.657, de 4.9.1942 (Lei de Introdução às Normas de Direito Brasileiro): "Art. 2º. (...). § 2º. A lei nova, que estabeleça disposições gerais ou especiais a par das já existentes, não revoga nem modifica a lei anterior".

Contudo, a Lei federal 9.784/1999 é a lei geral do processo administrativo federal e deve ser aplicada subsidiariamente a todos os processos administrativos da administração ordenadora ambiental da União. V. o art. 69 desse diploma legal: "Art. 69. Os processos administrativos específicos continuarão a reger-se por lei própria, aplicando-se-lhes, apenas subsidiariamente os preceitos desta Lei".

24. V. o art. 2º, *caput*, da Lei de Introdução ao Código Civil: "Art. 2º. Não se destinando à vigência temporária, a lei terá vigor até que outra a modifique ou revogue".

25. Como já se asseverou em outra oportunidade: "A validade do ato administrativo compreende sua compatibilidade com os cânones de

seus requisitos. Na situação jurídica sob exame, destaca-se o *conteúdo*, o *motivo* e a *causa*, que parecem decisivamente comprometidos.[26]

Por conteúdo, denomina-se a regra jurídica individual produzida no exercício da competência administrativa.[27] O conteúdo do ato administrativo sancionador sob exame é composto por uma regra jurídica individual que impõe à Consulente o dever jurídico de pagar R$ 350.000,00 (trezentos e cinquenta mil) em favor da Fazenda Pública federal. Dentre os tipos de sanção administrativa ambiental previstos na legislação em vigor, verifica-se que se trata de *multa simples*.[28]

O motivo compreende os pressupostos de fato e de direito que servem de fundamento para o ato administrativo. Enquanto o pressuposto de fato representa o evento demarcado pela autoridade administrativa como relevante para o interesse público no caso concreto, o pressuposto de direito abrange a norma jurídica que autorizou ou obrigou a expedição do ato administrativo.[29]

O pressuposto de fato do ato administrativo sancionador em apreço reside na exploração de complexo turístico sem prévia licença ambiental.[30] Em rigor, a Consulente presta serviços turísticos mediante a disposição de meios de hospedagem,[31] atividade de pequeno impacto ambiental

juridicidade do ordenamento jurídico. Sob a ótica da existência, é possível que o ato administrativo ingressado no ordenamento jurídico esteja em contradição com a lei que lhe serve de fundamento de juridicidade ou, mesmo, que esta atente contra a constitucionalidade. Mediante o controle de juridicidade, o sistema do direito positivo oferece o mecanismo para a restauração da coerência violada por um ato ilegal ou que esteja fundado em norma constitucional" (Vladimir da Rocha França, *Estrutura e Motivação do Ato Administrativo*, São Paulo, Malheiros Editores, 2007, p. 69).

V. o art. 2º, parágrafo único, I, da Lei federal 9.784/1999: "Parágrafo único. Nos processos administrativos serão observados, entre outros, os critérios de: I – atuação conforme a lei e o Direito".

26. Segue-se aqui a estrutura do ato administrativo identificada e proposta por Celso Antônio Bandeira de Mello (*Curso*..., cit., pp. 397-493), com algumas adaptações (cf. Vladimir da Rocha França, *Estrutura*..., cit.).

27. Cf. Vladimir da Rocha França, *Estrutura*..., cit., pp. 73-74.

28. V. o art. 72, II, da Lei federal 9.605/1998: "Art. 72. As infrações administrativas são punidas com as seguintes sanções, observado o disposto no art. 6º: (...); II – multa simples". V. o art. 3º, II, do Decreto federal 6.515/2008: "Art. 3º. As infrações administrativas são punidas com as seguintes sanções: (...); II – multa simples".

29. Cf. Vladimir da Rocha França, *Estrutura*..., cit., pp. 78-79.

30. V. o art. 10, *caput*, da Lei federal 6.938/1981: "Art. 10. A construção, instalação, ampliação e funcionamento de estabelecimentos e atividades utilizadoras de recursos ambientais, considerados efetiva e potencialmente poluidores, bem como os capazes, sob qualquer forma, de causar degradação ambiental, dependerão de prévio licenciamento de órgão estadual competente, integrante do Sistema Nacional do Meio Ambiente – SISNAMA, e do Instituto Brasileiro do Meio Ambiente e Recursos Naturais Renováveis – IBAMA, em caráter supletivo, sem prejuízo de outras licenças exigíveis".

V. o Anexo VIII da Lei federal 6.938/1981: "Anexo VIII (*Incluído pela Lei n. 10.165, de 27.12.2000*) atividades potencialmente poluidoras e utilizadoras de recursos ambientais (...) 19 Turismo – complexos turísticos e de lazer, inclusive parques temáticos. Pequeno".

31. V. o art. 21, I, e o art. 23, ambos da Lei federal 11.771, de 17.9.2008: "Art. 21. Consideram-se prestadores de serviços turísticos, para os fins desta Lei, as sociedades empresárias, sociedades simples, os empresários individuais e os serviços sociais autônomos que prestem serviços turísticos remunerados e que exerçam as seguintes atividades econômicas relacionadas à cadeia produtiva do turismo: I – meios de hospedagem; (...). Art. 23.

quando envolve o emprego de recursos ambientais, haja vista o disposto no item 19 do Anexo VIII da Lei Federal 9.638/1998.[32]

Pelo que se depreende do exame do Parecer jurídico que integra a motivação desse ato jurídico,[33] o principal pressuposto de direito é o art. 66 do Decreto federal 6.514/2008, que determina ao IBAMA o dever de aplicar multa de R$ 500,00 (quinhentos reais) a R$ 10.000.000,00 (dez milhões de reais).

Por sua vez, a causa denota a relação que deve haver entre o motivo do ato administrativo e o conteúdo deste provimento estatal diante da finalidade legal. É justamente esse pressuposto de validade do ato administrativo que torna viável o seu controle da razoabilidade e da proporcionalidade.[34]

Quando o motivo e a causa do ato administrativo são portadores de invalidades, estas são consideradas insanáveis no ordenamento jurídico, haja vista prejudicarem de modo incontestável o seu conteúdo. Não se olvide que a única forma de corrigi-las é com a invalidação desse provimento do estado.

Logo, comprovados vícios quanto ao motivo e à causa, está-se diante de *nulidades*.[35] Notadamente, em face do art. 2º, *d*, e parágrafo único, *d*, da Lei federal 4.717, de 29.6.1965,[36] e do art. 2º, parágrafo único, VI, da Lei federal 9.784/1999.

Consideram-se meios de hospedagem os empreendimentos ou estabelecimentos, independentemente de sua forma de constituição, destinados a prestar serviços de alojamento temporário, ofertados em unidades de frequência individual e de uso exclusivo do hóspede, bem como outros serviços necessários aos usuários, denominados de serviços de hospedagem, mediante adoção de instrumento contratual, tácito ou expresso, e cobrança de diária. § 1º. Os empreendimentos ou estabelecimentos de hospedagem que explorem ou administrem, em condomínios residenciais, a prestação de serviços de hospedagem em unidades mobiliadas e equipadas, bem como outros serviços oferecidos a hóspedes, estão sujeitos ao cadastro de que trata esta Lei e ao seu regulamento. § 2º. Considera-se prestação de serviços de hospedagem em tempo compartilhado a administração de intercâmbio, entendida como organização e permuta de períodos de ocupação entre cessionários de unidades habitacionais de distintos meios de hospedagem. § 3º. Não descaracteriza a prestação de serviços de hospedagem a divisão do empreendimento em unidades hoteleiras, assim entendida a atribuição de natureza jurídica autônoma às unidades habitacionais que o compõem, sob titularidade de diversas pessoas, desde que sua destinação funcional seja apenas e exclusivamente a de meio de hospedagem. § 4º. Entende-se por diária o preço de hospedagem correspondente à utilização da unidade habitacional e dos serviços incluídos, no período de 24 (vinte e quatro) horas, compreendido nos horários fixados para entrada e saída de hóspedes".

32. Recorrendo-se mais uma vez a uma interpretação conforme à Constituição Federal, é possível reconhecer a constitucionalidade da modificação promovida da Lei 10.165/2000 na Lei federal 6.981/1981. Convém asseverar que a referida alteração envolve assunto pertinente ao art. 24, VI, § 1º, da Constituição Federal.

33. Em rigor, o parecer jurídico compõe a motivação do ato administrativo, a partir do momento em que neste há referência àquele (cf. Vladimir da Rocha França, *Estrutura...*, cit., pp. 133-134). V. o art. 50, § 1º, da Lei federal 9.784/1999: "Art. 50. (...). § 1º. A motivação deve ser explícita, clara e congruente, podendo consistir em declaração de concordância com fundamentos de anteriores pareceres, informações, decisões ou propostas, que, neste caso, serão parte integrante do ato".

34. Cf. Vladimir da Rocha França, *Estrutura...*, cit., pp. 84-85.

35. Cf. Vladimir da Rocha França, *Estrutura...*, cit., pp. 136-192.

36. Esse preceito legal tem a seguinte redação: "Art. 2º. São nulos os atos lesivos ao patrimônio das entidades mencionadas no artigo anterior, nos casos de: (...); d) inexistência dos motivos; (...). Parágrafo único. Para a conceituação

No sistema do direito positivo, tanto a administração pública como o Poder Judiciário tem legitimidade para invalidar o ato administrativo em razão de nulidade.[37] Em ambos os casos, o órgão controlador deverá examinar a juridicidade do provimento administrativo, com especial cuidado com os princípios constitucionais do regime jurídico-administrativo.[38]

Convém acrescentar que na invalidação judicial admite-se que o órgão jurisdicional aprecie a juridicidade das leis e atos normativos que autorizam ou exigem a expedição do ato administrativo.[39]

Em face da sanção administrativa ambiental aplicada pelo IBAMA no caso concreto, a competência para a invalidação judicial é da Justiça Federal, em face do art. 109, I, da Constituição Federal.[40]

Feitas essas considerações, passa-se ao exame das nulidades constatadas no provimento administrativo sob análise.

3. Nulidade quanto ao motivo na sanção administrativa ambiental aplicada à Consulente

Em princípio, o art. 66 do Decreto federal 6.514/2008 tem base legal no art. 75 da Lei federal 9.605/2008.[41] Entretanto, assevere-se que esse dispositivo legal pa-

dos casos de nulidade observar-se-ão as seguintes normas: (...); d) a inexistência dos motivos se verifica quando a matéria de fato ou de direito, em que se fundamenta o ato, é materialmente inexistente ou juridicamente inadequada ao resultado obtido".

37. V. Súmula 473 do Supremo Tribunal Federal: "A administração pode anular seus próprios atos, quando eivados de vícios que os tornam ilegais, porque deles não se originam direitos; ou revogá-los, por motivo de conveniência ou oportunidade, respeitados os direitos adquiridos, e ressalvada, em todos os casos, a apreciação judicial".

V. o art. 53 da Lei federal 9.784/1999: "Art. 53. A Administração deve anular seus próprios atos, quando eivados de vício de legalidade, e pode revogá-los por motivo de conveniência ou oportunidade, respeitados os direitos adquiridos".

V. o art. 5º, XXXV, da Constituição Federal: "Art. 5º. (...); XXXV – a lei não excluirá da apreciação do Poder Judiciário lesão ou ameaça a direito".

38. Sobre a matéria, consultar: Celso Antônio Bandeira de Mello, *Discricionariedade e Controle Jurisdicional*, São Paulo, Malheiros Editores, 2ª ed., 11ª tir., 2012; Miguel Seabra Fagundes, *O Controle dos Atos Administrativos pelo Poder Judiciário*, 7ª ed., atualização de Gustavo Binenbojm, Rio de Janeiro, Forense, 2005 e Vladimir da Rocha França, *Invalidação Judicial da Discricionariedade Administrativa no Regime Jurídico-Administrativo Brasileiro*, Rio de Janeiro, Forense, 2000.

39. V. o art. 97, e o art. 102, III, ambos da Constituição Federal: "Art. 97. Somente pelo voto da maioria absoluta de seus membros ou dos membros do respectivo órgão especial poderão os tribunais declarar a inconstitucionalidade de lei ou ato normativo do Poder Público. (...). Art. 102. Compete ao Supremo Tribunal Federal, precipuamente, a guarda da Constituição, cabendo-lhe: (...); III – julgar, mediante recurso extraordinário, as causas decididas em única ou última instância, quando a decisão recorrida: a) contrariar dispositivo desta Constituição; b) declarar a inconstitucionalidade de tratado ou lei federal; c) julgar válida lei ou ato de governo local contestado em face desta Constituição; d) julgar válida lei local contestada em face de lei federal".

40. Esse preceito constitucional tem a seguinte redação: "Art. 109. Aos juízes federais compete processar e julgar: I – as causas em que a União, entidade autárquica ou empresa pública federal forem interessadas na condição de autoras, rés, assistentes ou oponentes, exceto as de falência, as de acidentes de trabalho e as sujeitas à Justiça Eleitoral e à Justiça do Trabalho".

41. Esse preceito legal tem a seguinte redação: "Art. 75. O valor da multa de que trata este Capítulo será fixado no regulamento desta Lei e corrigido periodicamente, com base nos índices estabelecidos na legislação pertinente, sendo o mínimo de R$ 50,00 (cinquenta reais) e o máximo de R$ 50.000.000,00 (cinquenta milhões de reais)".

dece de *inconstitucionalidade* em face dos princípios constitucionais da legalidade e da razoabilidade do regime jurídico-administrativo brasileiro. [42]

A lei que institui a sanção administrativa ambiental deve ter uma densidade mínima que permita ao administrado antecipar a ação da administração pública. Do contrário, a legalidade passa a ser um mero instrumento de fixação de competências, tendo esvaziada a sua natureza de garantia fundamental.[43]

A regra constante desse enunciado legal não poderia legitimamente outorgar discricionariedade regulamentar à administração pública na fixação das faixas de valores a serem observadas na aplicação das multas administrativas constantes do rol do art. 72 da Lei federal 9.605/1998. E, por injunção do princípio da tipicidade, corolário do princípio da legalidade no âmbito do direito administrativo sancionador, o conteúdo da multa administrativa ambiental deve estar delimitado em lei e não em regulamento.[44]

Ademais, o estabelecimento de um intervalo abissal entre o mínimo e o máximo dessa sanção pecuniária, sem uma discriminação racional e ponderada dos vínculos entre a infração e penalidades em lei, cria uma obediência ficta ao princípio da legalidade, numa afronta clara ao princípio da razoabilidade.[45]

42. O princípio da legalidade administrativa, como já se viu, tem base constitucional no art. 5º, II, no art. 37, *caput*, no art. 84, IV, e no art. 87, parágrafo único, II, todos da Constituição Federal.

O princípio da razoabilidade, por sua vez, é um desdobramento do princípio da legalidade administrativa, com arrimo no art. 5º, § 2º, da Constituição Federal: "Art. 5º. (...). § 2º. Os direitos e garantias expressos nesta Constituição não excluem outros decorrentes do regime e dos princípios por ela adotados, ou dos tratados internacionais em que a República Federativa do Brasil seja parte" (cf. Vladimir da Rocha França, *Estrutura...*, cit., pp. 173-180).

De todo modo, o princípio da razoabilidade é hoje considerado princípio expresso do regime jurídico-administrativo, diante da redação do art. 2º, *caput*, da Lei federal 9.784/1999: "Art. 2º. A Administração Pública obedecerá, dentre outros, aos princípios da legalidade, finalidade, motivação, razoabilidade, proporcionalidade, moralidade, ampla defesa, contraditório, segurança jurídica, interesse público e eficiência".

43. Merece transcrição o seguinte ensinamento de Francisco de Queiroz Bezerra Cavalcanti: "Ávidos têm sido os reguladores no sentido amplo de expedir normas, criar direitos, obrigações e deveres sem que tenham legitimam direta para tal e, muitas vezes, nem mesmo, a legitimação indireta, técnica, pois objeto de captura política ou econômica, sem que haja mecanismos de controle social e jurídico de utilização tão simples como o controle das leis face à Constituição. Não se olvide quantas vezes os vícios da normatização regulatória se camuflam por trás de argumentos técnicos, por vezes meros tecnicismos falaciosos. Mister, pois, inclusive por razões garantísticas, em sociedade democrática, que os textos legais tenham conteúdo mínimo efetivo, evitando normatizações primárias inconstitucionais" ("A reserva de densificação normativa da lei para a preservação do princípio da legalidade", in Cláudio Brandão, Francisco Cavalcanti e João Maurício Adeodato (Coords.), *Princípio da Legalidade: da Dogmática Jurídica à Teoria do Direito*, Rio de Janeiro, Forense, 2009, p. 234).

44. Cf. Celso Antônio Bandeira de Mello, *Curso...*, cit., pp. 867-870.

45. Nesse sentido, tem plena aplicação a seguinte assertiva de Celso Antônio Bandeira de Mello, ao discorrer sobre o princípio da tipicidade nas sanções administrativas: "Assim também não se poderá considerar válida lei administrativa que preveja multa variável de um valor muito modesto para um extremamente alto, dependendo da gravidade da infração, porque isto significaria, na real verdade, a outorga de uma 'discricionariedade' tão desatada, que a sanção seria determinável *pelo administrador e não pela lei*, incorrendo esta em manifesto vício de *falta de 'razoabilidade'*. É dizer: teria havido uma verdadeira obediência a ele. Norma que padecesse deste vício seria nula,

Se inconstitucional é o art. 75 da Lei federal 9.605/1998, inconstitucional também é o art. 66 do Decreto federal 6.514/2008.

Ao se retornar ao enunciado do art. 66 do Decreto federal 6.514/2008, é possível constar que a multa prevista em seu dispositivo varia de R$ 500,00 (quinhentos reais) a R$ 10.000.000,00 (dez milhões de reais). Isso assegura um verdadeiro cheque em branco com um generoso limite de crédito, que garante à autoridade qualificar a atividade econômica sem licença ambiental de infração leve à grave segundo seu juízo de conveniência e oportunidade, levando-se em consideração o disposto no art. 5º, § 1º, do mesmo ato normativo.[46]

Poder-se-ia afirmar a validade do art. 66, *caput*, do Decreto federal 6.514/2008, haja vista a conduta que lá está descrita como ilícito administrativo ambiental também está identificada na legislação penal como crime ambiental.[47] Todavia, esse argumento não merece prosperar, *pois a tipificação do ilícito administrativo ambiental pressupõe que a lei qualifique a conduta que se quer reprimir como pressuposto de fato de uma sanção administrativa ambiental cujo conteúdo também esteja previsto em lei.*

Assim, os vícios que eivam de inconstitucionalidade o art. 75 da Lei federal 9.605/1998 também se encontram presentes no art. 66, *caput*, do Decreto federal 6.514/2008.

O pressuposto de fato da sanção administrativa ambiental em questão também apresenta graves problemas.

Tomando-se por base o art. 72, I, § 3º, da Lei federal 9.605/1998, caberia ao IBAMA aplicar a *advertência* à Consulente, fixando-lhe prazo para regularizar a sua situação.[48] Aliás, o art. 70, § 4º, da Lei federal 9.605/1998, exige expressamente que as infrações administrativas ambientais deverão ser apuradas e reprimidas na forma que esta lei estabeleceu.[49]

A multa simples somente se justificaria no caso concreto diante da comprovação de negligência ou dolo por parte da Consulente, caso esta se recusasse a suprir as irregularidades apontadas pelo IBAMA dentro de um prazo razoável, ou apresentasse obstáculo à fiscalização promovida pelos órgãos competentes do Sistema Nacional do Meio Ambiente (SISNAMA).

por insuficiência de delimitação da sanção" (*Curso...*, cit., p. 871).

46. Esse preceito regulamentar tem a seguinte redação: "Art. 5º. (...). § 1º. Consideram-se infrações administrativas de menor lesividade ao meio ambiente aquelas em que a multa máxima cominada não ultrapasse o valor de R$ 1.000,00 (mil reais), ou que, no caso de multa por unidade de medida, a multa aplicável não exceda o valor referido".

47. V. o art. 60 da Lei federal 9.605/1998: "Art. 60. Construir, reformar, ampliar, instalar ou fazer funcionar, em qualquer parte do território nacional, estabelecimentos, obras ou serviços potencialmente poluidores, sem licença ou autorização dos órgãos ambientais competentes, ou contrariando as normas legais e regulamentares pertinentes: Pena – detenção, de um a seis meses, ou multa, ou ambas as penas cumulativamente".

48. Esse preceito legal tem a seguinte redação: "Art. 72. As infrações administrativas são punidas com as seguintes sanções, observado o disposto no art. 6º: I – advertência; (...). § 3º. A multa simples será aplicada sempre que o agente, por negligência ou dolo: I – advertido por irregularidades que tenham sido praticadas, deixar de saná-las, no prazo assinalado por órgão competente do SISNAMA ou pela Capitania dos Portos, do Ministério da Marinha; II – opuser embaraço à fiscalização dos órgãos do SISNAMA ou da Capitania dos Portos, do Ministério da Marinha".

49. Esse preceito legal tem a seguinte redação: "Art. 70. (...). § 4º. As infrações ambientais são apuradas em processo administrativo próprio, assegurado o direito de ampla defesa e o contraditório, observadas as disposições desta Lei".

E, malgrado o enunciado do art. 72, § 2º, da Lei federal 9.605/1998,[50] a advertência não tem como ser aplicada concomitantemente com a multa simples. Não se perca de vista que o art. 72, § 3º, I, do mesmo diploma legal, exige que esta seja imposta se houver a frustração daquela, em se tratando de irregularidades praticadas que não foram sanadas dentro do prazo fixado pela autoridade administrativa competente.

Pensar o contrário, com a devida vênia, é tornar letra morta o disposto no art. 72, § 3º, I, da Lei federal 9.605/1998. De que adiantaria essa norma se a administração pública tivesse a competência regulamentar para viabilizar a aplicação direta da multa simples à infração de menor lesividade ao meio ambiente?

Nesse diapasão, comprova-se que o provimento administrativo questionado pela Consulente tem arrimo em pressuposto de fato que se mostra incompatível com aquele descrito na lei que o disciplina.

Por conseguinte, *há vício quanto ao motivo na multa administrativa em questão, uma vez que*: (i) *os seus principais pressupostos de direito padecem de inconstitucionalidade*; e (ii) *o seu pressuposto de fato que vai de encontro com aquele descrito na lei para tal modalidade de sanção administrativa ambiental.*

Trata-se de uma *nulidade*, haja vista o disposto no art. 2º, *d*, e parágrafo único, *d*, da Lei federal 4.717, de 29.6.1965.[51]

4. Nulidade quanto à causa na sanção administrativa ambiental aplicada à Consulente

No que concerne à causa, observa-se que não há uma relação de proporcionalidade entre a sanção administrativa ambiental aplicada no caso concreto e seu pressuposto de fato, diante do interesse público residente na defesa do meio ambiente. Não se olvide que o princípio da proporcionalidade impõe à administração pública o dever se abster em aplicar sanção superior àquela estritamente necessária para atender o interesse público no caso concreto.[52]

Como se trata de atividade econômica de baixa lesividade ao meio ambiente, não haveria como justificar a aplicação de penalidade mais gravosa como a *multa simples*[53] à luz do princípio da proporcionalidade. A advertência se mostra adequada, necessária e proporcional

50. Esse preceito legal tem a seguinte redação: "Art. 72. (...). § 2º. A advertência será aplicada pela inobservância das disposições desta Lei e da legislação em vigor, ou de preceitos regulamentares, sem prejuízo das demais sanções previstas neste artigo".

51. Esse preceito legal tem a seguinte redação: "Art. 2º. São nulos os atos lesivos ao patrimônio das entidades mencionadas no artigo anterior, nos casos de: (...); d) inexistência dos motivos; (...). Parágrafo único. Para a conceituação dos casos de nulidade observar-se-ão as seguintes normas: (...); d) a inexistência dos motivos se verifica quando a matéria de fato ou de direito, em que se fundamenta o ato, é materialmente inexistente ou juridicamente inadequada ao resultado obtido".

52. O princípio da proporcionalidade também é um desdobramento do princípio da legalidade administrativa, fundado no art. 5º, § 2º, da Constituição Federal (cf. Vladimir da Rocha França, *Estrutura...*, cit., pp. 173-180). Tal como a razoabilidade, também se encontra expresso no rol do art. 2º, *caput*, da Lei federal 9.784/1999. Mas, merece especial atenção a densidade que lhe deu o art. 2º, parágrafo único, VI, deste diploma legal: "Art. 2º. (...). Parágrafo único. Nos processos administrativos serão observados, entre outros, os critérios de: (...); VI – adequação entre meios e fins, vedada a imposição de obrigações, restrições e sanções em medida superior àquelas estritamente necessárias ao atendimento do interesse público".

53. V. art. 72, II, da Lei federal 9.605/1998.

para a concretização da defesa do meio ambiente na situação jurídica sob apreciação, permitindo ao administrado tomar as providências necessárias para regularizar o cumprimento de suas obrigações administrativas ambientais.

No caso concreto, acrescente-se, não foi observado o parâmetro previsto no art. 6º, I, da Lei federal 9.605/1998.[54] Afinal, houve uma infração de pequeno potencial ofensivo, haja vista a classificação legal que a atividade econômica da Consulente tem no Anexo VIII da Lei federal 6.938/1981.

Merece igual registro que a administração pública federal não levou em consideração o fato de que a Consulente requereu licença ambiental junto à administração pública municipal, procurando a regularização jurídica de seu empreendimento.

Ainda que se admitisse a validade do art. 66 do Decreto federal 6.514/2008, *a advertência alcançaria efetiva e legitimamente a defesa do meio ambiente com menor repercussão na esfera de direitos da Consulente*.

Ademais, a situação econômica do infrator não é condição legal necessária nem suficiente para justificar a aplicação da multa simples sem a observância do art. 72, § 3º, I, da Lei federal 9.605/1998 e diante da presença de uma infração de baixa lesividade ao meio ambiente.

Assim, *a multa administrativa aplicada pelo IBAMA à Consulente padece de vício quanto à causa*. Cuida-se também de uma *nulidade*, em face do disposto no art. 2º, parágrafo único, VI, da Lei federal 9.784/1999.

III – Resposta à consulta

Diante de todo o exposto, responde-se do seguinte modo as questões apresentadas pela Consulente:

(A) *A sanção administrativa ambiental aplicada pelo IBAMA à Consulente é passível de invalidação?*

Sim, haja vista a sanção administrativa ambiental aplicada à Consulente ser portador de nulidade. Nesse diapasão, tanto a administração pública federal como o Poder Judiciário federal tem competência para a invalidação deste ato administrativo.

(B) *Caso a questão (A) tenha resposta afirmativa, que invalidades se encontram presentes no ato administrativo sancionador sob exame?*

A sanção administrativa ambiental que foi imposta à Consulente padece de *nulidade*, em face dos seguintes *vícios quanto ao motivo*, à luz do art. 2º, *"d", e parágrafo único, "d", da Lei federal 4.717/1965, e do art. 2º, "caput", da Lei federal 9.784/1999*:

(i) *o art. 75 da Lei federal 9.605/1998 e o art. 66 do Decreto federal 6.514/2008, pressupostos de direito do referido ato, são inconstitucionais por violarem os princípios da legalidade administrativa e da razoabilidade, lastreados nos arts. 5º, II e § 2º; 37, "caput"; art. 84, IV; e 87, parágrafo único, II, todos da Constituição Federal (e expressos no art. 2º, "caput", da Lei federal 9.784/1999)*;

(ii) *o pressuposto de fato desse ato é inadequado com a lei, haja vista o disposto nos arts. 70, § 4º e 72, § 3º, I, da Lei federal 9.605/1998*.

54. Esse preceito legal tem a seguinte redação: "Art. 6º. Para imposição e gradação da penalidade, a autoridade competente observará: I – a gravidade do fato, tendo em vista os motivos da infração e suas consequências para a saúde pública e para o meio ambiente".

Também há *nulidade* no ato administrativo punitivo sob exame, em razão *vício quanto à causa, pois o conteúdo do ato é superior àquele estritamente necessário para a defesa do meio ambiente no caso concreto, violando-se assim o princípio da proporcionalidade, que tem base nos arts. 5º, II e § 2º, e 37, "caput", todos da Constituição Federal (e expresso no art. 2º, "caput", e parágrafo único, VI, da Lei federal 9.784/1999).*

É o Parecer, salvo melhor juízo.

ESTUDOS E COMENTÁRIOS

O DIREITO À EDUCAÇÃO E A LEI 12.711/2012 (LEI DE COTAS)

CAROLINA ZANCANER ZOCKUN

Procuradora da Fazenda Nacional.
Mestre e Doutoranda em Direito Administrativo
pela Pontifícia Universidade Católica de São Paulo – PUC/SP.
Professora de Direito Administrativo nos Cursos de Graduação
e Especialização (Cogeae) da PUC/SP

MARCELLA QUERINO MANGULLO

Pós-Graduanda em Direito Administrativo
pela Pontifícia Universidade Católica de São Paulo – PUC/SP (Cogeae).
Advogada

RICARDO TEIXEIRA LAGE

Bacharel em Direito pela Pontifícia Universidade Católica de São Paulo – PUC/SP.
Advogado

1. Evolução constitucional e o direito à educação. 2. A educação na Constituição de 1988. 3. A política pública de reserva de vagas nas instituições de ensino federais – A Lei n. 12.711/2012.

1. Evolução constitucional e o direito à educação

A importância do *direito à educação* foi reconhecida por todas as Constituições da história brasileira. Desde a Lei Magna de 1824, a mais duradoura das Constituições, até mesmo durante o regime ditatorial, momento no qual o país sofreu diversos golpes que afrontavam os direitos fundamentais, a educação foi mantida como importante valor na Lei das Leis.

Evidente que sua formatação foi evoluindo durante os anos, passando de uma simples garantia da Constituição Imperial – "32. A Instrucção primaria, e gratuita a todos os Cidadãos" – até se conformar como um direito social fundamental, com competências sobre o tema atribuídas a diversos entes distintos, bem como estruturada nos seus diferentes níveis escolares.

A dimensão da importância da educação se demonstra a partir do momento que a Constituição estabelece que ela não é somente obrigação familiar, mas atribui ao próprio Estado o dever de cuidar desta seara, como fiscalizador e/ou executor.

Nesse sentido, cabe destacar alguns importantes pontos acerca do direito à educação em cada uma das Constituições do Brasil. Vejamos:

A Declaração de Independência do Brasil, em 7 de setembro de 1822, representou o momento no qual se decidiu pela criação de um novo Estado, desvinculado de Portugal.

Neste contexto histórico foi outorgada a Constituição de 25 de março de 1824, que implementava o regime de governo autocrático e a monarquia.

A *Constitui*ção do Império do *Brazil*[1] (*sic*) foi a primeira da história brasileira e desde então cuidou de tratar do direito à educação. Consoante texto retrotranscrito do art. 179, 32, o ensino gratuito é direito de todos os cidadãos.

A competência legiferante sobre a educação foi concedida para as Províncias, embora fosse um Estado Unitário, por meio do Ato Adicional n. 16, de 12 de agosto de 1834, que modificou esta Constituição.

Note-se que esta Lei Magna não tratou com profundidade do assunto, uma vez que à época se entendia ser de responsabilidade da Igreja as questões acerca da *educação*.[2]

Já a *Constituição de 1891*, promulgada em 24 de fevereiro de 1891, inaugurou a forma de Estado Federal, e instituiu a forma de governo republicana, sob o sistema Presidencialista. Outrossim, estabeleceu a laicização do Estado, seguindo os novos rumos mundiais.

Por esse motivo, determinou o seguinte em seu art. 72, § 6º: "Será leigo o ensino ministrado nos estabelecimentos públicos". E, diferentemente do que se estabeleceu na Constituição anterior, a competência privativa para legislar sobre o ensino superior foi dada ao Congresso Nacional (art. 34) e de modo não privativo (art. 35, ns. 3º e 4º) para criar instituições de ensino superior e secundário, junto dos Estados.

A *Constituição de 1934*, de 16 de julho de 1934, consagrou o Constitucionalismo social, sob a influência da Constituição de Weimar e do México de 1917.

Ao lado dos direitos constitucionais clássicos, são inseridos os direitos sociais, que se tornam normas positivas supremas por estarem no texto constitucional.

Inscreveu-se nesta Constituição um título da Ordem Econômica e Social e outro da Família, da Educação e da Cultura, reservando à Educação e à Cultura um

1. *http://www.planalto.gov.br/ccivil_03/Constituicao/Constituicao24.htm*, acesso 30.7.2012.

2. João Baptista Herkenhoff, *Dilemas da Educação: dos Apelos Populares à Constituição*, São Paulo, Cortez, 1989, p. 16, *apud* Masako Shirai, *A Educação na Constituição de 1988: Agência Reguladora da Educação – Uma Proposta*, Doutorado em Direito, PUC/SP, 2010, p. 18.

capítulo a parte (arts. 148 ao 158), que se manteve até a Constituição atual.

O direito à educação foi minuciosamente descrito, pois nesta ocasião passou-se a entender a educação do povo como um problema nacional, tanto que o Presidente Getúlio Vargas criou, em 1931, o Ministério da Educação.[3]

O art. 149 determina aos Poderes Públicos que proporcionem a todos os domiciliados no país, sejam brasileiros ou estrangeiros, a educação.

"Art. 149. A educação é direito de todos e deve ser ministrada, pela família e pelos Poderes Públicos, cumprindo a estes proporcioná-la a brasileiros e a estrangeiros domiciliados no País, de modo que possibilite eficientes fatores da vida moral e econômica da Nação, e desenvolva num espírito brasileiro a consciência da solidariedade humana."

O art. 150, por sua vez, trata da competência da União acerca do tema em comento e, no artigo seguinte, estabelece que os Estados e o Distrito Federal devem organizar e manter seus próprios sistemas de educação, respeitadas as diretrizes da União.

Nos arts. 153 a 155 volta-se a tratar do ensino religioso, mas agora de frequência facultativa. Já o art. 158 cuida do ingresso na carreira de magistério oficial, por meio de concurso de títulos e provas, profissionais estes que ao entrarem na carreira gozarão de inamovibilidade e vitaliciedade, dada a sua importância.

Ademais, dentre outras garantias, a Constituição obriga às empresas industriais e agrícolas que se localizem fora dos centros escolares, proporcionar aos filhos de seus trabalhadores o ensino básico gratuito, preenchidos alguns requisitos constitucionais.

A *Constituição de 1937*, outorgada em 10 de novembro de 1937, conhecida como "polaca", restabeleceu o incipiente regime autocrático e ao Estado determinou o dever de facilitar a execução ou suprir as deficiências do ensino particular, em seu art. 125.

Note-se aqui a mudança do foco, pois se privilegiou o ensino particular em detrimento do público.

Além disso, foi criada a "caixa escolar", em que todos aqueles matriculados que não pudessem alegar escassez de recursos, pautados na solidariedade para com os demais, deveriam contribuir para a educação.

Ainda, determinou no art. 131 qual o conteúdo mínimo do que deve ser ministrado nas escolas, como o ensino cívico e a educação física, por exemplo, sob pena de não serem autorizadas a funcionar.

A *Constituição de 1946*, promulgada em 18 de setembro de 1946, restaurou o Estado Democrático de Direito, e no seu art. 5º, XV, "d", determinou que a União é competente para legislar sobre as "Diretrizes e Bases da Educação Nacional", sendo que os Estados tinham competência supletiva nesta seara.

Seguindo as ideias liberais insculpidas na Constituição de 1891 e no modelo social da Constituição de 1934, o art. 166 instituiu a educação como direito de todos.

Fixou os seguintes princípios de regência da educação:

"Art. 168. A legislação do ensino adotará os seguintes princípios:

"I – o ensino primário é obrigatório e só será dado na língua nacional;

"II – o ensino primário oficial é gratuito para todos; o ensino oficial ulterior

3. Masako Shirai, *A Educação na Constituição de 1988: Agência Reguladora da Educação – Uma Proposta*, cit., p. 21.

ao primário sê-lo-á para quantos provarem falta ou insuficiência de recursos;

"III – as empresas industriais, comerciais e agrícolas, em que trabalhem mais de cem pessoas, são obrigadas a manter ensino primário gratuito para os seus servidores e os filhos destes;

"IV – as empresas industriais e comerciais são obrigadas a ministrar, em cooperação, aprendizagem aos seus trabalhadores menores, pela forma que a lei estabelecer, respeitados os direitos dos professores;

"V – o ensino religioso constitui disciplina dos horários das escolas oficiais, é de matrícula facultativa e será ministrado de acordo com a confissão religiosa do aluno, manifestada por ele, se for capaz, ou pelo seu representante legal ou responsável;

"VI – para o provimento das cátedras, no ensino secundário oficial e no superior oficial ou livre, exigir-se-á concurso de títulos e provas. Aos professores, admitidos por concurso de títulos e provas, será assegurada a vitaliciedade;

"VII – é garantida a liberdade de cátedra."

Retomou, ademais, a atribuição dos Poderes Públicos de garantir a educação aos cidadãos, bem como cuidou de tratar da iniciativa privada na educação.

A Constituição de 1967, outorgada em 24 de janeiro de 1967, embora seu texto trate de sua promulgação, foi fruto do golpe de 1964, que repristinou o regime ditatorial outrora instituído no Brasil.

Apesar das barbáries que foram introduzidas por esta Carta e os sucessivos Atos Institucionais que a modificaram, continuou-se privilegiando o direito à educação, o que denota a sua grande valia.

No entanto, inúmeras garantias conquistadas até então foram ignoradas por essa Constituição, bem como pela que lhe seguiu, outorgada em 17 de outubro de 1969, Emenda Constitucional unificadora n. 1, porém, com verdadeira natureza jurídica de documento constitucional autônomo, consoante entendimento do Supremo Tribunal Federal.

A vitaliciedade assegurada aos professores, bem como a garantia da liberdade de cátedra, foram relegados ao esquecimento. O ensino gratuito de nível médio e superior aos que comprovassem a ausência de recursos suficientes foi drasticamente reduzido pela necessidade de demonstração de efetivo aproveitamento dos estudos.

Garantiu-se, no entanto, a liberdade de ensino à iniciativa privada e aumentou-se o percentual de implementação do dever das empresas em conceder o ensino básico aos filhos dos seus trabalhadores.

À União coube a competência de legislar sobre as diretrizes e bases da educação nacional, prevista desde a Constituição de 1934, acrescido da competência para estabelecer e executar os planos nacionais de educação.

A Constituição de 1988, promulgada em 5 de outubro de 1988, influenciada pela doutrina kantiana, veio consagrar que não é o Estado que confere os direitos fundamentais ao homem, mas que tais interesses juridicamente protegidos são inatos aos ser humano. Por esse motivo, em sua estrutura normativa, o título dos Direitos Fundamentais precede ao da Organização do Estado.

O que ficou claro nessa breve exposição do direito à educação nas Constituições brasileiras é que, desde as épocas em que o Brasil se tornou independente, não sendo mais uma colônia e mesmo nos momentos mais tenebrosos do país, como a ditadura, ele se fez presente, haja vista a sua relevância, o que foi realçado na Lei Magna hoje vigente no país.

2. *A educação na Constituição de 1988*

A educação encontra supedâneo constitucional em inúmeros dispositivos da Constituição Federal.

Vejamos: o art. 6º dispõe que são direitos sociais a *educação*, a saúde, a alimentação, o trabalho, a moradia, o lazer, a segurança, a previdência social, a proteção à maternidade e à infância, a assistência aos desamparados, na forma desta Constituição; o art. 7º, IV, estipula que o salário-mínimo deverá atender às necessidades vitais básicas do trabalhador e de sua família, com moradia, alimentação, *educação*, saúde, lazer, vestuário, higiene, transporte e previdência social; o art. 23, V, estabelece ser competência da União, dos Estados, do Distrito Federal e dos Municípios proporcionar os meios de acesso à cultura, à *educação* e à ciência; o art. 24, IX, dispõe ser competência concorrente da União, dos Estados e do Distrito Federal legislar sobre *educação*, sendo que, consoante art. 30, VI (com redação dada pela Emenda Constitucional n. 53 de 2006), compete aos Municípios manter, com a cooperação técnica e financeira da União e do Estado, *programas de educação infantil e de ensino fundamental*; o art. 227 prevê ser dever da família, da sociedade e do Estado assegurar à criança e ao adolescente, com absoluta prioridade, o direito à vida, à saúde, à alimentação, à *educação*, ao lazer, à profissionalização, à cultura, à dignidade, ao respeito, à liberdade e à convivência familiar e comunitária.

Ademais, a Constituição assegura a aplicação de percentuais de recursos públicos, inclusive por meio da vinculação de receitas de impostos, à atividade de ensino, consoante disposto nos arts. 167, IV, 212, *caput* e parágrafos, ambos da Constituição Federal e art. 60, *caput* e parágrafos, do Ato das Disposições Constitucionais Transitórias.

A não aplicação (total ou parcial) destes percentuais mínimos de verbas públicas poderá ensejar a intervenção federal nos Estados, consoante art. 34, VII, "e", da Constituição da República e a intervenção estadual nos Municípios, conforme disposto no art. 35, III, do mesmo diploma.

Pondere-se que a intervenção é "*medida excepcional de supressão temporária da autonomia de determinado ente federativo*"[4] e, por tal razão, sua utilização é restrita a situações que ensejem a máxima atenção do ente interventor, ou seja, o uso deste instrumento é adstrito a ocasiões peculiares e taxativas a que a Carta Magna dá máxima importância.

Decorre daí que a educação é uma destas matérias que possuem estatura jurídica máxima, a ponto de fazer eclodir a possibilidade de uma intervenção federal ou estadual, se houver negligência na aplicação das receitas públicas destinadas ao ensino.

Ainda, considerando o valor transcendental da educação, a Constituição abriu uma seção especialmente dedicada à matéria. Com efeito, os arts. 205 a 214 da Seção I (Da Educação) contida no Capítulo III (Da Educação, da Cultura e do Desporto) do Título VIII (Da Ordem Social), tratam exclusivamente do sistema educacional brasileiro.

Deveras, a educação tem importância máxima, mesmo porque sem educação não há cidadania. Sem educação também inexiste consciência crítica sobre o que acontece no mundo em que se vive e, desta forma, sem educação não há existência digna.

4. Alexandre de Moraes, *Direito Constitucional*, 14ª ed., São Paulo, Atlas, 2004, p. 307.

É por isto que o art. 205 da Constituição da República imputa ao Estado[5] e à família[6] o dever de educar, bem como afirma ser a educação um direito de todos que tem por objetivo atingir o pleno desenvolvimento da pessoa, seu preparo para o exercício da cidadania e sua qualificação para o trabalho.

Dentre os princípios que regem o ensino, o art. 206 estabelece: I – *igualdade de condições para o acesso e permanência na escola*; reafirmando, pois, a vedação a qualquer forma de discriminação, em atenção ao primado da igualdade; II – *liberdade de aprender, ensinar, pesquisar e divulgar o pensamento, a arte e o saber*; repisando o disposto no art. 5º, incisos IV e IX; III – *pluralismo de ideias e de concepções pedagógicas, e coexistência de instituições públicas e privadas de ensino*; IV – *gratuidade do ensino público em estabelecimentos oficiais*; o que implica dizer que há imunidade tributária com relação à taxa pela contraprestação do ensino público; V – *valorização dos profissionais da educação escolar, garantidos, na forma da lei, planos de carreira, com ingresso exclusivamente por concurso público de provas e títulos, aos das redes públicas*; (redação dada pela Emenda Constitucional n. 53, de 2006), valorizando, desta forma, a profissionalização dos servidores, bem como garantindo a isonomia por meio do princípio do concurso público, insculpido no art. 37, II; VI – *gestão democrática do ensino público, na forma da lei*, que tem como princípios, conforme art. 14 da Lei de Diretrizes e Bases da Educação (Lei n. 9.394/1996), a participação dos profissionais da educação na elaboração do projeto pedagógico da escola, bem como a participação das comunidades escolar e local em conselhos escolares ou equivalentes; VII – *garantia de padrão de qualidade*, pois o que se visa não é somente a universalização do ensino, mas um ensino de qualidade, capaz de atingir o pleno desenvolvimento da pessoa; e VIII – *piso salarial profissional nacional para os profissionais da educação escolar pública, nos termos de lei federal* (incluído pela Emenda Constitucional n. 53, de 2006), sendo importante destacar que não basta a fixação de um piso salarial, é necessário que o piso e a remuneração dos professores sejam compatíveis com a importância suprema de sua profissão.

Tem razão, pois, Orlando Rochadel Moreira,[7] para quem o direito à educação é um direito fundamental e indispensável, devendo ser priorizada não apenas a existência de vagas em número suficiente nas escolas (aspecto quantitativo), mas, sobremaneira, a qualidade do ensino, construindo escolas equipadas, professores preparados e bem remunerados e currículos adequados (aspecto qualitativo).

No Brasil, a educação escolar é formada, consoante art. 21 da Lei de Dire-

5. A educação não é monopólio estatal. O ensino é livre à iniciativa privada, respeitadas duas condições fundamentais: (i) o respeito às normas gerais da educação nacional e (ii) a subordinação à autorização e avaliação de qualidade pelo Poder Público.

6. O objeto deste tópico é o papel do Estado e seu dever em fornecer a educação. Com relação ao dever da família em educar, destaque-se apenas que o art. 246 do Código Penal prevê o crime de "abandono intelectual", com a seguinte redação: "Art. 246. Deixar, sem justa causa, de prover à instrução primária de filho em idade escolar: Pena – detenção, de quinze dias a um mês, ou multa". Assim, os pais ou responsáveis que, sem motivo plausível, não colocarem o filho na escola, cometem este crime, bem como atentam contra direito fundamental da criança em receber educação.

7. Orlando Rochadel Moreira, *Políticas Públicas e Direito à Educação*, Belo Horizonte, Fórum, 2007, p. 106.

trizes e Bases da Educação (Lei n. 9.394, de 20 de dezembro de 1996), pela (i) educação básica, que engloba a educação infantil, o ensino fundamental e o ensino médio; e (ii) pela educação superior.

A educação infantil é oferecida em creches, entidades equivalentes ou pré-escolas para crianças de zero até cinco anos de idade (art. 208, IV c/c o art. 30 da Lei n. 9.394/1996).

O ensino fundamental é o denominado ensino obrigatório e, consoante alteração feita pela Lei n. 11.274/2006, sua duração foi acrescida em um ano, passando a ser de nove anos.

O ensino médio é a etapa final da educação básica e sua duração é de, no mínimo, três anos.

No art. 208, repisa-se o dever do Estado perante a educação, sendo que o inciso I, com a redação dada pela Emenda Constitucional n. 59/2009, dispõe ser a educação básica obrigatória e gratuita dos 4 (quatro) aos 17 (dezessete) anos de idade, assegurada inclusive sua oferta gratuita para todos os que a ela não tiveram acesso na idade própria.

Assim, engloba-se como direito do cidadão tanto o ensino fundamental como o ensino médio, conforme nova redação dada pela Emenda Constitucional.[8]

Consoante disposto no art. 208, § 2º, da Constituição Federal "o não oferecimento do ensino obrigatório pelo Poder Público, ou sua oferta irregular, importa responsabilidade da autoridade competente".

Assim, a negligência da autoridade competente em garantir o oferecimento do ensino obrigatório (fundamental), nos termos do § 4º do art. 5º da Lei n. 9.394/1996, importa em crime de responsabilidade.[9]

Há, igualmente, no art. 208, IV, disposição que estabeleceu o dever do Estado

8. Quanto ao ensino médio, o art. 208, II, enaltece o caráter programático da norma, ao estabelecer que será progressiva a universalização do ensino médio gratuito. Entretanto, tal dispositivo não mais possui caráter programático, ante a novel redação estabelecida pelo inciso I, que assegura ser obrigatório o ensino até os 17 anos.

9. Conforme explana Damásio de Jesus, a expressão "crime de responsabilidade", na legislação brasileira, possui sentido equívoco, tendo em vista que se refere a crimes e a infrações político-administrativas não sancionadas com penas de natureza criminal. O professor ensina que "são crimes de responsabilidade impróprios os definidos na Lei n. 1.079, de 10.4.1950 (crimes de responsabilidade do Presidente da República, de Ministros de Estados, dos Ministros do Supremo Tribunal Federal, do Procurador-Geral da República e dos Governadores dos Estados e seus Secretários), alterada pelo art. 3º da Lei n. 10.028, de 19.10.2000, e na Lei n. 7.106, de 28.6.1983 (crimes de responsabilidade do Governador do Distrito Federal).

"Os crimes de responsabilidade próprios (ou em sentido estrito), que configuram infrações penais, estão descritos: a) no Código Penal; e b) na legislação especial. No Código Penal, os delitos de responsabilidade próprios correspondem aos crimes funcionais, cometidos por funcionários públicos no exercício do cargo ou função e descritos nos arts. 312 a 326 e 359-A a 359-H (estes últimos, ordenados em letras, introduzidos no estatuto penal pela Lei n. 9.983/2000). Há outros, como a violação de domicílio qualificada (art. 150, § 2º) e os delitos de falso praticados por funcionário público (arts. 300, 301 etc.). Na legislação especial, os crimes de responsabilidade propriamente ditos estão definidos no Decreto-lei n. 201, de 27.2.1967 (crimes de responsabilidade de Prefeitos e Vereadores), alterado pelo art. 4º da Lei n. 10.028, de 19.10.2000, na Lei n. 4.898, de 9.12.1965 (abuso de autoridade), e em outras normas que cominam penas a funcionários públicos que cometem delitos no exercício da função.

"Verifica-se que a Lei n. 1.079/50 não descreve crimes e sim infrações político-administrativas" (Damásio de Jesus, *Ação Penal Sem Crime*, São Paulo, Complexo Jurídico Damásio de Jesus, nov. 2000, disponível em *www.damasio.com.br*).

em fornecer também a educação infantil, nos seguintes termos:

"Art. 208. *O dever do Estado com a educação será efetivado mediante a garantia de*:

"IV – ***educação infantil****, em creche e pré-escola, às crianças até 5 (cinco) anos de idade*;"

Logo, é dever do Estado o fornecimento de educação infantil e fundamental a quem dela necessitar, preenchido, é claro, o requisito da idade para a educação infantil.

Assim, os pais ou responsáveis que comprovadamente não puderem cuidar dos seus filhos durante determinado período, tendo em vista a necessidade de trabalhar para manter dignamente o seu lar, possuem direito subjetivo público a que o Estado (no caso a municipalidade) forneça um espaço adequado, com profissionais habilitados a cuidar de crianças pequenas, enquanto estiverem trabalhando.

Neste sentido, a 2ª Turma do Supremo Tribunal Federal, em grandioso julgamento,[10] reconheceu que "a educação infantil representa prerrogativa constitucional indisponível, que, deferida às crianças, a estas assegura, para efeito de seu desenvolvimento integral, e como primeira etapa do processo de educação básica, o atendimento em creche e o acesso à pré-escola".

Outrossim, cumpre destacar que o art. 208, III, da Constituição Federal também confere direito subjetivo público à educação especializada aos portadores de deficiência, preferencialmente na rede regular de ensino. Logo, crianças e adultos portadores de quaisquer tipos e graus de deficiências, desde que não sejam completamente inabilitados para os estudos, têm direito a receber do Estado uma educação adequada e que vise a sua completa inserção na sociedade e no mercado de trabalho.

Ora, se a educação é um direito de *todos*, é despiciendo dizer que nesse *todos* estão incluídas as pessoas portadoras de deficiência.[11]

Portanto, o Estado tem o dever de colocar à disposição do portador de deficiência um ensino apropriado e correspondente às suas necessidades, preferencialmente (mas não exclusivamente) em rede regular de ensino.

É certo que se o Estado não oferecer ensino adaptado à necessidade do portador de deficiência, este poderá exigir judicialmente que lhe seja colocado à disposição um ensino adequado em entidade particular, cabendo ao Estado arcar com as mensalidades da escola particular em que estiver matriculado o portador de deficiência, enquanto não houver escola pública ajustada para as suas necessidades.

É neste sentido a lição de Luís Roberto Barroso,[12] para quem o portador de deficiência terá sempre acesso à educação especial, que, se não puder ser proporcionada pelo Estado em sua rede regular de ensino, deverá ser oferecida em qualquer

10. Agravo Regimental no Recurso Extraordinário 410.715-5-SP, Relator Min. Celso de Mello, tendo como Agravante o Município de Santo André e como Agravado o Ministério Público do Estado de São Paulo. A 2ª Turma, por votação unânime, negou provimento ao recurso de agravo.

11. Lauro Luiz Gomes Ribeiro, "Pessoa com deficiência e o direito à educação", *Revista do Advogado* 95, ano XXVII, dez. 2007, Publicação da AASP (Associação dos Advogados de São Paulo), pp. 65-73, p. 70.

12. Luís Roberto Barroso, *O Direito Constitucional e a Efetividade de suas Normas*, 5ª ed., Rio de Janeiro, Renovar, 2001, p. 152.

escola disponível, ainda que privada, à custa do Estado.

Finalmente, é também direito subjetivo público do cidadão que lhe seja disponibilizada, nos termos do art. 208, VI, da Lei Maior, "oferta de ensino noturno regular, adequado às condições do educando".

Assim, o ensino fundamental terá que ser ministrado em dois turnos: o diurno e o noturno. O ensino noturno atende especialmente àqueles que não tiveram acesso ao ensino fundamental na idade própria, permitindo que pessoas adultas trabalhem durante o dia e estudem ao final dele.

A oferta do ensino noturno é, certamente, um dos meios mais eficazes para a erradicação do analfabetismo, melhoria das condições de vida do indivíduo, qualificação para o trabalho e capacitação para o pleno exercício da cidadania.

Dada a sua importância, o ensino noturno é, como dito, direito subjetivo público do cidadão e, portanto, o Estado tem o dever de fornecê-lo, sob pena de, em não o fazendo, responder objetivamente por danos morais e materiais.

Do exposto, pode-se concluir que a Constituição Federal assegura ser direito subjetivo público do cidadão: (i) a educação infantil; (ii) o ensino fundamental; (iii) o ensino médio; (iv) a educação especializada aos portadores de deficiência; e (v) o ensino fundamental oferecido no período noturno.

No tocante ao ensino superior público, este é – como em todos os demais níveis – gratuito, porém não universal. O ensino público superior não é, pois, direito subjetivo público do cidadão. A Constituição da República expressamente estabeleceu, em seu art. 208, V, que o acesso aos níveis mais elevados do ensino, da pesquisa e da criação artística serão alcançados segundo a capacidade de cada um.

Assim, o sistema para ingresso nas universidades públicas é o do vestibular, que, com base na meritocracia, permite o ingresso apenas daqueles que alcançaram as melhores notas dentro do número de vagas que foi oferecido.

Com isto, repita-se: o particular não pode compelir o Estado a fornecer-lhe ensino médio ou superior, pois a Constituição não lhe conferiu este direito.

Entretanto, pode-se dizer que há um direito subjetivo público à tentativa de ingressar em uma universidade pública. Isto é, preenchido o requisito de término do ensino médio, o cidadão tem direito a prestar o vestibular, ainda que não tenha condições de arcar com as taxas de inscrição cobradas pelas universidades públicas.

Assim, há um direito subjetivo público, não ao ensino superior em si, mas à possibilidade de se disputar uma das vagas oferecidas para esta etapa final de ensino, pleiteando a isenção da taxa de inscrição, no caso de o particular demonstrar não possuir recursos para arcar com o valor cobrado sem prejuízo de seu sustento ou de sua família.

Ademais, é claro que o particular, se preterido na ordem classificatória do vestibular, poderá ingressar em juízo para que o Estado lhe assegure a vaga a que faz jus, mas isto somente porque houve ilicitude no chamamento dos aprovados e não porque haja um direito subjetivo ao ensino superior.

Repita-se: não há direito subjetivo público ao ensino superior, mas há direito subjetivo público (i) a concorrer a uma das vagas oferecidas, bem como (ii) de não ser preterido na ordem classificatória dos aprovados. Tudo isto em nome dos princípios da igualdade, da moralidade, da razoabilidade e da proporcionalidade.

É nesta etapa do ensino que a Lei n. 12.711/2012 se faz mais sentida, demonstrando que, paralelamente ao sistema da meritocracia, outros critérios (raciais e econômicos) também poderão ser levados em conta para o fim de ingresso nas universidades públicas. A seguir, veremos como a nova legislação tratou a matéria.

3. A política pública de reserva de vagas nas instituições de ensino federais – A Lei n. 12.711/2012

Feito o escorço histórico e esmiuçado o direito social à educação, assegurado na Constituição de 1988, cumpre-nos então passar ao exame da nova política pública nacional de reserva de vagas em instituições de ensino federais, estabelecida pela Lei n. 12.711/2012 e regulamentada pelo Decreto n. 7.824/2012, destinada às pessoas oriundas das escolas públicas e que tenham baixa renda ou sejam negras, pardas ou indígenas.

É de se ver, desde logo, tratar-se de ação afirmativa promovida na esfera federal de governo. Ora, diante da máxima relevância e importância do direito à educação, o que se viu nos tópicos anteriores, a Administração Federal entendeu como necessária e premente a implantação de uma ação afirmativa de promoção da igualdade também no seu ensino público.

Antes, contudo, deve-se observar que a iniciativa não é totalmente inédita em nosso país.

A Universidade de Brasília (UnB), universidade pública integrante do Distrito Federal implantou, em 2004, um sistema próprio de cotas para negros e índios em seus quadros de estudantes.[13] O sistema está em vigor atualmente e deverá ser adaptado à nova política nacional, respeitada a liberdade conferida pela Lei para que as instituições de ensino tenham sistemas próprios de cotas.[14]

A política pública estabelecida pela UnB foi questionada no Supremo Tribunal Federal pelo partido político Democratas (DEM), por meio da Arguição de Descumprimento de Preceito Fundamental 186, mas em julgamento plenário de 26.4.2012, a política foi considerada constitucional, à unanimidade.[15]

Prosseguindo, temos que ação afirmativa é aquela política pública, especial e temporária, que implanta um método de tratamento diferenciado entre pessoas visando a resgatar e corrigir uma desigualdade historicamente acumulada.

No caso da reserva de vagas instituída pela Lei n. 12.711/2012, temos que a ação implantada pretende oferecer tratamento diferenciado para estudantes que cursaram o ensino médio em escolas públicas e, dentre estes, aqueles que sejam negros, pardos ou índios ou que comprovem ter baixa renda familiar.

Assim é que se coloca tal ação afirmativa: a diferença historicamente acumulada pelo regime de escravidão e exploração das populações de negros, pardos e índios justifica, em tese e segundo a dita política, a reserva de vagas nas instituições federais de ensino para tais populações, visando a corrigir essa desigualdade anterior.

Evidentemente o estabelecimento desta discriminação que pretende a igual-

13. *http://www.unb.br/estude_na_unb/sistema_de_cotas.*

14. Conforme § 3º do art. 5º do Decreto 7.824/2012, *verbis*: "§ 3º. Sem prejuízo do disposto neste Decreto, as instituições federais de educação poderão, por meio de políticas específicas de ações afirmativas, instituir reservas de vagas suplementares ou de outra modalidade".

15. *http://www.stf.jus.br/portal/cms/verno ticiadetalhe.asp?idconteudo=206042.*

dade material deve seguir determinadas regras. Essas regras é que, esclarecida a natureza de política pública/ação afirmativa da Lei, passaremos a estudar.

A primeira regra contida na Lei n. 12.711/2012 que entendemos digna de nota, é aquela definida em seu art. 7º: a regra da temporalidade.

Claro que, como dito, as ações afirmativas visam a corrigir distorções históricas e, nessa senda, a correção é implementada pela regra e, com o tempo, tende se tornar despicienda, ante a concretização da igualdade atingida. Por isso, o art. 7º da Lei estatui que "o Poder Executivo promoverá, no prazo de 10 (dez) anos, a conta da publicação desta Lei, a revisão do programa especial para o acesso de estudantes pretos, pardos e indígenas, bem como daqueles que tenham cursado integralmente o ensino médio em escolas públicas, às instituições de educação superior".

Assim, é temporária qualquer ação afirmativa que vise a corrigir desigualdades pela implantação de qualquer regra de igualdade material, posto que o atingimento da igualdade pretendida é o maior objeto do estabelecimento da ação afirmativa.

Prosseguindo no exame da Lei, chega-se a uma definição de como efetuar-se a reserva de vagas nas instituições de ensino abrangidas por ela. A regra estatuída dispõe que, nas instituições federais de educação superior (e de ensino técnico de nível médio), ao menos 50% das vagas serão reservadas a estudantes que tenham cursado integralmente o ensino médio (ou fundamental) em escolas públicas.

Desse percentual (50% das vagas existentes), manda a Lei que metade (50% das vagas já reservadas, ou 25% do total de vagas existentes) seja reservada exclusivamente a estudantes oriundos de famílias de baixa renda, isto é, cuja renda *per capita* seja igual ou inferior a um salário mínimo e meio.

Essa é a regra contida no art. 1º e § 1º da Lei.

No art. 3º da referida Lei é que se coloca a ação afirmativa racial, consistente na reserva de vagas, dentre as já reservadas no art. 1º (50% das vagas existentes), numa proporção ao menos igual à de pretos, pardos e indígenas na população do Estado onde esteja instalada a instituição federal de ensino.

Isto significa que, dentre os 50% de vagas reservadas aos estudantes do ensino público médio, haverá reserva de vagas na proporção de pretos, pardos e índios do Estado tanto para aqueles que tenham baixa renda, quanto para aqueles que não ostentam essa condição.

Assim, pela regra legal poderá ser preenchida metade da reserva de vagas pelo critério *econômico e racial* e a outra metade *apenas pelo critério racial*, desde que todos os pretendentes sejam oriundos das escolas públicas de nível médio ou fundamental.

A regra se repete nos arts. 4º e 5º da Lei, referindo-se então às instituições federais de ensino técnico de nível médio, sendo exigência que os cotistas tenham cursado integralmente a escola pública de nível fundamental – nível educacional anterior ao nível médio, pretendido pelo estudante.

Em vista dessas regras, podemos concluir que o principal critério da reserva de vagas ainda é o critério da frequência à escola pública antes de pleitear uma vaga técnica ou universitária. É, portanto, um macro critério econômico.

Atendido esse critério, a Lei estabelece uma reserva de vagas a pretos, pardos e indígenas na proporção dessas populações em cada Estado, sendo essa sim uma ação afirmativa de natureza racial. Em conjunto com essa ação afirmativa racial está o critério de renda, que divide também à metade as vagas reservadas, entrando como mais um critério de seleção.

Dentro do critério racial, destacamos ainda que o Decreto que regulamentou a mencionada Lei de Cotas, Decreto 7.824, de 11 de outubro de 2012, não estipula a contagem em conjunto ou separada das proporções raciais, podendo ocorrer, a critério da instituição de ensino, a soma dessas proporções e o preenchimento dessa soma com apenas uma etnia.

Por isso, parece-nos que a Lei elencou como critério mais importante para a reserva de vagas a questão da renda familiar e, depois, inserindo-se uma política pública afirmativa, a questão racial, resultando que a vontade da Lei é fazer inserir na sociedade com formação técnica e superior as pessoas de etnias excluídas, mas que também padeçam de uma exclusão econômica, não somente racial.

Por isso, poder-se-á ter como um acerto a ação afirmativa estabelecida pela Lei n. 12.711/2012. Mas ainda há outro aspecto prático a ser analisado: a questão da aferição da raça a que pertence um indivíduo.

O tema é melindroso e objeto de muita discórdia.

Sem que haja uma solução por excelência, e sem esgotar a questão, propomo-nos aqui a questionar a regra como está posta: poderão concorrer às vagas reservadas por critério racial os "autodeclarados" pretos, pardos e indígenas.

Vejamos a dicção legal do já mencionado art. 3º: "Art. 3º. Em cada instituição federal de ensino superior, as vagas de que trata o art. 1º desta Lei serão preenchidas, por curso e turno, ***por autodeclarados pretos, pardos e indígenas***, em proporção no mínimo igual à de pretos, pardos e indígenas na população da unidade da Federação onde está instalada a instituição, segundo o último censo do Instituto Brasileiro de Geografia e Estatística (IBGE)".

Ora, a crítica então remanesce sobre o problema da autodeclaração entre os postulantes às cotas de sua condição racial.

Ao passo que a condição econômica pode ser aferida segundo critérios objetivos de renda e patrimônio, a condição étnica é tormentosa, pois não apresenta uma forma universal de identificação, mormente em sociedades miscigenadas ao longo de séculos como a sociedade brasileira.

Tratando-se de um problema da esfera da ciência social geográfica e histórica, temos que a positivação de um conceito dessa natureza envolve, sem dúvida, uma extensão do problema.

Como se disse, não é possível estabelecer um critério uniforme de identificação racial, mas entendemos que a autodeclaração da raça pelo estudante também não é um critério suficientemente justo e objetivo para esclarecer a questão.

Claro que a autodeclaração da etnia a que pertence alguém envolve um processo que resgata a própria identidade da pessoa humana, e envolve sua dignidade. Contudo, tratando-se de autodeclaração que não tem finalidade apenas de constatar a etnia, como teria um documento de identidade, por exemplo, mas algo com impacto jurídico na forma do concurso às vagas de uma instituição de ensino federal, parece-nos que o direito reclama uma regra mais certa e objetiva, que não se filie apenas à percepção pessoal do beneficiário da cota a ser concedida.

Esse, então, o questionamento que trazemos à baila e que, por certo, pede maior amadurecimento da questão para que se chegue a uma conclusão segura sobre a forma de identificar as etnias dentre os indivíduos.

Prosseguindo no exame da Lei e do Decreto que a regulamenta, é de relevo destacar a criação de um Comitê para acompanhamento e avaliação da implantação da política estabelecida,[16] visando a sua melhor aplicação.

Tal Comitê, gerido pelo Ministério da Educação, tem por missão justamente verificar na prática a eficiência, correção e justiça da política pública disposta.

Claro, em se tratando de ação que visa a promover a igualdade material, o acompanhamento e avaliação contínuos são fatores determinantes para o seu sucesso.

Finalmente, consideramos importante observar um aspecto implícito da Lei, e que foi aclarado no Decreto que a regulamentou: o critério inicial de seleção dos alunos oriundos das escolas públicas.

No texto original do projeto de lei, constava a adoção de um Coeficiente de Rendimento baseado em média aritmética dos resultados obtidos em avaliações escolares pelos alunos que tivessem cursado o ensino médio em escolas públicas.

No entanto, a Presidência da República, quando da sanção da Lei aprovada, decidiu vetar parcialmente[17] o projeto que no que se referia à adoção de tal critério, por entender principalmente que se tratava de um critério variante entre as diversas escolas, o que resultaria em candidatos às mesmas cotas concorrendo a partir diferentes níveis e formas de avaliação, sem padronização.

O referido veto abriu espaço para o texto constante do § 1º do art. 1º do Decreto 7.824/1202, regulamento da Lei, que estipula a possibilidade de adoção da nota do Exame Nacional do Ensino Médio – ENEM como critério para seleção de ingresso nas instituições federais de ensino superior.

Quanto à referida alteração, entendemos que com acerto foi possibilitado o uso do ENEM para a seleção posto que, demais de problemas operacionais e técnicos que possa ter o referido exame, é um padrão nacional e avalia e pontua os diversos estudantes segundo um critério uniforme – permitindo-lhes, por isso, igualdade na competição.

Essas as considerações que achamos pertinentes sobre a nova legislação, observando que o próprio regulamento mencionado é recente, sendo que aqui pretendemos despertar pontos controvertidos e complexos da norma, visando a possibilitar o aprofundamento de estudos nessa seara.

16. Conforme art. 6º do Decreto 7.824/2012, *verbis*: "Fica instituído o Comitê de Acompanhamento e Avaliação das Reservas de Vagas nas Instituições Federais de Educação Superior e de Ensino Técnico de Nível Médio, para acompanhar e avaliar o cumprimento do disposto neste Decreto".

17. Conforme Mensagem de Veto 385, de 29.8.2012 (*http://www.planalto.gov.br/ccivil_03/_Ato2011-2014/2012/Msg/VEP-385.htm*).

DEVERES FUNDAMENTAIS AMBIENTAIS

DENILSON MARCONDES VENÂNCIO

Mestre em Direito do Estado pela PUC/SP.
Especialista em Direito Administrativo pela PUC/SP
e Especialista em Direito Tributário uma visão Constitucional pela PUC/SP.
Advogado

Introdução. 1. Noções gerais de dever. 2. Deveres na Constituição da República. 3. Deveres fundamentais ambientais. 4. Direito comparado. 5. Regime jurídico dos deveres fundamentais. 6. Responsabilidade ambiental. Conclusão. Referências.

Resumo: O presente artigo trata dos deveres ambientais fundamentais, como categoria jurídico-constitucional própria, previstos a partir do art. 225 da Constituição da República. Após apresentar noções gerais de dever, são feitas breves considerações sobre os deveres na Constituição da República. A seguir, trata-se especificamente dos deveres fundamentais ambientais, analisados tanto do ponto de vista do direito comparado quanto do regime jurídico pátrio dos deveres fundamentais. Finalmente, trata-se da responsabilidade ambiental.

Palavras-chave: Deveres ambientais fundamentais. Regime jurídico constitucional. Responsabilidade ambiental.

Introdução

Rios amazônicos de tinta têm sido gastos para falar da liberdade e dos direitos que a concretizam. Tratados, livros e teses são elaborados sobre os direitos; fala-se em "teoria geral dos direitos fundamentais", "declaração universal dos direitos do homem", "direitos do consumidor", "direitos dos usuários do serviço público", "direitos dos animais", "direitos públicos subjetivos", direitos e mais direitos num contar sem fim. Discurso sobre direitos é sempre bem-vindo, goza de simpatia, e é grande a aceitação social e política à retórica jurídica, facilitando a sua propalação.

A outra face – responsabilidade, deveres e custos que materializam liberdade e direitos –, é praticamente esquecida ou lembrada de forma superficial e escassa. Até o momento não foi elaborada uma "teoria geral dos deveres fundamentais". Não raro, fala-se em deveres quando estes são do Estado, em contrapartida aos direitos – como se pudessem existir direitos sem custos financeiros e sem os correspectivos deveres.

Aponta-se como causa da ausência ou escassez de cuidado com os deveres nos textos constitucionais o nazismo, o fascismo, o totalitarismo comunista e os regimes ditatoriais de um modo geral que, a partir do final da primeira metade do século XX, implantaram deveres em detrimento da liberdade e dos direitos. No Brasil, a Constituição de 1988 foi elaborada depois de vinte anos de ditadura militar, fato este que justifica o não tratamento no mesmo plano constitucional de direitos e deveres. Não há na Constituição de 1988 uma sistematização, um catálogo, um título, capítulo ou seção sobre os deveres.

Veremos no decorrer do trabalho que, embora de forma pontual, nossa Constituição utiliza o termo "dever" em diversos dispositivos. Predomina o uso do substantivo "dever" direcionado para as autoridades públicas, como dever de segurança pública, de saúde, de educação etc. Quando utilizado como verbo, "dever" reporta-se à ideia de ação por parte do poder público, mas prevê também o dever dos pais na criação e educação dos filhos e o dever da família de amparar as pessoas idosas.

O presente trabalho se limita a cuidar dos deveres ambientais fundamentais, como categoria jurídico-constitucional própria, previstos a partir do art. 225 da Constituição da República como direito difuso de todos e de cada um, sem titularidade exclusiva – do poder público ou de quem quer que seja.

1. Noções gerais de dever

A palavra "dever" é utilizada como verbo ou como substantivo. André Comte-Sponville (2003, p. 159) no seu *Dicionário Filosófico* diz que o verbo *dever* "indica primeiramente uma dívida (*debere*, em latim, vem de *de habere*: é ter algo de alguém)"; como substantivo, "uma obrigação: não mais *ter algo de*, mas *ter de*. A transição, entre os dois, decorre de uma lógica da troca ou do dom: se recebi uma coisa de alguém, devo-lhe em troca outra coisa. Temos aí uma estrutura arcaica, de que o dever, no sentido moral do termo, manifesta a permanência".

Há o dever moral do mundo do ser, acerca do qual diz Immanuel Kant (2005, p. 341) que, na "consciência de um dever para consigo próprio, o homem considera-se, enquanto sujeito desse dever, numa dupla qualidade: em primeiro lugar, como ser sensível, quer dizer, como homem", mas, também, "como ser racional (...) que não é acessível pelos sentidos e que só se pode reconhecer nas relações prático-morais, nas quais a incompreensível propriedade da liberdade se manifesta por intermédio da influência da razão sobre a vontade interiormente legisladora".

No dizer do mestre Márcio Cammarosano (2006, p. 42): "O Direito não se confunde com a Moral (esta ou aquela ordem moral) e nem se confundiria, ainda que num dado instante o próprio Direito determinasse obediência não apenas às normas jurídicas, mas também às normas morais, pois estas não se transformariam em normas jurídicas deixando de existir como normais morais. Nesse caso os conteúdos dos mandamentos morais seriam 'fotografados' pela norma jurídica que mandasse observar normas morais, para valerem também como normas integrantes do sistema jurídico. E só sabendo identificar, no mundo normativo, as normas morais, é que se poderia saber quais os mandamentos 'fotografados'".

Deveres morais não juridicizados, impostos pela consciência individual, não podem ser gerados pela ordem heterônoma e coativa que constitui o Direito. Somente o dever que se funda num comando normativo é uma obrigação externa. O dever fundado no conselho, que estabelece mera obrigação interna, não obriga externamente.

O dever jurídico, do mundo do dever-ser, ensina Ari Marcelo Solon (2000, p. 46): "é uma ordem, um imperativo que a ordem jurídica dirige ao indivíduo e este deve acatar, decorrendo daí que aos deveres jurídicos privados de um homem correspondem direitos subjetivos de outro". Esse conceito "transcende o direito das obrigações", porque "há deveres jurídicos que não geram nenhum tipo de obrigação em sentido tradicional", tais como os "deveres impostos ao cidadão pela lei, no âmbito do direito público, direito criminal, (...) direito processual", sendo que "nesta relação, não se vislumbra nenhum credor determinado".

Como o presente texto tem por objeto os deveres jurídicos ambientais, relações entre a natureza (mundo do ser) e o dever-ser, é preciso ter em mente o magistério de Lourival Vilanova (2003, p. 68) de que a hipótese normativa "não se dirige para os fatos do mundo com o propósito de orientá-lo com qualquer subespécie de dever-ser. Nem proíbe, nem obriga, nem permite que um curso d'água se desvie de seu leito, nem que se verifique a causalidade biológica do nascer com vida. (...) Proíbem-se, ou obrigam-se, ou permitem-se condutas humanas, não os fatos biofísicos como tais. A proibição incidente em conduta humana corta a cadeia de causalidade biológica: só assim o dever-ser orienta, intervém, canaliza o processo social e, com este, o processo natural, causalmente articulado. (...) O dever-ser, como consciência da norma, é fato motivacional da conduta. O que motiva é a subjetivação da norma, a representação dela, como pondera Kelsen. Sem essa motivação, a norma seria uma mera objetivação ideal (axiológica e lógica)".

A Constituição de 1988, em razão da importância de se adquirir uma consciência moral, com muita sabedoria determina que incumbe ao Poder Público "promover a educação ambiental em todos os níveis de ensino e a conscientização pública para a preservação do meio ambiente" (art. 225, § 1º, VI). Com base no dispositivo mencionado, expediu a Lei n. 9.795/1999, que dispõe sobre a educação ambiental e institui a Política Nacional de Educação Ambiental. Essa Lei foi regulamentada pelo Decreto n. 4.281, de 25 de junho de 2002.

2. Deveres na Constituição da República

A Constituição da República de 1988 dispõe, no seu Título II, acerca "Dos Direitos e Garantias Fundamentais" e, no Capítulo I, acerca "Dos Direitos e Deveres Individuais e Coletivos", mas não utiliza, em nenhum dos dispositivos desse título, o termo "dever", isolado ou em conjunto – usa apenas, e inúmeras vezes, a palavra "direitos". A Constituição de Portugal, de 1976, no seu art. 12º, diz: "1. Todos os cidadãos gozam dos direitos e estão sujeitos aos deveres consignados na Constituição" e "2. As pessoas colectivas gozam dos direitos e estão sujeitas aos deveres compatíveis com a sua natureza". A Constituição da Itália, de 1947, no seu art. 2º, diz que: "A República reconhece e garante os direitos invioláveis do homem, não só como indivíduo, mas também nos grupos sociais em que se exerce a sua personalidade, e se exige o cumprimento dos deveres imprescritíveis de solidariedade política, econômica e social" (Carvalho, 2003, p. 35).

A Constituição brasileira não tem nenhuma disposição geral, nem enumeração paralela à dos direitos, ou mesmo um título, capítulo ou seção, não sistematiza os deveres, mas utiliza o termo "dever(es)", nos seguintes dispositivos: art. 14, § 8º, I; art. 24, XVI; art. 68; art. 71, I; art. 81, § 2º; art. 103, § 1º; art. 128, § 2º; art. 129, § 2º; art. 142, § 3º, I e X; art. 144; art. 196; art. 205; art. 208; art. 217; art. 225, § 6º; art. 227; art. 230; no ADCT: art. 6º, § 1º; art. 12, § 2º; art. 38; art. 39; e art. 78, § 4º.

Jorge Miranda (2000, pp. 175-180) aponta deveres na Constituição de Portugal de 1976 nas seguintes disposições: art. 2º; art. 18º, ns. 2 e 3; art. 36º, ns. 5 e 6; art. 41º, n. 2; art. 49º, n. 2; art. 57º, n. 3; art. 60º, n. 2; art. 64º, n. 1; art. 66º, n. 2; art. 71º, n. 2; art. 74º, n. 2, alínea "a"; art. 78º, n. 1; art. 86º, n. 3; art. 87º; art. 88º, n. 1; art. 96º, n. 2; art. 103º; art. 113º, n. 2, n. 3, alínea "c", e n. 4; art. 136º, ns. 1 e 4; art. 158º, n. 2, alínea "a", *in fine*; art. 159º; art. 164º, alínea "d"; art. 205º, n. 1; art. 268º, n. 3; art. 271º, ns. 2 e 3; art. 275º, n. 4; art. 276º, ns. 1 a 5; art. 280º, n. 1, alínea "b", n. 2, alínea "d", e ns. 3 a 5; e art. 282º, n. 4.

Para J. J. Gomes Canotilho (2005, p. 532): "Os deveres fundamentais recortam-se na ordem jurídico-constitucional portuguesa como uma categoria autônoma. Os direitos, liberdades e garantias vinculam também entidades privadas (art. 18º, 1), mas com isso apenas se pretende afirmar a existência de uma eficácia (directa ou mediata) destes direitos na ordem jurídica privada; não se estabelece a correspectividade estrita entre direitos fundamentais e deveres fundamentais. Vale aqui o princípio da assinalagmaticidade ou da assimetria entre direitos e deveres fundamentais, entendendo-se mesmo ser a assimetria entre direitos e deveres uma condição necessária de um 'estado de liberdade'".

Mais adiante, conclui (idem, 2005, p. 533): "O caráter não relacional entre direitos e deveres resulta ainda da compreensão não funcionalística dos direitos fundamentais na ordem constitucional portuguesa".

José Casalta Nabais (2007, p. 252) define os deveres fundamentais: "como deveres jurídicos do homem e do cidadão que, por determinarem a posição fundamental do indivíduo, têm especial significado para a comunidade e podem por esta ser exigidos. Uma noção que, decomposta com base num certo paralelismo com o conceito de direitos fundamentais, nos apresenta os deveres fundamentais como posições jurídicas passivas, autônomas, subjectivas, individuais, universais e permanentes e essenciais".

O relacionamento entre direitos e deveres é assimétrico, no sentido de que a correspectividade não implica a individualização das situações jurídicas dentro da mesma estrutura bipolar. Ao direito público subjetivo de cada cidadão nem sempre corresponde a mesma carga de deveres, eis que alguns deveres se impõem ao grupo social de que participa o indivíduo. A ideia de solidariedade está sempre presente, o que dita a assimetria entre direitos e deveres. Solidariedade fundamenta principalmente os direitos difusos, tais como os do meio ambiente, que se classificam como direitos de solidariedade por conta da sua dimensão bilateral de direitos e deveres – porque são usufruídos solidariamente são assim sustentados por deveres de solidariedade. Não se cuida aqui de solidariedade dos causadores de danos, prevista no Código Civil (art. 942, parágrafo único), que obriga a todos a reparação.

No julgamento do Mandado de Segurança n. 22.164-0-SP envolvendo questão ambiental, o Supremo Tribunal Federal decidiu com esteio no princípio da solidariedade, com a seguinte ementa:

"A questão do direito ao meio ambiente ecologicamente equilibrado – Direito de terceira geração – Princípio da solidariedade.

"O direito à integridade do meio ambiente – típico direito de terceira geração – constitui prerrogativa jurídica de titularidade coletiva, refletindo, dentro do processo de afirmação dos direitos humanos, a expressão significativa de um poder atribuído, não ao indivíduo identificado em sua singularidade, mas, num sentido verdadeiramente mais abrangente, à própria coletividade social.

"Enquanto os direitos de primeira geração (direitos civis e políticos) – que compreendem as liberdades clássicas, negativas ou formais – realçam o princípio da liberdade e os direitos de segunda geração (direitos econômicos, sociais e culturais) – que se identificam com as liberdades positivas, reais ou concretas – acentuam o princípio da igualdade, os direitos de terceira geração, que materializam poderes de titularidade coletiva atribuídos genericamente a todas as formações sociais, consagram o princípio da solidariedade e constituem um momento importante no processo de desenvolvimento, expansão e reconhecimento dos direitos humanos, caracterizados, enquanto valores fundamentais indisponíveis, pela nota de uma essencial enexauribilidade. Considerações doutrinárias" (STF, 1995).

Os deveres associados aos direitos "ecológicos", diz José Casalta Nabais (2007, p. 238), "como os deveres de defesa do ambiente e de preservação", são tão fortes "que [isso] justifica a autonomização destes como 'direitos de solidariedade', 'direitos poligonais' ou 'direitos circulares' cujo conteúdo é definido necessariamente em função do interesse comum, pelo menos em tudo quanto ultrapasse a lesão de bens individuais", visto que a sua dimensão objetiva tem "um peso bem maior do que é próprio dos direitos fundamentais em geral", por sua estrutura. Tais direitos são igualmente designados "direitos *boomerang*" ou "direitos com efeito *boomerang*", já que "eles são, por um lado, direitos e, por outro lado, deveres para o respectivo titular activo", isto é, "direitos que, de algum modo, acabam por se voltar contra os próprios titulares".

3. Deveres fundamentais ambientais

A Constituição, no art. 225, dispôs que: "Todos têm direito ao meio ambiente ecologicamente equilibrado, bem de uso comum do povo e essencial à sadia qualidade de vida, impondo-se ao Poder Público e à coletividade o dever de defendê-lo e preservá-lo para as presentes e futuras gerações".

Desse modo, a Constituição instituiu deveres fundamentais ambientais de todos, indistintamente – Estado (sentido lato), pessoas físicas e jurídicas –, de defender e preservar um direito difuso que é de todos e de cada um, sem titularidade exclusiva de quem quer que seja. São deveres fundamentais de defender e preservar o meio ambiente porque criados pela própria Constituição. Ensina José Casalta Nabais "que o fundamento dos deveres fundamentais reside na constituição, (...) na sua previsão constitucional. O que significa que a ausência de uma disposição constitucional a prever deveres obsta ao seu reconhecimento como deveres fundamentais, como deveres no plano constitucional" (Nabais, 2007, p. 170).

Esses deveres fundamentais são dirigidos diretamente ao legislador ordinário, habilitando-o para conformar os deveres e para prever as sanções correspondentes à sua inobservância, operando por via indireta aos operadores jurídicos concretos: Administração Pública e Poder Judiciário.

É preciso atentar sempre que o conteúdo dos direitos e deveres do art. 225, da Constituição, é o mesmo: o "meio ambiente", interesse difuso que impõe solidariedade universal com todos os homens de hoje e de amanhã. Trata-se, sem exageros, de deveres para com toda a humanidade. A questão ambiental, afirma Édis Milaré (2000, p. 34), "é uma questão de vida ou morte, morte ou vida estas não apenas de animais e plantas, mas do próprio homem e do planeta que o abriga". O problema da tutela jurídica do meio ambiente, diz José Afonso da Silva (2011, p. 30), "manifesta-se a partir do momento em que sua degradação passa a ameaçar, não só o bem-estar, mas a qualidade da vida humana, se não a própria sobrevivência do ser humano".

Os deveres fundamentais ambientais previstos no art. 225 da Constituição Federal, de defender e preservar o meio ambiente como categoria jurídica própria e autônoma, são mais amplos do que a simples obrigação de recuperar o meio ambiente degradado e de reparar os danos ambientais causados, previstos, respectivamente, nos §§ 2º e 3º do mesmo dispositivo constitucional. Tais deveres fundamentais habilitam o legislador a criar, por lei, dever que determine a qualquer pessoa física ou jurídica denunciar danos ambientais de que venha a ter conhecimento, sob pena de sanção (como, por exemplo, o pagamento de multa civil). Autoriza o legislador a tipificar como crime uma espécie de prevaricação ambiental, que tem como núcleo a omissão. Esses deveres permitem a fixação em lei de condutas positivas que importem em agir, e não apenas conduta passiva.

A denominada "epidemia da dengue" em que vivemos é uma situação que demanda participação ativa das pessoas. O Estado sozinho não dá conta de controlar o mosquito transmissor, seja pela quantidade, pela complexidade, pelos locais de difícil acesso (principalmente no interior das residências) etc. Neste caso, os deveres fundamentais previstos na Constituição autorizam o legislador a tipificar, por lei, deveres às pessoas, para agir, atuar no combate ao mosquito. Sirva de exemplo, ainda, a hipótese de multa civil, para o morador que deixar vasos de plantas ou garrafas com água, que proporcionem a proliferação do mosquito.

É vital que se compreenda que os deveres fundamentais ambientais são de todos. Não é somente o Estado, adverte Francisco Gérson Marques de Lima (2006, pp. 177-179), "que possui deveres para com os cidadãos. Não são apenas os homens públicos que possuem deveres públicos e a obrigação de cumprir as obrigações institucionais". O Estado "precisa da contribuição dos cidadãos. A pátria não consegue ser uma supermãe, que dispensa o auxílio dos filhos para ser altiva e se impor no ambiente internacional. (...) A contribuição dos cidadãos é fundamental". É preciso "que haja cooperação mútua".

Os deveres fundamentais ambientais são de todos, sobretudo porque gravitam ao redor do meio ambiente como bem de uso comum do povo, direito difuso que é de todos e de cada um, sem titularidade exclusiva. Não se trata de um bem público de uso comum do povo, de titularidade ou propriedade do Estado e de uso indiscriminado, como ainda se vê na redação do art. 2º, I, da Lei n. 6.938/1981. O avanço da Constituição de 1988 ao determinar que o meio ambiente é bem de uso comum do povo, e não bem público, é enorme. A compreensão dessa diferença e do progresso constitucional é vital para o entendimento do assunto.

Com esta nova dimensão, assevera Paulo Affonso Leme Machado (2013, p. 154), que "o Poder Público passa a figurar não como proprietário de bens ambientais – das águas e da fauna –, mas como um gestor ou gerente, que administra bens que não são dele e, por isso, deve explicar convincentemente sua gestão. A aceitação dessa concepção jurídica vai conduzir o Poder Público a melhor informar, a alargar a participação da sociedade civil na gestão dos bens ambientais e a ter que prestar contas sobre a utilização dos bens 'de uso comum do povo', concretizando um 'Estado Democrático e Ecológico de Direito' (arts. 1º, 170 e 225)".

4. Direito comparado

O comando do art. 225 da Constituição brasileira seguiu a tendência mundial dos demais países, como se vê, por exemplo, na Constituição de Portugal, art. 66º:

"1. Todos têm direito a um ambiente de vida humano, sadio e ecologicamente equilibrado e o dever de o defender.

"2. Para assegurar o direito ao ambiente, no quadro de um desenvolvimento sustentável, incumbe ao Estado, por meio de organismos próprios e com o envolvimento e a participação dos cidadãos: (...)."

O mesmo se vê na Constituição da Rússia, cujo art. 58 diz que: "Todos são obrigados a proteger a natureza e o meio ambiente, cuidar dos recursos naturais" (Carvalho, p. 238).

Paulo Affonso Leme Machado (2013, pp. 137 e ss.) faz um amplo apanhado dos países cujas Constituições que cuidam do meio ambiente, tais como: Argentina, Cabo Verde, Chile, Colômbia, Croácia, Cuba, Equador, Eslováquia, Espanha, Finlândia, Guatemala, Guiana, Mali, Paraguai, Polônia, Portugal, Suíça, Vietnã, demonstrando que o meio ambiente é um bem de preocupação e tutela mundial, que ultrapassa em muito as fronteiras desse ou daquele país. Os deveres fundamentais ambientais deverão seguir a mesma tendência de imposição universal, porque todos os homens, animais, plantas, águas etc., estão no mesmo "barco" planeta terra. Os danos ambientais de uma determinada indústria num grande rio podem causar danos sem dimensões em outros países, atingindo populações imensas.

A criação de normas internacionais com deveres fundamentais ambientais, para todos os países e, por óbvio, para todas as pessoas físicas e jurídicas, inclusive com instituição de Tribunal Internacional Ambiental, são rumos inevitáveis. Em matéria de meio ambiente, a tradicional soberania dos países será relativizada e abrandada, *sob pena de não se salvar ninguém*, principalmente em face do número da população planetária atingido – cerca de sete bilhões de pessoas. Não há recursos naturais para todos.

5. Regime jurídico dos deveres fundamentais

Os deveres fundamentais se sujeitam ao mesmo regime jurídico constitucional dos direitos fundamentais, ou seja, devem valer para todos de maneira geral, e não limitada a um caso particular, devem atender ao princípio da igualdade, vedado o arbítrio, não devem atingir a substância de um direito fundamental, aplicando-se às pessoas físicas e jurídicas, aos brasileiros e aos estrangeiros residentes no país os princípios da razoabilidade e da proporcionalidade, da tutela jurisdicional, da legalidade, da não discriminação em razão de sexo, raça, origem ou crença religiosa, não se podendo torturar ou coagir para que sejam cumpridos, nem podendo ser violadas a intimidade, a vida privada, a honra e a imagem das pessoas etc.

Sustenta José Casalta Nabais, a partir da Constituição de Portugal, que se aplicam aos deveres fundamentais o regime constitucional do indivíduo, "nomeadamente, os princípios: 1) da universalidade ou da aplicação categorial, 2) da igualdade enquanto proibição do arbítrio, 3) da não discriminação em razão de critérios subjectivos ou de critérios interditos pela constituição, como os que constam da lista, aliás bastante completa, do art. 13º, n. 2, da Constituição, 4) da proporcionalidade nos três aspectos conhecidos (ou seja, da necessidade, da adequação e da proporcionalidade em sentido estrito) relativamente à sua concretização pelo legislador, 5) da aplicabilidade aos estrangeiros e apátridas, e 6) da tutela judicial" (Nabais, 2007, pp. 173-174).

6. Responsabilidade ambiental

Responsabilidade é questão que envolve noções de dever jurídico e obrigação e da própria ilicitude. No mundo jurídico, o conceito de "obrigação" se vê às voltas de dois sentidos, no dizer de Tércio Sampaio Ferraz Jr.: "estar obrigado" e "ter a obrigação de". Desse modo, para Ferraz Jr., "toda obrigação envolve assim um vínculo, expressão de um dever. (...) o dever expressa, na obrigação, essa força vinculante que nos faz estar ligados. (...) a conduta ilícita é a que constitui condição para que se provoque a sanção. *A contrario sensu*, a conduta obrigada, o dever, nada mais é do que a conduta que é condição para que se evite a sanção. (...) a obrigação define-se como vínculo objetivo em que ocorre a exigência de uma prestação sob pena de sanção. O dever localiza-se naquele vínculo; a responsabilidade, na exigência da prestação" (Ferraz Junior, 2001, pp. 158-162).

A noção de ilicitude alcança, portanto, "ações previstas por normas de competência cujo descumprimento gera nulidade". Nesse sentido, "ilicitude é expressão que designa uma desconformidade em face da expectativa normativa manifestada em norma, expectativa que tanto pode ser de uma ação oposta à que provoca a sanção, quanto de uma ação nos limites da que está prevista no âmbito de competência" (idem, 2001, p. 162).

Esses esclarecimentos se fazem necessários em face da doutrina especializada, que aponta como princípios do Direito Ambiental, a partir do art. 225, §§ 2º e 3º, da Constituição da República, os princípios do poluidor-pagador e da responsabilidade ambiental. Paulo de Bessa Antunes (1996, pp. 26-27) aponta o "princípio da responsabilidade" como qualquer "violação do Direito [que] implica a sanção do responsável pela quebra da ordem jurídica". Invoca o art. 225, § 3º, da Constituição da República, mas não admite o princípio do poluidor-pagador, em face do risco de se comprar o direito de poluir.

Celso Antônio Pacheco Fiorillo (2000, pp. 26-30) indica o princípio do poluidor-pagador sob duas órbitas de alcance: "a) busca evitar a ocorrência de danos ambientais (*caráter preventivo*); e b) ocorrido o dano, visa sua reparação (*caráter repressivo*)". Adota, também, a responsabilidade civil objetiva em relação aos danos ambientais. Fala, ainda, em prioridade na reparação específica do dano ambiental, em que há o ressarcimento *in natura*, e, não sendo possível, "a indenização em dinheiro".

Os deveres fundamentais ambientais são muito mais amplos do que os princípios do poluidor-pagador, da responsabilidade ambiental objetiva ou da reparação de danos ambientais. Pagamento e reparação, ou, ainda, apenamentos de natureza civil, criminal ou administrativa, são todos sanções pelo descumprimento de normas. São consequências de condutas ilícitas, impostas a quem violou normas jurídicas ambientais que vedavam poluir ou danificar de qualquer forma o meio ambiente – daí o dever ou obrigação de reparar. Todas essas sanções vêm depois.

Os deveres fundamentais ambientais vêm antes, são mais abrangentes, ainda que em determinado ponto possam vir a coincidir com os princípios do poluidor-pagador ou da responsabilidade ambiental. Impõe-se que sejam levados a sério os deveres fundamentais e os custos dos direitos, para que os ideais de liberdade e de solidariedade não se excluam, mas se completem. O excesso de direitos acarreta a situação de insegurança em que vivemos. Todos, indistintamente, temos deveres: não há que se reclamarem direitos sem dever algum, e muito menos de deixar a cargo do Estado todos os deveres.

Conclusão

1. Fala-se excessivamente em liberdade e nos direitos que a concretizam, utilizando-se de expressões como "teoria geral dos direitos fundamentais", "declaração universal dos direitos do homem" e mais direitos num contar sem fim. Mas se cala sobre a outra face, a da responsabilidade: os deveres e custos que materializam a liberdade e direitos correlatos são praticamente esquecidos ou lembrados de forma superficial e escassa.

2. A palavra "dever" é utilizada como verbo ou como substantivo. Como substantivo, é o dever moral do mundo do ser, consciência de um dever para consigo próprio, que se manifesta por intermédio da influência da razão sobre a vontade interiormente legisladora; e, como verbo, é o dever jurídico do mundo do dever-ser, que regula a conduta do homem, obrigando, permitindo ou proibindo, de forma cogente e sancionatória. O Direito não se confunde com a Moral. Somente o dever que se funda num comando normativo é uma obrigação externa.

3. A Constituição de 1988 visa à aquisição de uma consciência moral e atribui ao Poder Público a obrigação de "promover a educação ambiental em todos os níveis de ensino e a conscientização pública para a preservação do meio ambiente" (art. 225, § 1º, VI, CR).

4. A Constituição brasileira não tem nenhuma disposição geral, nem enumeração paralela à dos direitos, ou mesmo um título, capítulo ou seção; não sistematiza os deveres, mas utiliza o termo "dever(es)", em diversos dispositivos. O mesmo é feito pela Constituição de Portugal, que aponta deveres de forma pontual e esparsa.

5. O relacionamento entre direitos e deveres é assimétrico, no sentido de que a correspectividade não implica a individualização das situações jurídicas dentro da mesma estrutura bipolar. Ao direito público subjetivo de cada cidadão nem sempre corresponde a mesma carga de deveres, eis que alguns deveres se impõem ao grupo social de que participa o indivíduo. A ideia de solidariedade está sempre presente, o que dita a assimetria entre direitos e deveres. A solidariedade fundamenta principalmente os direitos difusos, tais como os do meio ambiente, que se classificam como direitos de solidariedade por conta da sua dimensão bilateral de direitos e deveres: porque são usufruídos solidariamente são assim sustentados por deveres de solidariedade.

6. A Constituição, no art. 225, ao dispor que: "Todos têm direito ao meio ambiente ecologicamente equilibrado, bem de uso comum do povo (...), impondo-se ao Poder Público e à coletividade o dever de defendê-lo e preservá-lo para as presentes e futuras gerações", instituiu deveres fundamentais ambientais a todos, indistintamente – Estado (sentido lato), pessoas físicas e jurídicas –, de defender e preservar um direito difuso que é de todos e de cada um, sem titularidade exclusiva de quem quer que seja. São deveres fundamentais porque instituídos pela própria Constituição.

7. O meio ambiente ganhou *status* constitucional em inúmeros países, tais como Brasil, Portugal, Rússia, Argentina, Cabo Verde, Chile, Colômbia, Croácia, Cuba, Equador, Eslováquia, Espanha, Finlândia, Guatemala, Guiana, Mali, Paraguai, Polônia, Portugal, Suíça, Vietnã, demonstrando que o meio ambiente é um bem de preocupação e tutela mundial, que ultrapassa em muito as fronteiras deste ou daquele país, seguindo tendência de imposição universal.

8. O regime jurídico constitucional dos direitos fundamentais deve ser o mesmo, portanto; assim, além de valer para todos deve-se respeitar o princípio da igualdade, sendo vedado o arbítrio, aplicando-se às pessoas físicas e jurídicas, aos brasileiros e aos estrangeiros residentes no País. Os princípios devem ser respeitados para que não haja tortura ou coação, violação da vida privada ou discriminação de sexo, raça, origem ou crença religiosa.

9. O não cumprimento das normas relativas aos deveres fundamentais ambientais acarreta sanções como pagamento e reparação, apenamentos de natureza civil, criminal ou administrativa. Os deveres fundamentais ambientais podem coincidir com os princípios do poluidor-pagador, ou da responsabilidade ambiental.

10. Os ideais de liberdade e solidariedade garantem o cumprimento dos deveres fundamentais bem como dos custos e dos direitos. O que importa é que existem deveres que devem ser cumpridos para que possam ser exigidos direitos, não se podendo transferir todos os deveres ao Estado.

Referências

ANTUNES, Paulo de Bessa (1996). *Direito Ambiental*. Rio de Janeiro: Lumen Juris.

CAMMAROSANO, Márcio (2006). *O Princípio Constitucional da Moralidade e o Exercício da Função Administrativa*. Belo Horizonte: Fórum.

CANOTILHO, J. J. Gomes; e MOREIRA, Vital (2003). *Direito Constitucional e Teoria da Constituição*. 7ª ed. Coimbra: Almedina.

______ (2005). *Constituição da Republica Portuguesa: Lei do Tribunal Constitucional*. 8ª ed. Coimbra: Coimbra Editora.

CARVALHO, José Luiz Tuffani de (trad.) (2003). *Constituições Estrangeiras*. Rio de Janeiro: Espaço Jurídico.

COMTE-SPONVILLE, André (2003). *Dicionário Filosófico*. Trad. Eduardo Brandão. São Paulo: Martins Fontes.

FERRAZ JUNIOR, Tércio Sampaio (2001). *Introdução ao Estudo do Direito*. 3ª ed. São Paulo: Atlas.

FIORILLO, Celso Antônio Pacheco (2000). *Curso de Direito Ambiental Brasileiro*. São Paulo: Saraiva.

KANT, Immanuel (2005). *A Metafísica dos Costumes*. Trad. José Lamego. Lisboa: Fundação Calouste Gulbenkian.

LIMA, Francisco Gérson Marques de (2006). "Os deveres constitucionais: o cidadão responsável". In BONAVIDES, Paulo; LIMA, Francisco Gérson

Marques de; e BEDÊ, Fayga Silveira (coords.). *Constituição e Democracia: Estudos em homenagem ao Prof. J. J. Gomes Canotilho*. São Paulo: Malheiros Editores.

MACHADO, Paulo Affonso Leme (2013). *Direito Ambiental Brasileiro*. 21ª ed. São Paulo: Malheiros Editores.

MILARÉ, Édis (2000). *Direito do Ambiente: Doutrina, Prática, Jurisprudência, Glossário*. São Paulo: Ed. RT.

MIRANDA, Jorge (2000). *Manual de Direito Constitucional*. t. IV: *Direitos Fundamentais*. 3ª ed. Coimbra: Coimbra Editora.

NABAIS, José Casalta (2007). *Por uma Liberdade com Responsabilidade: Estudos sobre Direitos e Deveres Fundamentais*. Coimbra: Coimbra Editora.

______ (2004). *O Dever Fundamental de Pagar Impostos*. Coimbra: Almedina.

SILVA, José Afonso da (2011). *Direito Ambiental Constitucional*. 9ª ed. São Paulo: Malheiros Editores.

SOLON, Ari Marcelo (2000). *Dever Jurídico e Teoria Realista do Direito*. Porto Alegre: Sergio Antonio Fabris.

SUPREMO TRIBUNAL FEDERAL. Mandado de Segurança 22.164-0-SP, Relator Ministro Celso de Mello, j. 30.10.1995, *DJU* 17.11.1995.

VILANOVA, Lourival (2003). *Analítica do Dever-Ser. Escritos Jurídicos e Filosóficos*. vol. 2. Brasília, IBET.

EFEITOS DA REVOGAÇÃO DOS ATOS ADMINISTRATIVOS[1]

FELIPE FLEURY

Bacharel em Direito pela Pontifícia Universidade Católica de São Paulo. Advogado em São Paulo

I. Introdução. I.1 Ato administrativo – Conceito; I.2 Planos da existência, validade e eficácia; I.3 Classificação dos atos administrativos; I.4 Extinção dos atos administrativos. II. Revogação dos atos administrativos: II.1 Conceito; II.2 Aspectos gerais: II.2.1 Sujeito ativo; II.2.2 Objeto; II.2.3 Fundamento; II.2.4 Motivo; II.2.5 Limites. III. Efeitos da revogação dos atos administrativos: III.1 Efeitos "ex nunc" e "ex tunc"; III.2 Natureza; III.3 Eficácia subjetiva; III.4 Revogação da revogação e repristinação; III.5 Efeitos patrimoniais (indenização): III.5.1 Responsabilidade patrimonial do Estado e sacrifício de direito; III.5.2 Indenização e atos estáveis (constitutivos de direito ou não precários); III.5.3 Indenização e atos precários; III.5.4 Revogação e direito adquirido; III.5.5 Indenização de terceiros (efeitos reflexos). IV. Conclusão. Bibliografia.

I. Introdução

Pretendemos, por meio do presente estudo, delimitar os efeitos decorrentes da revogação dos atos administrativos, compreendendo-se por *efeitos* "toda modificação da realidade jurídica preexistente ao ato", isto é, "toda alteração operada no mundo jurídico",[2] o que nos permitirá abarcar as consequências jurídicas – em sua maior extensão possível – do exercício

1. Adaptação de trabalho de monografia jurídica apresentado ao Curso de Graduação da Pontifícia Universidade Católica de São Paulo – PUC/SP, em agosto de 2011.

2. *Ato Administrativo*, 3ª ed., São Paulo, Ed. RT, p. 99, *apud* Daniele Talamini, *Revogação do Ato Administrativo*, p. 38.

da competência revogatória, seja para o Estado ou para o administrado.[3]

Para tanto, fixaremos, desde já, ainda que de maneira perfunctória, algumas balizas necessárias à investigação dos efeitos da revogação.

I.1 Ato administrativo – Conceito

Nessa toada, a partir dos magistérios de Celso Antônio Bandeira de Mello e Maurício Zockun, tem-se que, para fins do presente estudo, o ato administrativo é uma *declaração unilateral do Estado no exercício de função administrativa, consistente na aplicação da lei ao caso concreto, que se consubstancia em um mandamento de uma norma jurídica, isto é, em uma relação jurídica, cujos elementos são* (i) *sujeito ativo*; (ii) *sujeito passivo*; (iii) *objeto*; (iv) *direito subjetivo*; e (v) *encargo*.[4]

Verifica-se, portanto, que adotamos o que a doutrina denomina de conceito estrito do ato administrativo – ainda que com influxos da noção de ato administrativo como mandamento de uma norma jurídica –, razão pela qual não nos debruçaremos sobre os efeitos da revogação dos regulamentos e dos contratos administrativos, mas sobre a faceta da função administrativa cuja prática é mais frequente pela Administração, qual seja: a execução da lei à luz do caso concreto, pela "prática de um ato jurídico individual e concreto que visa à criação de uma utilidade pública".[5]

I.2 Planos da existência, validade e eficácia

A extinção dos atos administrativos, mormente a diferenciação entre revogação e invalidação, está intimamente correlacionada às noções de validade e eficácia. Daí porque é importante observarmos que a validade é decorrência lógica do próprio conceito de ato administrativo. É dizer, se o ato administrativo, por ser expedido no exercício de função administrativa, nada mais é que a *aplicação da lei de ofício* (Seabra Fagundes), é ululante que este ato deve atender às prescrições do orde-

3. Esta noção se refere ao sentido amplo de *efeitos*, o que não se confunde com a noção que será dada quando abarcarmos, ainda que sucintamente, a eficácia do ato administrativo, cujo conceito de *efeito* é estrito.

4. Nesse tocante, aduz Celso Antônio Bandeira de Mello: "Em acepção estrita, pode-se conceituar ato administrativo com os mesmos termos utilizados, acrescendo as características: concreção e unilateralidade. Daí a seguinte noção: declaração *unilateral* do Estado no exercício de prerrogativas públicas, manifestada mediante comandos concretos complementares da lei (ou, excepcionalmente, da própria Constituição, aí de modo plenamente vinculado) expedidos a título de lhe dar cumprimento e sujeitos a controle de legitimidade por órgão jurisdicional" (*Curso de Direito Administrativo*, 30ª ed., São Paulo, Malheiros Editores, 2013, p. 390).

Ademais, Maurício Zockun, em brilhante artigo acerca do tema, asseverou: "Se considerarmos que os atos administrativos são declarações do Estado, no exercício de função administrativa, que produzem efeitos jurídicos, segue-se que são mandamentos de normas jurídicas". E a partir desta noção, o ilustre publicista concluiu que "Como o ato administrativo é o mandamento de uma norma jurídica, isso significa dizer que, morfologicamente, ele se traduz como uma *relação jurídica*", cujos elementos são "(a) sujeito ativo; (b) sujeito passivo; (c) objeto; (d) direito de o sujeito ativo exigir algo do sujeito passivo; e (e) encargo – ou obrigação – de o sujeito passivo cumprir algo em relação ao sujeito ativo" ("Atributos e extinção dos atos administrativos", in *Revista Trimestral de Direito Público* 48, São Paulo, Malheiros Editores, 2004, pp. 266-267).

5. Daniele Talamini, ob. cit., p. 22.

namento jurídico, sob pena de incidir em invalidade.[6]

Já a eficácia é a disponibilidade para a produção dos efeitos próprios do ato administrativo (eficácia jurídica),[7] diferenciando-se da efetiva produção desses efeitos (efetividade).[8] Ademais, frise-se que a despeito da noção de eficácia se referir apenas aos efeitos típicos do ato, há que se levar em consideração, para fins do presente estudo, também os efeitos atípicos, isto é, os efeitos padrômicos e reflexos.[9]

Por fim, é importante ressaltar que sem o preenchimento dos requisitos de existência do ato administrativo sequer se pode analisar os planos de validade e eficácia. Vale dizer, sem a existência, não há que se falar, obviamente, em validade e eficácia, pois não completo o ciclo de formação pelo ato administrativo,[10] este sequer existirá para a ordem jurídica, sendo, portanto, um ato inexistente, isto é, um mero fato (jurídico ou não).[11]

I.3 Classificação dos atos administrativos

Prosseguindo na fixação das balizas para a análise dos efeitos da revogação,

6. Segundo o magistério de Celso Antônio Bandeira de Mello, "o ato administrativo é válido quando foi expedido em absoluta conformidade com as exigências do sistema normativo. Vale dizer, quando se encontra adequado aos requisitos estabelecidos pela ordem jurídica. Validade, por isto, é a adequação do ato às exigências normativas". Ademais, o ilustre publicista aponta os pressupostos sobre os quais deve recair a verificação da validade: *pressuposto subjetivo* (sujeito), *pressupostos objetivos* (motivo e requisitos procedimentais), *pressuposto teleológico* (finalidade), *pressuposto lógico* (causa) e *pressuposto formalístico* (formalidades) (ob. cit., pp. 391 e ss.).

E sempre lembrando a expressão lapidar de Michel Stassinopoulos, o ato administrativo deve ser expedido *secundum legem*, nunca *contra legem* ou *praeter legem*.

7. Celso Antônio Bandeira de Mello ensina que "o ato administrativo é eficaz quando está disponível para a produção de seus efeitos próprios; ou seja, quando o desencadear de seus efeitos típicos não se encontra dependente de qualquer evento posterior, como uma condição suspensiva, termo inicial ou ato controlador a cargo de outra autoridade" (ibid., p. 392).

8. Nesse sentido, Daniele Talamini afirma: "Não se pode confundir *eficácia* com *efetividade*. Enquanto a eficácia diz respeito à capacidade potencial do ato de produzir efeitos, a efetividade é tema que envolve a real produção de efeitos do ato" (ob. cit., p. 38).

9. Nesse tocante, Weida Zancaner é pedagógica ao afirmar: "Deflui dos exemplos suprarreferidos que os atos administrativos podem (a) gerar, como efeitos próprios ou típicos, relações jurídicas, como as reintegrações, permissões etc. – relações, estas, que repercutirão no mundo fenomênico, gerando efeitos materiais; (b) podem, também, estar vocacionados somente à produção de efeitos materiais, como o ato que ordena a demolição de uma casa; ou, ainda, (c) estar voltados à produção exclusiva de efeitos jurídicos, como as certidões" (*Da Convalidação e da Invalidação dos Atos Administrativos*, 3ª ed., São Paulo, Malheiros Editores, 2008, p. 49).

10. Nessa toada, tem-se que o ato administrativo será existente quando completar o seu ciclo de formação. Vale dizer, equiparando-se a noção de existência e perfeição, esta "é a situação do ato cujo processo de formação está concluído".

Assim, determinados requisitos devem ser preenchidos pelo ato administrativo para que se perfaça o aludido ciclo de formação. Nesse tocante, adotamos o magistério de Celso Antônio Bandeira de Mello, que considera o ato administrativo existente quando presentes (i) os seus elementos (conteúdo e forma) e (ii) os pressupostos de existência (objeto e pertinência à função administrativa) (ob. cit., pp. 390 e ss.).

11. Nesse tocante, Weida Zancaner é pedagógica ao afirmar: "Temos para nós que os atos imperfeitos, ou pelo menos alguns deles, geram ou

cumpre-nos abarcar, ainda que sinteticamente, algumas classificações dos atos administrativos, segundo os seguintes critérios: (i) *os resultados sobre a esfera jurídica dos administrados* (atos ampliativos e atos restritivos); (ii) *o grau de liberdade da Administração em sua prática* ("atos vinculados" e "atos discricionários"); (iii) *os efeitos* (atos constitutivos e atos declaratórios);[12] e (iv) *a estabilidade da relação jurídica decorrente do ato administrativo* (atos precários, atos estáveis e atos que outorgam direito adquirido).

Os atos administrativos, segundo os resultados sobre a esfera jurídica dos administrados, são classificados em atos ampliativos ou atos restritivos. Estar-se-á diante de um ato administrativo ampliativo quando este representar um aumento na esfera jurídica do administrado seja diretamente, por meio da outorga, por exemplo, de uma concessão, licença, autorização; ou indiretamente, por meio da retirada de uma restrição à referida esfera jurídica.[13] Já os atos restritivos, segundo o magistério de Celso Antônio Bandeira de Mello, são "os que diminuem a esfera jurídica do destinatário ou lhe impõe novas obrigações, deveres ou ônus", como, por exemplo, "os que extinguem os atos ampliativos, as sanções administrativas em geral, as ordens, as proibições etc.".[14]

Por sua vez, o estudo da classificação dos atos administrativos segundo o grau de liberdade da Administração em sua prática é fundamental para a presente investigação. Isso porque, conforme restará demonstrado, o fundamento da revogação é o exercício de competência discricionária.

Dito isto, tem-se que os atos vinculados são aqueles em que a Administração não goza de qualquer margem de liberdade para a sua prática. Vale dizer, a lei sobre a qual se funda o ato administrativo não prevê qualquer possibilidade de apreciação subjetiva pela Administração. Há, portanto, um único comportamento diante de determinada hipótese que deve ser adotado pela Administração. Já por ocasião da prática dos atos discricionários, a Administração goza de uma margem de liberdade outorgada pela lei, em que praticará o ato segundo critérios de conveniência e oportunidade, isto é, o ato que, à luz do caso concreto, seja mais satisfativo

podem gerar consequências jurídicas. Revestem-se da aparência de atos, mas não são atos, e sim fatos jurídicos, e, como tais, estão enlaçados a uma consequência jurídica" (ob. cit., p. 51).

12. Celso Antônio Bandeira de Mello, *Curso de Direito Administrativo*, pp. 429 e ss.

13. Bruno Aurélio, em obra monográfica sobre o tema, assim define o ato ampliativo da esfera jurídica dos administrados: "todo ato administrativo que, por seu conteúdo favorável ou vantajoso ao administrado, tenha por finalidade imediata ampliar a esfera jurídica do destinatário específico, seja criando, outorgando, atribuindo ou reconhecendo-lhe um direito, uma faculdade ou vantagem jurídica, seja retirando ou liberando-o de um dever, obrigação, encargo, limitação, agravo ou ônus" (*Atos Administrativos Ampliativos de Direitos: Revogação e Invalidade*, São Paulo, Malheiros Editores, 2011, p. 47).

14. Ob. cit., p. 429. A classificação dos atos administrativos segundo os resultados sobre a esfera jurídica dos administrados é importante, vez que o regime jurídico, isto é, os princípios e regras aplicáveis, variam conforme se tratar de um ato ampliativo ou um ato restritivo. Com efeito, no que tange ao objeto do presente estudo, verificar-se-á que a revogação dos atos administrativos ampliativos pode gerar ao administrado direito à indenização. Além disso, no nosso entendimento, a revogação dos atos ampliativos (estáveis e que ensejam direito adquirido) está sujeita ao prazo decadencial, conforme aduziremos mais a frente. Já a revogação dos atos restritivos, além de não gerar, obviamente, o direito do administrado à indenização, pode se dar a qualquer tempo, não estando sujeita a prazo decadencial.

à finalidade da norma, segundo a avaliação subjetiva da própria Administração.[15]

Assim, conforme aduzido por Agustín Gordillo ao diferenciar a competência vinculada e discricionária, "En un caso es la ley – en sentido lato: Constitución, ley, reglamento – y en otro es el órgano actuante, el que aprecia la oportunidad o conveniencia de la medida a tomarse".[16]

Ademais, os atos administrativos, segundo os efeitos protraídos, são classificados em *atos constitutivos* e *atos declaratórios*. Os atos constitutivos, à luz do magistério de Celso Antônio Bandeira de Mello, são "os que fazem nascer uma situação jurídica, seja produzindo-a originariamente, seja extinguindo ou modificando situação anterior".[17] Tais atos têm o condão, portanto, de criar, modificar ou extinguir relações jurídicas, como, por exemplo, a revogação, conforme restará demonstrado. O ato declaratório, por sua vez, pressupõe uma situação ou relação jurídica preexistente, que será afirmada ou declarada pelo ato. Cita-se, como exemplo, "uma certidão de que alguém é matriculado em escola pública".[18] Esta classificação nos permitirá demonstrar que o ato revogador é um ato constitutivo, eis que está apto a criar, modificar e extinguir uma nova situação.

Por fim, encerrando a análise das espécies de atos administrativos que interessam ao presente estudo, cumpre-nos

15. Celso Antônio Bandeira de Mello aduz que "discricionariedade é liberdade *dentro da lei*, nos limites da norma legal, e *pode ser definida como*: 'A margem de liberdade conferida pela lei ao administrador a fim de que este cumpra o dever de integrar com sua vontade ou juízo a norma jurídica, diante do caso concreto, segundo critérios subjetivos próprios, a fim de dar satisfação aos objetivos consagrados no sistema legal'" (ob. cit., p. 436).

Ademais, segundo este ilustre publicista: "a lei, ao regular certas situações, pode deixar margem de liberdade de apreciação para a Administração quanto: a) ao momento da prática do ato; b) à forma do ato; c) ao motivo do ato; d) à finalidade do ato; e) ao conteúdo do ato" (ob. cit., p. 437). Vale dizer, a *hipótese* da norma pode indicar de modo impreciso o pressuposto fático (*motivo*) que fará eclodir o ato administrativo, ou este pressuposto pode conter conceito fluido, isto é, indeterminado. O *mandamento* da norma que disciplina a prática do ato administrativo pode outorgar certa margem de liberdade ao administrador para que decida sobre "quando", "se", "o que" ou "como" será expedido este ato (*momento*, *conteúdo* e *forma*). E a *finalidade* da norma pode conter conceito indeterminado (Celso Antônio Bandeira de Mello, *Discricionariedade e Controle Jurisdicional*, 2ª ed., 11ª tir., São Paulo, Malheiros Editores, 2012, p. 20).

Verifica-se, portanto, que para que se aufira se a competência para a prática de determinado ato é discricionária, tem-se que examinar (i) a norma que prevê esta competência, pois só haverá discricionariedade nos exatos limites da lei; e (ii) o caso concreto, vez que quando a liberdade da Administração está amparada em conceitos indeterminados, apenas no que Genaro Carrió denominou de *zona de penumbra* será possível o exercício da competência discricionária (*Notas sobre Derecho e Lengaje*, 1ª ed., Buenos Aires, Abeledo-Perrot, 1972, pp. 31 e 32, *apud* Celso Antônio Bandeira de Mello, *Curso de Direito Administrativo*, p. 987).

16. *Tratado de Derecho Administrativo*, t. I, 3ª ed., p. X.16, *apud* Daniele Talamini, *Revogação do Ato Administrativo*, p. 38.

17. Ob. cit., p. 429.

18. Ibidem, ibidem. Nessa toada, Hugo Olguín Juarez é pedagógico ao afirmar: "Puede decirse que son actos constitutivos aquellos que tienen por objeto el nacimiento, modificación o extinción de una situación jurídica, esto es, tienen por finalidad realizar modificaciones a una situación dada". "Son actos declarativos aquellos que tienen por objeto hacer valer, realizar, conservar o tutelar un poder o derecho preexistente, sin producir efectos innovativos" (*Extinción de los Actos Administrativos – Revocación, Invalidación e Decaimiento*, Santiago, Editorial Jurídica de Chile, 1961, p. 197).

diferenciar os *atos precários*, os *atos estáveis* e os *atos ensejadores de direito adquirido ao seu destinatário*. E neste ponto, seremos um pouco mais profundo, tendo em vista a importância desta baliza para o presente trabalho.

Nessa toada, tem-se que os atos precários são declarações insuscetíveis de gerar uma situação estável ao administrado. Vale dizer, a precariedade decorre da fragilidade do ato administrativo, que não gera direito adquirido ao administrado ou expectativa de perenidade da situação jurídica por ele aproveitada, razão pela qual a Administração, em princípio, pode modificar ou extinguir a situação estabelecida por este a qualquer tempo,[19] por razões de interesse público.

Os atos estáveis ou constitutivos de direito, por sua vez, são aqueles em que a lei não outorgou qualquer caráter de fragilidade, havendo, portanto, a *expectativa* concreta de perenidade da situação jurídica por ele estabelecida.

Esta estabilidade, todavia, conforme restará demonstrado, não retira a possibilidade de a Administração revogar o ato, caso presentes os requisitos necessários. Ato estável, para o presente estudo, não significa ato irrevogável. Utilizou-se esta expressão apenas para se referir aos atos cuja lei não outorgou a aludida fragilidade quanto à manutenção da situação jurídica, havendo, portanto, uma expectativa à manutenção da relação jurídica.[20]

Por outro lado, o ato estável também não se confunde com o ato capaz de outorgar direito adquirido ao seu destinatário. Este não se consubstancia na mera expectativa de perenidade da relação jurídica, mas sim na outorga de direito à manutenção desta relação, que não deve ser prejudicado ou desrespeitado, à luz do art. 5º, XXXVI, da Constituição da República,[21] e do art. 53 da Lei n. 9.784/1999.[22] Isto, todavia, não retira a possibilidade de revogação desses atos, conforme observaremos.

Dito isto, abarcaremos, em tópico específico, os efeitos da revogação dos atos administrativos precários, estáveis e ensejadores de direito adquirido. Todavia, cumpre-nos, desde já, chamar a atenção para a relação existente entre a revogação e a precariedade, bem como desta com a discricionariedade.

Com efeito, no direito alienígena, alguns autores equiparam a precariedade à denominada *cláusula de reserva de revogação*, em que, nas palavras de Eduardo García de Enterría e Tomáz Rámon-Fernández, "determinados atos e negócios se incluem cláusulas acessórias que garantam à Administração a possibilidade de revogar o ato quando assim exigir o interesse público".[23]

19. A possibilidade de extinção da relação jurídica a qualquer tempo perdura enquanto estiver presente a precariedade. O longo lapso do tempo pode, a nosso ver, estabilizar a situação jurídica, mormente se estivermos diante de mora do Poder Público. O princípio da segurança jurídica afasta, a nosso ver, a precariedade eterna do ato, o que deve, todavia, ser apurado à luz do caso concreto.

20. Nesse tocante, Daniele Talamini afirma que "o ato constitutivo de direito pode simplesmente dispor sobre a situação presente e não conter qualquer expressão sinalizadora de uma consolidação futura do direito, de uma incorporação do direito ao patrimônio do administrado" (ob. cit., p. 159).

21. Art. 5º, XXXVI: "a lei não prejudicará o direito adquirido, o ato jurídico perfeito e a coisa julgada".

22. "Art. 53. A Administração deve anular seus próprios atos, quando eivados de vício de legalidade, e pode revogá-los por motivo de conveniência ou oportunidade, respeitados os direitos adquiridos."

23. *Curso de Derecho Administrativo*, vol. 1, p. 672, *apud* Bruno Aurélio, *Atos Administrativos*

Assim, a precariedade outorgaria o "poder" à Administração de revogar o ato administrativo, em que o administrado não possuiria direito, a princípio, à indenização, questão esta que, repita-se, será abordada em tópico específico.

Todavia, preferimos, assim como Daniele Talamini,[24] não equiparar a precariedade à revogação ou à cláusula de reserva de revogação. Isso porque, seja com relação a atos precários ou não precários, a revogação só será possível se presentes os requisitos à sua eclosão e respeitados, portanto, os seus limites.

O que se admite é que o ato administrativo precário, justamente por já pressupor uma instabilidade da relação jurídica por ele criada, imponha menos limites à revogação, eis que já indica a existência, nestes casos, de competência discricionária para a modificação e extinção do ato administrativo. Isso, todavia, não afasta a necessidade de preenchimento dos demais requisitos para o exercício da competência revogatória.[25]

Verificar-se-á que a importância principal da distinção que aqui se faz se refere justamente aos efeitos da revogação, mormente no que tange ao direito de indenização do administrado.

I.4 Extinção dos atos administrativos

Conforme aduzimos anteriormente, o ato administrativo, após completo o seu ciclo de formação, torna-se *existente*. Além disso, aduzimos no tópico anterior que os atos administrativos devem preencher determinados requisitos pertencentes a planos jurídicos distintos, para que possam ser considerados *válidos* e *eficazes*. Ou seja, devem ser produzidos conforme o ordenamento jurídico (validade) e estarem aptos a irradiar os seus efeitos típicos (eficácia).

Assim, os atos administrativos são produzidos para, em regra, preenchidos os requisitos de existência e validade, irradiarem efeitos na ordem jurídica. Todavia, é sabido e ressabido que o ato ou os efeitos por ele desencadeados não são perenes.[26] É dizer, uma vez cumpridos os seus efeitos, o ato se extingue.

Além disso, em outras hipóteses, o ato pode ter os seus efeitos e a sua própria existência interrompida por um novo ato ou fato, que faz com que este ato seja extinto. Isto se dá, por exemplo, com a revogação e invalidação.

Por fim, há hipóteses em que um ato ou fato impedem a própria eclosão de efeitos típicos pelo ato administrativo. Ter-se-á, nesta hipótese, a extinção do ato ineficaz, que, portanto, ainda não estava apto a produzir os seus efeitos regulares.

Verifica-se, portanto, que os atos administrativos, bem como os seus efeitos, podem ser extintos de diversas maneiras, dentre as quais se inclui a revogação. E diante desta gama de modalidades de extinção dos atos administrativos, a doutrina criou classificações que, por óbvio, discrepam entre si, conforme o critério eleito.

Assim, poder-se-ia proceder à análise destas modalidades, mormente diante das divergências existentes na doutrina,

Ampliativos de Direitos: Revogação e Invalidade, cit., p. 132.

24. Ob. cit., pp. 119 e 120.

25. Nesse tocante, afirma Daniele Talamini: "a atenuação dos limites não advém, no entanto, da precariedade, mas dos contornos da discricionariedade administrativa existente no caso concreto e também da provável inexistência de direito adquirido" (ibid., p. 118).

26. Celso Antônio Bandeira de Mello, *Curso de Direito Administrativo*, 30ª ed., cit., p. 454.

objetivando, com isso, situar a revogação dentro deste panorama.

Todavia, esta análise prolongaria consideravelmente o presente estudo, tornando-o muito extenso para o fim que pretendemos atingir neste momento. Por essa razão, fixadas as balizas preliminares para o presente estudo, optamos por ingressar na análise dos aspectos gerais da revogação – pressuposto lógico para o estudo dos seus efeitos –, ao cabo da qual, no nosso sentir, estaremos aptos para nos debruçarmos sobre fim do presente estudo. Vamos ao tema.

II. Revogação dos atos administrativos

II.1 Conceito

A doutrina alienígena diverge no que tange ao conceito de revogação.[27] Isso porque a parcela majoritária dos autores estrangeiros adota o critério orgânico ou subjetivo para a classificação da extinção dos atos administrativos, definindo a revogação como a extinção realizada na esfera administrativa, independentemente do motivo (legalidade ou conveniência e oportunidade); e a invalidação como a extinção levada a efeito pelo Poder Judiciário.[28]

Por sua vez, há aqueles que adotam o denominado critério moderno, capitaneados por Renato Alessi, segundo o qual a revogação seria a extinção dos efeitos do ato, isto é, da relação jurídica dele originada; enquanto que a invalidação seria a retirada do próprio ato.[29]

Por fim, há ainda o critério objetivo, que elege como fator de *discrímen* o motivo da retirada. É dizer, se esta se der em razão de ilegitimidade, estar-se-á diante da invalidação; se se tratar de retirada por motivo de conveniência e oportunidade (razões de mérito) ter-se-á a revogação.

A doutrina e jurisprudência nacional, ao contrário da doutrina alienígena, não diverge acerca do conceito de revogação (e invalidação), tendo consagrado o critério objetivo. Aliás, o art. 53 da Lei n. 9.784/1999 afastou qualquer espécie de tergiversação acerca da adoção desse critério pelo ordenamento jurídico brasileiro.[30]

Nesse contexto, Celso Antônio Bandeira de Mello assim conceitua a revogação:

27. Nesse tocante, Hugo Olguín Juarez aduz: "O problema da conceituação do fenômeno revocatório tem sido abordado por meio de diversos critérios, os quais podem ser sintetizados da seguinte forma: (1) orgânico ou subjetivo; (2) objetivo ou casuísta; (3) superveniência; (4) lógico-jurídico italiano; moderno" (*Extinción de los Actos Administrativos: Revocación, Invalidación y Decaimiento*, cit., p. 66, *apud* Bruno Aurélio, *Atos Administrativos Ampliativos de Direitos: Revogação e Invalidade*, cit., p. 112).

28. Este conceito é adotado pela maioria dos autores argentinos, dentre eles: Rafael Bielsa, Agustín Gordillo, Juan Carlos Cassagne e Roberto Dromi. Verifique-se, a propósito, passagem deste último: "Distingue-se entre revogação e anulação conforme o órgão que determina a extinção. Denomina-se revogação a que se opera em sede administrativa, seja em razão de conveniência e oportunidade ou de ilegitimidade do ato. Reserva-se o termo 'anulação' para identificar a extinção do ato ilegítimo levado ao conhecimento do Poder Judiciário" (*Derecho Administrativo*, p. 411, *apud* Bruno Aurélio, *Atos Administrativos Ampliativos de Direitos: Revogação e Invalidade*, cit., p. 113).

29. *La Revoca degli Atti Amministrativi*, p. 55 *apud* Bruno Aurélio, ob. cit., p. 115.

30. "Art. 53. A Administração deve anular seus próprios atos, quando eivados de vício de legalidade, e pode revogá-los por motivo de conveniência e oportunidade, respeitados os direitos adquiridos."

"A revogação tem lugar quando uma autoridade, no exercício de competência administrativa, conclui que um dado ato ou relação jurídica não atendem ao interesse público e por isso resolve eliminá-los a fim de prover de maneira mais satisfatória às conveniências administrativas.

"Pode-se conceituá-la do seguinte modo: revogação é a extinção de um ato administrativo ou de seus efeitos por outro ato administrativo, efetuado por razões de conveniência e oportunidade, respeitando-se os efeitos precedentes".[31]

Maria Sylvia Zanella Di Pietro, por sua vez, aduz que "revogação é o ato administrativo discricionário pelo qual a Administração extingue um ato válido, por razões de oportunidade e conveniência".[32]

Por fim, Daniele Talamini é pedagógica ao afirmar: "Considerando todos os requisitos mencionados, além do fundamento e características da competência revogatória, pode-se afirmar que a revogação é uma forma de extinção dos atos administrativos, praticada no exercício de competência discricionária, que visa suprimir sem retroatividade a eficácia de determinado ato que produz ou está prestes a produzir efeitos inconvenientes e inoportunos".[33]

Diante disso, a partir do conceito de revogação adotado pela doutrina e pelo ordenamento jurídico brasileiro, abordaremos os aspectos gerais que o compõe, que se consubstanciam nos requisitos para o exercício válido da competência revogatória.

I.2 Aspectos gerais

II.2.1 Sujeito ativo

O ato administrativo, resgatando o conceito amplo dado por Agustín Gordillo, é "una declaración realizada en ejercicio de la función administrativa, que produce efectos jurídicos directos".[34]

A revogação, por sua vez, à luz do conceito de Celso Antônio Bandeira de Mello, é realizada por um novo ato administrativo, eis que, conforme restará demonstrado, se dá por razões de mérito, isto é, por motivo de conveniência e oportunidade.

Se isso é verdade, a revogação, levada a efeito por um ato administrativo, possui como sujeito ativo "uma autoridade no exercício de *funções* e *competências administrativas*",[35] tipicamente desempenhadas pelos agentes do poder Executivo e, atipicamente, pelos agentes dos demais Poderes, quando no exercício de função administrativa.

Desse modo, o Poder Executivo, em regra, detém a competência para revogar os atos administrativos por ele expedidos, e os Poderes Legislativo e Judiciário, quando no exercício atípico da função administrativa, também podem revogar seus respectivos atos, sendo vedada a revogação de atos pelo Poder alheio, sob pena de violação do art. 2º da Constituição da República.

Daí porque, uma vez adotado o critério objetivo, ao Poder Judiciário é vedado revogar atos administrativos *validamente* editados pelo Poder Executivo, eis que as

31. Ob. cit., p. 457.

32. *Direito Administrativo*, São Paulo, Atlas, 2009, p. 249.

33. *Revogação do Ato Administrativo*, São Paulo, Malheiros Editores, 2002, p. 217.

34. Ob. cit., p. X-7.

35. Celso Antônio Bandeira de Mello, *Curso de Direito Administrativo*, cit., p. 457.

razões de mérito que ensejaram a produção do ato, quando exercidas dentro dos seus limites, não podem ser submetidas ao crivo do Poder Judiciário.

Ademais, o sujeito ativo da revogação, isto é, o agente competente para a prática do ato revogador decorre, como não poderia deixar de ser, da lei que outorga a competência revogatória.

Nesse sentido, a revogação, em regra, advém da autoridade que editou o ato revogado ou de seu superior hierarca. Isso porque, conforme restará demonstrado, o fundamento da revogação decorre, via de regra, da mesma regra de competência que fundamentou a expedição do ato revogado.

Por fim, conforme aduz Celso Antônio Bandeira de Mello, pode haver hipóteses em que "a lei confere à autoridade fora da linha hierárquica competência revogatória incidente sobre situações que em princípio estariam na alçada de outras". É o que se sucederia com a outorga de competência a algum órgão da Administração direta para revogação de ato de uma autarquia.

Desse modo, a revogação é realizada por autoridade no exercício de função administrativa, segundo as regras previstas na lei que outorga a competência revogatória, que deve ser exercida no âmbito de cada um dos Poderes.

II.2.2 Objeto

A doutrina, uma vez mais, diverge quanto ao objeto da revogação. Com efeito, alguns entendem que a revogação possui como objeto o próprio ato administrativo, enquanto outra parcela da doutrina afirma que o que se revoga são os efeitos do ato.

Nesse tocante, Celso Antônio Bandeira de Mello entende que na revogação do ato abstrato o que se retira é o próprio ato, eis que se pretende eliminar essa "fonte" de consequências jurídicas, impedindo que dele se originem novos efeitos. Já nos atos concretos, por não serem aptos a produzir novas relações jurídicas, a revogação tem por objeto os efeitos do ato, objetivando atingir as relações já produzidas, preservando os efeitos pretéritos.[36]

Renato Alessi, por sua vez, não admite a retirada do próprio ato administrativo, eis que, por decorrer de manifestação de vontade, não se pode, posteriormente, *não querer o que se quis*. Assim, o ato administrativo, uma vez expedido em razão de uma manifestação de vontade da Administração, se torna um *fato social*, razão pela qual apenas é possível a revogação dos seus efeitos com eficácia *ex nunc*.[37]

Já Antônio Carlos Cintra do Amaral, ao realizar análise crítica do entendimento de Alessi, aduz que "a extinção da relação jurídica importa na extinção do ato que a mantém", eis que, sendo o ato administrativo uma norma jurídica, o que se elimina com a extinção (cuja revogação é uma modalidade) é o sentido normativo da manifestação de vontade, isto é, o próprio ato, preservando os efeitos até então produzidos.[38]

Expusemos, ao abordar a noção do ato administrativo, acerca da estrutura morfológica exposta por Maurício Zockun. Com efeito, o ilustre autor, partindo da noção de que o ato administrativo se consubstancia no mandamento de uma norma jurídica, concluiu que, morfologicamente, "ele se traduz como uma relação jurídica", sendo

36. Ob. cit., pp. 459-460.

37. Antônio Carlos Cintra do Amaral, *Teoria do Ato Administrativo*, Belo Horizonte, Fórum, 2008, pp. 72-73.

38. Ibid., mesma página.

composto por cinco elementos (sujeito ativo; sujeito passivo; direito subjetivo; encargo jurídico; e objeto).[39]

Assim, quando verificada cada uma das hipóteses de extinção do ato administrativo, na qual se inclui a revogação, opera-se, em verdade, a supressão de um ou mais elementos do ato (relação jurídica), acarretando, portanto, sua extinção. Nesse tocante, seguindo o modelo lógico proposto por Maurício Zockun, a revogação suprime um direito subjetivo, quando se tratar de ato ampliativo de direito; ou um encargo jurídico, quando o ato revogado restringir a esfera jurídica do administrado.

Por essa razão, entendemos que a revogação tem por objeto o próprio ato administrativo, e não os efeitos por ele produzidos.

Com efeito, se o ato administrativo consiste no mandamento de uma norma jurídica, que traduz uma relação jurídica, ele se situa no mundo do dever-ser. Já os seus efeitos pretéritos e futuros, decorrem da implementação do ato administrativo no mundo fenomênico. É dizer, a relação jurídica, situada no plano dever-ser, após preenchidos os requisitos de eficácia, passará a irradiar efeitos no mundo do ser.

Diante disso, considerando que (i) a revogação se implementa por um novo ato administrativo, ou seja, por um novo mandamento de uma norma jurídica situado no mundo do dever-ser; e (ii) o mundo do ser e o do dever-ser não se tocam; disso decorre que (iii) não pode o ato revogador, situado, portanto, no plano do dever-ser, possuir como objeto os efeitos ainda não consumados do ato revogado que se irradiam no mundo do ser.

Conforme aduz Daniele Talamini, não se pode confundir a finalidade da revogação com o seu objeto. Aquela se consubstancia na supressão dos efeitos inconvenientes ou inoportunos do ato administrativo; já "o mecanismo jurídico que permite a extinção dos efeitos de um ato jurídico é a sua extinção, como fonte produtora de efeitos".[40]

Ainda que se esteja diante da revogação de um ato concreto, a despeito de este ato não ser apto a produzir novos efeitos, a relação jurídica dele decorrente também se situa no plano do dever-ser. Com efeito, trazendo à baila, uma vez mais, o conceito de Maurício Zockun, a partir de um mandamento da norma cria-se um ato administrativo, que se consubstancia em uma relação jurídica, situada, portanto, no plano das ideias.

Esse ato administrativo, ainda que concreto, é uma fonte normativa que consiste em uma relação jurídica. E por meio desta relação, idealizada no mundo do dever-ser, pretende-se que sejam irradiados determinados efeitos no plano fenomênico, como toda e qualquer regra jurídica. Tem-se, portanto, que a relação jurídica não se confunde com os efeitos por ela irradiados.

Quer-se com isso dizer que a revogação, ao dilapidar um dos elementos da relação jurídica, está, em verdade, extinguindo o próprio ato administrativo, que deixa de subsistir como fonte normativa dos efeitos que se pretende eliminar.

Assim, o que se objetiva com a revogação é a eliminação dos efeitos do ato revogado. Todavia, para que se atinja esta

39. "Atributos e extinção dos atos administrativos", artigo publicado na *Revista Trimestral de Direito Público* 47/267, São Paulo, Malheiros Editores.

40. *Revogação do Ato Administrativo*, p. 144.

finalidade, o ato revogador deve extinguir o próprio ato revogado, isto é, a própria relação jurídica, eis que tanto o ato revogador como essa relação (que consiste no ato revogado) se situam no mundo do dever-ser. Daí porque, por se situarem em planos distintos, a revogação não pode ter como objeto os efeitos do ato revogado.

Ademais, a necessidade de manutenção dos efeitos pretéritos do ato revogado não impede a sua extinção, óbice este apontado por Renato Alessi. Isso porque, para que se preserve esses efeitos, não é necessário que o ato do qual eles decorreram exista *ad eternum*. Basta que esse ato tenha existido para que se possam imprimir efeitos *ex nunc* à revogação. É o que sucede, rotineiramente, com a revogação de atos legislativos, em que as relações jurídicas pretéritas continuam sendo regidas, via de regra, pela lei revogada.

Além disso, a doutrina alienígena costuma reservar o termo revogação para os atos eficazes, denominando a revogação dos atos ineficazes de mera retirada. Entendemos que não há utilidade nesta classificação, sendo admitida a revogação do ato eficaz ou ineficaz, desde que por motivos de conveniência e oportunidade.

Aliás, ao admitir a possibilidade de revogação dos atos ineficazes, corrobora-se a tese de que a revogação possui como objeto o próprio ato administrativo. Nesse tocante, Daniele Talamini afirma: "O reconhecimento de que é possível a revogação de atos ineficazes pode ser tomado como exemplo para demonstrar que o objeto da revogação é o próprio ato, já que, neste caso, não existem ainda efeitos sendo produzidos".[41]

Ademais, cumpre-nos ressaltar novamente que o objeto da revogação sempre será, ao menos à luz do critério objetivo, um ato administrativo válido, diferenciando-se, portanto, da invalidação, por meio do qual se pretende fulminar um ato ilegítimo.

Daí porque se afirma que o ato revogador é um ato secundário, eis que, nas palavras de Celso Antônio Bandeira de Mello, "pressupõe um ato primário que anteriormente dispôs sobre a mesma questão colhida pelo ato revogador".[42]

O *objeto* da revogação, portanto, é o próprio ato primário como a fonte produtora de efeitos, ainda que estes efeitos decorram de uma única relação jurídica (ato concreto). A sua *finalidade*, por sua vez, é a supressão dos efeitos ainda não consumados, decorrentes do ato inicial, isto é, da aludida relação.

II.2.3 Fundamento

Delimitado o objeto da revogação – o que nos permitirá, oportunamente, justificar a razão pela qual a revogação irradia somente efeitos *ex nunc* –, abarcaremos o seu fundamento, a partir do qual fixaremos as balizas para que se identifique os atos passíveis de revogação. O estudo dos efeitos patrimoniais relativamente à revogação pressupõe esta delimitação, conforme se verá mais adiante.

Dito isto, tem-se que a revogação, como qualquer ato administrativo, possui como fundamento uma norma jurídica, que outorga o dever-poder à Administração para a prática deste ato. O fundamento da revogação, portanto, consiste em uma competência, cuja outorga, à luz da própria

41. Ob. cit., p. 145.

42. *Curso de Direito Administrativo*, cit., p. 459.

noção de função administrativa, decorre de lei em seu sentido formal.[43]

Daí porque a denominada *reserva de revogação*, em que o ato primário prevê expressamente a possibilidade de sua ulterior retirada por motivos de conveniência e oportunidade, não tem o condão de tornar o ato revogável. Com efeito, se a competência revocatória decorre de lei formal, o ato administrativo não é meio apto para dispor sobre essa competência, seja prevendo que o ato primário é revogável ou vedando a sua revogação.[44]

A competência revogatória, portanto, estará presente sempre que determinada lei a prever expressamente, ou, na ausência de previsão expressa, decorrerá da própria lei que outorgou ao agente a competência para a prática do ato inicial (que se pretende revogar).

A primeira hipótese não enseja maiores discussões, eis que não se tergiversa acerca da aptidão da lei formal para a outorga expressa da competência revogatória. À esta lei é dada inclusive a faculdade de outorgar a competência para autoridade distinta daquele que tenha praticado o ato inicial, podendo, ademais, dispor livremente acerca da finalidade a ser atingida pela revogação, ou até mesmo dispor que o ato é irrevogável, conforme restará demonstrado quando versarmos acerca dos limites à revogação.[45]

No que tange à segunda hipótese, Celso Antônio Bandeira de Mello é pedagógico ao afirmar:

"*Normalmente*, o fundamento do poder de revogar deflui *da mesma regra de competência* que habilitou o agente (ou o teria habilitado) à prática do ato anterior, que se vai revogar. Seu fundamento habitual, portanto, é a repetição do uso de uma competência sobre a mesma questão. O agente ou um superior hierárquico reincide sobre o que já tinha decidido, seja provendo de modo diverso – e assim revoga implicitamente –, seja estabelecendo apenas, sem nada aditar, que encerra o que fora provido anteriormente por si ou por autoridade inferior".[46]

43. Nesse tocante, Celso Antônio Bandeira de Mello é pedagógico ao conceituar competência administrativa: "*círculo compreensivo de um plexo de deveres públicos a serem satisfeitos mediante o exercício de correlatos e demarcados poderes instrumentais, legalmente conferidos para a satisfação de interesses públicos*" (*Curso de Direito Administrativo*, cit., p. 144). O exercício da competência revogatória, portanto, nada mais é que o exercício da função administrativa, cuja característica precípua é a infralegalidade. Aliás, conforme exposto anteriormente, o princípio republicano impõe que toda competência decorre de lei aprovada em regular processo legislativo (lei formal).

44. Nesse tocante, Daniele Talamini é pedagógica ao afirmar: "Conforme já mencionado, entende-se que a revogação é possível mesmo que o texto do ato revogando não contenha reserva de revogação. Será da mesma maneira possível mesmo que o texto do ato revogando preveja sua impossibilidade. É que o emissor do ato não pode abrir mão da competência existente, já que ela é indisponível no âmbito infralegal" (ob. cit., p. 81).

45. Verifique-se, uma vez mais, o magistério de Daniele Talamini acerca do tema: "Haverá também competência para revogar sempre que prevista expressamente em lei, não havendo neste caso necessidade de que o agente seja ainda titular da competência para emanar o ato inicial. Nesta hipótese, todavia, o fundamento legal da revogação não decorre da norma que previu a competência para prover inicialmente. Tendo fundamento legal diferente, este ato de revogação pode inclusive ter fundamento autônomo que vise a tingir finalidade diversa da que foi estabelecida para o ato revogado. Então, não se caracterizará o desvio de poder desde que a finalidade do ato revogador seja a que foi prevista na norma que previu expressamente a competência para revogar" (ob. cit., p. 77).

46. *Curso de Direito Administrativo*, cit., p. 560.

Daniele Talamini, por sua vez, em monografia acerca do tema, lavrou com pena de ouro: "Na verdade, se cabe ao agente administrativo decidir, diante do caso concreto – ou seja, diante de determinadas circunstâncias fáticas –, acerca da existência de determinado ato, logicamente consequente é sua competência para decidir acerca da manutenção do ato, também diante da análise de certas situações fáticas. Para o fim de satisfazer o interesse público, a extinção do ato administrativo pode ser tão relevante quanto a sua criação. Se ao agente público é dado o dever de atingir certa finalidade, deve ser dado também o poder de utilização de meios que possibilitem a obtenção da finalidade perseguida".[47]

Verifica-se, portanto, que o fundamento da revogação também decorre (aliás, em regra) da norma que prevê a competência para a prática do próprio ato revogado, hipótese em que a autoridade exerce novamente essa competência lhe outorgada inicialmente. Neste caso, a revogação não pode ser realizada com finalidade diversa, sob pena de desvio de finalidade.[48]

A doutrina diverge acerca da natureza de regra ou exceção da revogação. Com efeito, para alguns, dentre eles Oswaldo Aranha Bandeira de Mello, os atos administrativos são em regra revogáveis, com fundamento na aludida competência inicial para a prática do ato revogado.[49] Para outra parcela da doutrina a competência revocatória seria uma exceção, sendo que a ausência de previsão expressa implicaria um princípio da irrevogabilidade (Eduardo García de Enterría).[50] Outros, como Daniele Talamini e Paulo Neves de Carvalho, entendem que "não há princípio da revogabilidade dos atos administrativos. Há atos revogáveis e atos irrevogáveis, conforme se projetem na ordem jurídica, criando, ou não, direitos subjetivos individuais".[51]

Para nós, o ordenamento jurídico brasileiro consagrou a regra da revogabilidade, ante o disposto no art. 53 da Lei n. 9.784/1999[52] e na Súmula 493 do Supremo Tribunal Federal.[53] O que se tem que ressaltar é que não se trata de uma regra absoluta, havendo determinados requisitos que devem ser preenchidos e limites que acabam por afastá-la. Além disso, não se

47. Ob. cit., p. 65.

48. Nesse tocante, Daniele Talamini, uma vez mais, é pedagógica ao afirmar: "Desta forma, se o ato inicial não pode ser praticado com vistas a atingir finalidade pública diversa, também o ato de revogação deve visar a uma específica finalidade. Considerando, ainda, que este tem o seu fundamento na mesma norma que outorgou a competência para edição do ato inicial, sua finalidade será a mesma. O ato de revogação que tem fundamento em finalidade diversa da que tinha o ato revogado – ainda que se trate de finalidade lícita – é suscetível de invalidação, por ser praticado com desvio de poder". E conclui: "Se o ato administrativo válido que atingiu sua finalidade estiver provocando problemas de outra natureza, há que se investigar quem detém competência para resolver o problema, e o caso não será de revogação, mas da edição de outro ato" (ob. cit., p. 66).

49. *Princípios Gerais de Direito Administrativo*, vol. I, 3ª ed., São Paulo, Malheiros Editores, p. 630.

50. *Curso de Derecho Administrativo*, vol. 1, p. 672, *apud* Bruno Aurélio, *Atos Administrativos Ampliativos de Direitos: Revogação e Invalidade*, cit., p. 178.

51. *Da Revogação no Direito Administrativo*, p. 108 *apud* Daniele Talamini, ob. cit., p. 63.

52. "Art. 53. A Administração deve anular seus próprios atos, quando eivados de vício de legalidade, e pode revogá-los por motivo de conveniência e oportunidade, respeitados os direitos adquiridos."

53. Súmula 473 do Supremo Tribunal Federal: "A Administração pode anular seus próprios

trata de um princípio, à luz do consagrado conceito de Celso Antônio Bandeira de Mello,[54] não podendo ser afastado, todavia, o seu caráter de regra geral, a despeito dos requisitos e das limitações a que está submetida.

É dizer, uma vez admitida que a competência revocatória decorre, normalmente, da mesma regra de competência para a prática do ato inicial – independentemente de previsão expressa –, há, portanto, uma regra geral da revogabilidade dos atos administrativos, que não incidirá apenas quando não restarem presentes os requisitos legais, incluindo-se as limitações que serão abarcadas oportunamente. Estes requisitos e limitações não retiram, ao nosso ver, o caráter de regra geral da revogação.

Ademais, independentemente da regra na qual se fundar a competência revogatória, a competência deve ser *atual* e *contínua*, isto é, a autoridade deve titularizar a competência no momento da revogação – não bastando a detenção da competência apenas por ocasião da prática do ato revogado.[55] Além disso, não pode se tratar de competência exaurida, eis que o objeto do ato ainda deve estar disponível.[56]

Por fim, é imprescindível ressaltar que a competência na qual se funda a revogação deve ser sempre discricionária.

Com efeito, conforme o critério objetivo exposto anteriormente, a revogação se consubstancia na retirada do ato por razões de mérito, o que significa dizer que a competência na qual ela se funda é discricionária, eis que a lei outorgou uma margem de liberdade à Administração para que decida, à luz do caso concreto e no momento da revogação, que esta é a providência mais satisfativa ao interesse público.

Daí porque Daniele Talamini afirma que "a discricionariedade é o fundamento básico da competência para revogar os atos administrativos".[57]

Ressalte-se, apenas, que como a competência revogatória deve ser atual, a discricionariedade para o seu exercício também tem que estar presente no momento da revogação.

É dizer, pode haver hipóteses em que a lei que outorgue a competência para a prática do ato preveja uma vinculação posterior; do mesmo modo que uma competência inicial vinculada pode ser alterada pela lei para admitir uma apreciação discricionária quanto à manutenção do ato, observados, obviamente, os requisitos normalmente necessários à eclosão da competência revogatória.[58]

atos, quando eivados de vícios que os tornam ilegais, porque deles não se originam direitos; ou revogá-los, por motivo de conveniência e oportunidade, respeitados os direitos adquiridos, e ressalvada, em todos os casos, a apreciação judicial".

54. Segundo esse autor, "Princípio é, pois, por definição, mandamento nuclear de um sistema, verdadeiro alicerce dele, disposição fundamental que se irradia sobre diferentes normas, compondo-lhes o espírito e servindo de critério para exata compreensão e inteligência delas, exatamente porque define a lógica e a racionalidade do sistema normativo, conferindo-lhe a tônica que lhe dá sentido harmônico" (*Curso de Direito Administrativo*, cit., p. 54).

55. Ob. cit., p. 460.

56. Segundo Robin de Andrade, estar-se-á diante de uma competência exaurida quando a lei assim o preveja, eis que, em regra, a competência "acha-se definida sempre em termos abstractos, e os poderes estabelecidos permanecem para além dos actos que os executem" (*A Revogação dos Actos Administrativos*, Coimbra, Coimbra Editora, 1985, pp. 274-275 *apud* Daniele Talamini, *Revogação do Ato Administrativo*, p. 79).

57. Ob. cit., p. 63.

58. Nesse sentido, Renato Alessi aduz que a discricionariedade para a revogação pressupõe a

Por essa razão, é despiciendo investigar se o agente detinha competência discricionária para a prática do ato inicial. A discricionariedade deve estar presente no momento da revogação, não havendo que se falar, ademais, em conveniência e oportunidade originária, conforme aduziremos no subitem seguinte.

Verifica-se, portanto, que, nas palavras de Celso Antônio Bandeira de Mello, "o fundamento do poder de revogar é a competência que permite ao agente dispor *discricionariamente* sobre a mesma situação que já fora objeto de anterior provimento ou, então, *norma expressa* que defira a algum sujeito o poder de suprimir disposição precedente, mesmo que lhe faltasse o poder de iniciativa para editar o primeiro ato".[59]

II.2.4 Motivo

Abarcado o fundamento da revogação, cumpre-nos delimitar o seu motivo, isto é, o pressuposto fático ou jurídico[60] que autoriza a prática do ato revogador. Com isso, fixaremos mais um requisito para identificação dos atos revogáveis, o que, conforme afirmado anteriormente, nos permitirá delimitar os efeitos patrimoniais da revogação.

A partir do conceito de revogação, fixado segundo o critério objetivo para a classificação da extinção dos atos administrativos, tem-se que o motivo do ato revogador é a inconveniência e inoportunidade da manutenção dos efeitos gerados pelo ato revogado.[61]

É dizer, a autoridade administrativa, amparada na competência para dispor discricionariamente sobre a manutenção de determinada relação jurídica, expede ato extinguindo esta relação, por entender que a manutenção dos efeitos por ela irradiados, naquele momento, não é conveniente e oportuno à satisfação do interesse público.

Portanto, o motivo da revogação é, nas palavras de Celso Antônio Bandeira de Mello, "o resultado de uma reapreciação sobre certa situação administrativa que conclui por sua inadequação ao interesse público".[62]

Ressalte-se, todavia, que "não é qualquer interesse público que justifica a revogação de um ato administrativo" (Daniele Talamini).[63]

existência no momento da prática do ato de "una generica potestà discrezionale di provvedere ulteriormente in materia" (*La Revoca degli Atti Amministrativi*, 2ª ed., p. 25 *apud* Daniele Talamini, ob. cit., p. 57).

59. *Curso de Direito Administrativo*, p. 461.

60. A despeito de a doutrina tradicional entender que o motivo do ato administrativo consiste no pressuposto fático para a prática do ato administrativo, afirmamos que o motivo da revogação também pode ser um pressuposto jurídico, eis que, conforme restará demonstrado, não apenas uma mudança no pressuposto fático autoriza a revogação, sendo admitida, por exemplo, a mudança de opinião da autoridade.

61. Para melhor aclarar o tema, cumpre-nos aduzir que a *conveniência* se refere "ao próprio conteúdo e forma da conduta administrativa", enquanto que a *oportunidade* "diz respeito ao momento de agir" (Daniele Talamini, *Revogação do Ato Administrativo*, p. 100).

É dizer, conforme exposto anteriormente, o mandamento da norma que prevê a competência discricionária para a prática do ato outorga certa margem de liberdade à Administração para que esta decida sobre "quando", "se", "o que" ou "como" será expedido este ato. A conveniência se refere ao "como"; enquanto a oportunidade ao "quando".

62. Ob. cit., p. 461.

63. Ob. cit., p. 64.

Com efeito, conforme afirmamos por ocasião da análise do fundamento da revogação, esta, quando decorrente da mesma competência para a prática do ato revogado, não pode ser realizada com o objetivo de atingir finalidade diversa daquela que se pretendeu alcançar com a prática do ato inicial. Daí porque Renato Alessi afirma que o interesse público autorizador da revogação deve ser da mesma *ordem e natureza* do que justificou a expedição do ato revogado.[64]

Além disso, o interesse público eleito como motivo para a revogação deve ser mais relevante que aquele invocado para a prática do ato revogado.[65] Não se pode querer extinguir determinada relação jurídica sob motivo de inadequação a interesse público que, todavia, não seja da mesma natureza e mais relevante que aquele invocado pelo ato revogado, sob pena de desvio de finalidade e mitigação dos princípios da segurança jurídica, razoabilidade e proporcionalidade.[66]

Há que se ressaltar, ademais, que o interesse público que legitima a revogação é o interesse público primário, eis que se consubstancia no interesse público propriamente dito, afastando, portanto, a revogação motivada pelo interesse do Estado enquanto pessoa jurídica (secundário), salvo quando este, obviamente, seja coincidente com o interesse público primário.[67]

Além disso, à luz do magistério de Celso Antônio Bandeira de Mello,[68] não há utilidade ou até mesmo possibilidade de se distinguir a inconveniência originária da inconveniência superveniente, conforme o faz a doutrina italiana.[69]

Com efeito, se o agente, ao expedir o ato revogado, o fez no exercício de competência discricionária, em que lhe foi outorgada certa margem de liberdade para decidir, ao seu juízo, acerca da conveniência e oportunidade da prática do ato, é inútil ou até mesmo um contrassenso pretender reputar que àquela época o ato praticado era inconveniente, pois supostamente não satisfazia ao interesse público.

É sabido e ressabido que as razões de mérito de um ato praticado no exercício de competência discricionária não podem sequer ser submetidas ao crivo do Poder Judiciário, justamente em razão da margem de liberdade outorgada pela lei. O que é possível aferir é se o ato foi expedido dentro dos limites da discricionariedade

64. *La Revoca degli Atti Amministrativi*, 2ª ed., p. 25, *apud* Daniele Talamini, ob. cit., p. 64.

65. Há que se ressaltar a dificuldade que se pode enfrentar ao se tentar reputar como mais ou menos relevante o interesse público eleito para a revogação do ato. E isso justamente em razão do exercício de competência discricionária. Esta avaliação poderia ocorrer apenas em casos patentes (zonas de certeza positiva e negativa, conforme o magistério de Carrió).

66. Ibid., p. 67.

67. Celso Antônio Bandeira de Mello aduz a coincidência entre o interesse público primário e secundário ocorrerá "sempre que a norma donde defluem os qualifique como *instrumentais* ao interesse público e na medida em que o sejam, caso em que sua defesa será, *ipso facto*, simultaneamente a defesa de interesses públicos, por concorrerem indissociavelmente para a satisfação deles" (*Curso de Direito Administrativo*, cit., p. 66).

68. Idem, p. 462.

69. Com efeito, parcela da doutrina italiana, no qual se insere Pietro Virga, diferencia a *revoca* da *abrogazione*, em que naquela se operaria a retirada por motivo de inconveniência originária, e nesta por inconveniência superveniente. Aqueles que realizam esta distinção pretende extrair efeito *ex tunc* para a *revoca*, conforme restará demonstrado por ocasião da análise dos efeitos da revogação.

impostos pela lei e à luz do caso concreto. Todavia, mesmo nesta hipótese, caso os limites restem inobservados, estaremos diante da hipótese de invalidação por ilegitimidade do ato, e não de revogação.

Desse modo, o que se impõe para que seja admitida a revogação é a inconveniência e inoportunidade *atual* do ato administrativo, não havendo que se analisar suposta inconveniência originária, eis que isto sequer seria possível à luz do próprio conceito de competência discricionária.

Debate-se, ademais, acerca da aplicação da cláusula *rebus sic stantibus* à revogação.[70] É dizer, se a inconveniência e inoportunidade para a prática do ato revogador poderiam decorrer apenas da alteração dos pressupostos fáticos que motivaram a expedição do ato revogado, ou se outras razões poderiam ensejar a inconveniência atual do ato, o que autorizaria sua revogação.

Entendemos, à luz do magistério de Oswaldo Aranha Bandeira de Mello, pela inaplicabilidade da aludida cláusula, eis que o ato administrativo pode ser revogado em razão de "motivos atuais de interesse público, não só por alteração das circunstâncias que induziram a sua prática, e, mesmo, por simples mudança ou diferença de opinião".[71]

Com efeito, se o motivo da revogação é inconveniência e inoportunidade da manutenção dos efeitos do ato, eis que inadequado ao interesse público, há que se observar que a adequação ou inadequação ao interesse querido pela finalidade da norma não decorre apenas de modificação nas circunstâncias fáticas, mas também da mudança de opinião da autoridade competente ou da opinião distinta do superior hierarca.

Todavia, conforme adverte Daniele Talamini, a mera mudança de opinião não é motivo apto para autorizar a revogação. "A mudança deve refletir alteração na valoração do interesse público", razão pela qual, conforme aduzimos anteriormente, o motivo à revogação é "uma alteração substancial no interesse público", que requer, portanto, a invocação de um interesse público mais relevante, que não pressupõe, necessariamente, a alteração dos pressupostos fáticos para a prática do ato revogado.[72]

70. Hugo Olguín Juárez afasta a aplicação da cláusula *rebus sic stantibus* à revogação, entendendo que o ato pode ser revogado por outras razões (*Extinción de los Actos Administrativos – Revocación, Invalidación y Decaimiento*, pp. 32-35, *apud* Daniele Talamini, *Revogação do Ato Administrativo*, p. 125). Agustín Gordillo, por sua vez, aduz que "la administración carece de facultades para revocar actos estables que confieren derechos, con la mera invocación de razones de mérito, ni siquiera indemnizando" (*Tratado de Derecho Administrativo*, t. 3, VI-33).

71. Ob. cit., p. 630.

72. Daniele Talamini, uma vez mais, é de uma felicidade supina ao ilustrar os motivos autorizadores da revogação: "A Administração pode, por exemplo, conceder licença ao servidor público para tratar de assuntos particulares. Tal licença poderia ser revogada, após determinado período, diante da constatação de que vários outros servidores que atuavam no mesmo setor que aquele que obteve a licença obtiveram a aposentadoria. Assim, a alteração das circunstâncias fáticas determinou que os efeitos daquela licença fossem extintos, fazendo com que o servidor retornasse ao serviço.

"Por outro lado, também se poderia cogitar da hipótese de revogação de tal licença se for constatado pelo agente que praticou o ato, depois de determinado período, que o número de servidores que atuam no setor não é suficiente para o bom desempenho das tarefas a serem realizadas, havendo necessidade de retorno do licenciado. Ou ainda: seu superior hierárquico entende, diversamente do agente que praticou o ato, que a quantidade de servidores disponíveis não é adequada. Neste

Frise-se, conforme restará demonstrado, que a eventual mudança de opinião, ainda que amparada em uma válida valoração de um interesse público mais relevante, não afasta a possibilidade de indenização do beneficiário do ato. Além disso, se a mudança de opinião for arbitrária, eis que ausente de motivo, a hipótese será de invalidação, eis que não restou preenchido um dos requisitos ao exercício da competência revogatória.

Ademais, como admitimos a revogação de atos ineficazes, conclui-se que a inconveniência e inoportunidade também pode se referir à manutenção de efeitos que ainda não foram irradiados, desde que seja possível antever a inadequação ao interesse público desses efeitos.

Por fim, parcela da doutrina admite o que se denomina de *revogação vinculada*, em que a lei prevê determinadas hipóteses que, se configuradas, ensejam a obrigatoriedade da realização da revogação. Para os autores que admitem essa possibilidade, dentre os quais se insere Renato Alessi[73] e Hugo Olguín Juarez,[74] a competência discricionária não é pressuposto obrigatório da revogação, pois em determinados casos concretos a única conduta satisfativa do interesse público seria a retirada do ato.

Todavia, conforme aduzimos ao versar acerca da discricionariedade, para que se aufira se a competência para a prática de determinado ato é discricionária, tem-se que examinar (i) a norma que prevê esta competência, pois só haverá discricionariedade nos exatos limites da lei; e (ii) o caso concreto, vez que quando a liberdade da Administração está amparada em conceitos indeterminados, apenas no que Genaro Carrió[75] denominou de *zona de penumbra* será possível o exercício da competência discricionária.[76]

Desse modo, se diante do caso concreto só houver, para além de qualquer espécie de dúvida, uma conduta conveniente e oportuna apta a satisfazer o interesse público, a discricionariedade deixa de existir, dando lugar à vinculação.

E nesta hipótese, em que a única medida satisfativa do interesse público

caso, mesmo sem modificação dos fatos constata-se a necessidade de suprimir os efeitos da licença concedida" (ob. cit., pp. 130-131).

73. *La Revoca degli Atti Amministrativi*, 2ª ed., p. 25 *apud* Daniele Talamini, ob. cit., p. 57.

74. *Extinción de los Actos Administrativos: Revocación, Invalidación y Decaimiento*, cit., p. 57.

75. Segundo o jusfilósofo argentino: "Hay un foco de intensidad luminosa donde se agrupan los ejemplos típicos, aquellos frente a los cuales no se duda que la palabra es aplicable. Hay una mediata zona de obscuridad circundante donde caen todos los casos en los que no se duda que no es. El tránsito de una zona a otra es gradual: entre la total luminosidad y la oscuridad total hay una zona de penumbra *sin límites precisos. Paradójicamente ella no empieza ni termina en ninguna parte, e sin embargo existe*" (*Notas sobre Derecho e Lengaje*, 1ª ed., Buenos Aires, Abeledo-Perrot, 1972, pp. 31 e 32, *apud* Celso Antônio Bandeira de Mello, *Curso de Direito Administrativo*, p. 987).

76. Nesse sentido, Celso Antônio Bandeira de Mello é pedagógico ao afirmar: "O segundo tópico respeita ao *exame do caso concreto*, pois a existência de norma ensanchadora de liberdade administrativa *não é o bastante para concluir-se que exista discrição na prática de um determinado ato. É requisito indispensável; não porém suficiente*. Com efeito, desde logo, quando a lei se vale de conceitos vagos, fluidos, imprecisos ('gravidade' de uma infração, ofensa à 'moralidade' pública, situação 'urgente', passeata 'tumultuosa' etc.), dos quais resultaria certa liberdade administrativa para ajuizar sobre a ocorrência de situações assim qualificáveis, tal liberdade só ocorre em casos *duvidosos*, isto é, quando realmente é possível mais de uma opinião razoável sobre o cabimento ou descabimento de tais qualificativos para a espécie" (idem, p. 439).

seria a retirada do ato, não se estaria diante da hipótese de extinção por motivo de inconveniência e inoportunidade (revogação), mas sim de modalidade distinta de extinção do ato administrativo, seja pelo desaparecimento do pressuposto fático e jurídico autorizadores da prática e manutenção do ato retirado (caducidade), ou o descumprimento pelo beneficiário dos requisitos necessários à manutenção do ato (cassação), ou até mesmo a ilegitimidade do ato retirado (invalidação).

Daí porque não se pode falar em *dever* da Administração em revogar os atos por ela praticados. A revogação, quando realizada nos limites da competência discricionária, é *facultativa*, eis que sequer se poderia afirmar peremptoriamente, à luz do caso concreto, se o ato é inconveniente e inoportuno. O administrador, repita-se, goza de uma margem de liberdade para apreciar o conteúdo (conveniência) e o momento (oportunidade) da revogação, razão pela qual não se poderia apurar a existência de um dever à prática do ato revogador.

Aliás, o art. 53 da Lei n. 9.784/1999 indica esta facultatividade, ao dispor que a Administração *pode* revogar os seus atos por motivo de conveniência ou oportunidade. Em suma: a apuração de um suposto dever não se coaduna com a noção de competência discricionária. Constatado no caso concreto o dever à prática do ato de retirada, a discricionariedade deixa de subsistir e, junto com ela, a competência revogatória.

Fixado o motivo autorizador da revogação, abarcaremos os seus limites, de modo que ingressemos, posteriormente, na análise dos efeitos do ato revogador.

II.2.5 Limites

Elencaremos, neste tópico, com base no exposto ao longo deste capítulo, os limites à revogação dos atos administrativos. Não nos debruçaremos a fundo sobre cada uma das hipóteses, eis que, conforme se verificará, os limites decorrem dos próprios requisitos à prática do ato revogador.

Nesse diapasão, se a competência revogatória, conforme se afirmou, decorre de lei, é ululante que a própria lei pode prever que determinado ato administrativo é irrevogável. Nesta hipótese, não haverá fundamento para o exercício da competência revogatória, razão pela qual a revogação não poderá ser realizada. Abarcaremos com mais profundidade este limite quando versarmos acerca dos efeitos patrimoniais da revogação.

Além disso, verificou-se que a competência revogatória deve ser atual e contínua, não podendo se tratar de competência exaurida, eis que o objeto do ato ainda deve estar disponível. É fundamental, ademais, que se trate de competência discricionária, o que afasta a revogação de atos expedidos no exercício de competência vinculada, caso esta ainda esteja presente no momento da revogação.

Ademais, afirmou-se que a revogação, quando fundada na mesma competência para a expedição do ato revogado, só é possível em razão de interesse público da mesma ordem, natureza e mais relevante que o invocado originariamente.

Celso Antônio Bandeira de Mello aponta ainda como limites à revogação os *meros atos administrativos*, "pois os efeitos deles derivam da lei e não de uma criação administrativa, que, por isso, não pode eliminar o que foi criado por determinação legal"; os *atos de controle*, "pois a competência, em relação a cada caso examinado, exaure-se uma vez expedido o ato"; os *atos complexos*, eis que "uma só vontade não pode modificar o que a lei fez depender do concurso de mais uma"; *os atos praticados no curso do processo administrativo*, com relação aos quais se opera a preclusão; *os atos que constituírem em decisão final do processo contencioso*; e *os atos já exauridos*, cujos efeitos já tenham se esgotado e que consistem em outra modalidade de extinção dos atos administrativos (extinção pelo cumprimento de seus efeitos).[77]

Parcela da doutrina aponta, à luz do art. 5º, XXXIV, da Constituição da República e do art. 53 da Lei n. 9.784/1999, o *direito adquirido* como barreira absoluta à revogação, o que torna o ato que o outorga irrevogável. Entendemos que o direito adquirido não impede a revogação, pelas razões que serão expostas quando versarmos sobre os efeitos patrimoniais da revogação dos atos que outorgam direitos adquiridos.[78]

Por fim, a doutrina diverge acerca da aplicação dos institutos da prescrição[79] e decadência à revogação.

No que tange à prescrição, não se poderia cogitá-la em sede de revogação, eis que não há perda do direito de ação para que a Administração revogue determinado ato administrativo. Com efeito, a revogação, conforme já afirmamos, é realizada por um ato administrativo, razão pela qual só se pode cogitar em decadência do direito de revogar.

Nesse diapasão, conforme afirma Daniele Talamini, a lei que outorga a competência revogatória pode prever um prazo máximo para o seu exercício, ao término do qual a competência deixaria de existir, isto é, perderia a sua atualidade. Assim, haveria na hipótese um limite temporal à expedição do ato revogador, limite este, portanto, decadencial.

Todavia, discordamos desta autora quando ela aduz que na ausência de previsão expressa do prazo decadencial "entende-se que o prazo de cinco anos para a Administração anular seus atos, previsto na Lei n. 9.784/1999, não se aplica à revogação".[80]

Entendemos que quando se tratar de um ato ampliativo de direitos, em que há direito ou expectativa concreta à manutenção da relação jurídica (o que denominamos de atos que outorgam direito adquirido e atos estáveis), se aplica o prazo decadencial de 5 (cinco) anos previsto no art. 54 da Lei n. 9.784/1999[81] (quando o beneficiário do ato estiver de boa-fé), ou o prazo de 10 (dez) anos previsto no art. 205 do Código Civil (se comprovada má-fé).[82]

77. *Curso de Direito Administrativo*, pp. 465-466.

78. V. item III.5.4.

79. Nesse tocante, Lucia Valle Figueiredo entende que a hipótese de imprescritibilidade deve estar expressamente prevista, não podendo ser presumida (*Curso de Direito Administrativo*, 9ª ed., São Paulo, Malheiros Editores, 2008, p. 272, *apud* Daniele Talamini, *Revogação do Ato Administrativo*, p. 93). Walter Campaz, por sua vez, entende que o poder de revogar é imprescritível (*Revogação dos Atos Administrativos*, São Paulo, Ed. RT, 1983, *apud* Daniele Talamini, ibid., mesma página).

80. Ibid., p. 95.

81. "Art. 54. O direito da Administração de anular os atos administrativos de que decorram efeitos favoráveis para os destinatários decai em 5 (cinco) anos, contados da data em que foram praticados, salvo comprovado má-fé."

82. Nesse tocante, Weida Zancaner é pedagógica ao afirmar: "A ausência de prazo decadencial para o saneamento desse tipo de ato inválido na Lei n. 9.784/1999 não torna imprescritível referido direito. O direito do Poder Público invalidar esses atos, que não se confundem com os atos absolutamente insanáveis (também denominados pela doutrina como *inexistentes*), tem seu prazo decadencial, ao nosso entender, em 10 anos. Tal prazo tem como referência o art. 205 do CC – aliás, adotado por Celso Antônio quando trata do prazo decadencial para a Administração

Com efeito, não se pode admitir que o administrado fique sujeito, *ad eternum*, à possibilidade de supressão da relação jurídica ao qual foi alçado pela Administração, sem a respectiva conversão patrimonial, quando há direito ou expectativa de manutenção desta relação no momento da expedição do ato administrativo.

Os princípios da proteção da confiança legítima e da segurança jurídica, que se consubstancia no próprio escopo do Direito, não comportam essa solução bizarra.

Se até mesmo para a retirada por motivos de ilegitimidade do ato (invalidação) se fixou prazo decadencial, não se pode admitir que para a hipótese cuja extinção se dê por motivo de conveniência e oportunidade o administrado viva por toda sua existência sujeito ao sacrifício (sem a correspondente conversão patrimonial) da situação jurídica por ele aproveitada. Nesse diapasão, Sérgio Ferraz e Adílson Abreu Dallari são pedagógicos ao afirmar:

"Os princípios da segurança e da boa-fé não convivem com a falta de estabilidade das relações jurídicas. Dessa sorte, se a lei federal, no citado art. 54, limitou a cinco anos o prazo para exercício da pretensão desconstitutiva por parte da Administração, fundada em ilegalidade do ato administrativo, de seu silêncio, no que diz respeito às eventuais considerações de conveniência do ato, não decorre, contudo, fique em aberto, *ad infinitum*, a faculdade de revogação: submete-se ela ao mesmo prazo, indiscutivelmente".[83]

Quando se estiver diante de ato que outorgue direito adquirido ao seu destinatário, a decadência do direito à revogação não trará consequências relevantes no que tange aos efeitos patrimoniais com relação ao administrado. Isso porque, conforme restará demonstrado, a revogação do ato que enseja direito adquirido já faz eclodir o dever de o Estado converter previamente em pecúnia esse direito sacrificado. Assim, mesmo na hipótese de revogação legítima (dentro do prazo decadencial), esta só poderia ser realizada após a indenização justa e prévia do administrado, garantindo a proteção aos benefícios que aproveitaria com a manutenção da situação jurídica.

Caso a competência revogatória deixasse de existir, eis que transcorrido o prazo decadencial, tornando, portanto, o ato irrevogável, seria cabível a expropriação, cujas consequências seriam as mesmas (indenização justa e prévia). Os efeitos patrimoniais dos atos que importem em

Pública poder exercer a invalidação dos atos ampliativos de direitos cujos destinatários, com o fito de receber o benefício, tenham agido de má-fé" (*Da Convalidação e da Invalidação dos Atos Administrativos*, 3ª ed., p. 79).

83. *Processo Administrativo*, 3ª ed., São Paulo, Malheiros Editores, 2012, p. 267. Aliás, os ilustres publicistas entendem que sequer se poderia aplicar à revogação o prazo decadencial de 10 (dez) anos previsto na Lei paulista n. 10.177/1998 para a invalidação. "(...) admitir que o prazo para anulação também se aplicasse à pretensão revocatória, pois importaria um máximo de insegurança jurídica e de vulneração à boa-fé, deixando-se em aberto, por 10 anos, à Administração a reavaliação das circunstâncias de oportunidade e de conveniência. É chocante, *in casu*, o golpe letal ao princípio da razoabilidade que assim estaríamos a cometer. Outra solução aqui não há, que não a de considerar subsidiariamente aplicável no âmbito estadual a regra que elaboramos para o plano federal: do silêncio da lei paulista decorre que a instauração de processo administrativo com vistas à revogação de ato administrativo só poderá ocorrer até um máximo de cinco anos, contados de sua produção (até porque – como argumentação subsidiária caberia lembrar – esse o prazo prescricional para a hipótese, muito mais grave, de ajuizamento de ação popular para atacar atos administrativos nulos, como se vê no art. 21 da Lei 4.717/1965)" (ibid., pp. 270-271).

direito adquirido serão abarcados em subitem específico, ao final do presente trabalho.

Por sua vez, na decadência do direito à revogação dos atos que denominamos de estáveis (ou constitutivos de direito), em que o seu destinatário possui expectativa concreta à manutenção da situação jurídica, haverá consequências importantes ao administrado, eis que, decorrido o prazo decadencial, a competência revogatória deixará de subsistir, tornando o ato irrevogável.

E nesta hipótese, conforme observamos, será cabível apenas a expropriação, em que o destinatário do ato terá direito à conversão em pecúnia do direito sacrificado, aí se incluindo os benefícios que teria direito em razão da manutenção da relação jurídica que se tornou irrevogável pelo decurso do prazo decadencial.

Há, portanto, uma proteção mais alargada ao administrado, pois enquanto há a possibilidade de revogação dos aludidos atos estáveis, caso esta seja levada a efeito, o destinatário, em regra, não terá direito à indenização, eis que, como possui apenas expectativa de manutenção da relação jurídica, a revogação do ato não importa em um dano lícito indenizável à sua esfera juridicamente protegida, conforme demonstraremos.[84]

Haverá hipóteses excepcionais em que há o dever de indenização (também prévia), porém apenas com relação a prejuízos especiais e anormais suportados pelo administrado em razão de investimentos iniciais realizados e não amortizados. Se transcorrido o prazo decadencial, a competência revogatória deixará de existir, razão pela qual o administrado poderá ter suprimida a situação jurídica aproveitada apenas por meio da expropriação, passando a ter direito à conversão justa e prévia dos benefícios futuros a que teria direito caso mantida a relação jurídica (verificaremos, mais adiante, que esses prejuízos – danos – devem ser certos e determináveis, e não apenas possíveis).

Os atos precários, por sua vez, não estão sujeitos ao prazo decadencial previsto na Lei n. 9.784/1999 e no Código Civil. Isto porque a fragilidade da relação jurídica é característica precípua destes atos, não havendo sequer expectativa à manutenção dessa relação.

Todavia, entendemos que a precariedade não pode subsistir *ad eternum*. O longo lapso do tempo pode, ao nosso ver, estabilizar a relação jurídica originalmente precária, mormente se a precariedade se estender por um longo lapso de tempo em razão da inércia ilegítima do Poder Público.[85] Os princípios da segurança jurídica e da proteção da confiança legítima (teoria

84. V. item III.5.2.

85. Nessa toada, a jurisprudência do Superior Tribunal de Justiça admite, excepcionalmente a estabilização de situação jurídica aproveitada em razão da concessão de medida liminar (ato precário, portanto), em razão do decurso do decurso do tempo. Recente decisão proferida pelo Ministro Humberto Martins vai nesse sentido. Neste caso, o juízo de primeiro grau concedeu liminar que permitiu que o demandante participasse de concurso público, no qual foi aprovado e, em razão disso, iniciou o desempenho do cargo. Sete anos depois, o Tribunal Regional da 4ª Região cassou a sentença que havia confirmado a medida liminar, o que ensejaria a perda do cargo pela parte. O Superior Tribunal de Justiça, todavia, proveu recurso especial interposto contra o aludido acórdão, por entender a situação jurídica, ainda que decorrente de um ato precário (liminar), foi estabilizada pelo decurso dos 7 (sete) anos, mormente em razão da demora do Poder Judiciário para a solução do litígio. Afastou-se, nesta hipótese, a precariedade do ato diante da teoria do fato consumado. Verifique-se a ementa do acórdão a que se faz alusão:

do fato consumado) afastam, ao nosso ver, a precariedade eterna do ato, o que deve, todavia, ser apurado à luz do caso concreto, tendo em vista os princípios da razoabilidade e proporcionalidade.

Assim, há a possibilidade de revogação, caso preenchidos os demais requisitos, enquanto perdurar a precariedade. Se a precariedade deixar de subsistir pelo decurso do tempo, o ato se tornaria, ao nosso ver, irrevogável, eis que a competência revogatória terá se exaurido pelo decurso do tempo. O interesse público seria resguardado na hipótese com a possibilidade de expropriação, conforme será abarcado, repita-se, em tópico específico.

Por fim, a revogação dos atos restritivos de direitos não se sujeita a prazo decadencial, eis que não haveria que se falar em proteção a direito do sujeito passivo do ato que, nesta hipótese, seria beneficiado com a retirada da restrição à sua esfera jurídica.

Assim, delimitado o instituto da revogação, em que fixamos os parâmetros para identificação dos atos revogáveis, iniciaremos o estudo dos efeitos desse instituto.

III. Efeitos da revogação dos atos administrativos

III.1 Efeitos "ex nunc" e "ex tunc"

O primeiro efeito da revogação sobre o qual devemos nos debruçar é o seu efeito na acepção estrita do termo. É dizer, quando nos referimos aos efeitos da revogação, a primeira questão que nos vem à mente é saber se a revogação produz efeitos *ex tunc* ou *ex nunc*.

Para que iniciemos esta investigação, cumpre-nos esclarecer, apenas para que se afaste qualquer espécie de dúvida, que os efeitos *ex nunc* se referem aos efeitos produzidos para o futuro, isto é, respeitando os efeitos pretéritos. Já os efeitos *ex tunc* são aqueles que também irradiam para o passado, é dizer, além de impedir a produção de novos efeitos, desconstituem aqueles até então produzidos.

Desse modo, transportando estes conceitos para a revogação dos atos administrativos, cumpre-nos verificar se a retirada por motivo de conveniência e oportunidade (revogação) impede apenas que o ato revogado continue produzindo os seus regulares efeitos, preservando, portanto, os efeitos já consumados (retirada com efeitos *ex nunc*); ou se o ato revogador opera efeitos *ex tunc*, isto é, retira o ato, impedindo a consumação de novos efeitos e desconstituindo os efeitos pretéritos.

Não há tergiversação quanto à resposta à presente questão. Com efeito, é sabido e ressabido que uma das distinções entre revogação e invalidação se refere aos efeitos. É dizer, enquanto esta pode operar efeitos *ex tunc* ou *ex nunc*, a revogação sempre irradiará efeitos *ex nunc*.

Todavia, cumpre-nos, neste momento, demonstrar a razão pela qual o ato revogador não retroage, isto é, apenas impede a irradiação de novos efeitos pelo ato revogado. E os fundamentos para esta assertiva, como não poderia deixar de ser, decorrem dos próprios aspectos do ato revogador, razão pela qual apenas condensaremos as ideias já expostas, aprofundando onde entendermos necessário.

"Administrativo e Processual Civil. Ausência de violação do art. 535 do CPC. Agente de polícia federal. Segunda chamada em exame de aptidão física por meio de liminar. Aprovação em todas as fases do concurso. Exercício no cargo por mais de 7 anos. Situação excepcional. Teoria do fato consumado. Aplicabilidade no caso concreto. Recurso Especial provido" (STJ, REsp 1.200.904-ES, Rel. Min. Humberto Martins, *DJ* 10.12.2010).

Nessa toada, aduzimos que o objeto da revogação é o ato administrativo enquanto fonte produtora de efeitos. É dizer, a Administração suprime um dos elementos da relação jurídica (ato administrativo) com a finalidade de impedir a irradiação de efeitos que considera inconvenientes e inoportunos ao interesse público.

Além disso, aduzimos – e é este aspecto que dirime a questão – que o objeto da revogação é um ato administrativo *válido*. Isto é, à luz do critério objetivo para a classificação das hipóteses de extinção dos atos administrativos – critério este adotado pela doutrina e ordenamento jurídico brasileiro (art. 53 da Lei n. 9.784/1999) –, a revogação consiste na retirada do ato administrativo legítimo, porém contrário ao interesse público por razões de mérito.[86]

Se isso é verdade, o efeito *ex nunc* da revogação, nas palavras de Hugo Olguín Juarez, "es una lógica consecuencia de la función y naturaleza jurídica de la institución en estudio".[87]

Com efeito, se o objeto da revogação é um ato válido, é de uma obviedade supina que os efeitos por ele irradiados até o momento serão preservados. Esta consequência, à luz do magistério de Daniele Talamini, é mera decorrência lógica da regra geral que incide sobre os atos jurídicos: "A irretroatividade é a regra; e a retroatividade, a exceção".[88]

Além disso, conforme restará aclarado no próximo subitem, os efeitos *ex nunc* do ato revogador também deriva de sua natureza constitutiva. Olguín Juarez explica: "Una consecuencia de esta característica es la actualidad de sus efectos, los cuales sólo se producen para el futuro, *ex nunc*, y su no retroactividad – el acto revocatorio no produce efectos *ex tunc* –, la que es propia de los actos declarativos. La doctrina moderna considera que una de las diferencias entre la remoción de un acto en razón de sus vicios – invalidación –, y el retiro de un acto en razón del interés público – revocación –, está en que el primero es un acto declarativo y el segundo un acto constitutivo".[89]

Daí porque Flávio Bauer Novelli,[90] à luz do princípio da legalidade, entende

86. Nesse diapasão, Celso Antônio Bandeira de Mello é pedagógico ao afirmar: "O objeto da revogação é um ato administrativo válido ou uma relação jurídica *válida* dele decorrente. Aí reside uma *diferença capital entre a revogação e a invalidação*. Na revogação não se busca restaurar a legitimidade violada, mas atender a uma conveniência administrativa, ao passo que na invalidação fulmina-se um ato viciado perante as normas jurídicas" (*Curso de Direito Administrativo*, pp. 458-459).

87. A despeito de admitir a revogação por inconveniência originária, posição da qual discordamos, conforme aduzimos anteriormente, verifique-se trecho na qual o ilustre doutrinador chileno traz a justificativa lógica ao efeito *ex nunc* da revogação: "En segundo término, tenemos que la revocación se dirige a eliminar una relación jurídica, cuya permanencia actual es perjudicial para los intereses públicos. El motivo principal de la emisión del acto revocatorio es el deseo de adecuar la actividad administrativa a los intereses públicos actuales. Tuvimos ocasión de observar que la inoportunidad sobreviniente es el motor que genera la potestad revocatoria – excepcionalmente se revoca un acto originalmente inoportuno en razón del interés público actual –, por ello, no habría razón para eliminar las consecuencias producidas por el acto cuando sus efectos eran convenientes y oportunos" (*Extinción de los Actos Administrativos Revocación, Invalidación e Decaimiento*, cit., p. 214).

88. Ob. cit., p. 204.

89. Ob. cit., pp. 197-198.

90. "Eficácia do ato administrativo", in *Revista de Direito Administrativo* 39/204, 1955, *apud* Daniele Talamini, *Revogação do Ato Administrativo*, p. 204.

que a retroatividade apenas é justificável, isto é, possui um sentido quando se está diante de ato ilegítimo (objeto, este, de invalidação). Não há, em se tratando de retirada por motivo de conveniência e oportunidade, plausibilidade para que se dê efeito retroativo ao ato revogador. A justificativa é óbvia, simples assim.

Renato Alessi, ao justificar a impossibilidade de irradiação de efeitos pretéritos pelo ato revogador, ressalta a obviedade desta consequência, apontando o próprio motivo da revogação. Com efeito, se a revogação é realizada pela inadequação dos efeitos do ato revogado ao interesse público, só se pode verificar e justificar esta inadequação tendo em vista as necessidades públicas atuais e futuras, não podendo a revogação ser motivada por suposta inadequação a interesse público pretérito.[91] Esta justificativa seria, no mínimo, um verdadeiro contrassenso.

Aliás, conforme observamos, não há utilidade ou até mesmo possibilidade de se distinguir a inconveniência originária (*revoca*) da inconveniência superveniente (*abrogazione*), conforme o faz parcela da doutrina italiana. Aqueles que realizam esta distinção (Pietro Virga, *v.g.*) atribuem efeitos *ex tunc* à *revoca*, em razão da suposta inconveniência originária; e efeitos *ex nunc* à *abrogazione*, eis que, nesta hipótese, a inconveniência seria superveniente à emanação do ato revogado.

Todavia, se o agente, ao expedir o ato revogado, o fez no exercício de competência discricionária, em que lhe foi outorgada certa margem de liberdade para decidir, ao seu juízo, acerca da conveniência e oportunidade da prática do ato, é inútil ou até mesmo um contrassenso pretender reputar que àquela época o ato praticado era inconveniente, pois supostamente não satisfazia ao interesse público.

A autoridade que editou validamente o ato era quem detinha a competência discricionária para expedi-lo e, portanto, para dizer se aquele ato era conveniente e oportuno ao interesse público. O que se admite é verificar se o ato foi expedido dentro dos limites da discricionariedade impostos pela lei e à luz do caso concreto. Todavia, mesmo nesta hipótese, caso os limites restem inobservados, estaremos diante da hipótese de invalidação por ilegitimidade do ato, e não de revogação.[92]

91. Nesse diapasão, aduz Renato Alessi: "In secondo luogo, considerando l'effetto della revoca niente altro che alla stregua di una *ulteriore* modificazione di un rapporto, richiesta dalle attuali condizioni dell'interesse pubblico, è ovvio che l'efficacia della revoca debba esse limitada *ex nunc*: invero, posto che queste condizioni di interesse pubblico non possono concernere che il presente ed il futuro, non il passato – non si dimentichi, invero, che l'interesse pubblico non è che la risultante di quelli che sono i *bisogni* della collettivitá in undato momento storico, ed i *bosogni* non possono concernere che il presente ed il futuro, non mai il passato – anche le modificazioni giuridiche di rapporti che l'interesse pubblico rende opportune (e tra esse, appunto quella connessa con la revoca di un precedente provvedimento) non potranno riguardare che il presente ed il futuro, non il passato: in una parola, dovranno attuarsi con decorrenza meramente *ex nunc*, vale a dire dal momento della emanazione del provvedimento che tende a produrle" (*La Revoca degli Atti Amministrativi*, 2ª ed., Milão, Dott. A. Giuffrè Editore, 1956, p. 142).

92. Nesse tocante, Celso Antônio Bandeira de Mello é pedagógico ao afirmar: "Aliás, é um sem-sentido jurídico a suposição de inconveniência originária. Esta só pode ser concebida mediante um juízo estabelecido segundo critérios de Ciência da Administração e sem qualquer calço em face do Direito. Deveras: se o agente, ao editar o ato inicial, fez uma opção exercendo competência discricionária, produziu aquele que era, à época, o interesse que a lei acobertava como sendo o interesse público. É dizer: quem editou legiti-

Assim, admitir a revogação por inconveniência originária e lhe atribuir efeitos *ex tunc* é o mesmo que usurpar a competência outorgada para a expedição do ato inicial, razão pela qual, também nesta hipótese, não seria possível a retroação do ato revogador, eis que não se poderia infirmar a adequação ao interesse público do ato revogado.

Por fim, Robin de Andrade aduz com proficiência que admitir a atribuição de efeitos *ex tunc* ao ato revogador ensejaria uma ofensa ao princípio da segurança jurídica, eis que "os particulares, de acordo com esta teoria, ficam permanentemente sob a ameaça de que os efeitos jurídicos produzidos pelos actos administrativos, e com base nos quais nortearam a sua acção sejam retroativamente destruídos".[93]

De fato, a supressão pela revogação dos efeitos validamente produzidos pelo ato revogado ensejaria uma instabilidade sem precedentes às relações jurídicas. Os efeitos por elas irradiados poderiam ser eliminados posteriormente, ainda que, até o momento de sua retirada, fossem válidos e satisfativos ao interesse público, à luz do ato emanado pela própria Administração. Assim, ter-se-ia, nesta hipótese, um flagrante desrespeito ao próprio fim a que o Direito se destina, qual seja: propiciar segurança jurídica.

Pelas razões até aqui expostas, não resta dúvida que a revogação produz somente efeitos *ex nunc*, impedindo a irradiação de novos efeitos pelo ato revogado, preservando, todavia, os efeitos já consumados.

III.2 Natureza

Conforme observamos anteriormente, os atos administrativos, segundo os efeitos irradiados, são classificados em atos constitutivos e atos declaratórios. Estes apenas chancelam ou declaram a situação ou relação jurídica preexistente. Aqueles, à luz do magistério de Celso Antônio Bandeira de Mello,[94] originam uma nova relação ou situação jurídica, seja criando-a originariamente, seja modificando ou extinguindo uma relação ou situação anterior.

Note que a afirmação no sentido de que o ato constitutivo cria uma nova relação ou situação jurídica é fundamental. Isso porque os efeitos desse ato não são apenas modificativos ou extintivos. Estes são mecanismos que permitem a irradiação do efeito precípuo de um ato constitutivo, qual seja: constituir, isto é, criar uma nova relação ou situação jurídica.

A doutrina nacional e alienígena, conforme aduz Daniele Talamini, não tergiversa acerca da natureza constitutiva da revogação.[95]

mamente o ato era o *titular da dicção do interesse público*. No preciso momento em que foi editado o ato não havia outro interesse qualificável como interesse público, senão aquele decidido pelo ato" (*Curso de Direito Administrativo*, p. 462).

93. *A Revogação dos Actos Administrativo*, Coimbra, Atlântida Editora, 1969, p. 362. Ademais, aduz o autor português, ao contrastar a revogação com retirada por vícios de legalidade: "No caso da figura da revogação por 'vícios de mérito' nem está em jogo o princípio da legalidade administrativa, nem o 'vício' do acto é objetivamente cognoscível, já que, última análise, deriva das interpretações que a Administração entende adotar a respeito do que seja o interesse público, o mérito e o demérito do acto" (ibid., ibidem).

94. *Curso de Direito Administrativo*, cit., p. 429.

95. Além dos autores citados, filia-se a este entendimento também Renato Alessi, que aduz: "Perciò, dato che una siffatta eliminazione costituisce indubbiamente ulteriore modificazione del

Nesse diapasão, Celso Antônio Bandeira de Mello é pedagógico ao afirmar que a natureza da revogação "É constitutiva, pois sua função é a de instaurar uma situação nova, ao invés de simplesmente reconhecer ou declarar situação precedente".[96] Explica o ilustre publicista:

"A revogação exprime um poder *positivo*, idêntico ao do ato revogado (ou que criou a relação revogada). Com efeito, com a revogação, o que se está fazendo, tal como no ato anterior, é decidir sobre a maneira de criar o interesse público. Trata-se de um novo provimento pelo qual se modifica a disposição precedente. O segundo difere do primeiro apenas em que dá solução diferente à mesma questão, mas se parifica com ele em que ambos são decisões expedidas para criar um interesse público".[97]

Hugo Olguín Juarez, por sua vez, lavrou com pena de ouro:

"El acto revocatorio es eminentemente constitutivo, ya que tiene por objeto modificar una situación jurídica extinguiendo una relación cuya permanencia es inconveniente e inoportuna para los intereses de la administración e de los intereses públicos en general. Además, la revocación tiene por objeto el restablecimiento de una situación que estaba en armonía con el interés general. De la función constitutiva e innovatoria del acto de revocación, deriva su constitutividad".[98]

Desse modo, o ato revogador, ao extinguir o ato inicial, cria uma nova situação jurídica, seja dispondo de maneira distinta acerca da situação sobre a qual o ato revogado versava, ou apenas retirando este ato, isto é, restaurando a situação existente anteriormente.

Na primeira hipótese, conforme aduz Celso Antônio Bandeira de Mello, o ato revogador está modificando a situação precedente, estabelecendo uma nova relação jurídica que, ao juízo da autoridade administrativa, é mais satisfativa o interesse público.

Daí porque Daniele Talamini afirma que "a autoridade administrativa, ao exercer a competência revogatória, pode, além de extinguir a relação jurídica existente, dar nova regulamentação para a situação".[99]

O novo ato administrativo (ato revogador), portanto, irradiará efeito constitutivo, eis que estará criando uma nova relação jurídica, a partir da extinção do ato revogado e de nova disciplina da situação jurídica dantes regulada, objetivando, com isso, satisfazer o interesse público almejado.

Na segunda hipótese, em que o ato revogador apenas extingue o ato revogado – sem nada dispor acerca da situação jurídica por ele regulada –, também se estará criando uma nova situação jurídica.

Isso porque, nessa hipótese, a revogação restaurará a situação preexistente ao ato revogado. É dizer, pretende-se, com a revogação, repristinar a situação que existia antes do ato inicial. E ao assim proceder, estar-se-á, por meio da retirada do ato revogado, recriando a aludida situação jurídica, que, ao juízo da Administração, é

rapporto, ne deriva l'evidente natura *costitutiva* dell'atto di revoca, affermazione sulla quale, a differenza che per l'annullamento, manca uno esplicito contrasto nella doutrina" (ob. cit., pp. 126-127).

96. Ibid., pp. 463-464.

97. Ibid., p. 464.

98. Ob. cit., p. 197. Esta passagem também foi citada por Daniele Talamini (ob. cit., p. 205).

99. Ob. cit., p. 205.

mais conveniente e oportuna ao interesse público.[100]

Nos casos em que o ato revogador retira o ato inicial e veicula novas disposições percebe-se facilmente a sua natureza constitutiva, eis que nova relação jurídica é expressamente criada.

Já na segunda hipótese, poderia se chegar à conclusão de que o ato revogador é declaratório, pois apenas reconhece uma situação jurídica preexistente. Poder-se-ia inclusive realizar uma comparação com a invalidação, que possui natureza declaratória, eis que apenas afirma a ilegitimidade do ato, existente desde a sua emissão. Aliás, este é um dos motivos que justifica os efeitos *ex tunc* da invalidação.

Todavia, ao contrário do que ocorre na invalidação, o ato revogado não é inconveniente e inoportuno desde a sua origem. Conforme observamos anteriormente, sequer é possível aventar suposta inconveniência originária, razão pela qual os efeitos consumados decorrentes do ato revogado sempre serão preservados.

Daí porque o ato revogador é constitutivo, pois, como os efeitos consumados no período em que o ato revogado esteve vigente são preservados, a situação jurídica preexistente foi desconstituída pelo ato inicial, o que impõe que ela seja recriada pelo ato revogador. A revogação, portanto, opera uma inovação, ainda que constituindo a situação jurídica anterior ao ato revogado, que deixou de existir pelo período que este ato irradiou efeitos. O ato revogador, desse modo, não apenas chancelou uma situação ou direito que já existia, mas recriou uma situação jurídica que, após a edição do ato revogado, deixou de existir no mundo jurídico.

O ato de invalidação, por sua vez, é declaratório, pois apenas afirma a situação de invalidade existente desde a emanação do ato invalidado, reconhecendo, com a nulidade dos efeitos irradiados por esse ato, a situação jurídica preexistente, que nunca sofreu qualquer modificação. A relação jurídica decorrente do ato invalidado é anulada, desde o início, como se nunca tivesse existido, razão pela qual apenas se declara a existência da situação jurídica preexistente, eis que esta, para o mundo jurídico, não foi desconstituída pelo ato retirado.

Por fim, de sua natureza constitutiva decorre que a "revogação é um ato de administração *ativa*, e não de administração controladora, consultiva, verificadora ou contenciosa", conforme afirma Celso Antônio Bandeira de Mello.[101] Isso porque "é o ato que gera a criação de utilidade pública, e não ato que apenas concorre para a sua produção".[102] Este também é o entendimento de Hugo Olguín Juarez.[103]

Desse modo, o ato revogador, apesar de extinguir uma relação jurídica, irradia

100. Nesse tocante, Celso Antônio Bandeira de Mello é pedagógico ao afirma: "Ainda quando cinge-se a estatuir o que extingue o provido anteriormente, seu alcance é o de repristinar, recriar a situação que existia antes do ato ou relação revogados" (ob. cit., p. 464).

101. Ibid., p. 463.

102. Conforme exposto por Celso Antônio Bandeira de Mello, os atos administrativos segundo a natureza da atividade são divididos em (i) atos de administração ativa; (ii) atos de administração consultiva; (iii) atos de administração controladora ou atos de controle; (iv) atos de administração verificadora; e (v) atos de administração contenciosa (ibid., pp. 426-427).

103. Nessa toada, aduz o autor chileno: "Es un acto de la administración activa, por cuanto no tiene por objeto remover actos viciados, sino eliminar los efectos de un acto anterior para satisfacer el interés público" (ob. cit., p. 200).

efeitos constitutivos e positivos, criando ou recriando uma relação ou situação jurídica, sendo a retirada do ato revogado o instrumento para que se protraiam esses efeitos. Daí porque Celso Antônio Bandeira de Mello afirma que "o ato revogador tem a mesma índole do ato revogado ou gerador da situação revogada".[104]

III.3 Eficácia subjetiva

Examinada a natureza do ato revogador, cumpre-nos investigar a sua eficácia subjetiva, para que determinemos os indivíduos que podem ser atingidos pelos efeitos da revogação, delimitando, portanto, o seu campo de abrangência.

Nesse diapasão, assim como Daniele Talamini,[105] concordamos com Hugo Olguín Juarez quando ele afirma que a revogação, "ya que siendo un acto esencialmente de la administración activa, produce efectos absolutos, pues importa una posterior modificación en una relación jurídica, y de este modo su eficacia afecta a todos los sujetos de la relación".[106]

Com efeito, seguindo o regime da eficácia dos atos administrativos, o ato revogador irradia os seus efeitos sobre todos os indivíduos que compõem a relação jurídica revogada. Esta consequência, aliás, não poderia ser diferente, eis que, conforme afirmamos, a revogação é realizada por um ato administrativo.

Desse modo, conforme aduz Daniele Talamini, a abrangência dos efeitos da revogação é delimitada pela própria noção de eficácia dos atos administrativos. Isso porque, ressalta a aludida autora, o ato revogador, na qualidade de um ato administrativo, possui o atributo da imperatividade, que, nas palavras de Celso Antônio de Bandeira de Mello, "é a qualidade pela qual os atos administrativos se impõem a terceiros, independentemente de sua concordância".[107]

O ato revogador, portanto, por ser imperativo, irradia efeitos, em regra, sobre todos os sujeitos da relação jurídica formada pelo ato revogado.

Deve-se atentar, todavia, para a revogação parcial, em que o ato revogador, ao invés de suprimir todo o ato revogado, objetiva eliminar efeitos específicos, podendo deixar de incidir, portanto, sobre todos os sujeitos da relação.

Ademais, Renato Alessi aduz acerca de outro entrave à abrangência absoluta dos efeitos da revogação. O ilustre publicista se refere "às situações concernentes a relações jurídicas distintas reunidas – apenas acidental e materialmente – num mesmo ato".[108] Nesta hipótese, a retirada atingirá apenas a relação jurídica objeto da revogação, e não todas aquelas criadas pelo ato revogado.

Desse modo, para que se delimite o alcance dos efeitos da revogação, deve-se, conforme observa Daniele Talamini, "analisar a abrangência do *ato a ser revogado*, seu objeto e sua eficácia subjetiva". Isso porque, com a supressão – em regra – de todos os efeitos do ato inicial, todos os sujeitos que sofrem a sua incidência serão atingidos pelos efeitos do ato revogador.

Todavia, o objeto do ato revogador também deve ser levado em consideração, eis que, conforme observamos, há hipóteses de revogação parcial, em que nem todos os indivíduos ou situações serão atingidas pelos efeitos do ato revogador.

104. Ob. cit., p. 464.
105. Ob. cit., p. 206.
106. Ob. cit., p. 216.
107. Ob. cit., p. 423.
108. Daniele Talamini, ob. cit., p. 207.

Por fim, há que se ressaltar que a revogação também pode atingir os efeitos reflexos do ato inicial. Nesta hipótese, restarão suprimidos não apenas os efeitos típicos do ato revogado, mas também os efeitos que refluem sobre terceiros.

Vê-se, portanto, que o ato revogador pode irradiar efeitos sobre sujeitos que não pertencem à relação jurídica formada pelo ato revogado. Segundo Daniele Talamini: "A supressão dos efeitos reflexos não decorre do ato de revogação em si (o agente administrativo pode até não ter conhecimento destes efeitos), mas da dependência com a relação jurídica principal que é afetada pelo ato de revogação".[109]

Sabendo-se dessa possibilidade de irradiação dos efeitos da revogação sobre terceiros, poderemos analisar, oportunamente, o cabimento de indenização nesta hipótese.

III.4 Revogação da revogação e repristinação

Daniele Talamini, em sua obra monográfica acerca do tema, realizou brilhante estudo acerca do cabimento de revogação da revogação e da possibilidade de repristinação da situação jurídica anterior.[110]

Nesse tocante, a aludida autora, à luz da doutrina nacional e alienígena, observou com acerto que "Dois são os pontos a considerar quando o assunto é *revogação do ato revogatório*: a *revogabilidade* de ato com esta finalidade e os *efeitos* que seriam por ele produzidos".[111]

Isso porque a doutrina aponta fundamentalmente duas barreiras à revogabilidade do ato revogatório: (i) a eficácia instantânea desse ato, cujos efeitos se esgotam com sua prática, o que consiste em um dos limites à revogação, conforme observamos; e (ii) a impossibilidade de retroação dos efeitos da revogação, que não poderia retroagir para repristinar a situação jurídica preexistente ao ato revogatório revogado, eis que a revogação, como se sabe, irradia somente efeitos *ex nunc*.

Nesse tocante, aduz Hugo Olguin Juarez:

"1) La revocación se emite por medio de un acto administrativo que produce efectos instantáneos, esto es, la eficacia del acto revocatorio no es continuativa, se agota con la emisión de dicho acto. Los efectos del acto revocatorio se traducen en la eliminación de los efectos del acto revocado, y es por ello que, al decir resta, el acto revocatorio aparece como objetivamente irrevocable. 2) Si se admitiese la revocatoria de la revocación, esta carecería de sentido, puesto que la natural eficacia *ex nunc* del acto revocante impediría el restablecimiento de la relación extinguida por el acto revocatorio y contenida en el acto revocado".[112]

Diógenes Gasparini, por sua vez, afirma: "O ato de revogação é um ato administrativo consumado, e como tal não existe mais. Desfez-se ao alcançar seu objetivo, revogando o ato administrativo que era seu objeto. Ademais, se o objetivo é a restauração do ato revogado, esta é inalcançável em nosso ordenamento jurídico, ante a expressa vedação contida no § 3º do art. 2º da Lei de Introdução ao Código Civil ('Salvo disposição em con-

109. Ibid., mesma página.

110. Ob. cit., pp. 208-212. Diante desse estudo magnífico, utilizaremos de diversos apontamentos realizados pela autora, inclusive quanto aos autores mencionados, o que fará com que cheguemos à mesma conclusão por ela alinhavada.

111. Ibid., p. 209.

112. Ob. cit., p. 211.

trário, a lei revogada não se restaurada por ter a lei revogadora perdido a vigência'). Assim, só por expressa disposição o ato revogado pode ser restaurado".[113]

No que tange à eficácia instantânea do ato revogatório, assiste razão aos autores. Com efeito, conforme já afirmamos, o objeto da revogação é a extinção do ato inicial, com o fim de impedir a irradiação de novos efeitos. Logo, o ato revogador, assim que praticado, extingue o ato inicial. E se isso é verdade, os efeitos extintivos do ato revogador, após a sua emanação, se esgotam, razão pela qual esse ato não pode ser objeto de revogação.

A solução a esta questão, conforme aponta Daniele Talamini, foi dada por Antônio Carlos Cintra do Amaral, ao observar que "A revogação da revogação não é verdadeira revogação".[114] O que se opera, neste caso, é a restauração da relação jurídica anterior, por meio de um novo ato administrativo com disposições idênticas ao ato que havia sido revogado. É dizer, "Na verdade, quando a Administração extingue, por razões de conveniência, um ato de revogação, o que pretende é praticar um novo ato, com a mesma disposição daquele que foi pela primeira vez revogado".[115]

Todavia, ao assim admitirmos, reconhecemos, assim como Celso Antônio Bandeira de Mello, que "o único sentido do terceiro ato é reconstituir de direito o que resultou do primeiro". Isto é, a revogação da revogação, ainda que tecnicamente se consubstancie em um novo ato administrativo, se presta exclusivamente para repristinar a relação jurídica estabelecida pelo ato inicial, repristinação esta que se dá, em regra, sem disposição expressa no novo ato revogatório.

Diante disso, temos que enfrentar a alegada impossibilidade de repristinação da situação original, sob o argumento de que a revogação irradia somente efeitos *ex nunc*, bem como o entendimento de Diógenes Gasparini no sentido de que só por expressa disposição o ato inicial poderia ser restaurado.

No que tange à impossibilidade de retroação da revogação, o que impediria que os efeitos do ato inicial fossem restaurados, Daniele Talamini, uma vez mais, colocou uma pá de cal no assunto ao ressaltar que não há que se confundir retroatividade com repristinação. Nesse sentido, explica a autora: "Na verdade, o que ocorre não é a retroatividade, mas apenas uma remissão e o resgate de disposições anteriormente vigentes (...). Isto significa que se a Administração extingue, através de um ato de revogação, outro ato revogatório, os efeitos deste segundo ato só podem ser deflagrados a partir da sua edição, sem que o período em que o ato primário ficou sem produzir efeitos seja atingido. Há, portanto, solução de continuidade".[116]

Desse modo, não há que se falar em retroatividade nessa hipótese, eis que os efeitos consumados no período em que o segundo ato revogado esteve vigente são preservados. A situação original, criada

113. *Direito Administrativo*, 11ª ed., São Paulo, Saraiva, 2006, p. 111.

114. *Teoria do Ato Administrativo*, p. 82.

115. Daniele Talamini, *Revogação do Ato Administrativo*, p. 209. Hugo Olguín Juarez, após expor o entendimento supracitado no sentido de que não é possível a revogação da revogação, admite a possibilidade de que um novo ato administrativo idêntico ao ato inicial seja expedido, hipótese em que será, todavia, um ato completamente distinto daquele que havia sido revogado inicialmente (ob. cit., p. 211).

116. Ob. cit., pp. 210-211.

pelo ato inicial, será restaurada apenas a partir da edição do novo ato revogatório, razão pela qual este irradiará, como toda e qualquer revogação, somente efeitos *ex nunc*.

Note que são três relações jurídicas distintas, ainda que duas se confundam. A primeira decorre do ato originário (que chamaremos de primeiro ato). A segunda decorre do ato que revogou esse primeiro ato, criando, portanto, uma nova relação jurídica, ou até mesmo repristinando a situação jurídica preexistente.[117] A terceira, por sua vez, se confunde com a primeira, pois a repristina, ao revogar o segundo ato e resgatar as disposições contidas no primeiro ato.

Logo, se os efeitos protraídos pelo segundo ato são preservados pelo período em que ele esteve vigente, não há que se falar, obviamente, em retroatividade. Esta não é, portanto, uma barreira para que se admita a restauração da situação jurídica originária quando se operar a revogação de um ato revogador.

Além disso, não prospera o entendimento de Diógenes Gasparini no sentido de que a repristinação, à luz da Lei de Introdução ao Código Civil (nova Lei de Introdução às Normas do Direito Brasileiro), só se opera por previsão expressa, razão pela qual o novo ato revogador deve prever expressamente a repristinação do ato original.

Com efeito, à luz das razões já expostas, o restabelecimento ou repristinação da situação original é o efeito natural, isto é, precípuo da revogação. Nesse sentido é o magistério de Celso Antônio Bandeira de Mello, que afirma, com o inegável acerto que lhe é habitual, que "está implícito nele o alcance de repristinar a situação original, embora, como é inerente à revogação, a partir da emissão do último ato, ou seja, sem efeito retroativo".[118]

A simples existência do novo ato de revogação, conforme muito bem observa Daniele Talamini, "funciona como manifestação expressa de que as disposições anteriormente vigentes são revigoradas",[119] razão pela qual não há que se aplicar integralmente o regime previsto no aludido diploma legal aos atos legislativos. Explica a autora: "A inexigibilidade de expressa previsão de repristinação é justificável tendo em vista determinada peculiaridade do ato administrativo, qual seja, a de dispor especificamente sobre o caso concreto. Sua razão de existir, sua finalidade, não pode ser outra senão a de resgatar o antigo regime jurídico revogado".[120]

Verifica-se, portanto, que o ato de revogação da revogação, ainda que não preveja expressamente a repristinação da situação jurídica original, consiste em um novo ato administrativo, que se remete, ainda que implicitamente, às mesmas disposições do primeiro ato, permitindo que os efeitos desse ato sejam novamente irradiados a partir da prática da nova revogação.

III.5 Efeitos patrimoniais (indenização)

Delimitamos, ao longo do presente trabalho, os requisitos e os limites para o exercício legítimo da competência revo-

117. Conforme aduzimos anteriormente, o ato revogador, quando simplesmente revogar o ato inicial – sem nada dispor acerca do interesse público tutelado –, acaba por repristinar a situação jurídica existente anteriormente ao ato revogado.

118. Ob. cit., p. 463.

119. Ob. cit., p. 211.

120. Ibid., p. 212.

gatória, o que permitiu a identificação das hipóteses em que a Administração pode extinguir um ato válido por motivo de conveniência e oportunidade.

Dito isto, cumpre-nos averiguar os efeitos patrimoniais da revogação. É dizer, verificaremos se o exercício da competência revogatória tem o condão de ensejar a indenização dos particulares diretamente interessados (sujeitos que compõem a relação jurídica extinta, portanto), e dos terceiros que sofram os efeitos reflexos da revogação.

Para que se atinja este objetivo, delimitaremos, ainda que brevemente, os requisitos para a eclosão da *responsabilidade patrimonial do Estado*, à luz do art. 37, § 6º, da Constituição da República, apartando-a das hipóteses em que resta configurado o *sacrifício de direito*. Isso porque, conforme restará demonstrado, entendemos que apenas os *danos ilícitos* se sujeitam ao regime da responsabilidade do Estado, enquanto que os *danos lícitos* tipificam a hipótese de sacrifício de direito, se sujeitando a regime jurídico distinto.

Feito isso, optamos por segregar o estudo dos efeitos patrimoniais da revogação segundo a estabilidade da situação jurídica decorrente do ato revogado. Há, portanto, o que podemos denominar de três espécies de atos que interessam ao presente estudo: (i) atos estáveis ou constitutivos de direito; (ii) atos precários; e (iii) atos que importem em direito adquirido ao destinatário. Os efeitos patrimoniais da revogação serão analisados com relação a cada um desses atos.

Além disso, é ululante que os efeitos patrimoniais da revogação apenas se colocam em pauta diante de atos ampliativos de direito. Isso porque, em se tratando de atos restritivos, não há que se falar em indenização, pois a retirada do ato beneficia o seu destinatário, não havendo, portanto, qualquer dano à sua esfera jurídica.

Por fim, verificaremos se é possível a indenização de terceiros que sejam atingidos pelos efeitos reflexos da revogação.

III.5.1 Responsabilidade patrimonial do Estado e sacrifício de direito

À luz do magistério de Celso Antônio Bandeira de Mello, "Entende-se por responsabilidade patrimonial extracontratual do Estado a obrigação que lhe incumbe de reparar economicamente os danos lesivos à esfera juridicamente garantida de outrem e que lhe sejam imputáveis em decorrência de comportamentos unilaterais, lícitos ou ilícitos, comissivos ou omissivos, materiais ou jurídicos".[121]

Segrega-se, portanto, a responsabilidade patrimonial do Estado segundo a conduta do agente estatal, que pode ser lícita ou ilícita, comissiva ou omissiva, e material ou jurídica.

Dedicar-se-á apenas à distinção entre a responsabilidade por ato lícito ou ilícito, eis que, conforme demonstramos, a revogação é realizada por meio de um ato jurídico comissivo do Estado, razão pela qual sequer se coloca em pauta a responsabilidade por ato omissivo ou material.

Além disso, cumpre-nos ressaltar, desde já, que ao menos no que tange à responsabilidade por ato comissivo, a doutrina é pacífica no sentido de que a responsabilidade do Estado é objetiva.[122]

121. Ob. cit., p. 1.009.

122. Nesse sentido é o magistério de Celso Antônio Bandeira de Mello: "É verdade que em muitos casos a conduta estatal geradora do dano não haverá sido legítima, mas, pelo contrário, ilegítima. Sem embargo, não haverá razão, ainda aqui, para variar as condições de engajamento da responsabilidade estatal. Deveras, se a conduta *legítima* produtora do dano enseja responsabilida-

Assim, a responsabilidade do Estado por ato comissivo (lícito ou ilícito) nasce em razão de um dano perpetrado por uma conduta estatal, devendo haver um nexo causal entre aquele dano e esta conduta, independentemente de culpa ou dolo.[123]

Todavia, conforme nos adverte Celso Antônio Bandeira de Mello, não é qualquer dano que faz eclodir a responsabilidade patrimonial do Estado. É dizer, "para que nasça o dever público de indenizar é mister que o dano apresente certas características".[124] E é neste ponto que se mostra imprescindível a distinção entre os danos decorrentes de atos lícitos ou ilícitos.

Nesse contexto, tem-se que, tradicionalmente, a doutrina[125] entende que tanto o dano provocado por *ato lícito* como o dano provocado por *ato ilícito* ensejam a responsabilidade patrimonial do Estado nos termos do art. 37, § 6º, da Constituição da República.[126]

Para a eclosão dessa responsabilidade, a doutrina elenca quatro características relativas ao dano perpetrado, cuja presença de duas delas é necessária para a responsabilidade por ato lícito ou ilícito, e outras duas apenas quando se tratar de responsabilidade por ato lícito.

Primeiramente, o dano deve ser jurídico, isto é, "que consista em agravo a algo que a ordem jurídica reconhece como garantido em favor de um sujeito".[127] Impõe-se, portanto, que haja uma "lesão à esfera juridicamente protegida de terceiro, economicamente mensurável".[128]

O dano, ademais, deve ser certo. É dizer, afasta-se a responsabilidade do Estado por danos eventuais ou possíveis, ainda que se admita que seja atual ou futuro. Daí porque Maurício Zockun afirma que "O dano pode ser de ocorrência certa e determinada mas ainda não ter deflagrado

de objetiva, *a fortiori* deverá ensejá-la a conduta ilegítima causadora de lesão jurídica. É que tanto numa como noutra hipótese o administrado não tem como se evadir à ação estatal. Fica à sua mercê, sujeito a um poder que investe sobre uma situação juridicamente protegida e a agrava. Saber-se, pois, se o Estado agiu ou não culposamente (ou dolosamente) é questão irrelevante. *Relevante é a perda da situação juridicamente protegida.* Este só fato já é bastante para postular a reparação patrimonial" (ob. cit., p. 1.028).

123. Maurício Zockun alerta para o entendimento no sentido de que seria necessário um quarto elemento à responsabilidade patrimonial do Estado por ato comissivo: "Há quem sustente a necessidade de um *quarto elemento* para configurar o dano oriundo de conduta comissiva, a saber: *imputação* ou *imputação objetiva.* A necessidade desse quarto elemento surgiria da aparente insuficiência dos critérios de causalidade normalmente utilizados pela doutrina para configuração do nascimento do dano (a saber: (i) *causalidade adequada* – que não faz distinção entre *causa* (situação que dá existência à coisa) e *condição* (que permite à causa irradiar os seus efeitos); ou (ii) *causalidade pautada na teoria da equivalência dos antecedentes* – segundo a qual nem todas as condições são causa, mas apenas aquela que for apropriada à irradiação dos efeitos prescritos pela norma" (ibid., mesma página).

124. Ob. cit., p. 1.036.

125. Nesse tocante, Lucia Valle Figueiredo é pedagógica ao afirmar: "Aclarado o entendimento do texto constitucional no pertinente à expressão 'agentes', cabe, agora, examinar. Com mais detença, que ações estatais empenham responsabilidade. Já averbamos – e agora reafirmamos – caber responsabilidade quer por atos lícitos ou ilícitos" (*Curso de Direito Administrativo*, 9ª ed., cit., p. 288).

126. Art. 37, § 6º, "As pessoas jurídicas de direito público e as de direito privado prestadora de serviços públicos, responderão pelos danos que seus agentes, nessa qualidade, causarem a terceiros, assegurado o direito de regresso contra o responsável nos casos de dolo ou culpa".

127. Ibid., p. 1.037.

128. Maurício Zockun, ob. cit., pp. 99-100.

concretamente seus efeitos a despeito de já se saber, total ou parcialmente, sua intensidade e extensão econômica".[129]

Além disso, para que o Estado seja responsabilizado por ato *lícito*, duas outras características relativas ao dano perpetrado devem estar presentes, a saber: a *especialidade* e a *anormalidade*.

Celso Antônio Bandeira de Mello nos traz a definição destes requisitos: "Dano especial é aquele que onera a situação particular de um ou alguns indivíduos, não sendo, pois, um prejuízo genérico, disseminado pela Sociedade. Corresponde a um agravo patrimonial que incide especificamente sobre certo ou certos indivíduos, e não sobre a coletividade ou genérica e abstrata categoria de pessoas. (...) Dano anormal é aquele que supera os meros agravos patrimoniais pequenos e inerentes às condições de convívio social. A vida em Sociedade implica a aceitação de certos riscos de sujeição a moderados gravames econômicos a que todos estão sujeitos, ocasional e transitoriamente, conquanto em escala variável e na dependência de fatores circunstanciais. São pequenos ônus que não configuram dano anormal".[130]

Assim, conforme observa Maurício Zockun, "para fins de imputação da responsabilidade patrimonial ao Estado, a doutrina tradicional leva em consideração a conduta estatal, o dano perpetrado e o nexo causal. Além disso, o dano indenizável apresenta certos caracteres variáveis de acordo com o fato que o originou (se decorrente de conduta lícita ou ilícita do Estado ou de quem lhe fez as vezes)".[131]

Ressalte-se, todavia, que há divergência acerca do regime aplicável à reparação dos danos perpetrados pelo Estado por ato lícito. É dizer, apesar de a doutrina tradicional entender, conforme demonstramos, que o dano ocasionado por conduta estatal lícita ou ilícita enseja a responsabilidade patrimonial do Estado, há autores que sufragam o entendimento no sentido de que o *dano lícito* se consubstancia em um *sacrifício de direito*, e apenas o *dano ilícito* faz eclodir a *responsabilidade patrimonial do Estado* incerta no art. 37, § 6º, da Constituição da República.

Essa distinção é importantíssima, eis que a depender do regime aplicável, a indenização será prévia, nos termos do art. 5º, XXIV, da Constituição da República (sacrifício de direito); ou *a posteriori*, à luz do art. 100 da Constituição da República (responsabilidade do Estado).

Em razão disso, cumpre-nos abarcar, ainda que brevemente, ambos os entendimentos, para que possamos, ao final, justificar a qual nos filiamos e apontar quais as respectivas consequências jurídicas para a revogação.

Nesse contexto, Celso Antônio Bandeira de Mello admite a responsabilidade do Estado por ato lícito, sendo esta cabível "nas hipóteses em que o poder deferido ao Estado e legitimamente exercido acarreta, *indiretamente*, como simples consequência – não como sua finalidade própria –, a lesão a um direito alheio".[132]

O sacrifício de direito, por sua vez, segundo o ilustre publicista, opera "quando a ordem jurídica estabelece em prol do Estado um poder – consoante já se disse – cujo conteúdo reside *especificamente* em aniquilar um direito alheio, que se converterá em correlativa expressão patrimonial".[133]

129. Ibid., p. 102.

130. Ob. cit., p. 1.039.

131. *Responsabilidade Patrimonial do Estado*, pp. 98-99.

132. Ob. cit., pp. 1.011-1012.

133. Celso Antônio Bandeira de Mello, *Curso de Direito Administrativo*, p. 1.011.

Maurício Zockun, por sua vez, em obra cuja clareza torna irrebatível o entendimento nela sufragado, afirma que a responsabilidade patrimonial do Estado por ato lícito caracteriza, em verdade, hipótese de sacrifício de direito.

Com efeito, entende o autor, ao nosso ver com inegável acerto, que "o art. 37, § 6º, da Constituição da República utiliza a expressão 'dano' como *dano* antijurídico".[134] Isso porque "o ordenamento jurídico deve veicular uma sanção caso um de seus comandos normativos seja desrespeitado", sendo "a responsabilidade patrimonial do Estado um dos meios capazes de recompor a desarmonia causada pela irradiação dos efeitos de um dano não querido pelo Direito".[135] Assim, sendo a responsabilidade patrimonial do Estado prevista no art. 37, § 6º, da Constituição da República uma *norma jurídica de índole sancionatória*,[136] ela eclodirá apenas na hipótese de *danos ilícitos*,[137] isto é, perpetrados por conduta antijurídica.[138]

Já nas hipóteses de danos lícitos, decorrentes, portanto, de fatos também lícitos, "estará configurado sacrifício de direito, hipótese em que se dá a *conversão* de um direito sacrificado em seu montante econômico equivalente".[139] Explica Maurício Zockun:

"As hipóteses tipificadoras de sacrifício de direito têm como traço comum – seu verdadeiro elemento aglutinador – a ideia segundo a qual o esgarçamento de um direito subjetivo ou de um interesse juridicamente protegido é autorizado pela ordem jurídica. Quer-se com isso dizer que a *investida* realizada pelo Poder Público contra um direito subjetivo ou um interesse juridicamente protegido – seja para aniquilá-lo seja para limitá-lo – é *lícita*. Existe, pois, um *dano legítimo* a direito. E nisso reside a abissal diferença entre sacrifício de direito e a responsabilidade patrimonial do Estado".[140]

Desse modo, amparado nas lições deste ilustre publicista, entendemos que o dano lícito – perpetrado por um fato lícito – tipifica hipótese de sacrifício de direito, e não a responsabilidade patrimonial do Estado prevista no art. 37, § 6º, da Constituição da República. As hipóteses de sacrifício de direito, no nosso sentir, não se restringem apenas àquelas decorrentes do poder *específico* de aniquilamento pelo Estado de um direito do administrado. O dano ocasionado, ainda que indiretamente por conduta do Estado, por ser dano lícito, caracteriza o sacrifício de direito.

Todavia, reputar o dano lícito como tipificador de sacrifício de direito não tor-

134. Ob. cit., p. 38.

135. Ibid., p. 185.

136. Nesse tocante, aduz o autor: "a responsabilidade patrimonial do Estado é uma norma jurídica que tem como antecedente um dano perpetrado pelo Estado ou por quem lhe faça as vezes, e como consequente o dever de recompor o patrimônio alheio lesado pela conduta descrita no antecedente" (ob. cit., p. 38).

137. Entende o ilustre publicista que "um *fato ilícito* sempre gerará um *dano ilícito*, ao passo que o dano eventualmente causado por um *fato lícito* sempre gerará um *dano lícito*, salvo na hipótese de esse dano não ser objeto de prévio ressarcimento estatal" (ibid., p. 97). Esclareceremos esta última hipótese mais a frente.

138. Aduz o autor que a divergência que ora se aponta decorre da modificação do "foco de análise da responsabilidade patrimonial do Estado", eis que "se alocado na conduta do agente, admite seu nascimento por fato lícito ou ilícito. Se, pelo contrário, alocado na conseqüência da conduta desse agente, traduz-se, sempre, em responsabilidade por fato ilícito" (ibid., p. 45).

139. Ibid., p. 42.

140. Ibid., p. 82.

na este dano automaticamente indenizável. As mesmas características apontadas pela doutrina como necessárias à eclosão da responsabilidade patrimonial do Estado por ato lícito devem estar presentes. Assim, para que surja o dever de indenização pelo Estado em razão do sacrifício de direito, o dano lícito deve ser jurídico, certo, especial e anormal.

A diferença entre ambos os regimes, conforme já afirmamos, se verifica quanto ao momento em que se opera a recomposição patrimonial do administrado. Com efeito, como entendemos que o dano lícito tipifica um sacrifício de direito, a indenização deve ser justa e prévia, eis que aplicável o regime para a desapropriação previsto no art. 5º, XXIV, da Constituição da República.[141]

Desse modo, o sacrifício de direito possui natureza eminentemente expropriatória, em que haverá o dever de indenização justa e prévia pelo Estado sempre que for possível *antever* a ocorrência de dano lícito que preencha os requisitos mencionados anteriormente: dano jurídico, certo (o que inclui sua mensuração econômica), especial e anormal.

Com essa medida, converte-se em pecúnia o direito sacrificado, protegendo-o e impedindo que ele reste prejudicado. Esta noção será fundamental quando explicitarmos a razão pela qual entendemos que o direito adquirido não impede a revogação dos atos administrativos.

Ressalte-se, por fim, que caso não seja possível *antever* e *apurar* a ocorrência do dano *previamente*, aí se incluindo a sua mensuração econômica, a indenização se dará *a posteriori*, eis que o dano – que antes era lícito – se transforma em dano ilícito ante a ausência de indenização prévia, pois haverá fatalmente lesão ao primado da repartição equânime dos encargos públicos, conforme ressaltamos anteriormente.[142]

Dito isto, investigaremos se a revogação legítima – realizada, portanto, por meio de um ato lícito – tem o condão de ensejar um dano lícito passível de indenização pelo Estado.

Para que atinja este objetivo, como estamos diante de um fato lícito (ato revogatório legítimo), teremos que analisar, portanto, se os requisitos para o nascimento do dever de indenização *justa* e *prévia* por sacrifício de direito restam preenchidos nas hipóteses de revogação de atos estáveis (ou constitutivos de direito); atos precários; e atos que importem em direito adquirido ao seu destinatário.

141. Apesar de aplicável o mesmo regime, o sacrifício de direito, nesta hipótese, se diferencia da desapropriação, eis que o Estado sacrifica um direito do destinatário do ato por meio do ato revogatório, direito este que, todavia, não passa a integrar o patrimônio do Estado.

Nesse diapasão, Maurício Zockun, uma vez mais, é pedagógico ao afirmar: "Em rigor, a indenização decorrente de sacrifício de direito é o meio através do qual se opera uma conversão de direito. O direito sacrificado em benefício da coletividade é transformado em seu equivalente pecuniário perfeito, de forma a se manter incólume sua projeção econômica. (...) Mas a Constituição da República não se limitou a apenas garantir a manutenção do conteúdo econômico de interesses juridicamente protegidos em face dos *danos lícitos indenizáveis*. Ela também exige que a medida reparatória do patrimônio particular se dê *antes* ou *conjuntamente* com o esgarçamento desse direito caso sua ocorrência e sua quantificação sejam previamente conhecidas ou antecipadamente constatáveis. Logo, se a produção de um ato estatal tiver o condão de sacrificar de modo especial e anormal um direito economicamente mensurável, sua entrada em vigor está *condicionada* ao pagamento de prévia indenização, tal como sucede nos caso de desapropriação ordinária" (ibid., pp. 137-138).

142. Maurício Zockun, ibid., p. 142.

Note que, a despeito de sufragarmos o entendimento no sentido de que a responsabilidade patrimonial do Estado por dano lícito tipifica, em verdade, sacrifício de direito, a eclosão do dever de reparação do dano decorre, conforme observamos, do preenchimento dos mesmos requisitos, independentemente do regime adotado. As consequências da adoção deste ou daquele regime é que são distintas, eis que na hipótese de sacrifício de direito a indenização dever ser prévia (caso seja possível antever e mensurar o dano), enquanto que no regime da responsabilidade patrimonial do Estado a indenização se dá *a posteriori*.

Desse modo, o entendimento aqui adotado tem o condão apenas de alterar o momento do ressarcimento do administrado, não havendo distinções quanto à análise dos preenchimentos dos requisitos necessários à eclosão do dever de reparação.

Por fim, não se está, obviamente, afastando a responsabilidade do Estado em razão da revogação ilegítima, isto é, realizada quando não presentes os requisitos (aspectos) necessários para o seu exercício (sujeito, motivo, fundamento, etc.), ou quando presente alguma das limitações já expostas. Nesta hipótese estaremos diante de um ato inválido, passível de anulação pelo Poder Judiciário, não havendo qualquer espécie de dúvida acerca da responsabilidade do Estado pelos danos ocasionados, aí se incluindo danos emergentes e lucros cessantes.[143] À luz das considerações aqui expostas, não se tergiversa no sentido de que este fato eclodirá um dano ilícito, que se submete à responsabilidade patrimonial do Estado à luz do art. 37, § 6º, da Constituição da República, ensejando a indenização *a posteriori* (art. 100 da Carta Magna).

Pretendemos analisar o cabimento de ressarcimento do administrado pela revogação legítima, isto é, quando o Estado está regularmente investido na competência para a retirada do ato por motivo de conveniência e oportunidade, e exerce esta competência validamente, o que se amolda, à luz das noções expostas, ao sacrifício de direito, cabendo-nos investigar, portanto, o cabimento de indenização por dano lícito.

III.5.2 Indenização e atos estáveis (constitutivos de direito ou não precários)

Ao versarmos acerca do ato precário e do ato estável (ou constitutivos de direito), asseveramos que este é o ato ao qual a lei não outorgou qualquer caráter de fragilidade, havendo a *expectativa* de perenidade da situação jurídica por ele estabelecida.

Ademais, afirmamos que o ato estável não se confunde com o ato que enseja direito adquirido ao seu destinatário, eis que este impõe a indicação, pela lei, de imutabilidade da situação jurídica, o que será abarcado mais adiante.

Assim, os atos estáveis ou constitutivos de direito são, em regra, aqueles cuja lei não previu a sua imutabilidade ou a sua precariedade, sendo silente nesse sentido. Entendemos que, nessas hipóteses, presume-se a expectativa de manutenção da relação jurídica.[144]

143. A indenização por danos emergentes e lucros cessantes impõe, obviamente, a possibilidade de suas respectivas mensurações. Com efeito, conforme restou demonstrado, a responsabilidade patrimonial do Estado por ato ilícito possui como requisitos o dano jurídico e certo.

144. Bruno Aurélio, em monografia sobre o tema, discorda do nosso pensamento. Com efeito,

E por se tratar de mera expectativa, aduzimos que esses atos são revogáveis, caso presentes, obviamente, os requisitos necessários para o exercício da competência revogatória. Esta regra, conforme afirmamos, está incerta no art. 53 da Lei n. 9.784/1999, que outorga a competência para a Administração revogar os seus próprios atos por motivo de conveniência e oportunidade.

Daí porque inclusive sustentamos que a revogação se consubstancia em uma regra geral, que não incidirá apenas se não estiverem presentes os requisitos para a sua eclosão, ou alguma limitação que torne o ato irrevogável. Aliás, conforme ensina Celso Antônio Bandeira de Mello, as relações de direito público possuem como característica a mutabilidade, o que apenas corrobora nosso entendimento.[145]

Diante disso, à luz dos requisitos expostos acima para o nascimento do dever de reparação pelo Estado em razão da perpetração de *danos lícitos*, tem-se que, em regra, a revogação legítima dos atos estáveis não enseja a indenização do administrado.

Isso porque o dever de reparação por sacrifício de direito impõe que haja um dano à esfera juridicamente protegida do administrado, isto é, um dano jurídico. Todavia, conforme observamos, nos atos que denominamos de estáveis o administrado não possui direito à manutenção da relação jurídica revogada.

Note que sequer se coloca em pauta se o dano é especial e anormal. Com efeito, como o administrado, repita-se, não possui direito à manutenção do ato, mas apenas expectativa de perenidade da situação jurídica dele decorrente, não resta preenchido o primeiro requisito necessário à eclosão do dever do Estado de reparar o dano lícito perpetrado, qual seja: dano à esfera juridicamente protegida do administrado.

Nesse sentido, Daniele Talamini é pedagógica ao afirmar: "A consideração que se faz é que normalmente não haverá lesão a direito porque a edição do ato administrativo passível de revogação não gera para o administrado direito à sua manutenção em quaisquer circunstâncias. As relações de direito público têm como característica a mutabilidade. Quando um ato administrativo é revogado, normalmente não se suprime direito do administrado. O que pode ocorrer é a supressão de vantagens e benefícios que dele se originaram. Assim, uma simples expectativa de estabilidade do ato não configura direito à imutabilidade da situação; daí porque a revogação, de regra, não implica o dever de indenizar, ainda que tenha ocorrido prejuízo".[146]

o autor entende que "não havendo qualquer elemento no Direito que fragilize a intencionalidade de manutenção perene da relação constituída no futuro, como verificado nos atos precários, o direito é adquirido justamente com a subsunção, tornando, a partir dali, imutável a situação jurídica objetiva" (ob. cit., p. 153). Desse modo, para Bruno Aurélio, todo ato ampliativo de direito não precário é irrevogável, eis que enseja direito adquirido ao seu destinatário. Discordamos dessa interpretação, pois da ausência de previsão de fragilidade do ato não decorre o automático direito adquirido do destinatário com a subsunção do fato à "hipótese de incidência". Conforme demonstraremos, para que nasça o direito adquirido a lei de regência deve indicar a imutabilidade da situação jurídica. A mera ausência de previsão de fragilidade enseja apenas a expectativa de perenidade da relação jurídica, sendo possível, em regra, a revogação. Além disso, entendemos que sequer os atos que ensejam direito adquirido são irrevogáveis.

145. "O direito adquirido e o direito administrativo", *Revista Trimestral de Direito Público* 24, São Paulo, Malheiros Editores, 1998, p. 60.

146. Ibid., mesma página.

Todavia, afirmamos que, *em regra*, a revogação legítima não faz nascer o dever de ressarcimento do administrado. Há, portanto, algumas hipóteses excepcionais em que o particular possui direito à indenização, eis que preenchidos os requisitos para a reparação dos danos lícitos perpetrados pelo Estado, conforme exposto anteriormente.

Com efeito, conforme observa Daniele Talamini em sua monografia acerca do tema, Pietro Virga,[147] ao passo de também entender que a revogação legítima não gera, em regra, direito à indenização, admite que "quando se revogam atos que deram lugar, por exemplo, a despesas relativas ao início de obras, o particular deve ser indenizado pelo valor desembolsado, e não propriamente pela extinção antecipada da relação jurídica".[148]

Esse também é o entendimento de Robin de Andrade, para o qual o dever de ressarcimento do prejuízo perpetrado por ato revogatório impõe que este prejuízo seja injusto e irremediável, tendo apontado duas hipóteses em que haveria o dever de indenização pelo Estado, que se assemelham àquela indicada por Pietro Virga:

"1º. no caso de o acto conferir ao particular a faculdade de lucrativamente explorar determinada actividade ou realizar certa obra sempre que o início da utilização efectiva da licença ou autorização inevitavelmente implicar a realização de despesas iniciais avultadas; neste caso, é legítimo ao particular contar com a manutenção da faculdade durante o prazo necessário para que, em condições normais, a despesa inicial seja amortizada (...). 2º. no caso de o acto conferir ao particular a faculdade de desenvolver certa actividade ou realizar certa obra, em proveito próprio, embora não lucrativamente, e o particular haver realizado certas despesas iniciais que só poderão justificar-se perante a realização integral da obra projectada ou a execução normal da actividade prevista. O que justifica, neste caso, a expectativa legítima do administrado na estabilidade do acto, não é a lucratividade da situação em que é investido, mas a pura e simples presunção de que a licença ou autorização concedida se não deve traduzir, em princípio, em prejuízos para o patrimônio do administrado".[149]

Desse modo, as hipóteses apontadas pelos aludidos autores consistem, fundamentalmente, na indenização do administrado que, amparado na expectativa de estabilidade do ato administrativo, incorreu em despesas iniciais para a execução de seu objeto, o que restou frustrado em razão da revogação desse ato.

Nestas hipóteses, mesmo considerando que se trata de um ato revogável e que a Administração exerceu esta competência validamente, perpetra-se um dano lícito, certo, especial e anormal a direito do administrado.

Isso porque os princípios da isonomia, boa-fé, segurança jurídica e proteção da confiança legítima outorgam uma proteção aos investimentos iniciais realizados pelo administrado para a execução do ato revogado, com fundamento na expectativa de manutenção dessa relação jurídica.

Não se trata de dano ao direito à imutabilidade da situação jurídica aproveitada em razão do ato revogado. Já afirmamos que os atos que denominamos de estáveis ou não precários não outorgam esse direi-

147. *Il Provvedimento Amministrativo*, 4ª ed., Milano, Giuffrè Editore, p. 466, *apud* Daniele Talamini, *Revogação do Ato Administrativo*, p. 233.

148. Ibid., mesma página.

149. Ob. cit., pp. 379-380.

to. Todavia, não se pode admitir, por outro lado, que a expectativa à manutenção desses atos não tenha o condão de outorgar proteção aos investimentos iniciais realizados pelo administrado para a execução do ato, que em muitas das vezes trazem benefícios ao interesse público.

Nesse tocante, o princípio da isonomia impede que o Estado imponha "desigualmente a determinados sujeitos prejuízos decorrentes de uma autuação que visa ao benefício da coletividade". Os princípios da segurança jurídica, boa-fé e proteção da confiança legítima, por sua vez, protegem diretamente os investimentos iniciais feitos pelo administrado, eis que amparado em expectativa concreta à manutenção do ato revogado, isto é, na confiança de que o ato emanado do Estado terá ao menos a perenidade necessária para que não lhe seja ocasionado um prejuízo irrazoável e desproporcional (especial e anormal).

Ao mesmo tempo em que não se pode garantir a imutabilidade da relação jurídica, impedindo a revogação, também não se pode admitir que o administrado não possua nenhuma salvaguarda quanto às despesas iniciais realizadas para a execução do ato, que objetivam satisfazer o interesse público, trazendo inclusive um benefício à coletividade. O princípio da distribuição equânime dos encargos públicos impõe a recomposição do prejuízo ocasionado.

Há, portanto, um sacrifício especial e anormal à esfera juridicamente protegida do destinatário do ato (jurídico), eis que não se trata de um dano genérico ou inerente ao convívio social.

Todavia, há que se ressaltar que o dano deve ser certo. É dizer, há que se auferir se é determinável o dano perpetrado no caso concreto, mensurando-o economicamente.

E caso este dano certo e determinável possa ser antevisto, a sua reparação deverá ser justa e prévia, eis que, conforme afirmamos, os danos lícitos tipificam hipótese de sacrifício de direito, devendo ser aplicado o regime previsto no art. 5º, XXIV, da Constituição da República. Com isso converte-se o direito sacrificado em sua expressão pecuniária, garantindo a incolumidade de sua projeção econômica, impedindo que haja prejuízo ao administrado.

A aferição da certeza do dano dependerá, à luz dos exemplos citados por Rubin de Andrade, da natureza da situação jurídica decorrente do ato revogado (se lucrativa ou não para o administrado) e do momento em que for realizada a revogação.

Com efeito, é óbvia a existência do dano na hipótese em que o ato revogatório é praticado logo após o administrado ter suportado as despesas iniciais e antes de iniciada a execução do objeto do ato. Isso porque, fosse ou não auferir lucro, é ululante que as despesas iniciais não teriam sido amortizadas (o exemplo de permissão de uso de espaço público para a instalação de uma lanchonete, citado por Daniele Talamini, elucida muito bem a questão).[150]

150. "Um exemplo claro desta hipótese é a permissão de uso de espaço público. Pense-se na situação em que, após a assinatura do termo de permissão de uso de local público para instalação de uma lanchonete, o particular tenha contratado profissionais qualificados para reforma do espaço, tenha comprado material para esta finalidade, e antes mesmo de terminar a reforma a permissão tenha sido legitimamente revogada. Neste caso, o início da reforma do espaço não gera o direito à exploração do local nos termos do que foi permitido, mas, sem dúvida, as despesas realizadas com a finalidade de usar o espaço devem ser indenizadas pela Administração. Até porque pode ter havido benefício para o patrimônio público – como, por exemplo, a reforma do piso, do teto, das instalações hidráulicas e elétricas –, e

Nesta hipótese, inclusive, a perpetração do dano lícito pode ser antevista pela Administração, sendo possível ainda sua mensuração (despesas iniciais suportadas), o que impõe, portanto, a indenização *prévia* ao administrado.

Situação diferente ocorreria se a revogação fosse levada a efeito em momento posterior, quando as despesas iniciais já tivessem sido amortizadas pela execução do objeto do ato. Pode ocorrer ainda que essa execução, mesmo após o transcurso de um tempo razoável, tenha ensejado apenas prejuízos ao administrado, sem qualquer culpa da Administração, ou até mesmo hipótese em que não é possível auferir concretamente se as aludidas despesas foram ou não amortizadas, não sendo possível fixar a certeza do dano. Nestas hipóteses, não restaria tipificado o sacrifício de direito.

No segundo exemplo citado por Robin de Andrade, em que "o acto conferir ao particular a faculdade de desenvolver certa actividade ou realizar certa obra, em proveito próprio, embora não lucrativamente",[151] apesar de ser difícil vislumbrar exemplos destas situações jurídicas sendo outorgadas por um ato unilateral, no caso da realização de obra a revogação do ato antes de sua conclusão ensejaria a indenização pelas despesas até então suportadas pelo administrado; e na hipótese de desenvolvimento de atividade seria cabível a indenização por eventuais prejuízos iniciais para a realização de atividades ainda não consumadas.

Em suma, em quaisquer hipóteses há que auferir se houve um dano lícito jurídico, certo, especial e anormal a direito do administrado, suportado em razão da expectativa de manutenção do ato revogado, mas não em razão de eventual direito à perenidade dessa situação jurídica. E uma vez perpetrado este dano lícito, a hipótese será de sacrifício de direito, o que impõe, caso seja possível antever e mensurar economicamente o dano, a indenização justa e prévia.

Ressalta-se apenas que esta indenização justa, conforme observamos, não se refere a danos emergente ou lucros cessantes, pois, repita-se, o administrado, nos atos que denominamos de estáveis (ou constitutivos de direito), não possui o direito à manutenção da situação jurídica por ele aproveitada, mas apenas expectativa concreta. E isso enseja, quando cabível, a indenização em regra apenas por prejuízos iniciais suportados para a execução do ato, desde que não amortizados até o momento da revogação.

III.5.3 Indenização e atos precários

Afirmamos, anteriormente, que os atos precários são declarações insuscetíveis de gerar uma situação estável ao administrado. Vale dizer, a precariedade decorre da fragilidade do ato administrativo, que não gera direito adquirido ou até mesmo expectativa de perenidade da situação jurídica aproveitada pelo administrado.

Assim, a precariedade do ato afasta qualquer espécie de dúvida acerca da ausência de direito do administrado à manutenção da situação jurídica aproveitada. E como, desde o princípio, o destinatário do ato tem ciência da instabilidade da relação jurídica, pode se afirmar que não há sequer uma expectativa concreta à perenidade dessa relação, o que difere dos atos que denominamos de estáveis (ou não precários).

estas benfeitorias não podem ser incorporadas ao patrimônio público sem a devida contraprestação" (ob. cit., p. 236).

151. Ob. cit., p. 380.

Diante disso, se na revogação dos atos estáveis a regra é a ausência do dever de indenização, nos atos precários não resta qualquer espécie de dúvida acerca dessa consequência.

Com efeito, se não há direito à manutenção da relação jurídica revogada, não há, *ipso facto*, um dano à esfera juridicamente protegida do administrado. E se não há dano jurídico, não resta preenchido, portanto, o primeiro requisito para a tipificação do sacrifício de direito. Aliás, se não há direito, não se pode falar, obviamente, em seu sacrifício.

Ressalte-se, todavia, que também admitimos que a revogação dos atos precários possa ensejar, excepcionalmente, um dano jurídico lícito, certo, especial e anormal, que requer, portanto, a recomposição pelo Estado.

É dizer, ainda que não haja a expectativa de perenidade da situação jurídica, entendemos que nas hipóteses em que o administrado realiza investimentos iniciais para a execução do ato, e este, todavia, é revogado antes que ele amortize o investimento realizado, o princípio da igualdade dos cidadãos perante os encargos públicos impõe que o Estado indenize o administrado.[152]

A precariedade, apesar de afastar a expectativa da perenidade da situação jurídica, não tem o condão de afastar a incidência dos primados da isonomia, segurança jurídica, boa-fé e proteção da confiança legítima.[153]

Estes princípios outorgam ao administrado ao menos uma expectativa à *mínima* manutenção desta situação. É dizer, assim como nos atos estáveis, os referidos primados ensejam a confiança do administrado de que o ato emanado do Estado terá ao menos a perenidade necessária para que não lhe seja ocasionado um prejuízo irrazoável e desproporcional. A ausência de uma proteção, ainda que mínima, nestes casos excepcionais, em que há um dano especial (irrazoável) e anormal (desproporcional), não se coaduna com o escopo do Direito.

Desse modo, ainda que excepcionalmente, também admitimos a possibilidade de perpetração de dano lícito na revogação de atos precários, que também tipificará sacrifício de direito, devendo ser indenizado previamente, caso presentes, obviamente, os requisitos para a configuração do dano lícito indenizável.

III.5.4 Revogação e direito adquirido

Daniele Talamini observa com notável proficiência que, no tocante à revogação dos atos que ensejam direitos adquiridos, cumpre-nos verificar qual a melhor interpretação para o disposto no art. 53 da Lei n. 9.784/1999, segundo o

152. Nesse sentido é o magistério da autora portuguesa Filipa Urbano Calvão (*Os Atos Precários e os Actos Provisórios no Direito Administrativo*, Porto, Universidade Católica Portuguesa, 1998, pp. 333-334 *apud* Daniele Talamini, ob. cit., p. 239).

153. Nesse tocante, afirma Daniele Talamini: "Embora a doutrina, de maneira geral, costume identificar as hipóteses de não indenizibilidade da revogação com a precariedade do ato administrativo, parece razoável admitir que estas considerações a respeito da indenizibilidade decorrente da revogação de um ato administrativo qualquer se aplicam aos atos administrativos outorgados a título precário.

"A instabilidade do vínculo gerado pelo ato precário não impede que, presentes as condições descritas acima, sejam consideradas as razões suscitadas quando se invoca os princípios da isonomia, da segurança jurídica e da boa-fé" (ob. cit., p. 238).

qual a Administração pode revogar os seus próprios atos por motivo de conveniência ou oportunidade, *respeitados os direitos adquiridos*.

É dizer, "Importa definir se a previsão de *respeito dos direitos adquiridos* implica uma impossibilidade absoluta à revogação, ou se é possível a revogação com conversão patrimonial dos danos".[154]

Assim, para aqueles que entendem que o direito adquirido consiste em limitação à revogação, o ato, nesta hipótese, será irrevogável, sendo passível de anulação pelo Poder Judiciário caso a revogação seja realizada, fazendo eclodir a responsabilidade patrimonial do Estado (por ato ilícito).

Para esta corrente,[155] nas hipóteses em que a supressão do direito adquirido outorgado ao administrado seja o único meio de satisfazer ao interesse público, a solução é *expropriá-lo*, devendo o administrado ser indenizado justa e previamente, nos termos do art. 5º, XXIV, da Constituição da República.

Caso, todavia, se entenda que a conversão em pecúnia do direito adquirido tem o condão de *respeitá-lo*, conforme prevê o art. 53 da Lei n. 9.784/1999, o ato administrativo que importe em direito adquirido ao seu destinatário será passível de revogação, hipótese em que se perpetrará *dano lícito* a direito juridicamente protegido do administrado.

Esta corrente sustenta que a supremacia do direito público sobre o privado autoriza a retirada do ato por motivo de conveniência e oportunidade, ainda que este ato outorgue direito adquirido ao seu destinatário, sendo garantida a indenização por ato lícito do Estado, à luz do art. 37, § 6º, da Constituição da República. Esta indenização se dará, portanto, *a posteriori*, com o objetivo de recompor o dano perpetrado ao administrado.[156]

154. Ob. cit., p. 241.

155. Adere a esta corrente Daniele Talamini: "Em outras palavras: a regra segundo a qual a Administração pode revogar seus próprios atos desde que respeite os direitos adquiridos só pode ter a finalidade de impedir a revogação nestes casos. Caso se afirme que a existência de direito adquirido implica somente a conversão patrimonial do dano, esvazia-se a previsão legal de proteção. Com isto, também não se faz a distinção necessária entre duas situações diferentes: aquela em que existe direito adquirido e aquela em que não existe" (ob. cit., p. 244).

Também nesse sentido, afirma Lúcia Valle Figueiredo: "O Prof. Oswaldo Aranha Bandeira de Mello diz que diante do direito adquirido há autêntica expropriação. Não discordamos do ilustre Oswaldo Aranha Bandeira de Mello; apenas entendemos que a expropriação antes referida é um pouco diversa da descrita no art. 5º, inciso XXIV. (...) Ora, ao se expropriarem direitos adquiridos, o único objetivo do Poder Público não o de fazê-los integrar o patrimônio público, porém coarctar, daquele momento em diante, efeitos inconvenientes e inoportunos" (ob. cit., p. 274).

156. Nesse sentido é o magistério de Antônio Carlos Cintra do Amaral: "A revogação esbarra no limite da proteção constitucional aos direitos adquiridos, atos jurídicos perfeitos e coisa julgada (art. 5º, XXXVI, da Constituição). Esse limite constitucional, porém, não é insuperável. O ato administrativo pode, em princípio, ser revogado, porque do sistema jurídico brasileiro se pode extrair o princípio da supremacia do interesse público sobre o do particular. Como a supremacia de um interesse sobre o outro não exclui a conciliação ente os dois – princípio que também se pode extrair do Direito brasileiro – do ato revogatório resulta a responsabilidade do Estado pelo prejuízo causado ao particular, compensável mediante indenização" (ob. cit., p. 77).

Também nesse sentido é o magistério de Hugo Olguín Juarez: "En consecuencia, los derechos subjetivos, aunque sean válidamente adquiridos, pueden ser revocados, aunque tengan un contenido patrimonial, puesto que la justa indemnización salvaguarda el derecho lesionado,

A despeito de a consequência coincidir com aquela sufragada pela primeira corrente (indenização justa e prévia), o nosso entendimento não se subsume aos entendimentos acima expostos. Explica-se.

Na esteira da segunda corrente (e ao contrário da primeira), entendemos que o art. 5º, XXXVI, da Constituição da República – ao dispor que "lei não *prejudicará* o direito adquirido (...)" –; e o art. 53 da Lei n. 9.784/1999 – ao prever que a Administração pode revogador os seus próprios atos por motivo de conveniência ou oportunidade, *respeitado o direito adquirido* –, não impõem uma barreira absoluta à revogação.

É dizer, ao nosso ver, o ato que outorga direito adquirido ao seu destinatário é revogável, quando presentes, obviamente, os requisitos para o exercício legítimo da competência revogatória.

Diante disso, surge a seguinte questão: Como se dará o *respeito* e de que modo se evitará o *prejuízo* ao direito adquirido, à luz do disposto na Constituição da República e na Lei n. 9.784/1999?

A proteção ao direito adquirido se perfaz, conforme defendido pela segunda corrente, com a sua conversão patrimonial, porém *prévia* e *justa*. Explica-se melhor na tentativa de aclarar o pensamento:

A parcela da doutrina que propugna a impossibilidade de revogação do ato que enseja direito adquirido, o faz por entender que a indenização *a posteriori* pelo esgarçamento desse direito, à luz da responsabilidade patrimonial do Estado por ato lícito, não evita o *prejuízo* ou garante o *respeito* ao direito adquirido. Para essa corrente, apenas a indenização *justa* e *prévia* (decorrente da expropriação) tem o condão de autorizar o sacrifício do direito adquirido.

Comungamos desse entendimento. Aliás, conforme sustentamos até o presente momento, todo dano lícito perpetrado pelo Estado a direito juridicamente protegido tipifica um sacrifício de direito, que faz nascer o dever de o Estado indenizar justa e previamente o administrado, caso presentes as demais características que qualificam o dano como indenizável. E este regime, conforme restará demonstrado, se aplica à presente hipótese.

Todavia, antes de adentrarmos nesse tema, cumpre-nos ressaltar que a indenização justa e prévia nada mais é que a conversão patrimonial do direito adquirido sacrificado. É dizer, a conversão do direito adquirido em sua expressão pecuniária, desde que prévia, protege e garante o respeito a esse direito, atendendo ao quanto prescrito no art. 5º, XXIV, da Constituição da República e ao art. 53 da Lei n. 9.784/1999.

E se se admite a proteção e o respeito ao direito adquirido por meio de sua prévia e justa conversão patrimonial, esse direito não se consubstancia em uma barreira à revogação. Vale dizer, se o óbice à revogação dos atos que outorgam direitos adquiridos é a necessidade de indenização prévia e justa, este óbice deixa de subsistir, eis que, conforme demonstramos, os atos revogatórios legítimos perpetram danos lícitos, que tipificam hipótese de sacrifício de direito, razão pela qual devem ser recompostos por meio de indenização justa e prévia, à luz do regime previsto no art. 5º, XXIV, da Constituição da República. Daí porque os atos que importem em direito adquirido são revogáveis.

y de este modo, la administración está obligada a indemnizar el derecho lesionado. Dicha irrepresenta la conversión (de un sacrificio, si se quiere), de los derechos subjetivos afectados por la administración en su equivalente económico" (ob. cit., p. 217).

Dito isto, surge a seguinte indagação: qual a diferença (se é que há) dos efeitos patrimoniais da revogação dos atos que importem em direito adquirido, com relação aos efeitos da revogação dos atos estáveis (não precários) e precários? É dizer, a regra seria também a inexistência do direito à indenização, eis que ausente dano à esfera juridicamente protegida do administrado?

A resposta para a última questão é desenganadamente negativa. A regra, quando se tratar de sacrifício de direito adquirido, é justamente o inverso. Isto é, haverá, na presente hipótese, para além de qualquer espécie de dúvida, o dever de o Estado recompor o direito sacrificado, convertendo-o, previamente, em sua projeção econômica.

Isso porque, nesta hipótese, o destinatário do ato revogado possui direito adquirido à manutenção da situação jurídica por ele aproveitada, e não apenas expectativa, conforme se verifica nos atos estáveis (ou não precários). Diante disso, o ato revogatório legítimo perpetra dano lícito à esfera juridicamente protegida do administrado.

Além disso, o dano, ao menos em regra, é certo, sendo inclusive possível ser antevisto e mensurado, eis que o administrado deverá ser indenizado por todos os prejuízos que o ato revogatório lhe acarretou, bem como pelos benefícios que deixará de aproveitar em razão da retirada prematura do ato. Estes benefícios futuros, conforme já se afirmou, devem ser determináveis, e não apenas presumidos.

Quanto à anormalidade e especialidade do dano não há tergiversação, eis que não se trata de um dano genérico ou inerente ao convívio social. O sacrifício de direito adquirido, para além de qualquer espécie de dúvida, é anormal e especial.

Assim, presentes os requisitos do dano lícito indenizável, eis que o ato que outorga direito adquirido ao destinatário é revogável (portanto um fato lícito), resta tipificado o sacrifício de direito, cuja conversão patrimonial deve se dar por meio de justa e prévia indenização, já que é possível antever a perpetração do dano.

Com efeito, se não se tergiversa acerca da existência de direito à manutenção da relação jurídica que será sacrificada, eis que presente direito adquirido, a revogação poderá ser realizada apenas após a prévia e justa conversão patrimonial desse direito.

E caso o ato revogatório seja praticado anteriormente à indenização, estar-se-á diante de um ato ilícito, passível de anulação pelo Poder Judiciário, o que faz eclodir a responsabilidade patrimonial do Estado incerta no art. 37, § 6º, da constituição da República.

Vê-se, portanto, que mesmo admitindo a revogação dos atos que outorguem direitos adquiridos, o efeito patrimonial ao administrado é o mesmo que o apontado por Daniele Talamini e Lúcia Valle Figueiredo. Com efeito, enquanto para estas autoras a única maneira de eliminar os efeitos inconvenientes do ato é a expropriação do direito adquirido com a indenização justa e prévia, eis que esse direito impede revogação; para nós o ato é revogável, pois o direito adquirido será respeitado e não restará prejudicado com sua conversão patrimonial também por meio da indenização justa e prévia, que decorre do regime por nós adotado para a recomposição dos danos lícitos, que se consubstanciam em sacrifícios de direito. A consequência jurídica, portanto, é a mesma, porém decorrente de fundamentos distintos.[157]

157. Daniele Talamini aduz que "Não se pode invocar simplesmente contrariedade ao interesse público para que se possa legitimamente

Diante disso, surge uma derradeira indagação: Qual a solução jurídica para as hipóteses em que a Administração não possui o "poder" de revogar, porém há frontal conflito entre o interesse público e os efeitos protraídos por determinado ato? Nesta hipótese, concordamos que a única solução é a expropriação.[158]

Note que, para nós, há uma diferença entre os atos que ensejam direitos adquiridos e os atos ditos irrevogáveis.

Com efeito, aqueles são passíveis de revogação, eis que a única ressalva imposta pela lei é o respeito ao direito adquirido. E esta ressalva não afasta a competência revogatória, pois os danos lícitos perpetrados pelos atos revogatórios são recompostos com a conversão patrimonial prévia dos direitos sacrificados, garantindo, portanto, a proteção prevista no art. 5º, XXXVI, da Constituição da República e no art. 53 da Lei n. 9.784/1999.

Nesse contexto, Celso Antônio Bandeira de Mello aduz que os direitos adquiridos são identificados por meio da verificação, "a partir da dicção da norma – de seu espírito – se o conteúdo do dispositivo gerador do direito cumpre ou não a *função lógica de consolidar uma situação que é*, de per si, como soem ser as relações de direito público, basicamente mutável".[159]

Assim, da lei formal na qual se funda o ato administrativo se extrai locuções que apontam que a situação jurídica dele decorrente está consolidada, não sendo admitida sua modificação. Esta imutabilidade, todavia, é garantida por meio da conversão patrimonial do direito adquirido. A impossibilidade modificação da situação jurídica significa a vedação de supressão dos efeitos futuros dela decorrentes sem a respectiva conversão em pecúnia. Essa situação jurídica, portanto, permanecerá incólume, porém em sua projeção econômica. Daí porque a indenização deve ser prévia e justa, isto é, na exata projeção do direito adquirido, para que este não reste esgarçado.

suprimir direitos adquiridos, mas somente aqueles interesses que a lei visa proteger" (ob. cit., p. 245). Assim, poder-se-ia arguir que admitir a revogação dos atos que ensejam direito adquirido autoriza a supressão desse direito sob a simples alegação de inconveniência e inoportunidade, o que o torna mais desprotegido do que caso fosse submetido à referida expropriação. Todavia, conforme afirmamos anteriormente, o interesse público que se pretende satisfazer com a revogação deve sempre ser mais relevante que aquele invocado para a prática do ato revogado, devendo ainda ser da mesma natureza quando a competência revogatória decorrer da regra jurídica para a prática do ato inicial. Desse modo, como se está diante da revogação de ato que outorgue direito adquirido, é ululante que o interesse público apto a autorizar a revogação terá que ser de extrema relevância, decorrente de lei, obviamente. Daí porque não será uma simples contrariedade a qualquer interesse público que estará apta a autorizar a revogação nesta hipótese.

158. Nesse tocante, ensina Celso Antônio Bandeire de Mello: "quando, pelo contrário, inexiste o poder de revogar mas a Administração necessita, para atender a um interesse público, rever certa situação e afetar relação jurídica constituída, atingindo *direito* de alguém (não meraz faculdades ou expectativas), a solução é *expropriá-lo*" (ob. cit., p. 466).

159. "O direito adquirido e o direito administrativo", *Revista Trimestral de Direito Público* 24, São Paulo, Malheiros Editores, 1998, p. 60. Neste artigo o ilustre publicista observa com inegável acerto que o direito adquirido só se coloca em pauta nas relações jurídicas cujos efeitos ainda não se esgotaram, não se confundindo, portanto, com o princípio da irretroatividade. O direito adquirido, portanto, objetiva salvaguardar o direito do administrado em aproveitar os benefícios futuros que aproveitaria com a manutenção da relação jurídica. E como a revogação objetiva eliminar os efeitos futuros do ato administrativo, o direito adquirido pode ser invocado nesta hipótese.

Os atos irrevogáveis, por sua vez, são aqueles que não preenchem os requisitos (aspectos) necessários à eclosão da competência revogatória. É dizer, nestas hipóteses, a lei não apenas ressalva os direitos adquiridos, garantindo a imutabilidade da situação, mas retira a possibilidade do exercício da revogação. É o que se sucede nas leis que declaram que o ato é irrevogável, ou que preveem uma competência vinculada para as hipóteses de retirada, ou quando se operou a decadência, conforme expusemos anteriormente. Note que, nestas hipóteses, não subsiste a competência revogatória, ante a ausência dos requisitos necessários para a sua eclosão, o que difere, ao nosso ver, das hipóteses em que a lei apenas ressalva o direito adquirido, indicando a impossibilidade de alteração da situação jurídica decorrente do ato.

Desse modo, nas hipóteses em que a única medida satisfativa para o interesse público é a cessação dos efeitos irradiados pelo ato administrativo, porém não é possível o exercício da competência revogatória, a única solução será a expropriação.

Aliás, essa expropriação nada mais é que um sacrifício de direito,[160] se consubstanciando, segundo Gomes Canotilho, em "um dos mais importantes atos lícitos danosos",[161] eis que decorrente da supremacia do interesse público sobre o interesse privado.

Daí porque, conforme observado, a consequência jurídica será a indenização justa e prévia do destinatário do ato, isto é, o efeito patrimonial será o mesmo dos danos lícitos indenizáveis perpetrados pelo ato revogatório legítimo (eis que ambas as hipóteses tipificam sacrifício de direito e possuem, portanto, natureza expropriatória). A diferença consiste que, nas hipóteses elencadas, a competência revogatória não subsiste, razão pela qual não se pode falar em revogação. Diante disso, fala-se genericamente em expropriação, que nada mais é que um sacrifício de direito, razão porque a consequência jurídica é coincidente.

III.5.5 Indenização de terceiros (efeitos reflexos)

Por fim, para que finalizemos o estudo dos efeitos patrimoniais da revogação dos atos administrativos, cumpre-nos afastar a possibilidade de eclosão do dever de o Estado indenizar terceiros, afetados por efeitos reflexos do ato revogatório.

A doutrina á uníssona nesse sentido,[162] eis que ausente, nestas hipóteses,

160. Carlos Ari Sundfeld, *Direito Administrativo Ordenador*, 1ª ed., p. 95, *apud* Maurício Zockun, *Responsabilidade Patrimonial do Estado*, p. 144.

161. *O Problema da Responsabilidade por Atos Lícitos*, Coimbra, Livraria Almedina, 1974, pp. 137-139, *apud* Lúcia Valle Figueiredo, *Curso de Direito Administrativo*, p. 272.

162. Nesse tocante, Hugo Olguín Juarez é pedagógico ao afirmar: "Indudablemente que la Administración no tendrá obligación alguna con respecto a este tercero lesionado, y la procedencia de una eventual indemnización debe ser resuelta en sentido negativo, tanto para aquellos casos en que el ejercicio de la potestad representa una posibilidad normal, como en aquellos casos en los cuales dicho ejercicio representa una anormal posibilidad. También es obvio que la existencia de estos derechos de terceros no limita de modo algún el ejercicio de la potestad revocatoria, ya que su lesión no deriva de la actividad administrativa como una consecuencia directa, y por la tanto, no puede considerarse como un sacrificio impuesto por la Administración para satisfacer intereses públicos. De este modo no existe base alguna para una eventual indemnización" (ob. cit., pp. 222 e 223).

Nesse mesmo sentido: "Isso porque nestes casos não se configura o nexo de causalidade o nexo de causalidade entre a conduta do Estado e o suposto dano perpetrado ao terceiro, razão pela qual só se cogita em indenização em razão dos efeitos típicos da revogação.

Daí porque se admite apenas a recomposição dos danos perpetrados pelo ato revogatório ao sujeito que compõe a relação jurídica estabelecida com o Estado, isto é, ao destinatário do ato.

IV. Conclusão

Findo o presente trabalho, elencamos as nossas conclusões:

À luz do critério objetivo adotado pela doutrina nacional e insculpido no art. 53 da Lei n. 9.784/1999, a revogação é definida como modalidade de extinção dos atos administrativos, praticada pela Administração por meio de um novo ato administrativo, com fundamento em competência discricionária, cujo objeto é um ato válido, com a finalidade de eliminar efeitos inconvenientes e inoportunos ainda não consumados, respeitados os limites legais. Este conceito reúne os aspectos gerais, isto é, os requisitos para a eclosão da competência revogatória: sujeito ativo; objeto; fundamento; motivo; limites.

O sujeito ativo da revogação se consubstancia em uma autoridade no exercício de função administrativa (em regra a autoridade que editou o ato revogado ou o seu superior hierarca), indicada pela lei que outorga a competência revogatória, que deve ser exercida no âmbito de cada um dos Poderes.

O objeto do ato revogador é um ato administrativo válido, e não os efeitos ainda não consumados pelo ato revogado. A supressão destes efeitos consiste na finalidade da revogação, o que não se confunde com o seu objeto. Este é o ato primário como fonte produtora de efeitos, ainda que estes efeitos decorram de uma única relação jurídica (ato concreto).

O fundamento da revogação consiste em uma competência discricionária, atual, contínua e não exaurida, cuja outorga, à luz da própria noção de função administrativa, decorre (i) de lei formal que a outorgue expressamente; ou, na ausência de previsão expressa, (ii) da mesma lei formal que prevê a competência para a prática do ato revogado, afastando, portanto, a denominada reserva de revogação.

Ainda no que tange ao fundamento, entendemos que o ordenamento jurídico brasileiro consagrou a regra da revogabilidade dos atos administrativos, ante o disposto no art. 53 da Lei n. 9.784/1999 e na Súmula 493 do Supremo Tribunal Federal.

O motivo da revogação é a inconveniência e inoportunidade – a interesse público mais relevante que aquele invocado para a prática do ato inicial – da manutenção dos efeitos irradiados pelo ato revogado, sendo facultativo o exercício da competência revogatória.

No que tange aos limites da revogação, demonstramos que eles decorrem dos próprios requisitos necessários à eclosão da competência revogatória, ocasião na qual nos posicionamos acerca da aplicação dos institutos da prescrição e decadência à revogação.

Nesse tocante, concluímos que quando se tratar de um ato ampliativo de direitos, em que há direito ou expectativa

direta entre a atuação estatal e o dano causado, que é pressuposto da responsabilidade extracontratual do Estado. Nem mesmo invocando a responsabilidade objetiva poder-se-ia cogitar de responsabilização do Poder Público, já que evidentemente também nesta situação se exige que não se encontre presente qualquer causa de exclusão da responsabilidade" (ob. cit., p. 240).

concreta à manutenção da relação jurídica (atos que ensejam direito adquirido e atos estáveis), se aplica o prazo decadencial de 5 (cinco) anos previsto no art. 54 da Lei n. 9.784/1999 (quando o beneficiário do ato estiver de boa-fé), ou o prazo de 10 (dez) anos previsto no art. 205 do Código Civil (se comprovada má-fé).

Os atos precários, por sua vez, não estão sujeitos ao prazo decadencial previsto na Lei n. 9.784/1999 e no Código Civil, não sendo admitido, todavia, que a precariedade subsista eternamente, podendo ocorrer a estabilização da relação jurídica originalmente precária, mormente se a precariedade se estender por um longo lapso de tempo em razão da inércia ilegítima do Poder Público. Os princípios da segurança jurídica e da proteção da confiança legítima (teoria do fato consumado) afastam a precariedade eterna do ato, o que deve ser apurado à luz do caso concreto, tendo em vista os princípios da razoabilidade e proporcionalidade.

Assim que ingressamos na análise dos efeitos da revogação dos atos administrativos, demonstramos que a revogação produz somente efeitos *ex nunc*, impedindo a irradiação de novos efeitos pelo ato revogado e preservando os efeitos já consumados.

O ato revogador irradia efeitos constitutivos e positivos, criando ou recriando uma nova situação jurídica, seja dispondo de maneira distinta acerca da situação sobre a qual o ato revogado versava, ou apenas retirando este ato, isto é, repristinando a situação existente anteriormente, razão pela qual se afirma que a natureza da revogação é constitutiva, e não meramente declaratória.

Em regra, em razão do atributo da imperatividade, o ato revogador irradia efeitos sobre todos os sujeitos que compõem a relação jurídica formada pelo ato revogado. Todavia, nas hipóteses de revogação parcial, efeitos específicos podem ser eliminados, razão pela qual nem todos os indivíduos ou situações jurídicas serão atingidas pelos efeitos do ato revogador. Além disso, a revogação também pode atingir os efeitos reflexos do ato inicial, irradiando, portanto, efeitos sobre terceiros, que não compõem a relação jurídica decorrente do ato revogado.

A revogação da revogação, ainda que não preveja expressamente a repristinação da situação jurídica original, consiste tecnicamente em um novo ato administrativo, que se remete, ainda que implicitamente, às mesmas disposições do primeiro ato, permitindo que os efeitos deste ato sejam novamente irradiados a partir da prática da nova revogação.

Os *danos ilícitos* se sujeitam ao regime da responsabilidade do Estado (art. 37, § 6º, da Constituição da República), hipótese em que a indenização se dará *a posteriori*; enquanto que os *danos lícitos* tipificam a hipótese de sacrifício de direito, se sujeitando ao regime previsto no art. 5º, XXIV, da Constituição da República, que prevê a indenização prévia e justa, por meio da qual se converte o direito sacrificado em sua projeção econômica.

Para que nasça o dever de o Estado indenizar previamente o administrado em razão do sacrifício de direito, o dano lícito deve ser jurídico, certo (o que inclui sua mensuração econômica), especial e anormal, devendo ainda ser possível antever a sua ocorrência.

Em regra, a revogação legítima dos atos estáveis não enseja a indenização do administrado, eis que este não possui direito à manutenção da relação jurídica revogada (mas mera expectativa), o que afasta a existência de dano à sua esfera juridicamente protegida (dano jurídico).

Todavia, admite-se hipóteses excepcionais em que o administrado possui direito à indenização em razão da revogação de ato administrativo estável, eis que, amparado na expectativa de estabilidade do ato administrativo, incorreu em despesas iniciais para execução de seu objeto, que não puderam ser amortizadas em razão da revogação do ato.

Como se trata de um dano lícito perpetrado por um ato revogador legítimo, caso a Administração possa antever este dano jurídico, certo, especial e anormal, sua reparação deverá ser justa e prévia, eis que os danos lícitos tipificam hipótese de sacrifício de direito, devendo ser aplicado o regime previsto no art. 5º, XXIV, da Constituição da República.

Ainda que também excepcionalmente, há a possibilidade de perpetração de dano lícito pela revogação de atos precários, que também tipificará sacrifício de direito, devendo o administrado ser indenizado previamente, caso presentes, obviamente, os requisitos para a configuração do dano lícito indenizável. Aplicam-se as mesmas conclusões expostas com relação aos efeitos patrimoniais da revogação dos atos estáveis.

O ato que enseja direito adquirido é revogável, eis que o art. 5º, XXXVI, da Constituição da República e o art. 53 da Lei n. 9.784/1999 não impõem uma barreira absoluta à revogação. Nesta hipótese, a proteção ao direito adquirido se perfaz com a prévia conversão em sua projeção econômica.

Em regra, a revogação legítima do ato que enseja direito adquirido faz nascer o direito à indenização do administrado, eis que este possui direito à manutenção da relação jurídica decorrente do ato revogado, hipótese em que restará tipificado o sacrifício de direito, bem como preenchidos os requisitos do dano lícito indenizável, sendo aplicável o regime previsto no art. 5º, XXIV, da Constituição da República.

Nesta hipótese, o administrado deverá ser indenizado por todos os prejuízos que o ato revogatório lhe acarretou, bem como pelos benefícios que deixará de aproveitar em razão da retirada prematura do ato. Estes benefícios futuros devem ser determináveis, e não apenas presumidos.

Quando se estiver diante de um ato irrevogável, porém a única medida satisfativa para o interesse público for a cessação dos efeitos irradiados pelo ato administrativo, a única solução jurídica será a expropriação, cujos efeitos patrimoniais coincidem com o decorrente dos danos lícitos indenizáveis (indenização justa e prévia), eis que aplicável o regime previsto no art. 5º, XXIV, da Constituição da República.

A recomposição do dano perpetrado por ato revogatório ilegítimo, ou na hipótese de o administrado não ser indenizado prévia e justamente em razão de dano decorrente de revogação legítima, estar-se-á diante de dano ilícito, o que fará eclodir a responsabilidade patrimonial do Estado insculpida no art. 37, § 6º, da Constituição da República.

Por fim, não é cabível a indenização pelo Estado a terceiros, afetados por efeitos reflexos do ato revogatório, eis que ausente, nestas hipóteses, o nexo de causalidade entre a conduta do Estado e o suposto dano perpetrado ao terceiro, razão pela qual só se cogita em indenização em razão dos efeitos típicos da revogação.

2011.

Bibliografia

ABREU DALLARI, Adílson. "Suspensão dos efeitos do ato administrativo". *Revista de Direito Público* 61. São Paulo: Ed. RT, 1982.

______. "Desvio de poder na anulação de ato administrativo". *Revista Trimestral de*

Direito Público 40. São Paulo: Malheiros Editores, 2002.

ALESSI, Renato. *La Revoca degli Atti Amministrativi*. 2ª ed. Milão: Dott. A. Giuffrè Editore, 1956.

ANDRADE, Robin. *A Revogação dos Actos Administrativo*. Coimbra: Atlântida Editora, 1969.

ATALIBA, Geraldo. *República e Constituição*. 2ª ed. São Paulo: Malheiros Editores, 2007.

AURÉLIO, Bruno. *Atos Administrativos Ampliativos de Direitos: Revogação e Invalida*ção. São Paulo: Malheiros Editores, 2011.

BANDEIRA DE MELLO, Celso Antônio. *Curso de Direito Administrativo*. 30ª ed. São Paulo: Malheiros Editores, 2013.

______. "Anulação de ato administrativo". *Revista de Direito Público* 61. São Paulo: Ed. RT, 1982.

______. *Discricionariedade e Controle Jurisdicional*. 2ª ed. 11ª tir. São Paulo: Malheiros Editores, 2012.

______. "O direito adquirido e o direito administrativo". *Revista Trimestral de Direito Público* 24. São Paulo: Malheiros Editores, 1998.

BANDEIRA DE MELLO, Oswaldo Aranha. *Princípios Gerais de Direito Administrativo*. vol. I, 3ª ed. São Paulo: Malheiros Editores, 2007.

CARVALHO FILHO, José dos Santos. *Manual de Direito Administrativo*. 17ª ed. Rio de Janeiro: Lumen Juris, 2007.

CASSAGNE, Juan Carlos. *Derecho Administrativo*. 7ª ed. Buenos Aires: Abeledo--Perrot, 2003.

CINTRA DO AMARAL, Antônio Carlos. *Teoria do Ato Administrativo*. Belo Horizonte: Fórum, 2008.

DI PIETRO, Maria Sylvia Zanella. *Direito Administrativo*. 19ª ed. São Paulo: Atlas, 2006.

FERRAZ, Sérgio, e DALLARI, Adílson Abreu. *Processo Administrativo*. 3ª ed. São Paulo: Malheiros Editores, 2012.

FIGUEIREDO, Lúcia Valle. *Curso de Direito Administrativo*. 9ª ed. São Paulo: Malheiros Editores, 2008.

GASPARINI, Diógenes. *Direito Administrativo*. 11ª ed. São Paulo: Saraiva, 2006.

GORDILLO, Agustín. *Tratado de Derecho Administrativo*. 7ª ed. Belo Horizonte/São Paulo: Del Rey e FDA, 2003.

GUASQUE, Luiz Fabião. "Nulidade e anulabilidade do ato administrativo e seus efeitos". *Revista de Direito Público* 99. São Paulo, Malheiros Editores, 1991.

MARCONDES, Ricardo. *Efeitos dos Vícios dos Atos Administrativos*. São Paulo: Malheiros Editores, 2008.

MEIRELLES, Hely Lopes. *Direito Administrativo Brasileiro*. 39ª ed. São Paulo: Malheiros Editores, 2013.

OLGUÍN JUAREZ, Hugo A. *Extinción de los Actos Administrativos – Revocación, Invalidación e Decaimiento*. Santiago: Editorial Jurídica de Chile, 1961.

REALE, Miguel. *Revogação e Anulamento do Ato Administrativo*. 2ª ed. Rio de Janeiro: Forense, 1980.

SUNDFELD, Carlos Ari. *Fundamentos de Direito Público*. 5ª ed., 4ª tir. São Paulo: Malheiros Editores, 2013.

TÁCITO, Caio. "Ato e fato administrativo". *Revista Trimestral de Direito Público* 1. São Paulo: Malheiros Editores, 1993.

TALAMINI, Daniele. *Revogação do Ato Administrativo*. São Paulo: Malheiros Editores, 2002.

VALIM, Rafael. *O Princípio da Segurança Jurídica no Direito Administrativo Brasileiro*. São Paulo: Malheiros Editores, 2010.

ZANCANER, Weida. *Da Convalidação e da Invalidação dos Atos Administrativos*. 3ª ed. São Paulo: Malheiros Editores, 2008.

ZOCKUN, Maurício. *Responsabilidade Patrimonial do Estado*. São Paulo: Malheiros Editores, 2010.

______. "A separação dos Poderes e o Judiciário como legislador positivo e negativo". *Revista Trimestral de Direito Público* 47. São Paulo: Malheiros Editores, 2004.

______. "Competência legislativa municipal e o interesse local". *Revista da Procuradoria-Geral do Município de Belo Horizonte*. Belo Horizonte: Fórum, 2010.

______. "Atributos e extinção dos atos administrativos". *Revista Trimestral de Direito Público* 48. São Paulo: Malheiros Editores, 2004.

______. *Regime Jurídico da Obrigação Tributária Acessória*. São Paulo: Malheiros Editores, 2005.

PREFERÊNCIA PARA PRODUTOS MANUFATURADOS E SERVIÇOS NACIONAIS EM LICITAÇÕES: UMA ANÁLISE CRÍTICA À LUZ DO DESENVOLVIMENTO NACIONAL SUSTENTÁVEL

Gabriela Verona Pércio

Graduada pela Pontifícia Universidade Católica do Paraná – PUC/PR. Pós-Graduada *Lato Sensu* em Direito Administrativo Contemporâneo pelas Faculdades de Direito de Curitiba – Centro Universitário de Curitiba – UNICURITIBA/PR. Aluna do Mestrado em Gestão de Políticas Públicas da Universidade do Vale do Itajaí – UNIVALI/SC. Advogada

Flávio Ramos

Doutor em Sociologia Política pela Universidade Federal de Santa Catarina – UFSC. Coordenador do Mestrado em Gestão de Políticas Públicas da Universidade do Vale do Itajaí – UNIVALI/SC

1. A busca pelo desenvolvimento nacional e as políticas públicas no Brasil. 2. Desenvolvimento nacional, intervenção do Estado na economia e licitações públicas. 3. Aspectos controversos da política pública de preferência a produtos manufaturados e serviços nacionais em licitações. 4. Conclusões. Bibliografia.

Resumo: O presente artigo tece considerações sobre a busca de geração de políticas públicas e a utilização das contratações administrativas como ferramental indutor do crescimento de setores estratégicos do mercado nacional.

O Tópico 1 faz uma breve digressão histórica e contextualiza o tema das políticas públicas no Brasil, trazendo alguns aspectos do debate que o circunda.

O Tópico 2 aborda a configuração do Estado, a formulação, implementação e avaliação de políticas públicas no Brasil e a utilização das licitações públicas como instrumentos de regulação inerente à atuação interventiva do Estado na economia. Delimita, também, as normas que possibilitam atualmente o estabelecimento de margens de preferências para produtos manufaturados e serviços nacionais em licitações realizadas pelo Poder Público brasileiro.

O Tópico 3 traz reflexões sobre a adequação da implementação de tal política pública no País, aponta aspectos controversos e sugere interpretação legal em prol da coerência e da constitucionalidade do novel sistema jurídico.

O Tópico Conclusões compartilha algumas impressões sobre a implementação da política pública em questão e preocupações relacionadas ao seu controle e efetividade.

1. A busca pelo desenvolvimento nacional e as políticas públicas no Brasil

O Brasil é um país com heterogeneidades e contradições que tornam especialmente distinto o objetivo constitucional de atingir o desenvolvimento, relacionado à ideia de mudança e a um salto de qualidade nas áreas econômica, social, cultural e intelectual.[1] Ao longo de décadas, fórmulas tem sido testadas para a concretização de tais mudanças, produzindo avanços, mas também retrocessos.

A tentativa de reforma do Estado, implementada por Bresser-Pereira na corrente do movimento de construção do Estado Pós-Moderno, mundialmente em expansão, que soleniza o compromisso com a busca de resultados que assegurem a concretização dos direitos fundamentais, produziu modificações relevantes, mas não logrou conclusão. A superação de atributos clássicos do Estado, sem oferecer os precisos contornos de um novo modelo, imerso em incertezas e indeterminações, pode ser apontada como uma das causas genéricas do fracasso,[2] que também decorreu, entre outras causas específicas, da prevalência da reforma fiscal sobre a institucional.[3]

O fenômeno da globalização, um sistema complexo de integração política, econômica, jurídica, cultural e social de nível mundial, produz a desaceleração do processo de desenvolvimento nacional, especificamente sob o enfoque econômico, na medida em que o Estado brasileiro vislumbra uma forte vinculação dos problemas nacionais às questões internacionais, deparando-se com um espectro de interesses privados que influenciam as decisões político-econômicas em favor do externo.[4] A intensa pressão dos setores vinculados ao sistema capitalista internacional pela desregulamentação e liberalização dos mercados produz drásticas consequências para o mercado interno, escorchado pela agressiva atuação de países que buscam, além fronteiras, as receitas que o seu próprio *status* de desenvolvimento nacional não pode prover.

De outro lado, por mais esforços que se façam para "resolver" problemas, os cidadãos encontram dificuldades para exigir que as ações governamentais sejam cumpridas, e isto por vários motivos e interesses. A garantia de uma efetiva *accountability* encontra limitações. Indicadores para monitoramento e avaliação dos programas sociais, bem como fortale-

1. Thiago Holanda González, "A busca pelo desenvolvimento nacional e os obstáculos à soberania econômica: uma análise da ordem econômica constitucional de 1988 face à globalização", XIX Conselho Nacional de Pesquisa e Pós-Graduação em Direito, Fortaleza, *Anais*, Fortaleza, CONPEDI, 2010.

2. Jacques Chevallier, *O Estado Pós-Moderno*, trad. Marçal Justen Filho, Fórum, 309 pp.

3. Fernando Luiz Abrucio, "Trajetória recente da gestão pública brasileira: um balanço crítico e a renovação da agenda de reformas", *RAP* 57- 86, Edição Especial Comemorativa, Rio de Janeiro, 1967-2007.

4. Thiago Holanda González, ob. cit.

cer processos de descentralização podem contribuir para formas de controle social das ações governamentais.[5]

A *descentralização* e/ou desconcentração[6] dos processos decisórios, noções de participação e cidadania *ampliadas* e novas e inovadoras formas de gestão permeiam o debate na atualidade. Formas de participação, limites dessas mesmas concepções de participação e deliberação e transformações na esfera democrática predominam, portanto, nesse amplo debate envolvendo as relações entre Estado e sociedade e as consequentes políticas públicas advindas desse processo.[7]

Os modelos de formulação e análise de políticas públicas apresentam grande diversidade,[8] cabendo, aqui, uma primeira reflexão: uma reforma administrativa não poderia emergir a partir de construções conjuntas entre gestores e geridos em uma determinada organização pública e setores da sociedade? As formas de *accountability* não poderiam ser aprimoradas? As respostas parecem ser simples, mas sua composição traz diferenças e oposições.

Os estudos envolvendo políticas públicas no Brasil são relativamente recentes. A década de 1980 inaugurou uma sequência de trabalhos contemplando o tema, fruto do processo de democratização do País. Cidadania, direitos humanos, saúde, educação, e as ações sociais do Estado brasileiro constituíram esse ambiente fecundo para que as políticas públicas e seus enfoques sociais ganhassem destaque. Houve um esforço acentuado para que tais ações fossem devidamente analisadas, desde aspectos envolvendo a formulação dessas políticas, como sua efetividade. As relações entre Estado e sociedade, adquirindo novos patamares, privilegiam atores até então não contemplados por estudos do gênero.

A Constituinte de 1988, apesar do debate em torno do (neo)liberalismo no início da década de 1990, definiu, em grande parte o desenho do Estado brasileiro e as concepções de políticas públicas a partir dessa nova arquitetura do Estado brasileiro. A Constituição da República Federativa do Brasil – CF/1988 contém um conjunto de normas que permite a superação do subdesenvolvimento mediante ações do Estado inseridas na esfera de deveres inarredáveis, passíveis de serem exigidas pela coletividade e, em caso de omissão, gerar a necessária responsabilização. A cogência das políticas públicas previstas no Texto Constitucional é decorrente da supremacia da Constituição, um dos paradigmas de gestão pós-moderna, que eleva a sua implementação ao nível de dever e autoriza a intervenção do Poder Judiciário para exigir seu cumprimento.[9] Segundo o art. 3º, II, um dos objetivos

5. Paulo M. Jannuzzi, "Indicadores para diagnóstico, monitoramento e avaliação de programas sociais no Brasil", *Revista do Serviço Público – RSP* 56/137-160, Brasília, abr.-jun./2005.

6. Por descentralização entenda-se a formação de novas arenas de decisão que contemplem novos ou outros agentes e modelos que podem ser construídos pelos próprios envolvidos e que dali se estabelecem, no sentido *bottom up*, os canais de ação a partir das decisões. Por desconcentração compreenda-se a manutenção das esferas de poder e a preservação do sentido *top down*, tendo-se novos participantes como forma de consulta esporádica e, muitas vezes, com propósitos de ações superficiais.

7. Marta Arretche, "A agenda institucional", *Revista Brasileira de Ciências Sociais – RBCS*, vol. 22, n. 64, São Paulo, 2007, pp. 147-151.

8. Andrei P. Trevisan e Hans. M. Van Bellen, "Avaliação de políticas públicas: uma revisão teórica de um campo em construção", *Revista de Administração Pública – RAP* 42(3)/529-550, Rio de Janeiro, mai.-jun./2008.

9. Jessé Torres Pereira Junior e Marinês Restelato Doti, *Políticas Públicas nas Licitações*

fundamentais da República é garantir o desenvolvimento nacional.

Cabe lembrar, *ad cautelam*, a distinção entre as noções de desenvolvimento e de crescimento econômico. Tal como ensina Eros Grau, o desenvolvimento de um país pressupõe mutações dinâmicas e um processo de mobilidade social contínuo e intermitente.[10] O desenvolvimento envolve aspectos qualitativos e quantitativos, conduzindo a uma estrutura social nova, em um processo que abrange não apenas a melhoria do padrão econômico, mas também dos padrões sociais, culturais e intelectuais de uma dada sociedade.[11]

O crescimento econômico, que muitas vezes se opera pelas desigualdades e por efeitos sociais perversos, não é, portanto, conexo à condição de desenvolvimento, equação que não apresenta equilíbrio em suas variáveis.[12] Segundo Celso Furtado, apenas quando o projeto social confere prioridade e concretiza o incremento das condições de vida da população, o crescimento se transforma em desenvolvimento, o que ocorrerá, contudo, mediante vontade política, em uma sociedade que desempenhe um papel dinâmico nesse processo evolutivo.[13]

A busca pelo desenvolvimento nacional é um grande desafio, permanecendo, os mecanismos sutis que conduzem a ele, envoltos em um grande mistério.[14] São necessárias ações em setores diversos e complementares, entre eles a educação, a ciência e a tecnologia, com o objetivo de propiciar ao Brasil o desenvolvimento de tecnologias que produzam a modernização econômica e social e permitam a participação igualitária no mercado internacional,[15] deixando a condição de economia periférica e passando a usufruir dos benefícios oferecidos pelo mercado globalizado. De acordo com o art. 219 da CF/1988, "o mercado interno integra o patrimônio nacional e será incentivado de modo a viabilizar o desenvolvimento cultural e socioeconômico, o bem-estar da população e a autonomia do País, nos termos de lei federal", não havendo dúvidas quanto ao dever do Estado, sob o mote do desenvolvimento nacional, de intervir na economia, criando e implementando políticas públicas para setores incapazes de competir igualitariamente com o mercado externo.

Apesar da evolução do conceito de desenvolvimento nacional que se operou nas últimas décadas, o desenvolvimento econômico continua a orientar, precipuamente, as ações do Estado. Contudo, na esteira do movimento mundial em torno da conservação e preservação do meio ambiente e com respaldo no próprio Texto Constitucional, encontra-se definitivamente adjetivado pela sustentabilidade,

e Contratações Administrativas, Belo Horizonte, Fórum, 2009, pp. 24-25.

10. Eros Roberto Grau, *Elementos de Direito Econômico*, São Paulo, Ed. RT, 1981, p. 7.

11. Thiago Holanda Gonzalez, "A busca pelo desenvolvimento nacional e os obstáculos à soberania econômica: uma análise da ordem econômica constitucional de 1988 face à globalização", trabalho publicado nos *Anais* do XIX Encontro Nacional do CONPEDI realizado em Fortaleza/CE, nos dias 9-12.6.2010.

12. Karin Vecchiatti, *Três Fases Rumo ao Desenvolvimento Sustentável: do Reducionismo à Valorização da Cultura*, São Paulo, São Paulo em Perspectiva, 2004, pp. 90-95.

13. Celso Furtado, *apud* Edenis César Oliveira, *Crescimento e Desenvolvimento Econômico: a Sustentabilidade como Modelo Alternativo*, disponível em *http://www.funge.com.br/upload_trabalhos/13_artigoiiforumambiental.pdf*, acesso 11.8.2011.

14. Glauco Arbix, "Tecnologia e crescimento econômico", *Novos Estudos* 77/37-46, mar./2007.

15. Thiago Holanda González, ob. cit.

não se admitindo, modernamente, um desenvolvimento econômico focado apenas ao aumento da produção, do consumo e da riqueza, agregando-se obrigatoriamente a tais fatores a busca por um desenvolvimento sociocultural, que preserve recursos naturais e não gere ou amplie diferenças sociais. Muito embora o conceito de desenvolvimento sustentável ainda seja um conceito em evolução,[16] é perfeitamente possível identificar os deveres do Estado que concretamente exalam dessa nova concepção de desenvolvimento equilibrado, que trata de monitorar, gerir e controlar os estoques de recursos naturais.[17]

Uma vertente ainda tímida do debate atual acerca do desenvolvimento nacional propugna que o desígnio de uma nação rica social, econômica, científica e tecnologicamente e a criação de uma verdadeira espiral do desenvolvimento econômico sustentável, depende fundamentalmente de iniciativas nos campos da ciência, da tecnologia e da inovação, voltadas para capacidade do Estado e do setor empresarial de desenvolver e aplicar políticas e incentivos destinados à criação de ambientes e processos capazes de gerar riquezas adicionais a partir da inteligência nacional e do que já existe no País.[18] Segundo essa teoria, que já se difunde no País, a nova essência de um processo desenvolvimentista seria inteligência, tecnologia e inovação decorrentes, transformando-se em moeda ou capacidade de agir, competitivamente, no mercado mundial e nacional, seguindo o exemplo de países que se tornaram industrialmente poderosos sem dispor de riquezas naturais como o Brasil. Nessa esteira, a propósito, estudos da Organização para a Cooperação e o Desenvolvimento Econômico – OCDE confirmaram que o desenvolvimento de produtos ou processos inovadores para os padrões mundiais proporcionam aos respectivos países benesses competitivas singulares em mercados dispostos a aumentar as quantidades adquiridas e a pagar preços altos, justificando, pois, políticas públicas nessa direção.

É, contudo, importante ressaltar que os debates deflagrados pelas realidades de países que eclodiram em desenvolvimento, como os denominados Tigres Asiáticos, convergiram para as escolhas de longa duração, em detrimento das estratégias de curto e médio prazo, realçando o fato de que os mecanismos de impulsão do crescimento não são espontâneos, automáticos ou naturais.[19] Os extensos processos de aprendizagem e inovação, produção do conhecimento e capacitação científica e tecnológica estiveram na raiz do desempenho diferenciado de tais países, motivando o estudo de como esses processos possibilitaram a superação do atraso social e econômico e o *catching-up*.[20] Em tal contexto, as políticas públi-

16. Richer de Andrade Matos e Syane Brandão Caribé Rovella, *Do Crescimento Econômico ao Desenvolvimento Sustentável: Conceitos em Evolução*, disponível em *http://www.opet.com.br/revista/administracao_e_cienciascontabeis/pdf/n3/DO-CRESCIMENTO-ECONOMICO-AO-DESENVOLVIMENTO-SUSTENTAVEL-CONCEITOS-EM-EVOLUCAO.pdf*, acesso 11.8.2011.

17. Marcionila Fernandes, *Desenvolvimento Sustentável: Antinomias de um Conceito*, *apud* Richer de Andrade Matos e Syane Brandão Caribé Rovella, ob. cit.

18. José Fantine e Carlos Feu Alvim, *Um Modelo de Desenvolvimento Nacional*, disponível em *http://ecen.com/eee57/eee57p/um_modelo_de_desenvolvimento_nacional.htm*, acesso 11.8.2011.

19. Glauco Arbix, ob. cit.

20. O conceito de *catch up* refere-se às habilidades que um determinado país desenvolve para viabilizar a redução da distância que o separa de um país líder (Glauco Arbix, ob. cit.).

cas, revitalizadas e redefinidas, surgiram como "atividade nobre", tendo, o Estado, desempenhado papel de suma relevância como indutor de escolhas que sustentaram um crescimento econômico a longo prazo.

2. *Desenvolvimento nacional, intervenção do Estado na economia e licitações públicas*

A década de 1990, no Brasil, contemplou instigante debate envolvendo o desenho do Estado e as reformas administrativas englobando a estrutura burocrática brasileira. A ideologia (neo) liberal conhecia seu apogeu. Não foi por acaso que as reformas administrativas que contemplaram organizações públicas e a busca por flexibilidade nos modelos de gestão foram associadas a esse movimento de escala global. O discurso liberal afirmava que o Estado era perdulário e ineficaz. A esquerda reagia e acusava os reformadores de seguirem os ditames do neoliberalismo, mas estava em consonância com a necessidade de mudança do Estado; o caminho a seguir é que marcava a distinção.

Esse debate, em parte, foi superado. A abordagem neoliberal cede espaço para novas formas de crescimento econômico, *welfare state* e democracia. Draibe assinala que possivelmente estejamos a vivenciar, não apenas no Brasil, uma nova fase de política desenvolvimentista em que o Estado assume compromissos abandonados desde meados da década de 1980. Independente das divergências envolvendo o tema, fatos como a intervenção do Estado assumindo a promoção de políticas de desenvolvimento ganham destaque na atualidade.[21]

De qualquer modo, o debate em torno da configuração do Estado e da formulação, implementação e avaliação de políticas públicas permanece ativo. Afinal, os instrumentos formais de representatividade, notadamente os processos de controle vertical, demonstram não atender às necessidades de uma sociedade multifacetada. Demandas diferenciadas fazem pressão sobre um Estado que não apresenta as respostas esperadas. De outro lado, fenômenos da tradição política brasileira mantêm-no nos dias atuais. Por exemplo, o fato segundo o qual obtemos conveniências de uma organização política que confunde governo e Estado por meio da concentração de poder e sua manutenção, subsumindo a gestão e a cidadania no mínimo ao segundo plano ou como consequências do poder político, e remetemos ao eleitor, no período eleitoral, o desagravo ou aprovação de governantes (e menos de governos).

A atuação normativa concretiza a intervenção do Estado na economia em sentido lato, ou seja, toda atuação do Estado no âmbito da economia, admitindo-se como tal qualquer tipo de atividade institucional que reflita a participação direta ou indireta do Estado nessa seara.[22] Na última década, tem-se verificado no Brasil uma significativa intervenção nesse sentido. A preocupação principalmente com o ingresso de produtos e serviços estrangeiros no mercado interno, a preços muito mais competitivos do que os nacionais, tem conduzido a uma atividade estatal reguladora, de criação de incenti-

21. Sônia. M. Draibe, "Estado de Bem-Estar, desenvolvimento econômico e cidadania: algumas lições da literatura contemporânea", in Gilberto Hochman (Org.), *Políticas Públicas no Brasil*, Rio de Janeiro, Fiocruz, 2007, pp. 27-64.

22. Maria Heliodora do Vale Romeiro Collaço, *Do Direito ao Desenvolvimento*, disponível em *http://jus.uol.com.br/revista/texto/6038/do-direito-ao-desenvolvimento*, acesso 11.8.2011.

vos ao mercado nacional. Não se trata de atuação inovadora, pois tais espécies de discriminações são praticadas por diversos países, inclusive os desenvolvidos, em defesa da economia nacional e em nome do princípio da soberania.[23]

As compras públicas também passaram a ser utilizadas como ferramenta de indução de políticas públicas voltadas para o desenvolvimento de setores estratégicos, servindo, o poder econômico do Estado, aos seus objetivos maiores. Não se olvida tratar-se, esta, de uma atuação legítima e lícita. Segundo Souto, o poder de compra da Administração possibilita uma forma de atuação no mercado que se preste a resultados de interesse público primário.[24] Ferraz, enfocando o uso da licitação como instrumento de regulação de mercado, afirma que uma leitura constitucionalizada da licitação possibilita possível prescrever-lhe outros papéis fundamentais à economia de mercado, sendo necessária uma mudança de paradigma, percebendo e aceitando que a licitação é um instrumento de alcance e garantia do interesse público e que nem sempre cabe na rigidez dos Códigos.[25] Justen Filho, conceituando regulação, escreve tratar-se do "conjunto ordenado de políticas públicas que buscam a realização dos valores econômicos e não econômicos", envolvendo a "adoção de medidas legislativas e de natureza administrativas destinadas a incentivar práticas privadas desejáveis e reprimir tendências individuais e coletivas incompatíveis com a realização dos valores fundamentais da República".[26] Ressaltando a necessidade de sincronizar, no Brasil, as atividades de administração pública e de políticas públicas, Moreira defende a possibilidade de "governar por contratos" e a eficácia dessa medida para garantir a efetividade das políticas públicas.[27] Assim, não há óbice jurídico a que as contratações administrativas sirvam de instrumentos à regulação do mercado.

Nessa senda, a Lei 8.666/1993 – Lei de Licitações e Contratos administrativos – admite como critério de desempate, em igualdade de condições, que seja dada preferência, sucessivamente, a bens e serviços produzidos no país, produzidos ou prestados por empresas brasileiras e produzidos ou prestados por empresas que invistam em pesquisa e no desenvolvimento de tecnologia no País (art. 3º, § 2º). A preferência a empresas brasileiras de capital nacional situava-se como primeira opção nesse rol (inc. I), mas não vinha sendo aplicada desde a Emenda Constitucional n. 6, de 1995, que revogou o art. 171 da Constituição da República. O dispositivo estabelecia distinção entre empresas brasileiras e empresas brasileiras de capital nacional, possibilitando a estas benefícios considerados necessários ao desempenho de atividades estratégicas

23. Eros Roberto Grau, *Elementos de Direito Econômico*, São Paulo, Ed. RT, 1981, p. 7.

24. Marcos Juruena Villela Souto, "Concorrência desleal nas licitações", *Revista Eletrônica de Direito Administrativo Econômico* 3, Salvador, Instituto de Direito Público da Bahia, ago.-out. 2005, disponível em *http://www.direitodoestado.com.br*, acesso 12.8.2011.

25. Luciano Ferraz, "Função regulatória da licitação", *Revista Eletrônica de Direito Administrativo Econômico* 19, Salvador, Instituto de Direito Público da Bahia, ago.-out./2009, disponível em *http://www.direitodoestado.com.br*, acesso 10.8.2011.

26. Marçal Justen Filho, *Direito das Agências Reguladoras Independentes*, São Paulo, Dialética, 2002, p. 40.

27. Egon Bockmann Moreira, *Governando por Meio de Contratos*, disponível em *http://www.portalbrasil.net/2011/colunas/direito/fevereiro_01.htm*, acesso 11.8.2011.

ou imprescindíveis ao desenvolvimento nacional e, ainda, a possibilidade de tratamento preferencial nas aquisições de bens e serviços. A Lei 12.349/2010, que alterou a Lei 8.666/1993, corrigiu essa incompatibilidade, revogando expressamente o inc. I do § 2º do seu art. 3º.

A Lei 12.349/2010 trouxe, também, a possibilidade de se estabelecer, por ato do Poder Executivo, margem de preferência de até 25% sobre os preços de produtos manufaturados e serviços estrangeiros, para produtos manufaturados e serviços nacionais que atenderem a normas técnicas brasileiras. Para tanto, deverão ser considerados indicadores relacionados à geração de emprego e renda, o efeito na arrecadação de tributos federais, estaduais e municipais, o desenvolvimento e inovação tecnológica realizados no País, o custo adicional dos produtos e serviços e, nas revisões periódicas, uma análise retrospectiva de resultados. Ainda, produtos e serviços que resultarem de desenvolvimento e inovação tecnológica realizados no País poderão beneficiar-se de margem de preferência adicional, não superior aos 25%.

A exposição de motivos da Medida Provisória 495/2010, que deu origem à Lei 12.349/2010, deixa clara a intenção de posicionar o Estado como efetivo indutor do desenvolvimento nacional mediante a utilização de seu poder de compra para estimular a produção doméstica de bens e serviços e produzir um correlato efeito multiplicador sobre o nível de atividade e a geração de emprego e renda.[28] Não há, por todo o exposto, críticas a serem tecidas no tocante à *forma* de intervenção adotada.

3. Aspectos controversos da política pública de preferência a produtos manufaturados e serviços nacionais em licitações

Não obstante à perfeição da forma, o produto final da atividade normativa que resultou na política pública ora em análise merece críticas.

O processo que leva à formulação de uma política pública é um importante objeto de estudo, não havendo consenso doutrinário em torno dele. Diversos modelos de formulação e análise de políticas públicas podem ser identificados, não cabendo, para os fins do presente trabalho, sua exploração. Todos demonstram, contudo, tratar-se de processo complexo, multidisciplinar e multisetorial, conduzido por diversos atores e influenciado por aspectos exógenos e endógenos. A definição da agenda, a identificação de alternativas, a avaliação e a seleção das opções, fases que, no ciclo das políticas públicas, antecedem a implementação e a avaliação, ocorrem sob a ascendência de fatores sociais, econômicos, religiosos, políticos e, ainda, humanos, o que as torna sensíveis a erros. Sob tal premissa, resta claro que a fase de planejamento é essencial seja para possibilitar os resultados, seja para evitar consequências indesejadas no âmbito de outras searas do interesse público.

Segundo Costaldello, o planejamento de políticas públicas "pressupõe o exame cuidadoso e completo do objeto que constituirá as políticas públicas e dos meios para sua materialização",[29] conceito que,

28. Manoel Adam Lacayo Valente, "Marco legal das licitações públicas sustentáveis na Administração Pública", Consultoria Legislativa da Câmara dos Deputados, publicado no *DOU* 93, de 16.5.2008.

29. Angela Cássia Costaldello, "Aportes para um ideário brasileiro de gestão pública: a função do controle externo", in Raquel Dias da Silveira e Rodrigo Pironti Aguirre de Castro (Coords.), *Estudos Dirigidos de Gestão Pública na América Latina*, Belo Horizonte, Fórum, 2001, pp. 33-49.

modernamente, exige o enfoque sob o aspecto do "planejamento estratégico". Essa noção contém dois marcos bem delineados: o rito a ser seguido e os resultados a serem obtidos, sendo-lhe ínsito, ainda, o elemento temporal, o qual delimitará o prazo para o alcance dos fins visados. Trata-se de uma estratégia de planejamento da ação administrativa que congrega vários elementos e um prazo determinado, independentemente da alternância de titulares que exercem a tarefa de governar. Cita, a autora, que o planejamento estratégico pode revelar e voltar-se para várias necessidades indicadas no ordenamento jurídico e comprometendo o respectivo aparelhamento estatal, tal como no seguinte exemplo: as políticas públicas em educação devem ser realizadas com os recursos públicos disponíveis que visam obter esses resultados. Desse modo, o planejamento estratégico envolve não apenas os aspectos do planejamento de uma dada política pública, mas da ação global em relação às diversas políticas públicas elencadas na Constituição e ao alcance dos objetivos do Estado.

No Brasil, a inexistência de uma agenda transversal confunde planejamento de políticas públicas com plano de governo, em prejuízo de projeções futuras e de reflexos em uma perspectiva macro. As ações do governo comumente estão vinculadas à duração do mandato, de modo que os resultados se possam sentir em tempo de serem utilizados como argumento de uma nova campanha eleitoral. Esse uso indiscriminado do poder-dever estatal não leva em consideração no planejamento das políticas públicas as reais dificuldades de implementação, sua complexidade e as consequências a longo prazo.

A política pública da preferência a produtos manufaturados e serviços nacionais em licitações remete à execução do "Plano Brasil Maior", que estabelece a política industrial, tecnológica, de serviços e de comércio exterior do Governo Federal para o período de 2011 a 2014, com foco no estímulo à inovação e à produção nacional para alavancar a competitividade da indústria nos mercados interno e externo.[30] O Plano estabelece um conjunto inicial de medidas a serem implementadas no citado período, entre elas a regulamentação da lei de compras governamentais para estimular a produção e a inovação no país. Traz, ainda, outras ações voltadas para o crescimento econômico: desoneração dos investimentos e das exportações, a ampliação e simplificação do financiamento ao investimento e às exportações, aumento de recursos para inovação, aperfeiçoamento do marco regulatório da inovação, estímulos ao crescimento de pequenos e micronegócios, fortalecimento da defesa comercial, criação de regimes especiais para agregação de valor e de tecnologia nas cadeias produtivas. Assim, a Medida Provisória 495/2010 foi editada com o estrito objetivo de estimular a produção e a inovação no país por meio das compras governamentais.

Tal como submetido pela Presidência da República ao Congresso Nacional, o referido ato modificava o art. 3º da Lei 8.666 para que passasse a contemplar entre os objetivos da licitação a "promoção do desenvolvimento nacional". As medidas preconizadas nos parágrafos do art. 3º, especialmente a preferência a produtos manufaturados e serviços nacionais, voltavam-se exclusivamente para o incremento do mercado nacional e o desenvolvimento da inovação tecnológica no país, em clara intenção de viabilizar o desenvolvimento

30. Governo Federal, *Cartilha Brasil Maior*, disponível em *http://www.brasilmaior.mdic.gov.br/wp-content/uploads/cartilha_brasilmaior.pdf*, acesso 3.7.2011.

econômico nacional. Na tramitação da Medida Provisória pelas Casas Legislativas, a palavra "sustentável" foi acrescentada à expressão "desenvolvimento nacional", dando nova tônica ao texto que passou a integrar a Lei 8.666, conforme a conversão da Medida Provisória 495/2010 na Lei 12.349/2010. A modificação se deu para aproveitar uma janela de oportunidade, tornando efetivas as recomendações da Agenda Ambiental na Administração Pública – A3P, marco meramente indutor de adoção da gestão socioambiental da Administração Pública brasileira,[31] evitando, assim, o trancamento dessas licitações por questionamentos quanto à legalidade de restrições editalícias nesse sentido.

Nada há de equivocado na *intenção* da modificação perpetrada. Conforme ressaltado, não é possível ignorar os reclamos da sustentabilidade ambiental, mundialmente proclamados. O próprio Plano Brasil Maior aponta como um dos objetivos estratégicos, norteadores da construção de um conjunto de indicadores e metas destinadas a orientar a execução e o monitoramento do Plano, o desenvolvimento sustentável: "inovar e investir para ampliar a competitividade, sustentar o crescimento e melhorar a qualidade de vida".[32] Sob o enfoque político, a inserção da expressão "sustentável" produziu uma mudança estratégica fundamental e um magistral desvio de foco: de norma estritamente voltada para o desenvolvimento econômico nacional, com todas as críticas negativas que poderia produzir, a Lei 12.349/2010 passou a norma consolidadora do marco regulatório das licitações sustentáveis, concretizando uma louvável conquista para a sociedade brasileira. Contudo, o *modus operandi* utilizado merece severas críticas, por demandar a do aplicador da lei a utilização de técnicas de hermenêutica para identificar os contornos das novas normas jurídicas. É indispensável uma leitura atenta e conjunta do novo *caput* do art. 3º e seus parágrafos para evitar conflitos normativos.

A inclusão da palavra "sustentável" ao texto do *caput* do art. 3º trouxe limites intransponíveis à aplicabilidade das normas constantes dos seus parágrafos, modificando-lhes a amplitude e, pode-se dizer, interferindo no alcance dos objetivos iniciais. Essa deve ser a conclusão, sob pena de constatar-se que o conjunto das inovações legislativas trazidas pela Lei 12.349/2010 encontra-se eivado dos vícios da incoerência e, mais gravemente, da inconstitucionalidade.

Já no contexto da Medida Provisória 495/2010, muito embora as normas dos parágrafos do art. 3º se voltassem *exclusivamente* para o crescimento econômico, o conceito de *desenvolvimento nacional*, mais amplo e multifacetado, não poderia ser desconsiderado como limite à aplicabilidade das regras de preferência. De modo algum, a utilização das margens de preferência em prol do *crescimento econômico* poderá ser levada a cabo em detrimento das outras facetas do *desenvolvimento nacional* – social, cultural e intelectual, sob o risco de se retroceder ao crescimento econômico perverso, alheio ao projeto social e a melhoria das condições de vida da população.[33] Assim, é condição de

31. Manoel Adam Lacayo Valente, "Marco legal das licitações públicas sustentáveis na Administração Pública", cit., *DOU* 93, de 16.5.2008.

32. Governo Federal, *Cartilha Brasil Maior*, disponível em *http://www.brasilmaior.mdic.gov.br/wp-content/uploads/cartilha_brasilmaior.pdf*, acesso 3.7.2011.

33. Celso Furtado, *apud Cadernos do Desenvolvimento* 1, ano 1, Rio de Janeiro, Centro Internacional Celso Furtado de Políticas para o Desenvolvimento, 2006, 280 pp.

constitucionalidade das medidas autorizadas pelos parágrafos do art. 3º da Lei 8.666 que a adoção das referidas margens de preferência não produzam efeitos reflexos prejudiciais à concretização de outros direitos prestacionais.

A inclusão da palavra "sustentável" restringiu ainda mais a aplicabilidade das novas normas. O texto convertido na Lei 12.349/2010 traz como condição de legalidade para qualquer medida adotada a conformidade com o novo objetivo das contratações públicas não apenas garantir a promoção do desenvolvimento nacional, mas garantir a promoção do desenvolvimento nacional *sustentável*. No mesmo eixo, também o conceito de "desenvolvimento nacional *sustentável*", ainda que em evolução, não deixa dúvidas de que a implementação de políticas públicas de desenvolvimento nacional *deve* ser precedida de estudo de viabilidade que considere as repercussões provocadas no âmbito da concretização de direitos fundamentais. Deixar de atentar para esse aspecto produz uma abissal distância entre as normas que visam o crescimento econômico pela via da preferência a produtos manufaturados e serviços nacionais e o objetivo de garantir o desenvolvimento nacional *sustentável*, fazendo emergir a citada incoerência.

O direito de viver em um ambiente equilibrado, seguro e saudável, assegurado pelo art. 225 da Constituição Federal de 1988, está umbilicalmente vinculado à concretização de outros direitos prestacionais, especialmente os direitos à educação e à saúde. Fundamentalmente, o indivíduo necessita de educação para compreender a relevância da preservação e da conservação do meio ambiente em que vive e definir seu destino. É com educação que o indivíduo apreende a importância do passado e do presente para o futuro, a importância de preservar edificações históricas, de usar racionalmente os recursos naturais, de separar o lixo, de combater focos de doenças endêmicas, entre outras ações primárias e ao alcance da população em geral. De outra parte, políticas públicas na área da saúde e do saneamento básico são primordiais para que o desenvolvimento nacional possa atingir a perspectiva da sustentabilidade enquanto conjunto de ações equilibradas, focadas nas múltiplas dimensões do desenvolvimento e não apenas na dimensão econômica.

Desse modo, o comprometimento do orçamento público com o crescimento econômico nacional por meio das ações autorizadas pela Lei 12.349 não poderá produzir o sacrifício de direitos de primeira grandeza, consagrados na Constituição Federal de 1988. Os limites para a aplicação das novas normas estão claramente definidos pelo objetivo insculpido no *caput* do art. 3º, de garantir o *desenvolvimento nacional sustentável*.

Nesse contexto, surgem indagações: estará, o Estado, considerando os dispêndios em busca do crescimento econômico conforme autorizado pelas normas dos parágrafos do art. 3º da Lei 8.666/1993, legitimado a arguir a teoria da reserva do possível para negar ao cidadão a obtenção de um determinado medicamento via SUS ou a concessão de bolsas de estudo, sob o argumento de excesso de ônus aos cofres públicos? Qual será a medida exata que irá definir se a preferência a produtos manufaturados e serviços nacionais atende ao princípio constitucional do desenvolvimento nacional e ao objetivo de garantir o desenvolvimento nacional sustentável?

A margem autorizada pela Lei 12.349/2010, de até 25% sobre o preço de produtos e serviços estrangeiros concorrentes, pode gerar impacto nos cofres públicos suficiente para comprometer a realização de outras políticas públicas prioritárias, além de demais destinações orçamentárias que sejam necessárias ao adequado funcionamento da máquina administrativa e ao respeito aos princípios e normas que regem as compras públicas nacionais. Ilustrativamente, cita-se a prática de outros países da América Latina, que adotaram políticas similares: na Colômbia, a margem de preferência pode chegar a 20%[34] e na Argentina, a meros 7% em ofertas realizadas por micro e pequenas empresas e de 5% para outras empresas.[35] Por sua vez, a política nacional que atribui preferência a microempresas e empresas de pequeno porte em licitações, de natureza similar, traz conteúdo distinto, possibilitando que as empresas cujos preços estiverem até 10% acima da proposta melhor classificada, pertencente a empresa de grande porte, ofereça novo lance, percentual que é reduzido para 5% quando a modalidade de licitação for o pregão.

Fica em aberto a pergunta: no caso do Brasil, um país notoriamente carente de políticas públicas em áreas como educação e saúde, trata-se da melhor entre outras possíveis alternativas? Sob outro enfoque, é possível questionar: pagar até um ¼ além do valor proposto para produtos manufaturados e serviços estrangeiros poderá contribuir para o crescimento econômico nacional, mas trará o necessário equilíbrio às contas públicas, especialmente considerando as deficiências de planejamento que já se tornaram tradição na Administração Pública brasileira, evitando que sejam escamoteados recursos destinados à concretização de direitos prestacionais e trapaceando a busca pelo desenvolvimento nacional sustentável? Não será, o expressivo "limite" de 25%, o retrato de uma urgência incompatível com os processos de longa duração que resultaram, historicamente, na superação do atraso econômico e no *catching-up* de países hoje desenvolvidos?

Justen Filho alerta ser imprescindível à Administração Pública a total consciência do custo econômico que a realização de outras finalidades representa aos cofres públicos e à Nação. É fundamental a existência de ponderação dos custos envolvidos em cada solução, sendo que o mote do desenvolvimento nacional sustentado não torna legítimas contratações ruinosas e economicamente ineficientes, nem pode conduzir à impossibilidade de atender a outras necessidades igualmente relevantes diante da supremacia da dignidade humana.[36]

As maiores dificuldades despontam a partir da constatação de que a forma de implementação da política pública é matéria reservada à atuação administrativa discricionária, aspecto que sabidamente oferece complexidade ao controle externo e que constitui tema intrincado, cuja delimitação não comporta espaço no presente ensaio. O Decreto n. 7.546/2011, ao propósito de regulamentar parcialmente as normas inseridas pela Lei 12.349/2010, instituiu a Comissão Interministerial de Compras Públicas, com atribuições específicas atinentes à proposição e ao acompanhamento da margem de preferência, de promover avaliações de impacto econômico e examinar os efeitos da política sobre o desenvolvimento nacional. Segundo a própria Lei, algumas medidas de compensação comercial, industrial, tecnológica ou de acesso a condições vantajosas de

34. Lei 816/2003.
35. Lei 25.551/2001.

36. Marçal Justen Filho, "Desenvolvimento nacional sustentado: contratações administrativas e o regime introduzido pela Lei 12.349", *Informativo Justen, Pereira, Oliveira e Talamini* 50, Curitiba, abr./2011, disponível em *http://www.justen.com.br//informativo.php?informativo=50&artigo=528*, acesso 3.7.2011.

financiamento poderão ser estabelecidas em editais, em favor de integrantes da administração pública, conforme estabelecido em decreto, medida que aparentemente objetiva equilibrar os impactos financeiros. Contudo, será imprescindível à legalidade e à constitucionalidade das margens de preferência, fixadas subsequentemente, a comprovação da existência de um planejamento econômico integrado e estratégico, que assegure a existência de recursos orçamentários suficientes para a realização de outras políticas públicas fundamentais ao desenvolvimento nacional sustentável. Mas, que meios de controle serão efetivamente utilizados pelos executores da política pública no intuito de evitar a concretização dos possíveis desvios aqui apontados? Que meios serão concretamente viabilizados aos cidadãos para prover a necessária *accountability*?

4. Conclusões

A orientação do poder de compra do Estado para estimular a produção doméstica de bens e serviços constitui importante diretriz de política pública. Utilizar os processos de contratação pública para fomentar o desenvolvimento de um determinado setor econômico é medida inquestionável, sob o enfoque da juridicidade. Contudo, a eficiência e a efetividade da política pública implementada por esta via dependerá da adequação à realidade nacional e da integração a um planejamento estratégico que considere o planejamento da ação global do Estado em relação às diversas políticas públicas elencadas na Constituição, assim como ao alcance de seus objetivos.

A concessão de margem de preferência a produtos manufaturados e serviços nacionais em licitações provoca indagações, algumas das quais serão respondidas ao longo do processo de implementação. Mais do que nunca, caberá ao Estado planejar suas ações, sejam aquelas voltadas diretamente para a realização de seus fins, sejam aquelas que se prestam a instrumentalizar o alcance dos mesmos, desempenhadas pelo seu aparato administrativo. A legalidade e a constitucionalidade das margens de preferência estabelecidas estarão condicionadas ao equilíbrio orçamentário, de modo que o prestígio ao crescimento econômico não prejudique políticas públicas de primeira necessidade atreladas à concretização de direitos fundamentais salvaguardados pela Constituição Federal e a busca pelo desenvolvimento nacional sustentável, dever inarredável do Estado.

A preocupação com aspectos que envolvem governança pública e *accountability* é considerável. A tecnicidade das informações que embasarão a fixação das margens de preferência parece não permitir um controle efetivo por parte da sociedade. O presente momento, em que serão elaboradas as regras que trarão aplicabilidade concreta às normas legais, é preocupante pela pouca suscetibilidade a ingerências externas. O momento seguinte, de efetiva implementação da política pública enunciada, demandará atuação percuciente dos Tribunais de Contas e do Ministério Público para evitar desvios como os apontados no presente trabalho, além de assegurar a observância de normas e preceitos constitucionais. A avaliação dos resultados, peculiarmente crítica em qualquer processo de análise de política pública, demandará o estabelecimento de critérios e indicadores eficazes, o que, espera-se, seja realizado cuidadosamente pelas autoridades competentes, concomitantemente à fixação das margens de preferência. Por fim, cabe à sociedade exigir a ampla divulgação desses resultados, exercendo seu papel na busca pela efetividade da política pública, possibilitando, reflexamente, o alcance do objetivo legal de garantir o desenvolvimento nacional sustentável por meio das compras governamentais.

Bibliografia

ABRUCIO, Fernando Luiz. "Trajetória recente da gestão pública brasileira: um balanço crítico e a renovação da agenda de reformas". *Revista de Administração Pública – RAP* 57-86. Edição Especial Comemorativa. Rio de Janeiro, 1967-2007.

ARBIX, Glauco. "Tecnologia e crescimento econômico". *Novos Estudos* 77/37-46, mar./2007.

ARRETCHE, Marta. "A agenda institucional". *Revista Brasileira de Ciências Sociais – RBCS*, vol. 22, n. 64. São Paulo, 2007, pp. 147-151.

BANDEIRA DE MELLO, Celso Antônio. *Grandes Temas de Direito Administrativo*. São Paulo: Malheiros Editores, 2009.

CADERNOS DO DESENVOLVIMENTO. Ano 1, n. 1. Rio de Janeiro: Centro Internacional Celso Furtado de Políticas para o Desenvolvimento, 2006, 280 pp.

CAPELLA, Ana. C. "Perspectivas teóricas sobre o processo de formulação de políticas públicas". In HOCHMAN, G.; ARRETCHE, M.; e MARQUES, E. (Orgs.). *Políticas Públicas no Brasil*. Rio de Janeiro: Fiocruz, 2007, pp. 87-122.

CHEVALLIER, Jacques. *O Estado Pós-Moderno*. Trad. Marçal Justen Filho. Fórum, 2009.

COLLAÇO, Maria Heliodora do Vale Romeiro. *Do Direito ao Desenvolvimento*. Disponível em *http://jus.uol.com.br/revista/texto/6038/do-direito-ao-desenvolvimento*.

COSTALDELLO, Angela Cássia. "Aportes para um ideário brasileiro de gestão pública: a função do controle externo". In SILVEIRA, Raquel Dias da; e CASTRO, Rodrigo Pironti Aguirre de (Coords.). *Estudos Dirigidos de Gestão Pública na América Latina*. Belo Horizonte: Fórum, 2001.

DIAS, Dhenize Maria Franco. "A teoria do limite fático da reserva do possível como obstáculo à efetivação dos direitos sociais". *Revista Internacional de Direito e Cidadania* 10/19-31, jun./2011.

DRAIBE, Sônia. M. "Estado de Bem-Estar, desenvolvimento econômico e cidadania: algumas lições da literatura contemporânea". In HOCHMAN, Gilberto (Org.). *Políticas Públicas no Brasil*. Rio de Janeiro: Fiocruz, 2007, pp. 27-64.

FANTINE, José; e ALVIM, Carlos Feu. *Um Modelo de Desenvolvimento Nacional*. Disponível em *http://ecen.com/eee57/eee57p/um_modelo_de_desenvolvimento_nacional.htm*.

FERNANDES, Marcionila. *Desenvolvimento Sustentável: Antinomias de um Conceito*. Belém: AUA, 2003.

FERRAZ, Luciano. "Função regulatória da licitação". *Revista Eletrônica de Direito Administrativo Econômico* 19. Salvador: Instituto de Direito Público da Bahia, ago.-out./2009. Disponível em *http://www.direitodoestado.com.br*.

FFREY, Klaus. "Governança urbana e participação política". XXVIII Encontro Nacional de Programas de Pós-Graduação em Administração, Curitiba. *Anais*. Curitiba: Anpad, 2004.

FREITAS, Juarez. *O Controle dos Atos Administrativos e os Princípios Fundamentais*. 4ª ed. São Paulo: Malheiros Editores, 2009.

GONZÁLEZ, Thiago Holanda. "A busca pelo desenvolvimento nacional e os obstáculos à soberania econômica: uma análise da ordem econômica constitucional de 1988 face à globalização". XIX Conselho Nacional de Pesquisa e

Pós-Graduação em Direito, Fortaleza. *Anais*. Fortaleza: CONPEDI, 2010.

GOVERNO FEDERAL. *Cartilha Brasil Maior*. Disponível em *http://www.brasil-maior.mdic.gov.br/wp-content/uploads/cartilha_brasilmaior.pdf*.

GUGLIANO, A. A. "Democracia, participação e deliberação. Contribuições ao debate sobre possíveis transformações na esfera democrática". *Civitas*. *Revista de Ciências Sociais. Democracia e Novas Formas de Participação Política*, vol. 4, n. 2. Porto Alegre: PUC/RS, 2004, pp. 257-284.

GRAU, Eros Roberto. *Elementos de Direito Econômico*. São Paulo: Ed. RT, 1981.

JANNUZZI, Paulo. M. "Indicadores para diagnóstico, monitoramento e avaliação de programas sociais no Brasil". *Revista do Serviço Público – RSP* 56/137-160. Brasília, abr.-jun./2005.

JUSTEN FILHO, Marçal. *Direito das Agências Reguladoras Independentes*. São Paulo: Dialética, 2002.

______. "Desenvolvimento nacional sustentado: contratações administrativas e o regime introduzido pela Lei 12.349". *Informativo Justen, Pereira, Oliveira e Talamini* 50. Curitiba: abr./2011. Disponível em *http://www.justen.com.br//informativo.php?informativo=50&artigo=528*.

MÂNICA, Fernando Borges. "Teoria da reserva do possível: direitos fundamentais a prestações e a intervenção do Poder Judiciário na implementação de políticas públicas". *Revista Brasileira de Direito Público* 18/169-186. Belo Horizonte, ano 5, jul.-set./2007.

MATOS, Richer de Andrade; e ROVELLA, Syane Brandão Caribé. *Do Crescimento Econômico ao Desenvolvimento Sustentável: Conceitos em Evolução*. Disponível em *http://www.opet.com.br/revista/administracao_e_cienciascontabeis/pdf/n3/DO-CRESCIMENTO-ECONOMICO-AO-DESENVOLVIMENTO-SUSTENTAVEL-CONCEITOS-EM-EVOLUCAO.pdf*.

MOREIRA, Egon Bockmann. *Governando por Meio de Contratos*. Disponível em *http://www.portalbrasil.net/2011/colunas/direito/fevereiro_01.htm*, acesso em 3.7.2011.

MOTTA, Fabrício. *Função Normativa da Administração Pública*. Belo Horizonte: Fórum, 2007.

MUNIZ, Suelyn. "Investimento recente, capacitação tecnológica e competitividade". *São Paulo em Perspectiva*, vol. 14, n. 3. São Paulo, jul.-set. 2000.

NOGUEIRA, Marco Aurélio. *Um Estado para a Sociedade Civil. Temas Éticos e Políticos da Gestão Democrática*. São Paulo: Cortez, 2004.

OLIVEIRA, Amanda Flávio de (Coord.). *Direito Econômico – Evolução e Institutos*. Rio de Janeiro: Forense, 2009.

OLIVEIRA, Edenis César. *Crescimento e Desenvolvimento Econômico: a Sustentabilidade como Modelo Alternativo*. Disponível em *http://www.funge.com.br/upload_trabalhos/13_artigoiiforumambiental.pdf*.

OLIVEIRA, Henrique Altemani de. "Brasil e China: uma nova aliança não escrita?". *Revista Brasileira de Política Internacional* (*online*), vol. 53, n. 2, 2010, pp. 88-105.

OLIVEIRA, Rafael Sérgio Lima de; e CALIL, Mário Lúcio Garcez. "Reserva do possível, natureza jurídica e mínimo essencial: paradigmas para uma definição". XVII Conselho Nacional de Pesquisa e Pós-Graduação em Direito, Brasília. *Anais*. Brasília: CONPEDI, 2008.

PAES DE PAULA, Ana. P. *Por uma Nova Gestão Pública*. Rio de Janeiro: FGV, 2005.

PEREIRA JUNIOR, Jessé Torres; e DOTI, Marinês Restelato. *Políticas Públicas nas Licitações e Contratações Administrativas*. Belo Horizonte: Fórum, 2009.

PIMENTA de FARIA, Carlos A. "A política de avaliação de políticas públicas". *Revista Brasileira de Ciências Sociais – RBCS* 59/97-169, out./2005.

PRZEWORSKI, Adam. "Sobre o desenho do Estado: uma perspectiva *agent x principal*". In BRESSER PEREIRA, L. C.; e SPINK, P. (Orgs.). *Reforma do Estado e Administração Pública*. Rio de Janeiro: FGV, 2006, pp. 39-73.

SANTOS, Murillo Giordan; e BARKI, Teresa Villac Pinheiro. *Licitações e Contratações Públicas Sustentáveis*. Belo Horizonte: Fórum, 2011.

SILVEIRA, Raquel Dias da; e CASTRO, Rodrigo Pironti Aguirre de (Coords.). *Estudos Dirigidos de Gestão Pública na América Latina*. Belo Horizonte: Fórum, 2011.

SOUTO, Marcos Juruena Villela. "Concorrência desleal nas licitações". *Revista Eletrônica de Direito Administrativo Econômico* 3. Salvador: Instituto de Direito Público da Bahia, ago.-out./2005. Disponível em *http://www.direitodoestado.com.br*.

SOUZA, Celina. "Estado da arte da pesquisa em políticas públicas". In HOCHMAN, G.; ARRETCHE, M.; e MARQUES, E. (Orgs.). *Políticas Públicas no Brasil*. Rio de Janeiro: Fiocruz, 2007, pp. 65-86.

TREVISAN, Andrei. P.; e VAN BELLEN, Hans. M. "Avaliação de políticas públicas: uma revisão teórica de um campo em construção". *Revista de Administração Pública – RAP* 42(3)/529-550. Rio de Janeiro, mai.-jun./2008.

VALENTE, Manoel Adam Lacayo. "Marco legal das licitações públicas sustentáveis na Administração Pública". Consultoria Legislativa da Câmara dos Deputados, *DOU* 93, de 16.5.2008.

VECCHIATTI, Karin. *Três Fases Rumo ao Desenvolvimento Sustentável: do Reducionismo à Valorização da Cultura*. São Paulo: São Paulo em Perspectiva, 2004.

DA RESPONSABILIDADE DO ESTADO POR ATOS DE JUIZ EM FACE DA CONSTITUIÇÃO DE 1988

A. B. Cotrim Neto

Professor Catedrático da Universidade Federal do Rio de Janeiro

1. Cominações de juiz, nos Códigos de Hamurabi e dos Decênviros. 2. Ressarcimento de prejuízos por juiz, em Roma. 3. Penalização de juiz faltoso, na Itália. 4. Idem, no Brasil. 5. Indefinição da Responsabilidade Civil do Estado, no século XVIII. 6. Em França constrói-se a teoria da Responsabilidade Civil do Estado. 7. Na Alemanha se desenvolve a teoria da Responsabilidade Sem Culpa, no Direito Público. 8. A jurisprudência do STF, do Brasil, segundo Carlos Mário da Silva Velloso, "no sentido de que o Estado não é civilmente responsável pelos atos dos juízes". 9. Características dos atos administrativos e dos atos jurisdicionais de juiz (Couture e Bielsa). 10. Erros e faltas que juiz comete. 11. Só tem sido universalmente inquestionada a Responsabilidade do Estado pelo erro judiciário em matéria criminal. 12. Um "leading case" do STF, pertinente à Irresponsabilidade do Estado por atos de juiz. 13. Todos os "agentes" dos Poderes do Estado – não só os do Judiciário – são órgãos da Soberania interna. 14. Colocação do tema da Responsabilidade do Estado em face da Constituição de 1988. 15. Administração Pública envolve Administração da Justiça. 16. Em qualquer área jurídica o erro judiciário enseja a Responsabilidade do Estado, pela nossa Constituição de 1988. 17. A prisca jurisprudência do STF persiste, mesmo no caso de atos administrativos de juiz. 18. O tema presente, como posto nas Constituições da Itália e da Alemanha. 19. Conclusão: tendência universal pela responsabilização do Estado, responsabilidade civil no campo do civilismo, e responsabilidade de Direito Público.

1. Há perto de 4.000 anos e no primeiro sistema judiciário em que a Administração da Justiça foi organizada na forma da lei e à margem da Justiça Sacerdotal, a corrupção de Juiz fora prevista e punida, conquanto que apenas em termos de sanção monetária e disciplinar: "Se um juiz julgou uma causa, proferiu uma sentença e mandou exarar documento selado e depois alterou seu julgamento, comprovarão contra esse juiz a alteração do julgamento feito e ele pagará até doze vezes a quantia que estava em questão no processo; além disso, fá-lo-ão levantar-se de sua curul de juiz na assembleia dos juízes e não tornará a sentar-se com os juízes em um processo". Assim é como foi estabelecido no art. 5º, seção I, do Código de Hamurabi, consoante o articulado que lhe atribuiu Schell e a tradução do sumeriólogo brasileiro E. Bouzon, em publicação da Editora Vozes, de Petrópolis.

Entretanto, o preceito do Código não encerrava enunciado desprovido de eficácia, pois, e agora o informe é do Prof. Edouard Cuq, "Para garantir as partes contra a má-fé de juiz que alterasse sua sentença, os julgamentos eram proferidos em presença de testemunhas, cujos nomes figuram ao lado daqueles dos juízes, nos processos", desde que inexistiam elementos materiais certificadores dos termos dos atos sentenciais, além das frágeis peças de barro cozido onde lavrados eram eles, donde se impunha o recurso da memória testificadora.[1]

Já nos romanos, desde o dealbar de uma civilização que se caracterizaria pela energia de seus procedimentos sociais e mesmo de suas competições políticas intestinas, na tutela penal do que hoje se identifica como o processo civil foram do rigor que Francesco Carnelutti desta forma apresentou e até louvou: "A pena capital que as doze táboas cominavam contra o *iudex qui ob rem dicendam pecuniam accepisse erit*, não parece, em absoluto, medida excessivamente cruel; eu me atrevo a dizer que, ainda se tenha em conta o espírito dos tempos, essa antiga energia responde melhor às inelutáveis exigências sociais do que a débil repressão do Código Penal vigente".[2]

Efetivamente, consoante o art. 3º da Táboa Nona do Código dos Decênviros – segundo reconstituição do alemão Gotrofredus, apresentado por Sílvio Meira em seu estudo sobre *A Lei das Doze Táboas*[3] "se um juiz ou um árbitro indicado pelo magistrado recebeu dinheiro para julgar a favor de uma das partes em prejuízo de outrem, que seja morto" (*Si judex arbiterve jure datus, ob rem decendam pecuniam accepsit capital esto*). Contudo, essa trágica sanção seria atenuada no correr dos séculos, de como observou Paul Fréderic Girard, em face de Gaio e Justiniano: o procedimento do juiz responsabilizado por má sentença, por negligência ou má-fé ou que por qualquer modo tivesse faltado ao seu dever, seria objeto de Ação Pretoriana *in bonum et aequum concepta*, e condenado à composição do prejuízo causado, na sua exata medida.[4]

2. Ocorria portanto que nessa espécie de penalização imposta ao juiz apanhado em grave falta funcional, quando em Roma se lhe impôs o ressarcimento de prejuízo a benefício do prejudicado, isto

1. Em *Études sur le Droit Babylonien*, Ed. Paul Geuthuer, 1929, p. 385.

2. Em *Sistema de Derecho Procesal Civil*, vol. II da ed. Uteha, na trad. espanhola de Zamora y Castillo e Mellendo, 1944, p. 381.

3. *A Lei das Doze Taboas*, 3ª ed., Forense, 1972.

4. P. F. Girard, *Manuel Élémentaire de Droit Romain*, 16ª ed., Paris, Rousseau, 1928, p. 649.

ficaria sempre dependente da capacidade econômica do condenado. Mas o delegante da autoridade judiciária – o Imperator, em cujo nome então se administrava a Justiça –, este ficaria à margem, mesmo em razão do fato de que nenhuma ação de seus súditos poderia alcançá-lo.

E isso perduraria por mais de milênio, pois somente pelo findar do século XVIII da nossa era a cultura ocidental iniciaria o desvinculamento da ideia do Estado da pessoa física do Soberano.

3. Ainda a propósito de cominações que pesam sobre juízes corruptos – e agora falando do que contemporaneamente ocorre em seu país – o reverenciado mestre milanês que foi Carnelutti, a modo crítico, comenta a fragilidade das sanções do juiz alcançado em falta grave, visto que na Itália elas não se acham previstas, de modo expresso, na Lei Penal, e acrescentou: "Por isso, a violação da obrigação judicial por parte dos oficiais judiciais (pela nomenclatura italiana inclui o juiz, segundo o autor em cita) constitui violação de obrigação genérica do funcionário público e, sob esse aspecto, o delito *contra a administração de justiça* se acha implícito na figura mais ampla do delito *contra a administração pública*: assim, o ato do juiz que não quer prover sobre a petição das partes está previsto com o nome de *omissão* ou *denegação de atos de ofício*, pelo art. 328 do Código Penal, que não castiga somente o juiz ou, em geral, o oficial do processo, senão a qualquer *funcionário público ou... encarregado de serviço público que indevidamente denegue, omita ou retarde um ato de ofício ou do serviço*".[5]

4. Esse debuxo de Carnelutti sobre o que acontece na Itália, até com as mesmas palavras, pode ser dito do verificado no Brasil, onde só em data mais recente a Lei Orgânica da Magistratura Nacional passou a estabelecer cominações específicas para o juiz faltoso, contudo simplesmente no que diz respeito às sanções disciplinares: quanto às de natureza tipicamente penais entre nós ainda prevalece o Código Penal, em seu Título XI, que trata dos crimes contra a Administração Pública e, outro tanto, genericamente, dos crimes contra esta praticados por funcionários e, por extensão, por juízes.

5. A revolução cultural que se desencadeou na Europa, pela segunda metade do século XVIII, inicialmente, e com imediato reflexo nas colônias britânicas da América do Norte, induziria subsequentemente – e nos primeiros quartéis da centúria seguinte – à idealização da personalidade jurídica do Estado e do Estado de Direito, ambos um fecundo produto da contribuição germânica para as instituições do Ocidente.[6]

Foi a partir desses eventos que se passou a cogitar de estender ao Estado a solidariedade na composição dos danos que seus servidores, procedendo como tais, causassem a terceiros. Todavia, do mesmo modo que não fora fácil reconhecer no campo das relações civis a imposição do dever de indenizar injusto dano, a reparação civil sucedendo à satisfação pela vingança ou a retribuição do mal por mal equivalente, da Lei das XII Tábuas – o que

5. Francesco Carnelutti, *Sistema de Derecho Procesal Civil*, pp. 481-482.

6. Na *Jurídica* 123/186, de 1973, em número especial e bilíngue, dedicado ao estudo da influência germânica no direito brasileiro destacamos ter sido o desenvolvimento da "fiskus Theorie", nos fins do século XVIII, a gênese da personalidade jurídica do Estado e, num segundo momento, da construção da teoria do Estado de Direito, obra de autores alemães, principalmente Albrecht, von Mohl, Gneist e Bähr.

só se verificaria em Roma séculos mais tarde, com a *Lex Aquilia* e ulteriormente o Digesto, assim mesmo de modo implícito (*Nemo damnum facit nisi qui id fecit quod facere jus non habet*) –, muito custaria a teorização de uma responsabilidade do Estado, inicialmente no plano civil e finalmente no próprio campo do Direito Público. É que, não obstante se haver desintegrado a personalidade política do Estado da personalidade natural do Príncipe com todo o seu elenco de imunidades, persistiria em prol do primeiro o ancião dogma segundo o qual "The King can do no wrong...".

Por isso, embora reconhecido o Estado como pessoa jurídica na forma da legislação civil, ficou indefinido: 1º) estará o Estado sujeito, como qualquer pessoa física ou jurídica às regras do Direito Privado, e obrigado, como essas, a responder perante as jurisdições ordinárias? 2º) deve ser ele considerado fora do alcance do Direito Privado, pela sua qualidade essencial de Poder Público, não obstante a prática quotidiana de atos e fatos que por sua natureza e fins caem sob a sanção irrecusável desse Direito?

6. Entretanto, antes mesmo que na Alemanha se houvesse elaborado a teoria da personalidade jurídica do Estado e do Estado de Direito, na França dos tumultuosos anos iniciais da Revolução Francesa foi onde cuidou-se do problema da indenização dos cidadãos pelos danos que tivessem sofrido, a título de responsabilidade do Estado.

Num longuíssimo capítulo de seu precioso *Droit Administratif*,[7] dedicado ao estudo de *A Responsabilidade da Administração e de seus Agentes*, Georges Vedel inicia-o com "*Aperçu Historique*" do tema, salientando que *três traços* caracterizam a história dessa matéria: o alargamento mais ou menos constante da responsabilidade do Poder Público; o aperfeiçoamento técnico da teoria das relações entre a Administração, seus agentes e as vítimas de danos; a delimitação da responsabilidade administrativa como teoria autônoma.

Salientando que, inicialmente, a ideia de imposição do dever de o Poder Público responder por danos causados pela sua ação ou a ele imputados encontrou resistência uma vez que se chocava com o princípio segundo o qual, sendo o Estado ente soberano não seria admissível pudesse produzir mal; e que, destarte, tal princípio só seria elidido quando a reparação de prejuízos fosse estabelecida em *leis formais*, como as editadas em 1800 e em anos imediatamente anteriores, a propósito de danos resultantes de trabalhos públicos ou de agitações populares; não obstante, continua Vedel, por mais numerosos que tenham sido esses textos especiais, caberia à jurisprudência elaborar uma teoria da "responsabilidade administrativa de direito comum", estabelecendo as regras aplicáveis à margem de qualquer norma legal. Assim ocorreu a partir do famoso "*arrêt Blanco*", emitido em 1873 pelo Tribunal de Conflitos, o qual, por sua natureza e repercussão entrou na história do direito como importante marco da construção teórica do Direito Administrativo, do mesmo modo que da elaboração da teoria da Responsabilidade Civil do Estado sem recurso aos preceitos do Código Civil.

O que ocorreria, daí por diante, em França, retratar-se-ia bem no destacado por Josaphat Marinho quando – comentando observações de Duguit a propósito das transformações do Direito Público em seu país, numa obra de 1913 – concluía ser, mesmo então, tendência dominante obri-

7. Na 6ª ed. de Presses Universitaires de France, 1976, pp. 325-435.

gar o Estado ao pagamento de indenização em face de danos causados por funcionários, apesar da controvérsia aberta entre a teoria da *culpa* e a do *risco administrativo*, prevalecendo, todavia, a segunda.[8]

7. Conforme salientamos, se foi em França onde se iniciou o movimento jurídico que induziria à responsabilidade do Estado pelos prejuízos que sua ação causasse à cidadania, e responsabilidade colocada no quadro do civilismo, seria na Alemanha onde se desenvolveria e implantaria de modo mais formal a *teoria da responsabilidade sem culpa*, uma doutrina do Direito Público. Em obra que se tornou clássica para estudo do Direito Administrativo, o Prof. Ernst Forsthoff, de Heidelberg, nos apresenta a evolução desse tema em seu país, desde os tempos iniciais em que, na segunda metade do século anterior, o movimento de responsabilização do Estado se inspirava na escola francesa.

De fato, foi nos Estados alemães e, em seguida, no Estado Federal, no *Reich* onde se afirmou – e mediante leis especiais – a "direta, primária responsabilidade do Estado pela postergação dos deveres funcionais por parte dos funcionários": na Prússia isso se afirmaria pela Lei de 1º de agosto de 1909, e no *Reich* pela Lei de 22 de maio de 1910.

Houve, em seguida, a I Guerra Mundial, e a proclamação da República e se fez a Constituição Federal de 1919, em Weimar, cujo art. 131 estabeleceu que o Estado ou a entidade personalizada a ele vinculada (*Körperschaft*) seriam *fundamentalmente responsabilizados* pelos atos de seus funcionários que, no exercício de poder público, causassem prejuízos a terceiros, com práticas infringentes do dever funcional.[9] Comenta Forsthoff que embora, em sua parte final, esse art. 131 da Constituição de Weimar tivesse condicionado a aplicação da norma a uma legislação ordinária que a tornasse eficiente (*Die nähere Regelung liegt der zuständigen Gesetzgebung ob*), a jurisprudência deu-lhe imediata aplicação, e de tal forma seus preceitos foram integrados no direito alemão que viriam a ser repristinados no pós-guerra de 1939/1945, com o art. 34 da "Lei Fundamental" de 1949, que com poucas alterações de redação o reproduziria.[10]

Assinala, por demais, Forsthoff que a doutrina construída em seu país, no sentido de alargar o campo da responsabilidade do Estado por atos ou fatos de seus agentes teve inspiração no princípio da equidade imposta na distribuição dos encargos do Estado, enquanto na França ela se estabelecera a partir da ideia de que, restringindo-se a responsabilidade estatal se estaria proporcionando a este um enriquecimento ilícito. Evidentemente isso não procede, havendo resultado de um equívoco do mestre de Heidelberg, eis que também o pensamento jurídico francês tem proclamado a necessidade de

8. Em "Responsabilidade Civil do Estado e Revisão do Direito Brasileiro", *Notícia do Direito Brasileiro 1975/1976*, publicação dos docentes da Universidade de Brasília, editor Roberto Rosas, 1976.

9. *Apud* Forsthoff, *Lehrbuch des Verwaltungs-Rechts*, 9ª ed., Berlin, C. H. Beck'sche, 1966, pp. 293 e ss.

10. Esta é a redação do mencionado art. 34 da *Grund Geselz*: "Se alguém viola dever funcional que obriga-o em face de terceiro, quando no exercício de cargo público que lhe está confiado, a responsabilidade recai fundamentalmente sobre o Estado ou a Corporação em cujo serviço se encontra. No caso de dolo ou negligência grave é reservado o direito de regresso. Na ação de indenização e na ação regressiva não se exclui a via de direito ordinária".

equitativa distribuição, pela coletividade administrada, dos encargos do Estado, numa construção inspirada na Declaração dos Direitos do Homem e do Cidadão, da Revolução de 1789, segundo a qual todos os cidadãos nascem e vivem com igualdade de direitos.

Como quer que seja, é inquestionável – e isso todos os estudiosos dessa matéria tal assinalam – que universalmente se tem instituído e ampliado o princípio da responsabilidade do Estado pelos prejuízos que os procedimentos de seus servidores, de seus agentes, de quantos agem em seu nome na realização dos seus fins sociais: aqui é pertinente lembrar, como também o fez Forsthoff, a clássica definição de Administração Pública feita a quase cem anos pelo egrégio patriarca do Direito Administrativo germânico, Otto Mayer, segundo o qual *Die Tätigkeit des Staates für seine Zwecke ist von Natur* öffentliche *Verwaltung*.[11]

E nesse espírito foi que, desde 1946, as Constituições do Brasil, e mais enfaticamente a vigente Carta Federal de 1988, têm consignado a *responsabilidade fundamental, primária do Estado* pelos procedimentos de seus agentes que, agindo nessa qualidade, causem danos a terceiros.

Entretanto, tem sido sempre questionado: os atos dos juízes, igualmente serão de possível colocação nesse quadro de responsabilidade do Estado?

8. De fato, não constitui novidade ou discussão muito recente – entre nós nem alhures – o que diz respeito à responsabilidade do Estado por atos, ou fatos de juiz: em trabalho publicado na *Revista de Informação Legislativa*, do Senado Federal, o Prof. Carlos Mário da Silva Velloso, apreciando a *Responsabilidade Civil do Estado* nele reservou um capítulo para "A responsabilidade civil do Estado por ato jurisdicional", onde destaca, sobretudo, a colocação do debate na jurisprudência indígena.[12] Abrindo esse capítulo, n. 9, registra Carlos Mário que a jurisprudência do Supremo Tribunal Federal, do Brasil, sustenta não ser o Estado civilmente responsável pelos atos dos juízes, exceto nos casos expressamente declarados em lei, "por isso que o ato jurisdicional é emanação da soberania nacional"; e acrescentou: "Destarte, se o juiz demora a decidir uma causa, responde ele, civilmente, pessoalmente, na hipótese de dolo ou fraude, ou, ainda, quando sem justo motivo, recusar omitir ou retardar medidas que deve ordenar de ofício ou a requerimento da parte (CPC, art. 133; Lei Complementar n. 35, de 1979, art. 49). Em tema criminal, prevalece o art. 630 do Código de Processo Penal, que prevê responsabilidade civil do Estado em virtude de erro judiciário, responsabilidade civil que surge com a revisão criminal que reconhece o referido erro".

Dois pontos merecem destacados nesse comentário do escritor: 1º, nos termos do direito legislado nacional o juiz não pratica apenas atos jurisdicionais, porque no exercício de seu cargo muitas vezes pratica atos administrativos, ademais de atos jurisdicionais; 2º, o estudo é de data que precede a Constituição Federal de 1988.

Com relação ao primeiro ponto, há de se registrar que em muitos casos o juiz

11. "A Administração Pública é, por sua natureza, a atividade do Estado na realização dos seus fins" – evidentemente um conceito amplo e a nosso ver preciso, do que seja a Administração Pública, genericamente considerada (*Deutsches Verwaltungsrecht*, 3ª ed., Munique, Duncker & Humbolt, 1924, p. 2).

12. Edição do ano 24, n. 96, de 1987, pp. 233-252.

brasileiro exerce inumeráveis atribuições que nada têm de jurisdicionais no sentido estrito (*ad exemplam*, e principalmente, em juizados de sucessões, de registros públicos e de menores); com pertinência ao segundo, a Carta Federal recentemente posta em vigor deu ao tema da responsabilidade civil do Estado uma prescrição normativa diferente da consignada na CF de 1967 e na EC 1/69, sobre a qual se formou a parte mais importante da jurisprudência mencionada.

Apreciemos o pertinente a esses tópicos.

9. Elementarmente, considera-se que a função de juiz reside no desempenho da atividade de julgar, de resolver conflitos: *função jurisdicional*, portanto, como a definiu Couture, é a atividade pública realizada por órgãos competentes nacionais ou internacionais, com as formas requeridas pela lei, em virtude da qual, por ato de juízo, aplica-se a ordem jurídica estabelecida, para dirimir conflitos e controvérsias, mediante decisões suscetíveis de adquirir autoridade de coisa julgada, eventualmente factíveis de execução.[13] Tal função materializa-se em *ato jurisdicional*.

Por sua etimologia, "jurisdição" deriva do latim *jurisdictio, nis*: trata-se de regressão culta à forma primitiva, onde a palavra correspondia ao sentido da ação de dizer ou de indicar o direito, um *nomem actionis* formado pela locução verbal *jus dicere*, indicar o direito, que aparece noutras etimologias, como *judex*, juiz, ou, literalmente, o que indica o direito, um *nomem actoris*, o adjetivo *juridicus*, e o substantivo *judicium*. Segundo ainda Couture, foi na Idade Média que se agregou à acepção primitiva de *jurisdictio* a função de atribuir justiça, de ofício de juiz, com que o vocábulo se difundiu mercê, principalmente, do Direito Canônico.

Todavia, modernamente existe uma grande corrente jurídica que estende a aplicação do vocábulo aos atos de autoridades não judiciárias, que têm o encargo de dirimir pleitos. – Esta é a posição de Rafael Bielsa, que na área do Direito Público pontificou até recentemente, na plêiade admirável dos maiores publicistas americanos, com o seu conterrâneo Miguel Marienhoff, e os brasileiros Temístocles Brandão Cavalcanti e Hely Lopes Meirelles.

Para Bielsa, entre o *ato administrativo* e o *ato jurisdicional* existe diferença substancial ou material, ainda que ambos sejam geradores e criadores de direitos. O ato administrativo que atribui um emprego ou o que outorga personalidade jurídica a uma sociedade, o que defere uma concessão ou autorização, não tem por objeto declarar um direito questionado ou ferido, mas o de prover uma função meramente administrativa. Pelo contrário, com o ato jurisdicional o órgão do Estado que o realiza – seja um tribunal contencioso-administrativo, seja uma autoridade administrativa com potestade jurisdicional –, o que precisamente se propõe é decidir se um direito foi violado e como seu titular terá atendido seu pedido. Se determinado ato administrativo tem por único objeto a declaração de que um direito foi violado e ordena sua reparação, trata-se, então, de um ato administrativo jurisdicional.[14] É certo que, pelo menos em nosso sistema jurídico, de ato administrativo não pode resultar coisa julgada; contudo, já se consagrou no regime jurídico nacional a figura de *preclusão*, que cristaliza certas decisões

13. Eduardo S. Couture, *Vocabulario Jurídico*, Buenos Aires, Ed. Depalma, 1976.

14. Bielsa, *Estudios de Derecho Público* – II, Buenos Aires, Ed. Depalma, 1951, pp. 118-119.

administrativas tornando-as irrevisíveis no plano administrativo, o que não deixa de ser uma forma branda de coisa julgada.

De qualquer modo, o que importa considerar é a efetiva distinção entre o ato administrativo ordinário, que muitas vezes o juiz brasileiro pratica, como um *plus* na sua atividade regular, e o ato propriamente jurisdicional, que tem seus lindes e características definidos nas leis judiciárias.

10. Com a eminente autoridade de que o Estado proveu o juiz, muitos danos, até involuntariamente, pode este causar aos seus jurisdicionados, principalmente pelas fraquezas e insuficiências inerentes à sua condição humana. Em certo caso onde, na qualidade de advogado, impetramos Ação de Segurança para elidir a imposição do encargo de despesas pelos atos que haviam de se repetir processualmente e por força da reforma que instância recursal decretara sobre *sentença errada* que um juiz emitira, sustentamos o inadequado da cominação contida na Lei Processual Civil porque o juiz nunca erra "sem justo motivo".

Nessa oportunidade proclamávamos, apoiando-nos em Edgar Morin, com os suprimentos de seu festejado magistério sociológico: "O erro é do animal, antes que do ser humano. Mas aos erros de percepção, de representação, computação, que nós podemos fazer, como todos os animais, acrescentam-se fontes de erro propriamente humanas, que dependem do fato de não nos ser possível passar sem ideias para traduzirmos a realidade; nós temos necessidade, para alcançar o concreto, de passar pela abstração da ideia. Mas a ideia, que nos comunica com a realidade, é, ao mesmo tempo, o que nos impede de nos comunicarmos com esta. Como precedentemente demonstrei, a palavra, a ideia, a ideologia, a teoria, podem ser fontes de erro, pior, de delírio".[15] E, a propósito, desenvolvemos: "Na conformidade do art. 29 do CPC, o juiz que, sem justo motivo, houver dado causa do adiamento ou à repetição de atos terá a seu cargo as despesas desses atos a repetir. Temos por óbvio que, na incidência da cominação deste preceito, não se pode colocar o erro ordinário de quem quer que seja, muito menos do juiz: e referimos destacadamente o Magistrado, apenas, embora o artigo também sujeite a sanções monetárias – às despesas dos atos a serem repetidos – os serventuários da justiça e os elementos do MP. Mas uma posição excepcional tem o juiz, porque sendo sua atribuição, exclusiva, a de julgar os litígios de seus semelhantes ele estará necessariamente sujeito a cometer desvios de julgamento, erros, portanto. A nosso ver, antes de ser um acidente – um acidente do trabalho ou uma moléstia profissional... – a incidência em erro é inerente ao exercício da judicatura (...). O que não dizer-se das dificuldades do juiz, que só faz administrar Justiça através da perquirição da realidade dos fatos com os quais não se comunicou e que, ao revés, por artes dos advogados, só lhe são esboçadas, assim mesmo em termos pelo menos incompletos?...".

Efetivamente o juiz errava, na sentença que instância superior reformara: e ele admitia que tinha errado... Todavia, nossa argumentação sobre a *imunidade do juiz para o erro* possibilitou o sucesso do patrono judiciário.

Sem dúvida, por sua condição humana, o juiz estará sujeito aos erros de julgamento e de raciocínio ou ainda a ilusões dos sentidos, todas as vezes em que lhe cumpre resolver conflitos, embora os cartesianos sustentem não ser exato que os

15. Morin, *Pour Sortir du Vingtième Siècle*, Paris, ed. Fernand Nathan, 1981, pp. 204-205.

sentidos nos enganam, pois os dados por eles recolhidos são como podem e devem ser. Pouco importa esta querela, sobretudo porque isso apenas limitadamente se reflete no problema da responsabilidade do Estado: é que os erros naturais, tanto quanto os desvios maliciosos ou interessados de conduta, como os resultantes de omissões do juiz, ordinariamente acarretam lesões de bens jurídicos de uma parte; e a questão de identificar no procedimento do juiz o pertinente ao erro natural ou à omissão ou malícia, esta só importará a fim de ser decidida a oportunidade ou procedência de ação regressiva.

11. O Código de Processo Civil é expresso no estabelecer cominações de estilo civil para o juiz que, no exercício de suas funções, proceder com dolo ou fraude ou, ainda, recusar, omitir ou retardar, sem justo motivo, providência que deva ordenar de ofício ou a requerimento da parte (art. 133): a partir daí, ou seja, da responsabilidade civil que a lei impõe ao juiz, como indivíduo, obviamente resultarão as aplicações penais. Não será ocioso apontar que esses preceitos do diploma processual civil estão literalmente repetidos no art. 49 da Lei Complementar n. 35, de 1979, a Lei Orgânica da Magistratura Nacional.

Entretanto, enquanto as leis do Estado de Direito têm sido pródigas, pelas últimas décadas, e em seguimento de fecunda construção doutrinária e jurisprudencial, no instituir a responsabilidade principal do Estado pelos prejuízos causados aos administrados pelos funcionários administrativos, seus agentes, em todos os sistemas jurídicos continua omitida a extensão dessa responsabilidade aos exercícios nefastos e danosos dos agentes na Administração da Justiça. Apenas se tem excetuado o ocorrido com os erros judiciários em juízo criminal, quando o direito comparado indica o critério quase universal de atribuir uma responsabilidade estatal pelos prejuízos emergentes, na forma do previsto em nosso Código de Processo Penal, art. 630, como agora, no art. 5º, inciso LXXV da CF de 1988.[16]

12. É consabido que foi a partir da Constituição brasileira de 1934 que se passou a responsabilizar o Estado pelos prejuízos que seus "funcionários", nessa qualidade, causassem a terceiros: no Diploma desse ano de 1934 como no de 1937 enunciava-se a responsabilidade da "Fazenda Nacional" solidariamente com o funcionário; já nas Cartas de 1946, como nas de 1967 e na EC 1/69 a responsabilidade do Estado passou a ser *principal*, apenas assegurado um direito de regresso, contra o agente do dano. Foi a partir de 1946, entretanto, que se intensificaram as tentativas de obter indenização do Estado, com fundamento em atos nocivos aos interesses de particulares, causados por juiz. Mas a discussão no foro resultava, sempre, na frustração dos pleitos assentada, sobretudo, no entendimento de que o nome "funcionário" não bastava para identificar a categoria profissional de juiz.

Dentre os numerosos acórdãos em que o Supremo Tribunal Federal decidiu casos da natureza do comentado, destaca-se o proferido pelo seu Plenário no RE 70.121-MG, no qual foram vencidos os Ministros Aliomar Baleeiro, seu Relator, Bilac Pinto e Adalício Nogueira, pelo que foi designado para Relator definitivo o Ministro Djaci Falcão.[17] Na parte fundamen-

16. Aliás, tal inciso LXXV do art. 5º da CF responsabiliza o Estado tanto por erro judiciário em matéria criminal como em qualquer outra circunstância, e pela prisão de condenado "além do tempo fixado na sentença". Adiante, no Cap. 16, isso comentaremos.

17. Na *RTJ* 64/689: este acórdão menciona o art. 121 do CPC de 1939 que corresponde, quase literalmente, ao art. 133 do Código de 1973, e ambos se inspiraram no art. 55 do CPC italiano.

tal de longa Ementa foi dito: "No acórdão objeto do recurso extraordinário ficou acentuado que o Estado não é civilmente responsável pelos atos do Poder Judiciário, a não ser nos casos declarados em lei, porquanto a administração da Justiça é um dos privilégios da soberania. Assim, pela demora da decisão de uma causa responde civilmente o juiz, quando incorrer em dolo ou fraude, ou ainda, sem justo motivo recusar, omitir ou retardar medidas que deve ordenar de ofício ou a requerimento da parte (art. 121 do CPC). Além disso, na espécie não se trata de responsabilidade decorrente de revisão criminal (art. 630 e seus parágrafos do CPP)".

Merecem referência os fatos que induziram certo cidadão a promover a ação originadora desse julgado: um comerciante tivera prisão preventiva decretada por juiz, eis que denunciado por emissão de cheque sem fundo; no final, o processo foi encerrado e arquivado, com absolvição do acusado, a pedido do Ministério Público. Entretanto, esse comerciante permaneceu preso em cadeia pública durante mais de 3 anos, dos quais 2 anos e 9 meses pela desídia do juiz que, com os autos conclusos depois do interrogatório do réu conservou-os consigo "displicentemente" – como consignado no relatório do RE – durante mais de 2 anos, não obstante reiteradas solicitações de devolução formuladas pelo Promotor da Comarca e pela Ordem dos Advogados. Esses fatos de inequívoca gravidade, levaram o comerciante à ação de indenização por perdas e danos contra o Estado de Minas Gerais, encerrada com o histórico pronunciamento em tela.

Os debates havidos sobre a matéria questionada tomaram longo tempo do Pretório, como se vê de sua publicação: todavia, entre os juízes dele participantes, Luiz Gallotti, cuja argumentação prevaleceria afinal, e Aliomar Baleeiro, foram os mais pugnazes e os que mais desenvolvidamente se pronunciaram. Em pálido resumo, sustentou Baleeiro: 1º) tanto o art. 105 da Constituição de 1967 quanto o art. 15 do Código Civil partem do princípio que a Pessoa de Direito Público é responsável principal por indenizações da ordem da pleiteada, sem solidariedade com o funcionário, reservada a ela, apenas, uma ação regressiva; 2º) os "funcionários" mencionados no art. 105 da CF são os mesmos "representantes" referidos no art. 15 do CC, "inclusive os órgãos e agentes dos três Poderes, e não apenas os que as leis antigas chamavam de empregados públicos da Administração"; acrescentou, ademais, esse Ministro, que, a seu ver, na cláusula do art. 105 da Constituição incluem-se até os Chefes do Poder Executivo, os Ministros e Secretários de Estado, os Prefeitos, "ainda que não sejam funcionários no sentido do Direito Administrativo".

Quanto ao Ministro Luiz Gallotti, que sintetizou sua posição no declarar que "a minha tese é no sentido de que o Estado não responde pelos prejuízos decorrentes de atos judiciais", desenvolveu seu voto para arguir, em síntese: "1º) a irresponsabilidade do Estado pelos atos e omissões dos juízes advém da independência da magistratura, prerrogativa esta que tem como consequência lógica o tornar exclusivamente pessoal a responsabilidade", opinião tomada de Carlos Maximiliano, que o Ministro adotou; 2º) também não cabe exigir indenização do Estado, em casos da ordem considerada, visto o juiz não ser funcionário, porque "como parte integrante do Poder Judiciário não é representante ou preposto do Estado, mas um dos órgãos da soberania".

Obviamente os pronunciamentos havidos no Supremo, neste caso, foram ricos de invocações doutrinárias pertinentes a temas paralelos, e menções de autores italianos e franceses, principalmente:

entretanto, quem se detiver na leitura dos votos comentados pouco encontrará que sobreleve à argumentação dos próprios Ministros, de nós resumida. A final, as dúvidas e hesitações dos autores forâneos, essas, eles as põem exatamente com os mesmos termos como as apresentamos nós, os escritores brasileiros.

Ainda a propósito de quanto sustentado neste julgado, é pertinente registrar que, nos múltiplos acórdãos enformadores da jurisprudência do Supremo sobre a responsabilidade do Estado pelos atos de juiz, causadores de prejuízos para terceiros, as teses debatidas não foram de diversa ordem.

Mas, pelo seu conteúdo, este julgado bem merece classificado de *leading case.*

13. Um dos argumentos mais constantes, certamente o argumento basilar dos acórdãos do Supremo Tribunal Federal, em sua persistência no denegar a responsabilidade do Estado nas circunstâncias ora comentadas, reside na estranha afirmação de que essa irresponsabilidade se fundamenta na posição particular do juiz que, pelo exercer de uma atividade jurisdicional do Estado é órgão de sua soberania, e, mesmo, que "o Poder Judiciário é poder soberano". Isso está proclamado desde a Ementa do acórdão suso comentado, como nos acórdãos proferidos nos RREE 32.518 (*RTJ* 39/190), 69.568 (*RTJ* 56/273, e reafirmado pelo Pleno nos Embargos, in *RTJ* 59/782) e 91.680 (*RTJ* 94/423), a propósito, todos, do tema em foco.[18]

Não obstante a consideração que se deva ter pelos arrestos emitidos das sédias da nossa Corte mais alta, não podemos deixar de opor restrições a esse entendimento. E assim nos pronunciamos: 1º) porque nada há de mais polêmico, nos quadros do Direito Público, do que seja, de a que corresponde o conceito de *soberania*; 2º) porque não podemos compreender a razão de ser de qualificar o juiz como órgão da soberania e o Judiciário como "Poder soberano" e não situar, no mesmo plano, o legislador e o funcionário público, pois, a final, todos são *agentes do Poder Público*, e desempenham aquele papel que Otto Mayer situou na *öffentlich Verwaltung*, isto é, na Administração Pública por ele definida em sentido lato, como correspondendo ao próprio Estado na realização de seus fins.

18. Este julgado foi proferido pela 1ª turma do Supremo, dele tendo sido relator o Ministro Rafael Mayer. Não foi conhecido à unanimidade o RE oposto a decisão do Tribunal de Justiça do Paraná, que basicamente assentara nesta razão: "Inexiste o ressarcimento de danos provenientes de atos do Poder Judiciário, porque se trata de um poder soberano, que goza de imunidades que não se enquadram no regime da responsabilidade por efeitos de seus atos, quando no exercício de suas funções".

De sua parte, implicitamente acolhendo o argumento do Judiciário paranaense, a ele, o Ministro Mayer aditou: "Não resta dúvida de que, no tocante, àqueles atos típicos da jurisdição, não se pode desenvolver a responsabilidade civil do Estado a partir dos danos que deles resultem. O pensamento dominante é de que em se tratando do exercício de atos de soberania, a igual da irresponsabilidade do legislador, não poderia resultar a responsabilidade de indenizar quem, súbito, sofresse prejuízos daí consequentes (...). Poucas são as vozes que se opõem à tese, mesmo porque, do contrário, se comprometerá a nímia liberdade interior do ato de julgar".

A rigor, na Europa igualmente se tem estribado a irresponsabilidade do Estado, em casos desta ordem, com esse argumento de *soberania judiciária*, o que juristas do peso de Duguit e Duez tanto hão criticado: sobre isto, o segundo classificou de mero "verbalismo"; o primeiro disse que o argumento melhor serviria para afirmar a irresponsabilidade do Estado em face do ato administrativo...

Com efeito, sobre o sentido impreciso e polêmico do que corresponde ao instituto da "soberania", todos os autores que sobre ele se detiveram mostraram-se unânimes no acentuá-lo. Entre nós, trabalho excelente de Machado Paupério desde o seu título – *O Conceito Polêmico da Soberania e a sua Revisão Contemporânea*[19] – tal demonstra; e Pinto Ferreira, em longo verbete sobre o tema, publicado na *Enciclopédia Saraiva do Direito* (vol. 69), iniciou seu estudo com este pronunciamento: "Trata-se evidentemente de um vocábulo polêmico", e prossegue indicando similar entendimento, sobre o "conceito polêmico" do nome e do instituto, em obras de Jellinek e de Kelsen. Por sua vez, Norberto Bobbio, no monumental *Dicionário de Política*, que organizou com Nicola Matteucci e Gianfranco Pasquino,[20] exatamente no último capítulo de seu desenvolvido trabalho encerra-o comentando "O Eclipse da Soberania" (pp. 1.187-1.188).

Em que pese a circunstância de o eminente Pinto Ferreira ter encerrado o último capítulo de seu verbete na *Enciclopédia* com uma "Definição da Soberania e seu conceito jurídico", e haver reconhecido que esta pode ser *externa* ou *interna*, foi ele assaz conciso no tratar da "*soberania interna*, pela qual o Estado tem o monopólio do poder de coação no seu espaço interior, no seu território, no seu domínio, em tudo que nele se encontre".

No entanto, no verbete "Soberania", de seu *Dicionário*, Bobbio situou melhor o que corresponderá, e como se exercerá aquilo que por ventura seja pertinente à *soberania interna*: segundo este politólogo, na ordem interior do Estado, com sua progressiva *jurisdição* e com a sua correspondente redução a *ordenamento*, não faz sentido falar de *soberania*, por nos encontrarmos sempre diante de poderes constituídos e limitados, enquanto a Soberania se caracteriza, na realidade, como um "poder constituinte", criador do ordenamento. E ainda Bobbio: tipologicamente é possível indicar dois poderes constituintes – a Ditadura Soberana e a Soberania popular sendo que esta última, através da Constituição define os órgãos e os poderes constituídos e define o ordenamento, onde previstas as regras que permitem sua transformação e sua aplicação. Marcantes sobretudo, e no concernente à suposta qualificação do Judiciário como "Poder soberano", são as observações de Norberto Bobbio nos tópicos seguintes, onde salientou: "As diferenças técnicas do constitucionalismo estão, de fato, inteiramente orientadas a combater, com o Estado misto e a separação dos poderes, toda a concentração e a unificação do poder, e a dividi-lo equilibradamente entre os órgãos"; e mais adiante, comentado o que tem sido objeto de tantos estudos publicísticos, a moderna multiplicação das fontes geratrizes de preceitos cogentes e de poder social: "Na realidade o contexto social apresenta uma notável pluralidade de grupos em competição ou em conflito para condicionar o poder político; é justamente esta pluralidade que impede a existência de uma única autoridade, onicompetente e onicompreensiva: o processo de decisão política é o resultado de uma longa e vasta série de mediações. Nesta divisão do poder, nesta poliarquia, não existe um verdadeiro soberano (...). Além disso, com o advento da sociedade industrial, empresas e sindicatos adquiriram cada vez maiores poderes, que são essencialmente públicos, uma vez que suas decisões atingem diretamente toda a comunidade".

19. Obra de 1949, 1ª ed., F. Bastos; grandemente ampliada na 2ª ed., Forense, 1958.

20. Editado pela Universidade Federal de Brasília, em 1986, com 1.328 pp.

As observações de Bobbio nos trechos que transcrevemos traz-nos à meditação, outra vez, a preleção de Arthur Machado Paupério, agora em mais recente trabalho seu sobre a "Soberania", um outro verbete da *Enciclopédia Saraiva*, onde o autor apresenta as observações do festejado publicista espanhol Adolfo Posada, para quem "o Estado é a sociedade integral, juridicamente considerada, mas que tolera grupamentos autônomos, em ordens jurídicas específicas" – os mesmos que como fontes do poder estatal Bobbio referiria – donde a conclusão do próprio Posada: "a Soberania não exclui a Soberania, (pois) as Soberanias podem atuar juntas, concorrentemente, entrecruzando-se, sem anular-se".

Por mais que se perquira nos doutores suas excogitações sobre a questão da *soberania*, o que se encontra em seus magistérios é que, conquanto ela seja um *poder superlativo*, máxime na ordem interna, ela é igual e concomitantemente um *poder relativo*, pois, conforme Miguel Reale já destacava, em obra de há mais de cinquenta anos (*Teoria do Direito e do Estado*, SP, 1940, p. 144), se a soberania é do Estado *sub specie juris* ela é sobretudo do povo, pertence à sociedade como fato social.

Diante desse generalizado entendimento, ter-se-á de concluir que, se na Soberania Interna é válido enxergar um poder difuso – ao qual os elementos poliárquicos de cunho social aperfeiçoam a modo de cimbres, como amparos da *summa potestas* do Estado –, não vemos seja possível qualificar a cada um desses elementos, nem a cada um dos Poderes em que se distribuíram especializadamente as funções mais eminentes da estatalidade, o caráter de entidade *soberana*.

Acrescente-se que nem mesmo pela dicção de qualquer dos Diplomas Constitucionais que temos tido será possível concluir-se, como o tem feito a jurisprudência do Supremo Tribunal Federal, que o juiz será *órgão da soberania* e o Judiciário um *poder soberano*: não resta dúvida que seria mais próprio enunciar que o juiz será *órgão do Estado*, no mesmo plano que qualquer colégio legislativo ou autoridade executiva, visto como – e a observação apropriada é de Celso Ribeiro Bastos – "qualquer que seja a forma ou o conteúdo dos atos do Estado, eles são sempre fruto de um mesmo poder (...). Todas as manifestações de vontade emanadas em nome do Estado reportam-se sempre a um querer único, que é próprio das organizações políticas estatais".[21] Quanto ao fato de dizer-se que o juiz é órgão, isso em nada influi para discriminar seu papel, porquanto a qualquer entidade ou instituição legalmente organizada à qual se cometa o desempenho de determinada função estatal cabe essa qualificação, pois (novamente de Celso Bastos a anotação) "as funções são como que moldes jurídicos dentro dos quais deverão ser cumpridas as finalidades estatais".

É certo que a Constituição de 1891, no seu art. 15, prescrevia que os Poderes Legislativo, Executivo e Judiciário seriam "órgãos da Soberania Nacional": entretanto, isso em nada influiu para atribuir a qualquer desses poderes tratamento excepcional nas relações sociais, muito menos para impedir se fizesse o art. 15 do Código Civil, que definiu a responsabilidade do Estado por atos de seus "representantes", embora a sua condição, a mesma com a qual a jurisprudência moderna do Supremo Tribunal Federal tem afirmado a irresponsabilidade do Estado por atos dos juízes (dando-lhes, ainda que impropriamente o caráter de *órgãos da soberania*).

21. Na parte de seus *Comentários à Constituição do Brasil*, 1º vol., Saraiva, 1988, p. 430.

Realmente, nenhuma importância especial deram os comentaristas da primeira Constituição republicana à classificação atribuída à tríade dos Poderes, de como se vê, a ilustrá-lo, nos "Comentários" de João Barbalho, que Pontes de Miranda, indicou como o mais apreciável dos estudiosos do Diploma de 1891. Aliás, em que pese o conceito de Soberania, sobre o qual nos detemos aqui, é comum o abuso desse *nomem*, de como visto – *ad exemplum* – em nossa CF de 1988, onde em cinco ocasiões e com variados sentidos se o emprega: isso ocorre logo no art. 1º, inc. I; no art. 5º, inc. XXXVIII, "c" e LXXI; no art. 14, *caput* e, novamente, no art. 170, inc. I.

No concernente ao tópico do art. 1º, onde proclamado que a "soberania" constitui um dos fundamentos da República Federativa do Brasil, nisso vai uma afirmação de certo modo incongruente, eis que, como observou Cretella Júnior em seus *Comentários*, "A *soberania* não é traço de sistema de governo, republicano ou monárquico, mas da Nação, do Estado (...). Soberano é o Estado. Soberana é a Nação. As *formas de governo* são fenômenos eventuais com que se apresenta o Estado num dado momento. Só nesse sentido é que se pode afirmar que a República Federativa do Brasil é soberana, quando, a rigor, soberano é o Estado brasileiro sob forma republicana".[22] No inciso XXXVIII do art. 5º, depois de se haver impropriamente falado em "soberania dos vereditos" do júri, onde o vocábulo *soberania* foi empregado sem adequação técnico-jurídica, porque usado no sentido vulgar (observação, ainda de Cretella, ob. cit., p. 470 do vol. I), tornou a CF a empregar "soberania" quando tratou do mandado de injunção: "abusa-se do vocábulo soberania", sentenciou novamente Cretella (no vol. II, p. 1.091). A final, outra vez foi empregado o vocábulo no art. 170-I, onde, a propósito da Ordem Econômica e Financeira, é estabelecido que a "soberania nacional" será um dos princípios a observar: Celso Ribeiro Bastos comenta o fato, dando sentido restritivo ao preceituado na Carta, e o fazendo de modo implicitamente crítico.[23]

Portanto, de como visto, em que pese o uso que nas Constituições da União se tem feito, através dos tempos, do vocábulo "soberania", isso de nenhum modo terá o condão de superlativar papel político de nenhuma instituição do Direito interno, nem mesmo dos "Poderes da União" cuja separação, consoante comentário de Louis Trotabas, tem por único objetivo a defesa da liberdade dos cidadãos contra o arbítrio dos governantes, pelo que não devem ser mais do que *suavemente separados*, pois hão de agir em concerto, trabalhar em comum em determinadas tarefas do Estado, sem oposição. Mesmo porque, conforme é entendido geralmente, a rigor, no governo da Nação só existem verdadeiramente *dois poderes*, o Legislativo e o Executivo, desde que o Judiciário até historicamente é um desdobramento menor deste segundo.[24]

22. Cf. os *Comentários à Constituição Brasileira de 1988*, vol. I, Forense Universitária, 1989, p. 138.

23. Em *Comentários*, antes referido, 7º vol., 1990, pp. 19-20.

24. Não foi por outra razão que, lembra Louis Trotabas, "para respeitar a fórmula de Montesquieu basta distinguir dois poderes: o poder legislativo, que normalmente pertence a um parlamento, e o poder executivo, que pertence ao chefe de Estado e ao governo" (em *Manuel de Droit Public et Administratif*, Paris, LGDJ, 1964, p. 19); e Konrad Hesse, proclamando: o "Judiciário e o Executivo estão juridicamente ligados ("*sind rechtsgebunden*"), pois ambos exercem funções executivas porque têm função

14. Sucede que desde 1988 uma outra Constituição passou a vigorar no Brasil, em termos que alteram fundamentalmente quanto prevalecia antes, a propósito da responsabilidade do Estado nas circunstâncias até aqui apreciadas. Efetivamente, isso é o que se depara no Título III desse Diploma, cujo Capítulo III trata genericamente, "da Administração Pública" e onde o art. 37 dispõe: "A administração pública direta, indireta ou fundacional, de qualquer dos Poderes da União, dos Estados, do Distrito Federal e dos Municípios obedecerá aos princípios da legalidade, impessoalidade, moralidade, publicidade e, também, ao seguinte". Em seguida, depois do enunciado em XXI incisos, seguem-se vários parágrafos, onde o 6º apresenta este enunciado: "As pessoas jurídicas de direito público e as de direito privado prestadoras de serviços públicos responderão pelos danos que seus agentes, nessa qualidade, causarem a terceiros, assegurado o direito de regresso contra os responsáveis, nos casos de dolo ou culpa".

Duas observações hão que ser feitas a propósito destes artigos e parágrafos transcritos: 1º) a colocação da matéria, numa parte abrangente da Constituição, onde cuidada a "Organização do Estado", ao contrário do que acontecia nas Constituições anteriores, onde a responsabilidade do Estado por atos de seus "funcionários" constava de Capítulos relacionados com o Poder Executivo; 2º) a referência à responsabilidade do Estado se fazia em relação a "funcionários" (do Poder Executivo, entendeu-se), enquanto agora se trata dessa mesma responsabilidade pelos danos de "agentes" de qualquer dos Poderes.

Destarte, a discussão que ontem envolveu Aliomar Baleeiro e Bilac Pinto, de um lado, Djaci Falcão e Luiz Gallotti, de outro, no Supremo Tribunal Federal, sobre se no conceito amplo de funcionários públicos seria válido incluir o juiz, isso perdeu sentido, visto como será muito menos aventuroso negar ao órgão do Poder Judiciário a condição *stricto sensu* de "funcionário" que a de – mesmo no mais estrito sentido – "agente" do Poder Público, qualidade apresentada por quem quer que exerça legitimamente função de Poder estatal (segundo Caio Mário da Silva Pereira, "agente" é sinônimo de "órgão").[25]

Eventualmente arguir-se-á que, como agente da Administração da Justiça, órgão do Poder Judiciário, o juiz não é parte da Administração Pública: esta envolverá simplesmente os representantes do Poder Executivo ou, quando muito, os elementos incumbidos de Função executiva em qualquer dos Poderes do Estado, ou ainda, mercê de interpretação ampliativa, dela participarão juízes enquanto expedem atos administrativos ou de jurisdição voluntária.

Descaberia por inteiro essa impugnação.

E improcederia, porquanto – em primeiro lugar –, pela sua natureza e por circunstância tópica, o art. 37 da CF não se restringe ao disciplinamento do regime jurídico dos servidores do Poder Executivo, porque sua parte capital enuncia co-

de concretizar o direito, embora o Judiciário o faça em menor grau" (em *Grundzüge des Verfassungsrechts der Bundesrepublick Deutschland*, 15ª ed., Heidelberg Müller, 1985, p. 210, n. 550). Aliás, nesse sentido é expressa a Lei Fundamental alemã ao estabelecer que, enquanto o Poder Legislativo se vincula ao ordenamento constitucional, os Poderes Executivo e Judiciário ligam-se com a lei e o direito (G.G. – art. 20,2).

25. Em *Responsabilidade Civil*, 2ª ed., Forense, 1991, n. 103: "Todo agente da administração, mesmo subalterno, é um órgão da pessoa jurídica sem se cogitar da relação de preposição".

gentemente princípios a serem atendidos na ação dos três Poderes do Estado, não apenas no procedimento de seus agentes administrativos; *alter*, por demais, até historicamente o juiz é tão agente de ação executiva quanto qualquer membro dos serviços estritamente executivos, incumbidos de aplicação da lei, desde que ambos estarão sob a égide do Estado de Direito; *tertius*, em face da hermenêutica constitucional, por um critério de interpretação ou de aplicação de norma da *Lex Legum*, confirma-se a aplicação dos preceitos do art. 37 a todos quantos não podem escapar da classificação de *agentes do Estado*, nem mesmo os juízes (repelida a qualificação de órgãos privilegiados de um "Poder Soberano", como se pretendia fosse o Judiciário...).

15. Efetivamente: a incumbência de *administração da Justiça*, que se convencionou aplicar ao desempenho de serviços objetivados pelo Judiciário, nada mais é que o trabalho exercido pelos juízes nos termos de um complexo de leis a que se denomina "organização judiciária" (De Plácido e Silva), o qual só difere nominalmente de todos os demais complexos de leis que regem outros serviços públicos (*serviços tributários, magistério superior, forças armadas*...) porque, aqui, se trata de regular o trabalho de um setor chamado Justiça. – Não podemos compreender em que sentido os juízes serão mais qualificados como órgãos de um serviço do Estado do que os advogados da União, os membros do Ministério Público ou os das Forças Armadas, às últimas das quais incumbe a preservação e o asseguramento da soberania externa e interna da Nação, "à defesa da Pátria, à garantia dos poderes constitucionais e, por iniciativa de qualquer destes, da lei e da ordem" (CF, art. 142).

Ainda recentemente (n. 57, de janeiro-março de 1991) a *Revues Française d'Administration Publique*, editada pelo Institut International d'Administration Publique, publicou número especial sobre *L'Administration de la Justice* em que se deteve longamente num estudo comparado sobre a crise do aparelhamento da Justiça, um tema rigorosamente igual a tudo que se discute, também universalmente, sobre os problemas institucionais da Administração Pública.

Portanto, cuidar da Administração Pública, como ordena o art. 37 da CF de 1988, não pode deixar de envolver o interesse da Administração da Justiça: apenas a segunda é um *minus* em relação à primeira, como sustentamos acima, a propósito dos Poderes Executivo e Judiciário.

Acrescente-se: qualquer estudo aprofundado do que se entende por *administração pública* não poderá deixar de compreender a *administração da justiça*, de como se verifica no excelente livro do Prof. Werner Thieme, da Universidade de Hamburgo,[26] sobre *A Doutrina da Administração*, onde se detém na organização da Justiça, apresentada como componente da Administração Pública e, especificamente, como elemento do controle interno de seus procedimentos. Idem nos Estados Unidos, nação cujo progresso material e institucional carece de exaltada, onde a Administração Pública está colocada no plano de uma *ciência* que desde sua virtual fundação por Woodrow Wilson, com obra de 1887 (*The Study of Administration*), só tem feito acumular conteúdo de alto teor político.[27]

26. *Verwaltungs-Lehre*, Colônia, ed. Carl Heymanns, 1967, pp. 291 e ss.

27. A propósito vejam-se os livros de Leonard D. White, *Introduction to the Study of Public Administration*, 3ª ed., Macmillan, 1926, "modelo durante uma geração", segundo Dwight Waldo, professor de ciência política na Universidade da Califórnia, em *Estudio de la Administración Pública*, trad. espanhola, Ed. Aguilar, 1964, p. 44.

Aliás, nem se poderia compreender fosse diversa a abrangência dos estudos da Administração Pública, cujo papel essencial é a realização das ações executivas do Estado, inclusive as do Poder Judiciário, que até historicamente é filial do Poder Executivo, conforme destacamos acima, trazendo à colação observações do francês Trotabas, e do alemão Hesse (v. nota 24).

16. Conquanto não seja este o argumento fundamental, frequentemente se apresenta – tanto no Brasil quanto algures – como fundamento da irresponsabilidade do Estado pelos atos de juiz a circunstância da irretratabilidade da coisa julgada: permitir que um indivíduo pretenda certa indenização a pretexto de que teria padecido dano em consequência de coisa julgada, isso equivale a reabrir uma discussão socialmente impossível, é como José de Aguiar Dias situa essa questão no seu livro *Da Responsabilidade Civil*.[28] Com citação de Duez, e com ele concorde, escreveu o jurista patrício que o mestre francês admitiu a tese apenas no caso dos pleitos fundados em atos jurisdicionais propriamente ditos, sem abrangência dos atos preparatórios ou de execução, e dos atos de agentes não jurisdicionais, embora subordinados às autoridades judiciais.

A propósito, ainda da irresponsabilidade do Poder Público pela irremovibilidade de coisa julgada, só nos casos de revisão e de rescisão desta seria admissível pudesse o particular obter o ressarcimento de prejuízo acarretado por decisão ilegal – assim sentenciava Pedro Lessa em obra do primeiro quartel deste século.[29] O direito legislado nacional, mais tarde, viria admitir a responsabilidade do Estado em tal caso, como visto no art. 630 do Código de Processo Penal, e, de modo ainda mais amplo, no art. 5º, LXXV, da Constituição Federal, que contempla o "condenado por erro judiciário, assim como o que ficar além do tempo fixado na sentença".

Com relação ao estabelecido nesse mencionado inciso LXXV da Carta da União, que impõe ao Estado indenizar a vítima de erro judiciário, entendemos que seu alcance vai além do que se dispusera no art. 630 do CPP, visto como a referência ao "condenado por erro judiciário", posta numa cláusula garante de "direitos e deveres individuais e coletivos" – qual o art. 5º do Diploma de 1988 – tem aplicação em todos os campos em que o indivíduo possa ser *condenado*: no juízo criminal, como no civil, no trabalhista ou no militar e até no eleitoral, enfim, onde quer que o Estado, mesmo através do Ministério Público, tenha sido provocador da condenação.

Dessa forma, conjugada a norma nova desse art. 5º, LXXV com a do art. 37, § 6º, dúvida não poderá remanescer de que o Estado é plenamente responsável por todos os prejuízos que erros judiciários eventualmente causem aos elementos da coletividade.

É interessante registrar que – apesar de vários juristas já terem tido oportunidade de comentar todo o art. 5º da CF de 1988 – nenhum deles haverá tido a percepção de quanto contido no seu inciso LXXV. Não perceberam a amplitude da cláusula comentada, Cretella Júnior, nem Celso Ribeiro Bastos ou Pinto Ferreira, nem Eugênio Haddock Lobo e Julio Cesar Leite: apenas Hely Lopes Meirelles, na última edição de seu festejado *Direito Administrativo Brasileiro* publicada durante sua vida (a 15ª, de 1990), embora superficialmente, destacou esse alcance do inciso LXXV, em tela, comentando-o

28. 6ª ed., Forense, 1979, p. 323 do vol. II.

29. Em seu clássico *Do Poder Judiciário*, Livraria Francisco Alves, 1915, p. 164.

fora de seu aspecto puramente criminal, *in verbis*: "*O ato judicial típico*, que é a sentença, enseja responsabilidade civil da Fazenda Pública, como dispõe agora a Constituição de 1988, em seu art. 5º, LXXV Ficará, entretanto, o juiz, individual e civilmente responsável por dolo, fraude, recusa, omissão ou retardamento injustificado de providências de seu ofício, nos expressos termos do art. 133 do Código de Processo Civil, cujo ressarcimento do que foi pago pelo Poder Público deverá ser cobrado em ação regressiva contra o magistrado culpado. Quanto aos atos administrativos praticados por órgãos do Poder Judiciário, equiparam-se aos demais atos da Administração, e, se lesivos, empenham a responsabilidade civil objetiva da Fazenda Pública" (p. 554).

Temos por ocioso registrar que a hermenêutica constitucional há de ser feita em termos de *construção*, donde Carlos Maximiliano ter aconselhado observar que o "Código fundamental" tanto provê no presente como prepara o futuro, visando a tornar efetivos e eficientes os grandes princípios de Governo, que, consoante Story, de quem nosso autor aproveita um período, "é uma coisa prática, feita para a felicidade do gênero humano"; outro tanto, ainda de Maximiliano o pensamento, as palavras da Constituição devem ter seu sentido ampliado, de modo que abranjam outras relações mais extensas.[30]

Em face dessas considerações, é evidente que ademais do estabelecido no art. 37, da Carta, para explicitar a amplitude dos termos em que o Estado será responsabilizado pelos atos que seus *agentes* ou *órgãos* – na área de qualquer de seus Poderes, inclusive do Judiciário –, hajam praticado em lesão de interesses ou bens jurídicos de terceiros, ficou à saciedade explicitado que isso também acontecerá nos casos de erro judiciário, obviamente quando qualquer condenação prévia tenha sido corrigida por via de ação anulatória ou rescisória.

17. À margem de qualquer consideração sobre a inviabilidade de ser pretendida a responsabilização do Estado por ato jurisdicional cristalizado em *cousa julgada*, porque isso o pensamento jurídico tem assentado sem discrepância, cabe apreciar o *quid* das outras eventuais fontes de prejuízo verificadas nos erros ou nas faltas graves de juiz. Conforme temos expendido, ademais dos *atos administrativos* e dos proferidos no exercício de *jurisdição voluntária* (*v.g.*, nos casos dos arts. 294, 420 e 421 do CC), a função precípua do magistrado reside na prática de funções jurisdicionais e, portanto, na expedição de *atos jurisdicionais*.

A propósito dos primeiros, *id est*, dos atos administrativos realizados em sede judiciária, bem como dos atos proferidos na jurisdição voluntária, mesmo anteriormente à promulgação da atual Constituição já havia ponderável corrente que se inclinava pela plena responsabilidade do Estado, de como se vê em excelente colaboração de Cretella Júnior publicada na *RDA*, em seu n. 99, de 1970, sob o título "Responsabilidade do Estado por Atos Judiciais".[31] Entretanto, conforme referência de Aguiar Dias – e sob sua autorizada e severa crítica, *in casu* –, ainda há decisões,

30. *Apud Hermenêutica e Aplicação do Direito*, 4ª ed., F. Bastos, 1947, ns. 358 e ss.

31. Tal estudo agora se encontra aproveitado, pelo mestre paulistano, em seus "Comentários à Constituição de 1988", na 2ª ed. do vol. II, pp. 820-852.

mesmo do Supremo Tribunal Federal, que "dominadas por falsos pressupostos até acobertam atos administrativos dos juízes, confundindo-os com os de caráter jurisdicional" (ob. e vol. cits., p. 326, em nota de rodapé).

18. Conforme assinalado pelos estudiosos do tema ora abordado, *ut supra*, é universal a tendência para impor ao Estado a direta responsabilidade de ressarcir o prejuízo que seus agentes ou órgãos causem a outrem. Entretanto, embora algumas Constituições modernas tenham colocado a matéria em preceito Constitucional – como a Itália, em 1947, e a Alemanha, em 1949 – nenhuma deu ao princípio da responsabilidade do Estado a amplitude da Carta Federal do Brasil.

No caso da Constituição Italiana, seu art. 28 estabeleceu: "Os funcionários e os dependentes do Estado e dos entes públicos são diretamente responsáveis segundo as leis penais, civis e administrativas, pelos atos realizados com violação de direitos. Em tais casos a responsabilidade civil se estende ao Estado e aos entes públicos". Os comentaristas que muito se vêm ocupando da interpretação dessa norma, têm sustentado que ela substituiu o princípio que se tornara tradicional, a responsabilidade direta do Estado, por uma responsabilidade direta dos servidores e, num óbvio retrocesso, colocou a solução jurídica no plano da responsabilidade por culpa: entretanto – e a observação é de Guido Zanobini[32] – a jurisprudência destes primeiros anos de aplicação do Diploma de 1947 se tem mostrado adversa ou pelo menos pouco convencida da solução constitucional, do mesmo modo que na doutrina não faltam autores que ao enunciado referido dão interpretação contrária ao que sua letra sugere. E o próprio Zanobini sustenta: "Independentemente das novas disposições constitucionais, o princípio geral da responsabilidade direta do Estado apresenta, com base nas leis do velho ordenamento, algumas normas excepcionais que, devendo conservar-se agora vigentes, devemos brevemente voltar a aplicar", inclusive por particulares razões e prevalentemente históricas (ob. e vol. cits., p. 345).

Outro jurista acerbamente crítico do art. 28 da Constituição italiana é seu comentarista Vincenzo Carullo, da Universidade de Bolonha, que o qualifica de radical e gravemente inovador, embora sugerindo determinada aplicação hermenêutica que poderá melhorá-lo, na sua aplicação.[33]

Quanto à Lei Fundamental de Bonn, esta – de como visto na sua letra – colocou-se dentro da corrente moderna afirmativa da responsabilidade direta do Estado; e de tal forma é o seu espírito e a orientação das correntes doutrinárias germânicas que a jurisprudência lhe vem dando aplicação, até quando o Estado exercita funções mediante particulares.[34]

19. Não resta dúvida que existe universal tendência para ampliar o campo das responsabilidades do Estado, seja a *responsabilidade civil* propriamente dita, de regime obrigacional, ou a de outras espécies, regidas pelo Direito Público e resultantes das atuações omnímodas

32. Em *Corso de Diritto Amministrativo*, vol. I, 8ª ed., Milão, Giuffrè, pp. 343-344.

33. Em *La Costituzione della Repubblica Italiana*, vol. I da ed. UPEB, de Bolonha, 1948, pp. 77-79.

34. Ver no *Verwaltungs Archiv*, vol. 64, caderno 4, de 1.10.1973, pp. 433 e ss., a colaboração do Dr. Albert von Mutius, da Universidade de Münster, sob o título "Zur Staatshaftung bei Erfüllung staatlicher Aufgaben durch Private".

dos Poderes com que se exerce a ação do Estado: neste último caso se situa a *responsabilidade por atos de juiz*, sejam administrativos, de jurisdição graciosa ou propriamente jurisdicionais, desde que eivados de defeitos e causadores de prejuízos a terceiros. O caso da Constituição da Itália, onde verificado genuíno retrocesso na assinalada tendência ampliativa da responsabilidade do Estado, além de ter sido insólito, está sendo enfrentado por inequívoca repulsa dos formadores da opinião doutrinária como da jurisprudência.

Por tudo isso, a orientação do constituinte brasileiro, que em 1988 elaborou nossa vigente Constituição, é merecedora de louvores, visto como evidenciou-se perfeitamente coerente com o movimento universal pertinente ao tema de que nos ocupamos, e coerente mesmo com o quadro nacional, que Carlos Mário Velloso tão bem apresentou, no seu comentado estudo de 1987.

É certo que no plano do civilismo tem sido forte a resistência ao alargamento da responsabilidade do Estado, como José Cretella Júnior ilustrou amplamente em seu trabalho sobre a *Responsabilidade do Estado por Atos Judiciais*, de 1970; no entanto, os publicistas – que comandam esse movimento de alargamento da responsabilidade – têm sido vitoriosos, desde a Europa, conforme o demonstramos no curso deste trabalho. E a enfatizar tal asserto, numa demonstração de quanto repercutiu entre nós o que se classificou lá fora como movimento de *publicização da responsabilidade do Estado*, temos à mão obra excelente, uma tese apresentada na Universidade Federal do Rio de Janeiro em 1941, pelo Professor Alcino de Paula Salazar, que se concluía destarte: "I – o princípio dominante, como regra geral, em doutrina quanto aos danos que ao patrimônio cause o exercício da atividade do Estado é o da plena responsabilidade deste pelas consequências do funcionamento dos serviços públicos, objetivamente consideradas, compreendendo os atos de qualquer natureza que os seus agentes pratiquem, por ocasião ou por motivo da execução dos referidos serviços, sendo fundamento dessa responsabilidade a ideia solidarista da equitativa distribuição dos *ônus* e encargos públicos entre todos os membros da comunhão política; II – este princípio geral, que está naturalmente sujeito a limitações, tem aplicação aos atos do poder judiciário, com exceção dos que constituam cousa julgada".[35]

No concernente à colocação da responsabilidade do Estado em circunstâncias como a de nós ora apreciada, que tem merecido apropriada colocação em regime de Direito Público, põe em causa – a nosso ver – a derrogação do título com que vem sendo estudada, "responsabilidade civil". Por que *civil*?

Essa locução tem óbvia origem na matriz de nosso Direito Privado, conquanto haja padecido necessária alteração ao passar a ser utilizada em relação ao Estado, uma entidade de Direito Público que, todavia, frequentemente opera com relações civis, donde se ter engendrado a expressão *responsabilidade civil do Estado*. Acrescente-se que a locução em tela, indicando a reparação de dano injustamente causado, tem origem no princípio do *neminem laedere* e colocação tópica no Direito das Obrigações.

Entretanto, desde o momento em que a responsabilidade do Estado passou a ter outra fundamentação jurídica – decorrendo da equalização dos encargos que o Esta-

35. *Responsabilidade do Poder Público por Atos Judiciais*, Rio de Janeiro, Ed. Gr. Canton & Reile, 1941, pp. 95-96.

do impõe aos membros da comunidade – e regime jurídico publicístico, parece-nos absolutamente imprópria a continuidade do emprego da locução *responsabilidade civil*: em vez disso e como neste caso se trata da *responsabilidade do Estado por atos de juiz*, recomendado é que se abandone o adjetivo "civil", por sua absoluta impropriedade e inadequação, na espécie.

A final – até porque isso é decretado em nossa Constituição Federal, o regime político regulador da vida da Nação é do Estado Social e de Direito, onde o comando das suas ações se inspira no exceler o social em face do individual – falar em responsabilidade civil nas circunstâncias como as ora estudadas soa com diapasão de peça de museu jurídico.

CONSTITUIÇÃO E DIREITO ADQUIRIDO

RAUL MACHADO HORTA

Professor Catedrático da Universidade Federal de Minas Gerais

1. Amplitude do tema. 2. Duas posições conflitantes. 3. "Facta praeterita", Direito Adquirido e Direito Privado. 4. Condicionamentos ao Direito Adquirido. 5. Constituição e Direito Adquirido. 6. Irretroatividade e Direito Adquirido nas Constituições Brasileiras. 7. Poder Constituinte e Direito Adquirido. 8. Princípio da continuidade das Leis no tempo e Direito Adquirido. 9. Tratamento do Direito Adquirido no constitucionalismo brasileiro.

1. O tema é amplo e sujeito às posições doutrinárias que procuram esclarecê-lo, desde a antiguidade clássica, no tocante ao conflito das leis no tempo e de época mais recente, a partir do século XVIII, no confronto entre a Constituição e o Direito Adquirido. Esta exposição examinará a relação entre Constituição, Irretroatividade da Lei e Direito Adquirido, considerando a genérica formulação do tema e a posição adotada pelo Direito Constitucional Brasileiro.

2. A aceitação e a recusa do Direito adquirido podem ser exemplificadas nas colocações de dois publicistas que se aprofundaram na análise jurídico-política dessa categoria.

Ferdinand Lassalle,[1] autor da *Théorie Systématique des Droits Acquis – Conciliation du Droit Positif et de la Philosophie du Droit*, conforme a tradução francesa da segunda edição alemã, sem prejuízo de sua identificação com o socialismo, sustentou que nos debates em torno do conceito de direitos adquiridos vibrava "l'âme du monde moderne et d'où découlent toutes les luttes politiques et sociales de notre siècle".[2]

1. *Théorie Systematique des Droits Acquis – Conciliation du Droit Positif et de la Philosophie du Droit*, 2 vols., Paris, V. Giard, E. Brière, 1904.

2. Ferdinand Lassalle, ob. cit., p. 3.

Léon Duguit, o luminar da Escola Francesa do Direito Público, ao contrário, desconhecia essa projeção quando negava, dogmaticamente, a existência de direitos adquiridos, na famosa passagem das *Leçons de Droit Public Général*[3] afirmando, enfaticamente, que há mais de meio século ensinava Direito e até então ainda não sabia o que era direito adquirido. Concebia a ideia como fruto da oposição aos direitos inatos do jusnaturalismo, que vinham da natureza, enquanto os direitos adquiridos emergiam da sociedade. De qualquer forma, dizia Duguit, a expressão deve ser rejeitada.

3. A elaboração da ideia de direito adquirido vincula-se à permanência de *facta praeterita*, que a regra do Imperador Teodosio formulou no ano 440, em famoso enunciado romanístico, vedatório da revogação *de facta praeterita* pela lei: "Leges et constitutiones futuris certum est dare formam negotiis, non ad facta praeterita revocari, nisi nominatim et de praeterito tempore et adhuc pendentibus negotiis cautum sit".[4]

A situação preexistente e a lei posterior configuram ou não a existência do direito adquirido. A construção conceitual de direito adquirido impôs a fixação do princípio da imutabilidade e da irrevogabilidade da situação anterior por ato contrário e sucessivo, capaz de desfazê-la com dano ou prejuízo ao seu titular.

Como vantagem incorporada ao titular, a patrimonialização tornou-se inerente ao direito adquirido, criando situação individual e concreta. A segurança jurídica do direito adquirido contra sua mudança e desfazimento criou a regra técnica de defesa da posição vantajosa. Criação do direito anterior, que o consolidou, o direito adquirido se antepunha ao direito novo e às mudanças decorrentes do novo direito. Expressão do direito novo, a lei como norma abstrata dispunha da virtualidade de criar o direito adquirido e, ao mesmo tempo, através da sucessão legislativa no tempo, anular esse direito pela revogação do princípio que o constituíra no direito antigo. A irretroatividade das leis tornou-se a barreira protetora do direito adquirido, assegurando a permanência e a incompatibilidade entre o direito antigo e o novo direito legislado. O direito adquirido representa a intangibilidade da lei no tempo. A irrevogabilidade da lei é técnica da proteção desse direito, assegurando a indevassabilidade da matéria regulada na lei antiga.

Colocado na confluência entre a lei antiga e a lei nova, compreende-se a precedência que o tema mereceu no domínio do Direito Privado, atraindo a atenção dos civilistas. O desconhecimento, durante largo período histórico, da ideia material e documental da Constituição explica a elaboração do Direito adquirido no domínio do Direito Civil, com o auxílio das categorias do Direito Privado, para proteção de interesses privados. Por outro lado, a concentração da matéria constitucional, especialmente na fase de seu esplendor clássico, na organização dos Poderes do Estado, na composição e competência de seus órgãos e na declaração genérica de direitos e garantias individuais, apartava o Direito Público do Direito Privado, com a decorrente impenetrabilidade das categorias privatísticas pelas nascentes normas publicísticas.

O conceito de direito adquirido é definido no Direito Privado e essa definição precede e configura sua introdução na norma posterior do Direito Público. É na doutrina dos civilistas que recolhemos

3. Léon Duguit, *Leçons de Droit Public Général*, Paris, E. de Boccard, 1926, p. 308.

4. Ferdinand Lassalle, ob. cit., p. 24.

a definição dos direitos adquiridos, seja entre os mais antigos, como Merlin de Douai[5] ("les droits acquis sont ceux qui sont entrés dans notre domaine, qui en font partie, et que ne peut plus nous ôter celui de qui nous les tenons"), Chabot de l'Allier,[6] (segundo o qual, os direitos adquiridos são os que foram "irrévocablement conférés et définitivement acquis avant le fait, l'acte ou la loi que l'on veut opposer, pour empêcher la pleine et entière jouissance de ces droits"), Mourlon ("Les Droits acquis, a-t-on dit, sont ceux qui sont entrés dans notre patrimoine et qui ne peuvent pas nous être enlevés par le fait d'un tiers"); ou entre os mais modernos civilistas, a exemplo de Demolombe[7] ("le droit bien et dûment devenu nôtre, dont nous sommes investis, qu'un tiers ne pourrait pas nous enlever"), Baudry-Lacantinerie[8] ("l'avantage qui nos appartient, qui figure dans notre patrimoine, qui ne peut être ravi par le fait de celui de qui nous le tenons ou par le fait d'un tiers"), Henri de Page ("Le Droit acquis est celui qui est entré dans notre domaine, qui en fait partie, et que ne peut plus nous enlever celui de qui nous le tenons. C'est le droit pleinement et définitivement réalisé") e de C. F. Gabba,[9] que definiu o direito adquirido "comme un droit qui a été créé sous l'empire d'une loi donnée, et qui est devenu immédiatement partie du patrimoine du sujet, encore que l'occasion de le faire valoir ne soit apparue qu'après l'entrée en vigueur d'une loi différente".

4. As soluções de acomodação entre a lei antiga e a lei nova, atenuando a eficácia do direito adquirido, brotaram de formulações civilísticas, refletindo a primazia do direito privado na revelação de condicionamentos e de limitações ao direito adquirido. Provieram de formulações civilísticas a separação entre direitos adquiridos e simples expectativas ou esperanças,[10] a retroatividade das leis interpretativas, das leis de ordem pública, das leis de competência e de processo, reduzindo a incidência do princípio da irretroatividade da lei e, consequentemente, do direito adquirido. Paul Roubier[11] qualificou de surpreendente o silêncio do Código Civil alemão de 1900, o famoso Bürgerliches Gesetzbuch – BGB –, monumento do Direito Privado, em relação ao princípio da não retroatividade das leis. Mutismo intencional, que a Exposição de Motivos justificou, sustentando que toda lei pode, e mesmo deve, determinar os limites de sua ação no tempo. Na ausência de texto expresso, a Exposição de Motivos recomendava ao intérprete buscar na lei a regra que dispusesse sobre os limites de seus efeitos no tempo.

Marcel Planiol e Georges Ripert[12] adotam posição representativa dos condicionamentos privatísticos do direito adquirido e da irretroatividade das leis, quando, embora doutrinariamente admitindo que a lei antiga faça parte do contrato e a ele se aplica como estipulação implícita das partes, reconhecem ao legislador a faculdade de impor a incidência da lei nova aos contratos anteriores à sua promulgação, fundada no interesse superior da ordem pública.

5. Paul Roubier, *Le Droit Transitoire – Conflits des Lois dans le Temps*, 2ª ed., Dalloz et Sirey, 1960, p. 95.

6. Idem, idem, p. 96.

7. Idem, idem, p. 113.

8. Idem, idem, p. 113.

9. Idem, idem, p. 122.

10. Henri de Page, *Traité Élémentaire de Droit Civil Belge*, vol. I, Bruxelas, 1933, pp. 213 e 220.

11. Paul Roubier, ob. cit., p. 125.

12. Marcel Planiol e Georges Ripert, *Traité Pratique de Droit Civil Français*, vol. VI, Paris, LGDJ, 1930, pp. 34-35.

Castro y Bravo,[13] reportando-se aos casos de aplicação da lei nova com efeitos retroativos no Direito Espanhol, ensina que a doutrina e a jurisprudência de seu País autorizam as leis com efeitos retroativos, ainda que não declarado em cláusula expressa, distinguindo os casos em que a retroatividade poderá decorrer de cláusula especial ou da interpretação do texto da lei. Castro y Bravo inclui nesta segunda categoria, denominado por ele de irretroatividade por declaração tácita da lei, as disposições de natureza interpretativa e as que repelem situações anteriormente constituídas, por incompatíveis com os fins morais e sociais da lei.

No Brasil, Carlos de Carvalho, ao promover a recopilação do Direito vigente, a que deu o título de *Direito Civil Brasileiro Recopilado* ou *Nova Consolidação das Leis Civis*, na redação do artigo 21 do referido texto, acolheu a doutrina limitadora do direito adquirido e atenuadora da irretroatividade, admitindo a retroatividade da lei, em determinados casos, *verbis*: "As leis não têm o efeito retroativo, salvo as que regulam assunto de ordem ou de direito público, qual a abolição de uma instituição e o estado e a capacidade das pessoas, respeitados os fatos consumados, isto é, que produziram todos os efeitos de que eram suscetíveis".

O Supremo Tribunal Federal, antes da vigência do Código Civil, como demonstram julgados citados por José Afonso Mendonça de Azevedo,[14] em seu livro *A Constituição Federal Interpretada pelo Supremo Tribunal Federal*, sufragou a retroatividade das leis de ordem pública, *verbis*: "136 – As leis de ordem pública retroagem... (4.12.1909)"; "146 – Contra as leis de ordem pública não podem ser invocados direitos adquiridos (6.12.1916)".

Identificando nas formulações privadas a sede e a fonte de limitações e de condicionamentos ao direito adquirido e à irretroatividade das leis, não pretendo excluir a doutrina publicística de contribuição no mesmo sentido. O que assinalo é a predominância e mesmo a primazia daquelas formulações no domínio do Direito Privado.

No campo do Direito Público, destaco a posição de Léon Duguit que, como vimos, negou a existência de direitos adquiridos e formulou doutrina atenuadora da irretroatividade das leis, com a limitação de seu campo de incidência. Partindo da distinção entre situações jurídicas subjetivas e situações jurídicas objetivas, o notável mestre da Faculdade de Direito de Bordeaux converteu esta segunda categoria na área das leis retroativas. As situações jurídicas subjetivas, segundo Duguit,[15] são especiais e individuais. O seu exemplo mais claro é o contrato. As situações jurídicas objetivas derivam diretamente da norma jurídica, da lei positiva. São situações gerais e permanentes. A lei nova não pode modificar uma situação jurídica subjetiva, e se ela o fizer, a lei será retroativa e contrária ao direito superior. A lei nova se aplica, ao contrário, às situações objetivas ou legais.[16] Reconhecendo a intangibilidade das situações jurídicas subjetivas e a inerente modificabilidade das situações objetivas pela aplicação a elas da lei nova, Duguit, mediante uma distinção cerebrina,

13. Federico de Castro y Bravo, *Derecho Civil de España*, vol. I, 2ª ed., Madri, 1949, pp. 651-652.

14. José Afonso Mendonça de Azevedo, *A Constituição Federal Interpretada pelo Supremo Tribunal Federal*, Rio de Janeiro, 1925, pp. 48-49.

15. Léon Duguit, *Traité de Droit Constitutionnel*, vol. I, Paris, 1927, pp. 308, 309, 312, 313.

16. Léon Duguit, ob. cit., pp. 238-239.

reduziu o campo de incidência da irretroatividade das leis e alargou os casos de aplicação da retroatividade. O mestre de Bordeaux ofereceu, desta forma, a contribuição publicística à corrente privatística que preconiza limitações ao princípio da irretroatividade das leis.

5. O princípio do direito adquirido, que a doutrina civilística concebeu como projeção da irretroatividade das leis, não ingressou direta e imediatamente na Constituição. Também na ordem constitucional a primazia coube ao princípio da irretroatividade, que se converteu em regra da Constituição, enquanto o direito adquirido se comportava como princípio-reflexo daquele, sem dispor da incorporação ao plano da norma constitucional.

No constitucionalismo ocidental, a Constituição norte-americana de 1787 exprime o momento inaugural da irretroatividade da lei com o alcance hierárquico de norma suprema. O artigo 1, seção 9, em sua cláusula 3, veda ao Congresso aprovar *bill of attainder* ou lei *ex-post facto* ("*No bill of attainder or ex-post fact law shall be passed*"). Na lição dos intérpretes da Constituição norte-americana, o *bill of attainder* é o ato legislativo que impõe uma pena sem processo judicial e a lei *ex-post facto* a que torna criminoso o ato realizado antes de sua sanção e que era reputado inocente na época de sua prática. Proibindo a pena sem processo judicial e a qualificação de criminoso a ato praticado anteriormente à vigência da lei nova, a irretroatividade da Constituição norte-americana é de natureza criminal, vedando leis penais retroativas. Essa preferência pela irretroatividade das leis penais, com objeto e matéria da regra constitucional, reproduziu-se no constitucionalismo francês do final do século XVIII, no período da Revolução de 1789.

Com efeito, a proteção constitucional da irretroatividade da lei penal firmou-se, originariamente, na Declaração dos Direitos do Homem e do Cidadão, de 1789, posteriormente convertida no texto inicial da Constituição Francesa de 3 de setembro de 1791, cujo artigo 8º dispunha, *verbis*: "La loi ne doit établir que des peines strictement et évidemment nécessaires, et nul ne peut être puni qu'en vertu d'une loi établie et promulguée antérieurement au délit, et légalement appliquée".

A Constituição Girondina de 1793, permanecendo no domínio da irretroatividade da lei penal, inseria, nos artigos 15 e 16 de sua Declaração de Direitos, duas regras protetoras, para dispor, na primeira, que ninguém poderia ser punido senão pela lei estabelecida e promulgada antes do crime e na segunda regra qualificar de ato arbitrário a lei que procedesse de forma contrária, isto é, considerar delito fato anterior a sua existência, dando ao efeito retroativo da lei o caráter de crime, *verbis*: "Nul ne doit être puni qu'en vertu d'une loi établie, promulguée antérieurement au délit et légalement appliquée" (art. 15). "La loi qui punirait des délits commis avant qu'elle existat serait un acte arbitraire. L'effet rétroactif donné à la loi est un crime" (art. 16).

A Declaração de Direitos, que precedeu o Ato Constitucional de 1793, reproduziu, em seu artigo 14, as duas regras da Constituição Girondina, a elas acrescentando o princípio da defesa no processo.

A irretroatividade ampla, para abranger a lei criminal e a lei civil, tornou-se regra da Declaração de Direitos da Constituição republicana de 1793, superando a restrita irretroatividade da lei penal, consagrada nos textos anteriores, *verbis*: "Aucune loi, ni criminelle, ni civile, ne peut avoir d'effet rétroactif" (art. 14).

As Constituições Francesas de 1799 e 1814, a Carta Constitucional de 1830 e a Constituição da República de 1848 não inscreveram em seus textos a regra da irretroatividade da lei penal, como nos documentos constitucionais de 1791 e 1793, nem a irretroatividade conjunta da lei penal e da lei civil, consagrada na Constituição de 1793. Num e noutro sentido, a irretroatividade perdeu a primazia de norma constitucional. Com a exceção das Leis Constitucionais de 1875, que silenciaram quanto ao princípio da irretroatividade, mantendo sua desconstitucionalização, as Constituições mais recentes de 1946 e 1958, prosseguindo na técnica iniciada na Constituição de 1852 (art. 1º), preferiram reafirmar os Direitos e as Liberdades do Homem e do Cidadão de 1789, limitando-se a acrescentar princípios políticos, econômicos e sociais particularmente necessários ao nosso tempo, como fez a Constituição de 1946, em procedimento reiterado pela Constituição de 1958. Tendo conservado em seu Preâmbulo a Declaração de 1789 e deixando de a ela acrescentar outros princípios, verifica-se que a Constituição Francesa de 1958 manteve a irretroatividade de conteúdo penal, sem alcançar a irretroatividade da lei civil, que é, como vimos, posterior à Declaração de 1789 e à Constituição de 1791. Na França, perdurando a irretroatividade da lei penal, em norma constitucional, relegou-se a irretroatividade da lei, em sentido amplo, ao plano da lei ordinária, sob o comando do artigo 2º do Código Civil de 1804, *verbis*: "La loi ne dispose que pour l'avenir; elle n'a point d'effet rétroactif".

De Page[17] considera o artigo 2º do Código Civil Francês *um princípio fundamental do direito*, valendo como "un précepte pour le législateur, une obligation pour le juge et une garantie pour les citoyens".

Situação idêntica, no tocante à irretroatividade restrita à lei penal, é a que se contém na Constituição da República da Itália de 1947. O artigo 25, segundo inciso, da Constituição italiana limitou-se a dispor que "nessuno può essere punito se non in forza di una legge che sia entrata in vigore prima del fatto commesso".

A irretroatividade ampla constitui regra das *Disposições sobre Leis em Geral*, texto que precede ao Código Civil, cujo artigo 11, regulando a eficácia da lei no tempo, reproduz o enunciado do Código Civil Francês, *verbis*: "La legge non dispone che per l'avvenire: essa non ha effetto retroativo".

Comentando a dupla categoria de normas sobre irretroatividade, uma na Constituição, com alcance restrito à lei penal, e outra na legislação ordinária, dotada de alcance genérico, Carlo Cereti[18] assinalou que a irretroatividade prevista no texto introdutório do Código Civil encerra um princípio geral do ordenamento jurídico, que deve ser observado por todos, sem constituir, entretanto, limite jurídico para os órgãos legislativos. Estes órgãos poderão atribuir efeito retroativo à lei formal, pois, em matéria não penal, a irretroatividade é princípio de política legislativa, que pode ser ultrapassado pelo próprio legislador, quando necessário. Em matéria penal, ao contrário, a irretroatividade constitui limite insuperável, imposto pelo artigo 25 da Constituição.

Estendendo a comparação ao Direito Latino-americano, registramos a posição correspondente do Direito Argentino. A Constituição Argentina de 1º de maio de 1853 e as sucessivas reformas de 1860, 1866, 1898 e 1967 contemplam a irretroatividade da lei penal, dispondo que ninguém será penalizado sem processo

17. Henri de Page, ob. cit., p. 211.

18. Carlo Cereti, *Corso di Diritto Costituzionale Italiano*, 5ª ed., Giappichelli Editore, 1958, p. 363.

prévio fundado em lei anterior ao fato, nem julgado por lei inexistente na época do fato (art. 18). A irretroatividade ampla, para a legislação de caráter não penal, como na França e na Itália, abrigou-se no artigo 3º do Código Civil da República Argentina, de 1º de janeiro de 1871, em redação de idêntico conteúdo à dos Códigos Civis da França e da Itália, na sua primeira parte, *verbis*: "Las leyes disponen para lo futuro; no tienen efecto retroactivo, ni pueden alterar los derechos ya adquiridos".

A irretroatividade da lei penal, como regra da Constituição, e a irretroatividade da lei, de forma ampla, na legislação ordinária codificada, torna invulnerável a primeira categoria de normas, acarretando a sanção da inconstitucionalidade, em caso de sua transgressão. A irretroatividade da lei na legislação ordinária, não obstante o seu caráter de princípio fundamental do direito e de regra de política legislativa, fica submetido ao juízo e conveniência do legislador, que poderá ultrapassá-la em outra lei. Gerando o direito adquirido, que é princípio-reflexo da irretroatividade, a intangibilidade desse direito fica comprometida quando a irretroatividade ampla não constituir *princípio constitucional*.

O Código Civil Argentino, inovando a regra do Código Civil Francês, reproduzida no Código Italiano, reforçou a segurança jurídica dos direitos adquiridos, acrescentando à proibição do efeito retroativo a de que as leis não podem alterar direitos já adquiridos. A lei posterior, que atingi-los, violando princípio da lei geral, ensejará sempre a proteção jurisdicional dos direitos adquiridos. Na França e na Itália, a noção de direitos adquiridos perdura na doutrina e na jurisprudência, sem a eficácia e a energia do princípio legal conferido pelo Direito Argentino.

6. O constitucionalismo brasileiro, desde o seu texto inicial, em 1824, consagrou o princípio da irretroatividade ampla, desconhecendo a técnica da irretroatividade parcial, preferida nas Constituições dos Estados Unidos de 1787, da Argentina de 1853, da Itália de 1947 e da França de 1958.

O tratamento constitucional da matéria no Direito Brasileiro pode ser destacado em dois períodos. No primeiro, a irretroatividade ampla se localiza na Constituição e a proteção do direito adquirido adviria, inicialmente, daquela irretroatividade, como princípio-reflexo, para, posteriormente, decorrer de regra expressa do direito ordinário, convivendo com o princípio constitucional da irretroatividade. No segundo período, a irretroatividade ampla foi absorvida pelo direito adquirido, que se tornou princípio constitucional, invulnerável pela lei ordinária.

A Constituição do Império de 25 de março de 1824 e a Constituição da República de 24 de fevereiro de 1891 pertencem ao primeiro período, consagrando nos respectivos textos a irretroatividade ampla, da qual se projetava o princípio do direito adquirido, corolário da irretroatividade e a ela inerente, por relação congênita. Na Constituição do Império, a irretroatividade, que ingressou no título final – Das Disposições Gerais e Garantias dos Direitos Civis e Políticos dos Cidadãos Brasileiros –, se condensava na breve regra do artigo 179, § 3º, o qual, referindo-se à lei já mencionada nos §§ 1º e 2º, dizia, simplesmente, *verbis*: "A sua disposição não terá efeito retroativo".

Pimenta Bueno,[19] o melhor exegeta da Constituição do Império, ponderava que "o sagrado princípio da não retroatividade da lei deve ser respeitado ainda mesmo no caso de interpretação".

19. José Antônio Pimenta Bueno, *Direito Público Brasileiro e Análise da Constituição do Império*, Rio de Janeiro, 1857, p. 394.

Na Constituição Federal de 1891, a irretroatividade ampla da lei deslocou-se da Declaração de Direitos, para tomar a forma de vedação de leis retroativas, dirigida à União e aos Estados, como regra das Disposições Preliminares da Organização Federal, contida no artigo 11, § 3º, *verbis*: "É vedado aos Estados, como à União, prescrever leis retroativas".

Rui Barbosa,[20] o maior intérprete da Constituição de 1891, não foi, entretanto, seguido quando deu ao princípio constitucional inteligência restrita, para confiná-lo nos limites da irretroatividade da lei penal, a exemplo da Constituição norte-americana, a qual, como se viu, adotou terminologia adequada ao alcance da irretroatividade criminal, o que não se verificou na Constituição Brasileira da 1ª República. A Constituição de 1891, na linha da Constituição do Império (art. 179 – 11), manteve na Declaração de Direitos, em regra autônoma, a proibição de retroatividade da lei criminal, consagrando o princípio da exigibilidade da lei anterior, *verbis*: "Ninguém será sentenciado senão pela autoridade competente, em virtude de lei anterior e na forma por ela regulada" (art. 72, § 15).

Na vigência da Constituição de 1891, a promulgação do Código Civil, pela Lei 3.071, de 1º de janeiro de 1916, com vigência em igual data do ano seguinte, incorporou ao ordenamento jurídico a definição de direito adquirido, que se tornou princípio legal autônomo, desprendendo-se da condição anterior de princípio-reflexo da irretroatividade da lei. A Introdução ao Código Civil não só definiu (art. 3º, § 1º) como impôs à lei o respeito ao direito adquirido (art. 3º), *verbis*: "A lei não prejudicará, em caso algum, o direito adquirido, o ato jurídico perfeito, ou a coisa julgada. Consideram-se adquiridos, assim os direitos que o seu titular, ou alguém por ele, possa exercer, como aqueles cujo começo de exercício tenha termo prefixo, ou condição preestabelecida, inalterável a arbítrio de outrem" (art. 3º, § 1º)).

As Constituições Federais de 1934, 1946, 1967 e 1988 integram o segundo período do constitucionalismo brasileiro, quando o direito adquirido tornou-se princípio constitucional, absorvendo nele a irretroatividade da lei, que deixou de figurar no enunciado da Constituição, por sua absorção na regra do direito adquirido.

A Constituição de 1934 fixou o princípio constitucional do direito adquirido na Declaração de Direitos, conforme formulação iterativamente reproduzida nas Constituições de 1946 (art. 141, § 3º), de 1967 (art. 150, § 3º) e de 1988 (art. 5º, XXXVI), *verbis*: "A lei não prejudicará o direito adquirido, o ato jurídico perfeito e a coisa julgada".

A partir da Constituição de 1934, introduziu-se a inovação de contemplar a retroatividade da lei penal benéfica ao réu, *verbis*: "A lei penal só retroagirá quando beneficiar o réu" (art. 113, n. 27).

A Carta de 1937, que instituiu regime autoritário, não manteve o princípio da intangibilidade do direito adquirido, que experimentou processo de desconstitucionalização, nem reiterou a retroatividade benéfica da lei penal, que desapareceu da norma constitucional. Não proscreveu as leis retroativas, como vedação à União e aos Estados, e assim a ablação constitucional do princípio foi completa, conferindo ao legislador ordinário completa discricionariedade. A Carta de 1937 substituiu a retroatividade benéfica por outro princípio, segundo o qual *as penas estabelecidas ou agravadas na lei nova não se aplicam aos*

20. Rui Barbosa, *Comentários à Constituição Federal Brasileira*, vol. I, coligidos e ordenados por Homero Pires, 1932, p. 375.

fatos anteriores (art. 122, n. 13), o que não corresponde ao conteúdo mais liberal da retroatividade da lei penal benéfica. Na vigência da Carta de 1937, a nova Lei de Introdução do Código Civil (Decreto-lei 4.657, de 4 de setembro de 1942), revogou o artigo 3º da anterior Introdução ao Código, que assegurava o direito adquirido, o ato jurídico perfeito e a coisa julgada, deixando aberta a possibilidade de leis retroativas, se assim dispusesse a própria lei, como facultava a ressalva – *salvo disposição expressa em contrário* –, que figurava no artigo 6º da Lei de Introdução de 1942, *verbis*: "A lei em vigor terá efeito imediato e geral. Não atingirá, entretanto, salvo disposição expressa em contrário, as situações jurídicas definitivamente constituídas e a execução do ato jurídico perfeito".

A Lei 3.238, de 1º de agosto de 1957, na vigência da Constituição de 1946, restabeleceu na sua plenitude o princípio do direito adquirido, em obediência ao preceito que o consagrara na norma constitucional superior.

7. Sendo pacífica no Direito Brasileiro a intangibilidade do direito adquirido, quando considerado em relação à lei ordinária, *que não poderá prejudicá-lo*, cabe, finalmente, apurar se a Constituição, que consagra o direito adquirido, poderá dispor contrariamente a ele.

A questão se situa no campo da competência do poder constituinte originário, se for o caso de nova Constituição, e na do poder constituinte de revisão, de emenda ou de reforma, para os casos de alteração do texto constitucional existente.

As grandes revoluções, determinando profundas alterações na estrutura política, social e econômica, não se detiveram diante das situações consolidadas anteriormente, deixando de reconhecer o direito adquirido.

No curso da Revolução Francesa de 1789, Lassalle cita como representativas da negação do direito adquirido as leis da Convenção de 1793, dispondo sobre sucessões ocorridas desde 14 de julho de 1789, com efeito retroativo. A abolição do regime feudal, de seus direitos e deveres, sem indenização, por ato da Assembleia Nacional, sepultou direitos adquiridos, dentro do processo revolucionário francês de 1789. A Constituição Francesa de 1791 legitimou e consagrou a derrocada do antigo regime, como se lê em sua introdução, segundo a qual "il n'y a plus ni noblesse, ni pairie, ni distinctions héréditaires, ni distinctions d'ordres, ni regime féodal, ni justices patrimoniales, ni aucun des titres, dénominations et prérogatives qui en dérivaient, ni aucun ordre de chevalerie, ni aucune des corporations ou décorations, pour lesquelles on exigeait des preuves de noblesse, ou qui supposaient des distinctions de naissance, ni aucune autre supériorité, que celle des fonctionnaires publics dans l'exercice de leurs fonctions. Il n'y a plus ni vénalité, ni hérédité d'aucun office public. Il n'y a plus, pour aucune partie de la Nation, ni pour aucun individu, aucun privilège, ni exception au droit commun de tous les Français. Il n'y a plus ni jurandes, ni corporation de professions, arts et métiers. La loi ne reconnait plus ni voeux religieux, ni aucun autre engagement qui serait contraire aux droits naturels ou à la Constitution".[21]

Em outra manifestação radical do que Lassalle chamou de mudanças bruscas da história moderna, quando a consciência geral do direito produz uma nova ordem de coisas – "les changements soudains et brusques que l'histoire moderne a enregistrés en si grand nombre est où la conscience

21. Ferdinand Lassalle, ob. cit., p. 476.

générale de droit engendre un nouvel ordre de choses",[22] a Revolução Comunista de 1917, igualmente sucumbiram na voragem revolucionária o direito adquirido e as instituições do direito anterior. A Declaração dos Direitos dos Povos da Rússia, de 15 de novembro de 1917, o primeiro documento político após a deflagração daquela Revolução, suprimiu a propriedade e proclamou a libertação dos camponeses do poder dos proprietários da terra. A nova relação de forças projetou-se na Constituição da República Socialista Federativa Soviética Russa, de 10 de julho de 1918, a primeira Constituição Soviética Russa, responsável pela organização da República dos Soviets dos operários, soldados e camponeses. A nova ordem constitucional fundava-se na socialização da terra, na abolição da propriedade privada, com a transferência aos trabalhadores, sem nenhuma indenização, de todas as terras, consideradas, doravante, patrimônio do povo (art. 3º, *a* e *b*). Converteu em propriedade do Estado Soviético as fábricas, as oficinas, as ferrovias, outros meios de produção e de transporte e os bancos (art. 3º, *c-e*). Confirmou o repúdio aos empréstimos contraídos pelo Governo Czarista (art. 3º, *d*). Declarou que a tarefa fundamental da Constituição consistiria na instauração da ditadura do proletariado da cidade e do campo (art. 9º). A Constituição da União das Repúblicas Socialistas Soviéticas de 1936, que sucedeu à de 1923, tornando-se a terceira Constituição Soviética, dentro da concepção marxista de Constituição balanço, registradora das conquistas já obtidas, estruturou o poder em função do sistema socialista e da propriedade socialista dos instrumentos e dos meios da produção, que decorreram da anterior liquidação do sistema econômico capitalista, da abolição da propriedade privada dos instrumentos e dos meios de produção, como recorda o artigo 4º da Constituição de 1936.

As revoluções Francesa de 1789 e a Soviética de 1917 são modelos das revoluções que estabeleceram nova ordem política e social, destruindo a ordem anterior. A fratura, num e noutro caso, foi violenta e os direitos adquiridos da nobreza feudal, da aristocracia territorial e das classes dominantes receberam golpe mortal.

O Poder Constituinte, que implantou a República Burguesa na França e a Ditadura do Proletariado, na União Soviética, não só liquidou direitos adquiridos das classes dominantes, como não chegou sequer a conceber a ideia da proteção do direito adquirido, antepondo esse direito a lei que resultasse da atividade do legislador. A Revolução Soviética expropriou a propriedade privada e socializou os meios e instrumentos de produção. A Revolução Francesa de 1789, criando as condições favoráveis à implantação e apropriação da propriedade privada pela burguesia, não estendeu a esta instituição o amparo do princípio constitucional da irretroatividade das leis, que os textos constitucionais restringiram, como vimos, à irretroatividade da lei criminal, protegendo a liberdade física. Na França, à irretroatividade da lei civil surgiu mais tarde, para desaparecer em seguida, o que impediu a formulação do direito adquirido como princípio constitucional, dotado de força inibidora da atividade contrária do legislador. O desdobramento verificado no sistema jurídico francês, a partir do Código Civil de 1804, incorporando o princípio legal da irretroatividade ampla, permitiu o reconhecimento do direito adquirido como situação decorrente da retroatividade legal, sem alcançar, entretanto, a supremacia de princípio constitucional.

8. As mudanças operadas na fisionomia do regime político brasileiro não atingiram a profundidade das alterações

22. Idem, idem, pp. 475-476.

que decorreram de processo revolucionário radical.

A passagem do regime monárquico ao regime presidencial não se fez acompanhar de traumatismos sociais e econômicos. A vida pública republicana recebeu a colaboração de antigos monarquistas e a presença de antigos Conselheiros do Império nos cargos de relevo da administração republicana justificou que se desse à Primeira República a qualificação de *República de Conselheiros*. Pode-se dizer que a medida mais drástica ficou representada pelo trecho constitucional de 1891 que, pondo ênfase na igualdade de todos perante a lei, solenemente declarava: "A República não admite privilégios de nascimento, desconhece foros de nobreza e extingue as ordens honoríficas existentes e todas as suas prerrogativas e regalias, bem como os títulos nobiliárquicos e de conselho" (art. 75, § 2º).

A Constituição de 1891 afirmou a continuidade entre o direito antigo e o direito novo, desde que compatível com a Constituição e os princípios nela consagrados, *verbis*: "Continuam em vigor, enquanto não revogadas, as leis do antigo regime no que explícita ou implicitamente não forem contrárias ao sistema de governo firmado pela Constituição e aos princípios nela consagrados" (art. 83).

A ruptura que a Revolução de 1930 introduziu no ordenamento jurídico de 1891 não dispensou as cautelas compatibilizadoras entre o direito anterior e a ordem que emanava do exercício de poderes discricionários do Governo Provisório. O Decreto 19.398, de 11 de novembro de 1930, que institucionalizou a Revolução, de autoria de consagrado Jurista, o Dr. Levy Carneiro, se distingue pelo conjunto de limitações que traçava ao emergente poder revolucionário, prescrevendo o exercício da atividade judiciária consoante "as leis em vigor" (art. 3º), assegurando a vigência das Constituições Federais e estaduais, as leis e decretos federais, as posturas, deliberações e outros atos municipais (art. 4º), declarando em vigor as obrigações e os direitos resultantes de contratos, de concessões ou outras outorgas (art. 7º), proclamando vigentes e obrigatórias todas as relações jurídicas entre pessoas de direito privado e dando expressa garantia aos respectivos *direitos adquiridos* (art. 6º). A Constituição de 1934, que decorreu do processo revolucionário de 1930, manteve a regra da continuidade do direito anterior compatível com as disposições constitucionais novas (art. 187) e erigiu o direito adquirido em garantia individual, que a lei não prejudicará (art. 113-3). As Constituições de 1946, 1967 e 1988 não se afastaram dessa linha, que assegura a continuidade do direito anterior não incompatível com a Constituição nova, e a garantia individual do direito adquirido. A Carta de 1937 distanciou-se desse procedimento quando desconstitucionalizou o *direito adquirido*, que perdeu a natureza de princípio constitucional no plano das garantias individuais. Não obstante essa ruptura, para favorecer a liberdade normativa do legislador, que se tornou prerrogativa exclusiva do Presidente da República, através da pletórica edição de Decretos-leis, manteve a regra da continuidade das leis anteriores compatíveis com a Constituição.

Em face desses fundamentos, que caracterizam o Direito Constitucional Brasileiro, é necessário analisar e aplicar com prudência a regra jurisprudencial de que "Não pode haver direito adquirido contra preceito expresso da Constituição" (*RDA* 24/57, 54/215).[23]

A inexistência do direito adquirido há de decorrer de incompatibilidade entre

23. Pinto Ferreira, *Comentários à Constituição Brasileira*, 1º vol., Saraiva, 1989, p. 148.

ele e a Constituição, que é o caso extremo da inaplicabilidade e descontinuidade do direito anterior. A Constituição, por decisão soberana do constituinte originário, poderá revogar o direito adquirido, da mesma forma que revoga as leis anteriores incompatíveis. Como a sucessão constitucional no Brasil não se opera por mudanças violentas e se faz acompanhar da continuidade no tempo das leis anteriores, os casos de conflito entre a Constituição e o direito adquirido serão reduzidos, quando não raros. Em nosso sistema, a Constituição é fonte protetora do direito adquirido, sobrepondo-o à lei.

Não se recusa ao constituinte originário desfazer o direito adquirido. O que se assinala é a ocorrência rara desse desfazimento pelo respeito do constituinte brasileiro ao princípio da continuidade das leis. Esse princípio pode ser expresso, quando assim consagrado na Constituição, ou poderá decorrer do regime e de outros princípios adotados pela Constituição, para integrar o conjunto inominado dos *princípios decorrentes*, como se dá na Constituição da República de 1988 (art. 5º, § 2º). Nesta Constituição, localizamos uma das raras e explícitas recusas de aplicação do direito adquirido. Trata-se do artigo 17 do Ato das Disposições Constitucionais Transitórias, que veda a invocação do direito adquirido nos casos de percepção de vencimentos, remuneração, vantagens, adicionais e proventos em desacordo com a Constituição.

O poder constituinte de revisão participa dos mesmos condicionamentos que agem sobre o poder constituinte originário, em matéria de direito adquirido, sobressaindo-se, nesse domínio, o princípio da continuidade das leis, salvo incompatibilidade com a norma constitucional.

Há diferença de grau e de intensidade entre o Poder Constituinte originário e o Poder Constituinte de Revisão. A Constituição da República de 1988 aprofundou essa distinção, ao ampliar as limitações materiais que incidem no exercício do Poder Constituinte de Revisão, estabelecendo que não poderá ser objeto de deliberação a proposta de emenda tendente a abolir: I. a forma federativa de Estado; II. o voto direto, secreto, universal e periódico; III. a separação dos Poderes; IV. os direitos e garantias individuais (art. 60, § 4º, I a IV). Ao incluir no rol da matéria vedada ao poder de constituinte de revisão a emenda tendente a abolir os direitos e garantias individuais, a Constituição transformou o Título II da Constituição, que abrange os Direitos e Deveres Individuais e Coletivos (art. 5º, I até LXXVII), os Direitos Sociais (arts. 6º, 7º, I até XX-XIV, 8º, 9º, 10, 11), a Nacionalidade (arts. 12, I a VI; 13), os Direitos Políticos (arts. 14, 15, 16), e os Partidos Políticos (art. 17, I a IV) no seu núcleo irreformável e, por isso, inatingível pelo Poder de Emenda. Dentro dessa irreformabilidade encontra-se o princípio de que a lei não prejudicará o direito adquirido (art. 5º, XXXVI). O Poder Constituinte originário poderá, em tese, suprimir o direito adquirido, de modo geral, incluindo nessa supressão a regra que veda a lei prejudicial de direito adquirido. No caso do Poder Constituinte de Revisão, será questionável a emenda que propuser a supressão do direito adquirido assegurado pelo constituinte originário. A emenda ficará exposta a arguição de inconstitucionalidade. Por outro lado, à emenda constitucional é vedado, por cláusula expressa da Constituição, propor a abolição do princípio que protege o direito adquirido contra a lei prejudicial a ele. O mencionado princípio é direito individual, integrando o título dos *Direitos e Garantias Fundamentais*, que a Constituição deu por irreformável.

9. No Direito Constitucional Brasileiro, a relação entre Constituição e Direito Adquirido conduz às seguintes conclusões:

1. A Constituição é fonte e protetora do direito adquirido.

2. Só é recusável o direito adquirido incompatível com preceito da Constituição.

3. O constituinte originário não tem exercitado, com frequência, a competência para negar e desfazer o direito adquirido.

4. A competência desconstitutiva do direito adquirido pelo constituinte de revisão, se aquele resultou de decisão do constituinte originário ou de sua compatibilidade com a Constituição, é passível de arguição de inconstitucionalidade, por violação de decisão fundamental do constituinte originário.

5. O princípio constitucional que protege o direito adquirido contra lei prejudicial é irreformável, por se tratar de direito e garantia individual, não podendo a sua abolição constituir objeto de proposta de emenda à Constituição.

6. A proteção constitucional ao direito adquirido, que despontou, de forma expressa, na Constituição Federal de 1934, corresponde a valor incorporado à estrutura do regime político e do Estado Democrático Brasileiro.

7. As mudanças constitucionais operadas pelas sucessivas Constituições Brasileiras, mesmo no período de ruptura com o regime antigo, como na queda do Império, em 1889, e na interrupção da legalidade da Primeira República, em 1930, se distanciaram das mudanças radicais comandadas por Revoluções portadoras de nova ideologia e de novo ordenamento social, político e econômico.

8. A evolução constitucional brasileira, ao invés de opor Constituição e Direito Adquirido como valores antitéticos, vem promovendo a acomodação e o convívio entre Constituição e Direito Adquirido, que perdura até os nossos dias.

DESVIO DE PODER LEGISLATIVO

Caio Tácito
Professor Catedrático da Universidade do Estado do Rio de Janeiro

A noção do *détournement* de *pouvoir* como vício de legalidade do ato administrativo foi construída na jurisprudência do Conselho de Estado da França a partir do famoso caso *Lesbats*, decidido em 25 de fevereiro de 1864 e confirmado em 7 de junho de 1865, no qual se firmou o entendimento de que o recurso por excesso de poder compreendia o caso em que a autoridade praticasse determinado ato usando de seus poderes legais, porém visando a fim diverso daquele previsto, explícita ou implicitamente, na regra de competência. Cuidava-se de autorização da Municipalidade para o estacionamento de veículos em praça fronteira à estação de estrada de ferro para atender ao transporte de passageiros. Evidenciou-se, à luz da prova, que a negativa de autorização a determinado transportador (ato, em princípio, discricionário) obedecia, em realidade, ao propósito de garantir a exclusividade do serviço à outra empresa (ver, sobre o teor do aresto *Lesbats*, Henri Welter, *Le Contrôle Juridictionnel de la Moralité Administrative*, 1929, pp. 161-164).

A anulação de casos de monopólios velados, no tocante a estacionamento de veículos, renovou-se em outros arestos do Conselho de Estado (*arrêt Bouchardon*, 2.8.1870 e *arrêt Ville de Cannes c/ Rabé*, 8.6.1917, este último objeto de comentário de Maurice Hauriou, in *La Jurisprudence Administrative de 1892 à 1929*, t. II, p. 343).

O desvio de poder é, por definição, um limite à ação discricionária, um freio ao transbordamento da competência legal além de suas fronteiras, de modo a impedir que a prática do ato administrativo, calcada no poder de agir do agente, possa dirigir-se à consecução de um fim de interesse privado, ou mesmo de outro fim público estranho à previsão legal. O batismo do vício de legalidade procura definir, graficamente, a ideia de que a competência discricionária tem um alvo previsto na lei, do qual a autoridade não se pode *desviar* sob pena de nulidade do ato.

Tivemos oportunidade de documentar a acolhida do desvio de poder na doutrina e na jurisprudência brasileiras em tese de habilitação à Livre-Docência na Faculdade de Direito da Universidade do Rio de Janeiro, em 1951 ("Desvio de poder em matéria administrativa", incorporada ao livro *Direito Administrativo*, Saraiva, 1975, pp. 46-133).

Na oportunidade, destacamos que o acórdão pioneiro de 28 de julho de 1948, do Tribunal de Justiça do Rio Grande do Norte, relatado pelo então Desembargador Seabra Fagundes, acolhendo a noção do desvio de finalidade (*RDA* 14/52) guardava analogia com o precedente francês do referido caso *Lesbats*.

Tratava-se de mandado de segurança versando o exercício do poder de polícia do trânsito por parte de autoridade estadual competente fixando horário para o tráfego intermunicipal de determinada empresa de ônibus que importava em prejudicá-la em benefício de empresa concorrente. Acolhendo o voto do Relator, o Tribunal decidiu pela nulidade do ato que não atendia ao FIM legal de bom funcionamento do serviço de transporte, mas objetivava outro fim estranho de favorecimento de terceiro.

A teoria do desvio de poder adquiriu renovada consagração na jurisprudência e na doutrina nacionais e alcançou definitiva afirmação na lei sobre ação popular (Lei 4.717, de 29 de junho de 1965), cujo art. 2º inscreve o desvio de finalidade entre casos de nulidade, definindo que sua ocorrência "se verifica quando o agente pratica o ato visando a fim diverso daquele previsto, explícita ou implicitamente na regra de competência" (alínea *e* do citado art. 2º).

Pacificamente se firmou, assim, entre nós, a acolhida do desvio de poder como forma típica de nulidade de atos administrativos.

Depõe Hely Lopes Meirelles no sentido de que "não se compreende ato administrativo sem fim público (...). A finalidade do ato administrativo é aquela que a lei indica explícita ou implicitamente. Não cabe ao administrador escolher outra, ou substituir a indicada na norma administrativa, ainda que ambas colimem fins públicos. Nesse particular, nada resta para escolha do administrador, que fica vinculado integralmente à vontade legislativa" (Hely Lopes Meirelles, *Direito Administrativo Brasileiro*, 14ª ed., 1989, pp. 128-129).[1]

No mesmo diapasão opina Celso Antônio Bandeira de Mello:

"À lei não é indiferente que se use para perseguir dado escopo, uma ou outra competência. Cada qual tem seu destino certo. Cada 'poder' – que uma competência administrativa exprime – nada mais é que a face reversa do dever específico de implementar certa finalidade legal. Mesmo quando se trata de buscar um objetivo juridicamente qualificado como prestável, cumpre fazê-lo pelo meio definido pela lei como a via idônea para chegar a tal fim" (*RDA* 172/7).

A lição clássica de Roger Bonnard já adotava esse entendimento, quando assim fixava a vinculação do ato administrativo ao fim legal e obrigatório:

"En matière de but, il n'y a jamais pour l'administration un pouvoir discrétionnaire. Car il ne lui est jamais laissé pouvoir de libre appréciation quant au but à poursuivre. Le but est toujours imposé par les lois et règlement soit explicitement, soit implicitement" (*Précis de Droit Administratif*, 1935, p. 228).

A doutrina italiana assentou o princípio idêntico de que a causa, emanada da lei, integra e tipifica os atos administrativos, conforme elucida Cino Vitta:

1. Hoje na 39ª ed., São Paulo, Malheiros Editores, 2013, p. 162.

"Poichè l'atto amministrativo è per sua natura unilaterale, genericamente esso si appogia sull'utile pubblico, ed è dottrina corrente che ciascuna categoria di atti amministrativi abbia poi la sua causa quella particolare specie di utile pubblico che il legisllatore abbia per essa determinada" (*Direito Administrativo*, vol. 1, 3ª ed., 1948, p. 376).

Não é outro, através das variações terminológicas, o sentido com que, no direito anglo-saxão, o poder discricionário tem como um de seus balizamentos, o objeto (*purpose*) determinado pela lei.

Eis o depoimento autorizado de S. A. de Smith, quanto ao direito inglês:

"Discretionary powers must be exercised for the purpose for which they were granted (...). In general, a discretion must be exercised only by the authority to which it is committed (...). It must act in good faith, must have regard to all relevant considerations, must not seek to promote purpose alien to the letter or the spirit of the legislation that gives it power to act, and must not act arbitrarily or capriciously" (*Judicial Review of Administrative Action*, 1ª ed., 1959, pp. 61 e 72).

No mesmo sentido, Hood Phillip (*The Constitutional Law of Great Britain and the Commonwealth*, 1952, p. 406).

Reaparece o mesmo conceito na literatura jurídica de língua espanhola, como – para referir um exemplo entre muitos – poder-se-á encontrar no trecho seguinte de Sayaguès Laso:

"(...) Los órganos de administración se encuentran en una situación de deber, para cumplir la cual el derecho les asigna determinados poderes jurídicos. Por lo tanto, al ejercer dichos poderes han de guiar-se por el fin propio del servicio a su cargo, prescindiendo de toda idea extraña que pueda desviarlos de su línea de conducta natural (...) (*Tratado de Derecho Administrativo*, vol. 1, 1953, p. 449).

Seria interminável o rol de citações com que poderíamos abonar a compreensão universalmente aceita de que o respeito à finalidade legal – expressa ou implicitamente contida na norma de direito – é condição essencial de legalidade dos atos administrativos.

A doutrina, a jurisprudência e até mesmo a lei brasileira (Lei 4.717/1966, art. 2º, alínea *e*) já incorporaram essa concepção, com que se aprimorou a garantia das pessoas privadas – naturais ou jurídicas – contra as formas mais sutis de deturpação da legalidade administrativa.

A inobservância, pelo agente administrativo, do fim específico a que a lei endereça o exercício de sua competência, é causa de nulidade do ato administrativo, a ser declarada na própria instância administrativa, ou pela via judicial.

O uso da competência para a prática de ato que não visa alcançar a finalidade legal, mas, sob a aparência de fazê-lo, pretende realmente servir a outro fim, caracteriza uma espécie peculiar de vício do ato administrativo. Como, nessa hipótese, a manifestação de vontade do agente competente segue direção diversa daquela que o legislador concebeu e, portanto, se desvia do alvo legal, a jurisprudência do Conselho de Estado da França – através da qual se construiu essa modalidade específica de recurso por excesso de poder – batizou-a com o nome, pelo qual se tornou conhecida, de *détournement de pouvoir*, ou, em vernáculo, desvio de poder, ou ainda, desvio de finalidade.

A primeira decisão do tribunal administrativo francês, homologada pelo Imperador, que se constitui como semente dessa figura de controle jurisdicional, foi o famoso aresto no caso *Lesbats*, emitido em 25 de fevereiro de 1864 e confirmado por outra decisão de 7 de junho de 1865. Anulando ato do prefeito de Fontainebleau que, no uso do poder de polícia, negara autorização ao recorrente para o ingresso de suas viaturas no pátio da estação da estrada de ferro, a fim de servir aos passageiros que desembarcavam, caracterizou a decisão judicial que o objetivo do ato administrativo não era, como devia ser, o fim daquela competência discricionária – o atendimento satisfatório dos usuários –, mas em verdade o de garantir a outro transportador, já autorizado, o monopólio do serviço (ver Henry Welter, *Le Contrôle Juridictionnel de la Moralité Administrative*, 1929, pp. 161-164). Henri Ebren, na monografia que dedicou ao tema, no início do século, assinalou a originalidade dessa criação do mais alto tribunal administrativo francês, que, penetrando na intimidade do ato administrativo, possibilitava o diagnóstico da ilegalidade sub-reptícia:

"Une théorie aussi ingénieuse permet d'atteindre dans l'acte administratif le vice le plus caché et le plus imperceptible, et peut-être plus dangereux, le détournement de pouvoir" (*Théorie du Détournement de Pouvoir*, 1901, p. 28).

No *détournement de pouvoir* ocorre "la substitution de la volonté personnelle de l'administrateur, à la volonté de la loi" (p. 30) e o ato intrinsecamente viciado guarda toda a aparência de regularidade, como uma fruta corrompida no seu cerne:

"Il faut donc chercher sous les apparences de l'acte, des causes déterminantes. Cela veut dire que l'acte apparait comme régulier et légalement pris; mais qu'en réalité il est vicié par le but que se proposait l'administrateur en le prenant" (ibid., p. 36).

Mostram Duez e Debeyre a importância de que, com a repulsa ao desvio de poder, se impossibilita a *mensonge administratif*:

"Le détournement de pouvoir peut se masquer hypocritement sous les motifs d'apparence correcte, mais en réalité faussement affirmés" (*Traité de Droit Administratif*, 1952, p. 398).

Em livro sobre os recursos contra atos administrativos nos países da Comunidade Econômica Europeia, J. M. Benoit e M. Fremont fizeram estudo comparativo dos sistemas vigentes na Alemanha, Bélgica, França, Itália, Luxemburgo e Holanda. Em todos, o vício do desvio de poder é consagrado expressamente em lei (Alemanha, Bélgica, Luxemburgo e Holanda) ou na jurisprudência (França e Itália), como fundamento da ação especial de anulação dos atos administrativos, em razão da inobservância do fim próprio (J. M. Benoit e M. Fremont, *Les Recours Contre les Actes Administratifs dans les Pays de la Communauté Économique Européenne*, 1971).

Na Itália, o *sviamento di potere* é figura de excesso de poder, relacionado à violação da finalidade legal, segundo a qual se permite a anulação judicial do ato administrativo (ob. cit., p. 318; Pietro Virga, *La Tutela Giurisdizionale nei Confronti della Pubblica Amministrazione*, 1971, p. 261).

Julio A. Prat, em completa monografia sobre o desvio do poder, após o estudo aprofundado do sistema francês, demonstrou a acolhida do instituto tanto nos países de jurisdição administrativa autônoma – como Bélgica, Itália, Alemanha, Holanda, Portugal, Suécia, Grécia, Turquia, Egito e Colômbia – mas ainda, nos de tradição judiciarista unitária – Reino Unido e EUA (Julio A. Prat, *De la Desviación de Poder, Montevidéu*, 1975).

A Espanha, que, segundo este autor, não acolhia o recurso com base no desvio de poder (p. 336), arrolou-o expressamente na Lei Jurisprudencial do Contencioso Administrativo de 1956 e as decisões do Tribunal Supremo sobre o tema inspiram a elaboração doutrinária (ver Martinez Useros, *Desviación de Poder*, Murcia, 1956; S. M. Retortillo Baquer, "La desviación de poder en el derecho español", *Revista de Administración Pública*, n. 22, p. 129, 1957; M. F. Clavero Arévalo, *La Desviación de Poder en la Reciente Jurisprudencia del Tribunal Supremo*, vol. 30, 1959, p. 105; J. Trujillo Pena, *La Desviación de Poder en Relación con el Recurso de Apelación y el Silencio Administrativo*, vol. 35, 1961, p. 153; J. A. García e Trevijano Fos, *Acotamiento Cualitativo de la Pretensión Contencioso Administrativa y Desviación de Poder en el Sistema Español Vigente*, vol. 38, 1962, p. 9).

Nos Estados Unidos, apenas para referir dois exemplos, no caso *Yich Wo. vs. Hopkins* (*118 US 356-1886*), a Corte Suprema revogou a proibição de construir lavanderias porque, embora em princípio discricionário, o ato revelava o propósito de discriminação racial, visto que fora negada a 200 chineses e concedida a 79 não chineses, apenas a um deles sendo recusada. Nos termos do acórdão, é irresistível a conclusão de que "nenhuma outra razão existe, a não ser a hostilidade à raça e à nacionalidade a que pertencem os demandantes, o que aos olhos da lei não se justifica" (ver: Laurence Tribe, *American Constitutional Law*, 2ª ed., 1988, p. 1.483; Novak Rotunda e Young, *Treatise on Constitucional Law*, vol. 2, p. 345).

Em decisão mais atual, a Corte Suprema, no caso *Kennedy Park Homes Association vs. City of Lackaiwann* (*401 US 1.010, 1971*) manteve decisão que declarara inconstitucional o indeferimento de ligação de um conjunto residencial à rede de esgotos da cidade, diante da prova de que a recusa apenas visava impedir a integração racial em zona exclusivamente branca do bairro (*The University of Chicago Law Review*, 39(3):616-617).

A lei norte-americana do processo administrativo (*Federal Administrative Procedure Act*, 1946) prevê, entre os casos de revisão judicial, a prática de ato administrativo que se revelar "arbitrary, capricious, an abuse of discretion, or otherwise not in accordance with law" (§ 706, n. 2, alínea *b*, *apud* Bernard Schwartz, *Administrative Law*, Casebook, 1988, p. 890).

O presente estudo cuida de avaliar a extensão do conceito assim elaborado ao âmbito de validade dos atos legislativos.

No exercício de suas atribuições e nas matérias a eles afetas, os órgãos legislativos gozam de discricionariedade peculiar à função política que desempenham.

Temos, contudo, sustentado a necessidade de temperamento da latitude discricionária de ato do poder legislativo, ainda que fundado em competência constitucional e formalmente válido.

O princípio geral de direito de que toda e qualquer competência discricionária tem como limite a observância da finalidade que lhe é própria, embora historicamente vinculado à atividade administrativa, também se compadece, a nosso ver, com a legitimidade da ação do legislador.

A propósito dos chamados *testamentos políticos*, que caracterizavam términos de governos estaduais, tivemos ocasião de destacar, em comentário a decisão do Supremo Tribunal Federal, a existência de desvio de poder legislativo quando, comprovadamente, a criação de numerosos cargos públicos desatendia ao interesse público.

Dissemos, ao ensejo, que "tal abandono ostensivo ao fim a que se destina a atribuição constitucional (a de criar cargos públicos) configura autêntico desvio de poder (*détournement de pouvoir*), colocando-se a competência legislativa a serviço de interesses partidários, em detrimento do legítimo interesse público" (*RDA* 59/347-348).

Trouxemos à colação, na oportunidade, julgado do Supremo Tribunal Federal, em que o eminente Relator, Ministro Orosimbo Nonato, repelindo tributação imoderada que importava aniquilamento de atividade privada, proclamava que "se ocorrer esse fato, nada impede a aplicação do *détournement de pouvoir*" (*Revista Forense 145/168*).

Comentando o sentido inovador da jurisprudência do Pretório Excelso, registra Seabra Fagundes, entre as fecundas criações pretorianas, "a extensão da teoria do desvio de poder originária e essencialmente dirigida aos procedimentos dos órgãos executivos, aos atos do poder legisferante, de maior importância num sistema de Constituição rígida, em que se comete ao Congresso a complementação do pensamento constitucional nos mais variados setores da vida social, econômica e financeira" (*Revista Forense* 151/549).

Em decisão de 31 de agosto de 1967, no Recurso em Mandado de Segurança 16.912, o tema do desvio de poder como vício especial de ato legislativo foi expressamente invocado.

Apreciando lei de organização judiciária na qual se inseria emenda em benefício de determinado serventuário, advertiu o Ministro Prado Kelly: "tratava-se de reforma judiciária e a emenda representou um desvio de poder da própria legislatura".

São do mesmo Ministro as seguintes expressões:

"Tenho por demonstrado que a emenda não obedeceu ao presumido escopo de interesse público e sim a uma inspiração que nem por ser equânime ou reparadora (como pareceu ao interveniente) deixa de ser *particularista* ou de favorecimento pessoal".

Nessa decisão plenária, o Ministro Victor Nunes Leal, após aderir à posição "de que podemos exercer controle sobre os desvios de poder da própria legislatura", convocado por interpelação do Ministro Aliomar Baleeiro a declarar "se admitia um desvio de poder do Poder Legislativo fora do caso de inconstitucionalidade", não vacilou em afirmar categoricamente: "Admito" (acórdão no RMS 16.912 – *RTJ* 45/530-545, especialmente pp. 536-537).

Em questão relativa a permissão para explorar linhas de ônibus, o Supremo Tribunal Federal apreciou a incidência de desvio de poder legislativo, admitindo, em tese, a aplicação do princípio (*RTJ* 47/650 e 48/165).

Em três situações, o Supremo Tribunal Federal repeliu, por inconstitucionalidade, a aplicação de sanções administrativas com a finalidade real de constranger o contribuinte à regularidade fiscal.

Decidiu a Corte Suprema que "é inadmissível a interdição de estabelecimento ou a apreensão de mercadorias como meio coercitivo para cobrança de tributo" (Súmulas 70 e 323).

E, dilatando o princípio à inconstitucionalidade dos Decretos-leis 5 e 42, de 1937 – que restringiam indiretamente a atividade comercial de empresas em débito, impedindo-as de comprar selos ou despachar mercadorias – implicitamente configurou o abuso de poder legislativo (Súmula 547 e acórdão no Recurso Extraordinário 63.026, *RDA* 101/209).

Em parecer no qual analisamos a inconstitucionalidade de deliberação do Banco Central do Brasil determinante da indisponibilidade de contas bancárias do Estado-membro e suas empresas, enfatizávamos que "importa desvio do Poder Legislativo decreto-lei que se utilize do bloqueio de contas bancárias como meio de cobrança regressiva de aval a empréstimos externos" (*RDA* 172/239).

O tema do desvio de poder legislativo foi amplamente estudado, no direito italiano, por Lívio Paladin em ensaio sob o título "Osservazioni sula discrezionalità e sull'eccesso di potere del legislatore ordinario" (*Rivista Trimestrale di Diritto Pubblico*, n. 4, ano VI, outubro-dezembro 1956, pp. 993/1.046).

Pondera o autor que "l'illegitimità di ogni fine, diverso da quello costituzionalmente previsto, consente logicamente di configurare, sul piano legislativo, qual vizio della causa degli atti amministrativi, che è l'eccesso di potere" (a ilegitimidade de todo fim, diverso daquele constitucionalmente previsto, conduz logicamente a configurar-se, no plano legislativo, aquele vício da causa dos atos administrativos, que é o excesso de poder – revista citada, p. 1.031).

A figura do desvio de poder legislativo foi, pioneiramente, sustentada por Santi Romano, que, reconhecendo o poder discricionário do legislador, destaca, porém, o limite que se impõe em face da finalidade da competência legislativa: "ma la figura dele potere discrezionale richiede per l'appunto che di esso si faccia uso conforme alle finalità da cui il potere medesimo deriva; si ha altrimenti uno sviamento di potere, che constituisse una violazione di diritto nel senso più próprio della parola. Son concetti questi di commune applicazione riguardo alle competenza degli organi amministrativi e non si saprebbe indicare il perchè non possono riferirsi, nella loro generalità, al Parlamento. In certi campi della sua funzione legislativa, questo non ha poteri sconfinati, ma poteri discricionali, il che vuol dire limitate, se non altro, dall'obbligo di farne uso per dati motivi" (mas a figura do poder discricionário reclama precisamente que dele se faça uso conforme à finalidade, da qual o próprio poder deriva; há de outra forma um desvio de poder, que constitui uma violação de direito, no sentido próprio da palavra. São conceitos estes de aplicação comum no que se refere à competência dos órgãos administrativos, e não se saberá indicar porque não parecem se referir, em sua generalidade, ao Parlamento. Em certos campos de sua competência legislativa, este não possui poderes sem fronteiras, mas poderes discricionários, importa dizer, limitados pelo menos da obrigação de fazer uso por motivos determinados – Santi Romano, "Osservazioni preliminari per una teoria sui limite della funzione legislativa nel diritto italiano", publicado no *Arquivo dell'Diritto Pubblico*, 1902 e incluído na coletânea "Scritti minori", volume primeiro, *Diritto Costituzionale*, 1950, p. 199).

Entendemos, em suma, que a validade da norma de lei, ato emanado do Legislativo, igualmente se vincula à observância da finalidade contida na norma constitucional que fundamenta o poder de legislar.

O abuso do poder legislativo, quando excepcionalmente caracterizado, pelo exame dos motivos, é vício especial de inconstitucionalidade da lei pelo divórcio entre o endereço real da norma atributiva da competência e o uso ilícito que a coloca a serviço de interesse incompatível com a sua legítima destinação.

AS EMPRESAS ESTATAIS PRESTADORAS DE SERVIÇOS PÚBLICOS PRIVATIZADOS E O CUMPRIMENTO DE OBRIGAÇÕES PECUNIÁRIAS ORIUNDAS DE CONDENAÇÃO JUDICIAL (Comentários ao Acórdão do STF nos autos do RE 599.628)

MAURÍCIO ZOCKUN

Professor de Direito Administrativo na PUC/SP.
Doutor em Direito Administrativo pela PUC/SP.
Mestre em Direito Tributário pela PUC/SP

I. O tema objeto de discussão no RE 599.628. II. Formas de prestação de serviços públicos à luz da Constituição da República: II.1 Noção constitucional de serviço e de serviço público: II.1.1 Hermenêutica constitucional; II.1.2 Conceito constitucional de serviço público; II.2 Formas de prestação de serviços públicos; II.3 Regime jurídico das empresas estatais prestadoras de serviço público em concomitância com particulares.

STF – Plenário
RE 599.628-DF
Redator do Acórdão Min. Joaquim Barbosa
Rel. Min. Ayres Britto
Recorrente: Centrais Elétricas do Norte do Brasil S/A – Eletronorte
Recorridos: Sondotécnica Engenharia de Solos S/A
j. 25.5.2011.

EMENTA: *Financeiro. Sociedade de economia mista. Pagamento de valores por força de decisão judicial. Inaplicabilidade do regime de precatório. Art. 100 da Constituição. Constitucional e processual civil. Matéria constitucional cuja repercussão geral foi reconhecida.*

Os privilégios da Fazenda Pública são inextensíveis às sociedades de economia mista que executam atividades em regime de concorrência ou que tenham como objetivo distribuir lucros aos seus acionistas.

Portanto, a empresa Centrais Elétricas do Norte do Brasil S/A – Eletronorte não pode se beneficiar do sistema de pagamento por precatório de dívidas decorrentes de decisões judiciais (art. 100 da Constituição).

Recurso extraordinário ao qual se nega provimento.

ACÓRDÃO

Vistos, relatados e discutidos estes autos, acordam os ministros do Supremo Tribunal Federal, em Sessão Plenária, sob a presidência do Ministro Cezar Peluso, na conformidade da ata de julgamento e das notas taquigráficas, por maioria de votos, em negar provimento ao recurso extraordinário, vencidos os ministros Ayres Britto (Relator), Gilmar Mendes e Dias Toffoli.

Brasília, 25 de maio de 2011

Min. Joaquim Barbosa – Redator para o acórdão.

RELATÓRIO

O Sr. Min. Ayres Britto (Relator): Trata-se de recurso extraordinário, com repercussão geral reconhecida, interposto com suporte na alínea "a" do inciso III do art. 102 da Constituição da República, contra acórdão do Tribunal de Justiça do Distrito Federal e dos Territórios. Acórdão assim ementado:

"Agravo de instrumento. Processo Civil. Princípio da Celeridade. Art. 5º, LXXVIII, CF/1988. Sociedade de economia mista. Regime de execução comum das empresas privadas. Inaplicabilidade do regime de precatórios.

"1. Não se aplica o regime de execução dos precatórios às sociedades de economia mista, visto que possuem personalidade jurídica de Direito Privado.

"2. Não se confunde regime de execução (regime comum das empresas privadas ou regime de precatórios afeto à Fazenda Pública), com a impossibilidade de penhora de bens que comprometam o fornecimento do bem público."

2. Pois bem, sustenta a recorrente, inicialmente, que o acórdão recorrido violou o art. 100 da Constituição Federal. Isso por haver mantido contra ela, recorrente, execução com base em título judicial, louvando-se tão só no art. 475-J do Código de Processo Civil – CPC. Dispositivo prejudicial às sociedades de economia mista que prestam serviços públicos de natureza essencial e, nessa medida, sujeitas ao procedimento judicial executivo que se lê no art. 100 da Carta Magna de 1988 e no art. 730 do CPC; quer dizer, sujeitas à execução judicial dos seus débitos pelo regime de precatório. Daí a parte recorrente citar como precedentes os REs 220.906, 229.444, 230.051 e 230.072.

3. Prossegue a empresa estatal recorrente para dizer que ela foi instituída pelo Decreto 72.548, de 30 de julho de 1973, "com o objeto único de exercer a atividade pública relacionada à coordenação dos programas de energia elétrica na Amazônia Legal, exercendo serviço público essencial", que somente pode ser prestado pela União ou por concessionárias, conforme dispõe a alínea "b" do inciso XII do art. 21 da Constituição Federal.

4. Por último, a empresa acionada, ora recorrente, afirma que todos os seus bens pertencem à União (titular dos serviços que presta), pessoa federada central para cujo patrimônio reverterão todos eles, ao final dos contratos de concessão para geração de energia. Por isso que é de se lhe reconhecer equiparação, "para todos os fins, às entidades pertencentes à chamada Fazenda Pública".

5. A seu turno, a recorrida argumenta ser a empresa estatal "sociedade de economia mista, que exerce atividade econômica não monopolizada e tem regime jurídico equiparado ao das empresas privadas". Donde a sua regência pelo procedimento executivo comum,

nos termos do RE 219.000, deixando de se aplicar ao caso o precedente do RE 220.906, pois, neste, a causa envolvia a Empresa Brasileira de Correios e Telégrafos – EBCT, empresa governamental e que, diferentemente da recorrente, presta serviço público essencial em regime de exclusividade. Empresa, esta última, em cujo favor foram instituídas prerrogativas que são próprias da Fazenda Pública, nos termos do art. 12 do Decreto-lei 505/1969, cuja recepção pela Magna Lei de 1988 o Supremo Tribunal Federal veio a reconhecer. Conclui a parte recorrida que a execução judicial deve continuar pelo rito comum, em obediência ao princípio da livre concorrência, que "não suporta a atribuição de benefícios diferenciados à empresa estatal, que seria causa de evidente desequilíbrio entre os *players* de um mesmo mercado".

6. À derradeira, sustenta a recorrida que o "sistema de precatórios exige, evidentemente, que o ente devedor seja dotado de orçamento legal de despesas, o que *não* ocorre, parece óbvio, com as sociedades de economia mista".

7. Com vista dos autos, a Procuradoria-Geral da República opinou pelo desprovimento do recurso, por ser a recorrente uma sociedade de economia mista que desempenha atividade concorrencial, não monopolizada, de maneira que a instituição do regime de precatório ofenderia o disposto no art. 100 da Lei Maior e configuraria privilégio sonegado às demais empresas do setor privado da economia.

8. A Procuradoria-Geral da Fazenda Nacional foi habilitada nos autos como *amicus curiae* e também se manifestou pela não submissão das dívidas da recorrente ao sistema de precatórios. Posteriormente, desistiu de sua qualidade de amiga da Corte, pedido, este, que foi por mim homologado.

É o relatório.

EXPLICAÇÃO

O Sr. Min. Ayres Britto (Relator): Senhor Presidente, peço vênia para registrar um fato que, do ponto de vista humano, me parece peculiar, curioso: o Ministro Aldir Passarinho, advogado da parte recorrida, foi substituído nesta Casa pelo Ministro Ilmar Galvão, advogado da parte recorrente. E eu, Juiz Relator, fui o substituto do Ministro Ilmar Galvão, aqui, nesta mesma cadeira. De sorte que nós três juntos somamos, em idade, 231 anos, muito mais do que a Independência do Brasil, que é de 188 anos. Espero que todo esse tempo somado contribua para jorrar um pouco de luz na compreensão desta causa que desafia uma decisão justa.

VOTO

O Sr. Min. Ayres Britto (Relator): Inicio este voto com a lembrança de que, na AC 1.947, deferi liminar para conferir efeito suspensivo a este recurso extraordinário e sustar a execução contra a recorrente, por entender que a matéria fora "exaustivamente examinada no julgamento do RE 220.906, concluído em 16.11.2000". Recurso aqui mencionado pela requerente e interposto pela Empresa Brasileira de Correios e Telégrafos (empresa pública) em cujo benefício ficou pacificada a tese do cabimento da expedição de precatório para a execução dos seus débitos (dela, EBCT) judiciais. De se conferir os seguintes precedentes: RE 225.011, da relatoria do ministro Maurício Corrêa; REs 230.072 e 230.051, redator para o acórdão o mesmo ministro Maurício Corrêa; AI 313.854-AgR e RE 230.161, da relatoria do ministro Néri da Silveira; RE 395.385, da relatoria do ministro Marco Aurélio (decisão monocrática com ressalva de entendimento); REs 220.907, 228.290, 228.484, 234.390, 251.249, da relatoria do ministro Carlos Velloso; AI 243.250-AgR, da relatoria do ministro Sepúlveda Pertence; REs 220.699, 229.961 e 336.685, da relatoria do ministro Moreira Alves; AI 410.330, da relatoria do ministro Nelson Jobim; RE 344.975-AgR, da relatoria do ministro Gilmar Mendes; AI 784.957, da relatoria do ministro Ricardo Levandowski, RE 393.032-AgR, da relatoria da ministra Cármen Lúcia; e RE 598.651, da relatoria do ministro Eros Grau.

10. Prossegui naquela decisão liminar para anotar que, naquele julgamento, o relator (ministro Maurício Corrêa) já manifestara o en-

tendimento de que "não se aplica às empresas públicas, às sociedades de economia mista e a outras entidades estatais ou paraestatais que *explorem serviços públicos* a restrição contida no art. 173, § 1º, da Constituição Federal, isto é, submissão ao regime jurídico próprio das empresas privadas, inclusive quanto às obrigações trabalhistas e tributárias".

11. Também consignei o referendo, pelo Plenário, da liminar que deferi na AC 669, ajuizada pela Companhia do Metropolitano de São Paulo – Metrô, sociedade de economia mista. Liminar que tornou sem efeito bloqueio de vultosa quantia em contas bancárias daquela Companhia, dando-se que o seu principal fundamento foi o princípio da continuidade do serviço essencial de transporte coletivo (inciso V do art. 30 da CF), contra o qual, "a princípio, não pode prevalecer o interesse creditício de terceiros".

12. De igual modo, naquela decisão liminar que proferi na AC 1947, referi-me à doutrina de Celso Antônio Bandeira de Mello e Maria Sylvia Zanella Di Pietro, para perfilhar a intelecção de que "se a entidade presta serviço público, os bens que estejam *vinculados à prestação do serviço* não podem ser objeto de penhora, ainda que a entidade tenha personalidade jurídica de direito privado" (Maria Sylvia, in *Direito Administrativo*, 18ª ed., pp. 409-410, sem destaques no original).

13. Ainda no citado julgamento, afirmei que "essa ou aquela empresa do setor privado que vier a celebrar contrato oneroso com empresa estatal prestadora de serviço público já deve saber que está a se vincular a quem não pode deixar de suprir necessidades materiais de toda uma população. No caso, necessidades materiais que a própria Constituição rotulou como de 'caráter essencial'".

14. Anoto agora que o julgamento do referido RE 220.906 consignou o recebimento do art. 12 do Decreto-lei 509/69 pela Constituição Federal. Dispositivo que expressamente conferiu à EBCT prerrogativas da Fazenda Pública, entre as quais a "impenhorabilidade de seus bens, rendas e serviços". Sem falar que outros julgados do Supremo Tribunal Federal têm reconhecido a exigência de precatório para execução de débitos judiciais de empresas públicas e sociedades de economia mista que não gozam expressamente dessa prerrogativa. Nessa vertente é que foram proferidas decisões na AC 2.318 REF-MC e no RE 592.004, da relatoria do ministro Joaquim Barbosa; RE 485.000-AgR, da relatoria da ministra Ellen Gracie; RE 472.490 e AC 2.524, da relatoria do ministro Dias Toffoli, REs 419.875 e 454.397, da relatoria do ministro Eros Grau.

15. Muito bem. Pergunto: em que se traduz o precatório, como instituto de direito constitucional? Qual a sua natureza jurídica e base de sua inspiração como categoria de direito positivo? Essa base de inspiração faz-se presente na figura do Estado enquanto prestador dos chamados serviços públicos?

16. Eis as respostas que me parecem hermeneuticamente corretas, à luz do *caput* e dos §§ 5º, 6º e 7º do art. 100 da CF:

I – precatórios, em linhas gerais, são ofícios de requisição de verba orçamentária para pagamento de débitos estatais formalmente reconhecidos e impostos em decisão judicial com trânsito em julgado. Ofícios expedidos: a) pelo presidente do tribunal judiciário "que proferir a decisão exequenda", apresentados "até 1º de julho, fazendo-se o pagamento até o final do exercício seguinte, quando terão os seus valores atualizados monetariamente"; b) ofícios requisitórios, ainda, que veicularão valores já sentencialmente liquidados ou definitivamente apurados em sua expressão financeira; c) ofícios requisitórios, enfim, que, já convertidos em verbas orçamentárias, serão pagos exclusivamente na sua ordem de apresentação e à conta dos seus créditos respectivos;

II – assim positivado como ofício ou mandado requisitório, o instituto em causa tem a natureza jurídica de prerrogativa processual do Estado, pois, do ângulo dele, Estado, o precatório se traduz no direito de não ser financeiramente executado senão por um procedimento bem mais vantajoso. Um procedimento ou regime de execução especial da dívida por ficar a salvo, em regra, das constritivas e até vexatórias medidas da penhora, do arresto, do sequestro e assim avante. Prerrogativa que ainda opera pela possibilidade de solver os respectivos débitos até o final do exercício financeiro subsequente àquele da precitada inclusão orçamentária (o que implica alargamento temporal de pelo menos 18 meses).

III – tal regime especial de execução de dívidas já definitivamente constituídas em sede judiciária tem a sua razão de ser. Ele responde à necessidade maior, para não dizer absoluta, de impedir o risco de uma súbita paralisia nas atividades de senhorio estatal. Que são atividades de que dependem a qualidade de vida e até mesmo a sobrevivência física de toda uma população geograficamente situada e juridicamente personalizada. Atividades públicas, então, porque respeitantes aos mais encarecidos interesses do conjunto da sociedade. Por isso que marcadas pelo signo da irrestrita continuidade, devido a que seu abrupto estancamento não pode ser de pronto suprido pelos seus próprios destinatários. É dizer, faltando o Estado na prestação das atividades que lhes são inerentes, tudo o mais vai faltar à população. Notadamente aquela parcela populacional mais sacrificada em renda e patrimônio, que tem na ininterrupta e qualificada atuação estatal a sua própria *tábua de salvação*. O seu único e verdadeiro arrimo, em especial no campo das atividades de que falam os arts. 6º, 144 e 225 da CF, a compreender os setores de saúde e segurança públicas, educação, trabalho, assistência social, lazer, previdência social, assistência à maternidade e à infância, moradia, meio ambiente e recebimento contínuo de serviços públicos essenciais, como transporte coletivo, energia elétrica, água potável e tratamento de esgotos sanitários. Avultando a compreensão de que sem o regime de precatório seria absolutamente impossível o Estado se reprogramar para prosseguir sem trégua no desempenho dos misteres que dão substância e propósito à sua concepção como realidade jurídica universalmente consagrada. Verdadeiro ponto de arremate e condição mesma da aventura humana enquanto projeto de vida civilizada, que é a vida rousseaunianamente em sociedade.

IV – agora já se percebe, sem o menor esforço mental, que toda essa base de inspiração do precatório como figura de direito comparece no âmbito do Estado enquanto prestador de serviços públicos. Ao menos quanto aos serviços públicos de nominação constitucional, que são de caráter objetivamente essencial (se não o fossem deixariam de ter na própria Constituição o seu qualificado *locus* de positividade) e também titularizados pelo Estado. E titularizados pelo Estado em razão do seu necessário vínculo de atendimento a necessidades coletivamente sentidas, nomeadamente junto àqueles que não têm outro patrimônio que não sejam os serviços públicos mesmos, como habitualmente lembra Celso Antônio Bandeira de Mello ("os serviços públicos são o patrimônio dos que não têm patrimônio", fala o mestre paulista). Dando-se que, no caso dos autos, a recorrente é prestadora de serviço público essencial (geração e fornecimento de energia elétrica) e somente por modo formal é que se reveste de sociedade de economia mista. De fato, ou no plano do que se convencionou chamar de "mundo do ser", apenas 0,77% do respectivo capital é que não pertence ao setor público. Setor público de que ela faz parte como delegatária de genuíno serviço da União (alínea "b" do inciso XII do art. 21 da CF), e não simplesmente como concessionária, permissionária, ou autorizatária, sem falar que, à época de sua criação por decreto federal (1973), havia muita imprecisão técnica no caracterizar a personalidade jurídica das entidades prestadoras de serviços públicos, não sendo raro que empresas de direito fossem autarquias de fato. Do que decorre a sua identificação com o precitado caso da EBCT, a quem reconhecemos a prerrogativa de ver suas dívidas executadas sob o regime de precatórios.

17. Sob essas coordenadas mentais, voto pela extensão do regime de precatórios à parte recorrente. Não sem antes enfatizar que os serviços públicos se inscrevem nos quadros do moderno constitucionalismo social, pela sua peculiaridade de implicar postura prestacional onerosa do Estado, sobretudo em favor dos indivíduos e da cidadania. Por eles é que o Poder Público dá concretizadora vazão aos direitos sociais, transformando-os em cotidianas políticas públicas de afirmação e promoção humana. Donde sua definição como específica atividade material com que o Estado-administração busca instituir e elevar continuamente os padrões de bem-estar da coletividade, fazendo-o pela oferta de présti-

mos ou comodidades que, do ângulo dos seus beneficiários, têm a peculiaridade do desfrute direto, individual e contínuo.

18. Já em obra de doutrina, elaborada em 1997, a que intitulei de *O Perfil Constitucional da Licitação* (editora Znt, Curitiba), assim enfrentei o tema dos serviços públicos:

"15.3 Aflora à inteligência que os órgãos e entidades da Administração Pública existem vocacionalmente para o desempenho de atividades públicas, nelas embutido aquilo que a doutrina e jurisprudência conceituam como serviço público. Tal desempenho corresponde ao comportamento normal ou à conduta-padrão de todo o setor público (do qual as empresas estatais fazem parte), pela consideração de que: a) '(...) a prestação de serviços públicos (...) incumbe ao Poder Público' (*caput* do art. 175 da Lei Maior); b) a protagonização empresarial de atividade econômica, pelo Estado, se faz em caráter excepcional, seja porque o espaço das atividades produtivas já foi reservado pela Constituição aos particulares (parágrafo único do art. 173), seja porque o próprio *caput* do artigo constitucional de n. 173 deixa claro que não é típico do Poder Público atuar enquanto empresário ('Ressalvados os casos previstos nesta Constituição, a exploração direta de atividade econômica pelo Estado só será permitida quando necessária aos imperativos da segurança nacional ou a relevante interesse coletivo, conforme definidos em lei'). Daí que, em se tratando de serviço público, a lei comum apenas tenha que instituir a empresa do Governo, a ela adjudicando diretamente o exercício da atividade. Sem a menor cogitação de disputa com a iniciativa privada, que não tem serviço público para oferecer à Administração. O Governo é que tem serviço público para ofertar à iniciativa privada, no plano do exercício, se não optar pela delegação a uma das suas empresas (novas, ou antigas, contanto que a adjudicação provenha da lei).

"15.4 É próprio do regime constitucional da lei o cumprimento dessa função de gestar empresas governamentais que subsidiarão o Estado naquilo que é típico do Estado: a prestação de serviços públicos (parte inicial do art. 175 da CF, como visto). O nascimento, ou, então, o aproveitamento delas para tal mister só depende da lei. Elas não dispõem, sequer, da chance de refugar o serviço que lhes é delegado. Não nascem nem permanecem como pessoas *interessadas* na prestação do serviço público, no sentido volitivo ou da liberdade de participação que é pressuposto necessário da licitação. Ficam à mercê da lei, como quem obedece a ordens superiores, sem discussão. Enfim, *terceiros* não são, perante a Administração, porque são a própria Administração. Um pedaço dela, portanto.

"[...]

"15.6 Em verdade, quando a Lei das Leis fala de concessão ou permissão de serviços públicos, *sempre através de licitação*, ela está a se referir ao repasse de atividade estatal para o setor privado. Tanto que, já nos incisos do art. 175, usa de palavreado que nada tem a ver com a ontologia das empresas do Governo. São os vocábulos 'contrato', 'prorrogação', 'caducidade', 'rescisão', que só ganham sentido quando aplicados a empresas do setor privado (não é por contrato que as empresas governamentais nascem para o mundo das realidades estatais, passando a manter com os órgãos da Administração Direta uma relação de tutela ou vinculação).

"15.7 O próprio termo 'empresas', também constante do art. 175 (inciso I), já denota que o discurso constitucional é dirigido ao setor privado, pois o vocábulo nunca é utilizado pela Constituição para nominar as entidades sob controle estatal. Quando quer se referir às empresas do Governo, a Lei das Leis fala é de 'administração indireta', genericamente (como no *caput* do art. 37), ou, então, faz uso de alguma adjetivação característica do setor público de atividade, como nas expressões 'empresas públicas' e 'sociedades de economia mista' (parágrafo primeiro do art. 173).

"15.8 Em adendo, muito importante é registrar que, quando a Constituição fala de prestação de serviço público, 'diretamente' (inciso V do art. 30 e *caput* do art. 175), ou por forma 'direta' pelos Estados (art. 173, cabeça), esses vocábulos não operam como termos sinônimos de 'Administração Direta'. Aqui, não! Eles significam, isto sim, todo o setor público. São palavras referentes a todos os órgãos e entidades da Administração Pública, em oposição às empresas da iniciativa privada. A exploração *direta* de atividade econômica, tanto quanto a prestação *direta* de serviço público, ambas se fazem por protagonização estatal, em contraste com a exploração e a prestação que se dão por intermédio do setor privado. Setor público *versus* setor privado, este o verdadeiro sentido das palavras e expressões da Lei das Leis, no particular.

"[...]

"15.12 É razoável, contudo, a tese de que as empresas estatais de atividade puramente econômica se nivelem aos particulares, enquanto fontes supridoras das necessidades materiais do próprio Estado-administração-direta, Estado-autarquia, ou Estado-fundação, à face do que dispõe o parágrafo primeiro do art. 173 da Lei Maior, *verbis*: 'A empresa pública, a sociedade de economia mista e outras entidades que explorem atividade econômica sujeitam-se ao regime próprio das empresas privadas, inclusive quanto às obrigações trabalhistas e tributárias'".

19. Abro parêntese para pontuar que o dispositivo transcrito corresponde, hoje, ao inciso I do § 1º do art. 173, nos termos da EC 19/1998. Fecho o parêntese e prossigo:

"15.13 O sentido da norma transcrita é vedar às empresas estatais de finalidade econômica (não as prestadoras de serviço público) o usufruto de facilidades não-franqueadas às unidades empresariais privadas, e, por isto, defensável é a interpretação que põe as empresas do Governo em situação de paridade com a iniciativa privada, sempre que se cuide de prestação onerosa de uma utilidade que o Estado possa encontrar junto aos particulares.

[...]

"15.15 Se as empresas econômicas do Governo conhecem dificuldades que suas congêneres privadas não estão obrigadas a experimentar (como o dever de abrir concurso público de provas, ou de provas e títulos, ou o próprio dever de licitar, por exemplo), é certo que não podem gozar das potestades que são próprias das pessoas jurídicas de direito público. Estas pessoas de personalidade pública (União, Estados, Distrito Federal e Municípios, com as respectivas autarquias) somente laboram sob o chamado *regime jurídico público*, por titularizarem atividades exclusivamente estatais; ou seja, atividades subtraídas ao senhorio do setor privado da sociedade, porque juridicamente qualificadas como próprias de quem não pode deixar de suprir as necessidades coletivamente sentidas: o Poder Público.

"15.16 Noutro modo de repetir a ideia, o regime jurídico público existe para cumprir a função de proteger de modo especial uma atividade exclusivamente pública na sua titularidade. É esse tipo de atividade que recebe da Constituição um superior apreço, porque, em faltando o Estado (com suas autarquias), já não pode ocorrer a instantânea atuação supridora da iniciativa privada. O que não se dá, reconheça-se, com as atividades econômicas de eventual exploração estatal, salvo aquelas já constitucionalmente reservadas pela Constituição ao monopólio da União Federal."

20. Muito bem. Retornei a esse antigo estudo para assentar que não se aplica a totalidade do art. 175 do Texto Magno às empresas estatais de prestação de serviço público típico. Art. 175 em que ponho toda atenção com o propósito de reafirmar que o vocábulo "diretamente", escrito em seu *caput* e no inciso XII do art. 21 da Magna Lei, não remete o intérprete à dicotomia "Administração Pública direta/Administração Pública indireta", mas a uma outra dualidade básica: a que diferencia setor *público* e setor *privado*. Vale dizer, quando a Constituição, nos dois dispositivos em causa, determina que ao Poder Público incumbe a prestação de serviços públicos, *diretamente*, está a dizer que a prestação desses serviços constitui uma natural competência do Estado, agindo este assim por sua Administração direta como por sua Administração indireta. A depender tão somente da lei, porque à lei cabe fazer a escolha pela prestação do serviço público por entidade estatal (setor público, então), ou por empresa situada nos domínios da iniciativa privada (setor privado, portanto).

21. Com efeito, os serviços públicos, enquanto capítulo avançado do constitucionalismo social, devem ser, em regra, prestados pelo próprio Poder Público; tanto quanto a atividade econômica é de ser prestada pela iniciativa privada (parágrafo único do art. 170 da CF).

E claro está que nesse domínio econômico só excepcionalmente a Constituição permite a atuação dos entes que integram o setor público (art. 173 da CF), sabido que ao Estado especificamente cabe, além de atuar como agente normativo e regulador da atividade econômica, desempenhar as atividades de fiscalização, incentivo e planejamento (art. 174 da CF).

22. Já no campo dos serviços públicos, propriamente, volto a dizer que o protagonista natural é o Estado. Somente por exceção ou "indiretamente" é que nossa Constituição franqueia a prestação dos serviços à iniciativa privada. Mas o faz segundo os rígidos comandos do art. 175, a saber: a) tracejamento por lei formal quanto ao transpasse da prestação do serviço em si; b) prévia e indispensável licitação para outorga da concessão ou permissão; c) celebração de contrato especial de concessão ou permissão, inclusive no tocante à sua prorrogação; d) condições legais de caducidade, fiscalização e rescisão da concessão ou permissão; e) respeito aos direitos dos usuários, em sintonia com a defesa do consumidor como direito fundamental e princípio da ordem econômica (arts. 5º, XXXII, e 170, V, da CF/1988); f) política tarifária, cuja tônica deve ser a modicidade das tarifas e a consequente busca da universalização do acesso ao serviço (como direito social e concretização do princípio da igualdade real, segundo o *caput* do art. 37 da CF), além de ferramenta de concretização dos objetivos fundamentais a que se reportam os incisos I, III e IV do art. 3º da Lei Máxima; g) continuidade e adequação do serviço, comandos constitucionais que são modalidade de densificação do principio da eficiência (cabeça do art. 37 da CF).

23. Daqui se segue que *todos* os incisos do parágrafo único do art. 175 se aplicam às *concessionárias* e *permissionárias* de serviços públicos. Serviços prestados *diretamente* por elas e *indiretamente* pelo Poder Público, permanecendo com o Estado a respectiva titularidade, pois o que se transpassa para a iniciativa privada é tão só a prestação da atividade em si.

24. Diga-se agora que os entes estatais que prestam, por si mesmos, os serviços que lhes são próprios (os de natureza pública), esses, em rigor, não se qualificam nem como concessionários nem como permissionários de serviços públicos. Trata-se de *delegatários* de tais serviços, pelo fato de que sua investidura na respectiva prestação (a titularidade já está conferida pela Constituição mesma) se dá por força de lei. Não de contrato. Donde não se submeterem a licitação. Recebem a incumbência de prestar o serviço por ato de *delegação* do respectivo titular – no caso, a pessoa jurídica da União – e agem por direta enunciação legal. Situação da Eletronorte, delegatária que somente por atecnia é chamada de *concessionária* de serviço público, pelo menos no tocante ao seu principal objetivo: "coordenar o programa de energia elétrica na região amazônica bem como construir e operar centrais elétricas e sistemas de transmissão nessa região", nos precisos termos do inciso III do art. 2º da Lei 5.824, de 14 de novembro de 1972. Objetivo, este, para o qual a empresa foi instituída e posteriormente autorizada a funcionar no setor de energia elétrica, conforme Decreto presidencial 72.548, de 30 de julho de 1973. Sabido que "Os serviços e instalações de energia elétrica e o aproveitamento energético dos cursos de água" são atividades constitutivas de serviços públicos federais; a cargo da União, portanto, "diretamente ou mediante autorização, concessão ou permissão" (art. 21, XII, "b", da CF/1988). Ora, se tais atividades caracterizam-se como serviços públicos é porque estão pré-excluídas daquelas que são próprias do mercado, ou seja, é porque de atividades econômicas não se trata. Sendo certo, ainda, que a razão de ser da recorrente é a prestação do serviço público em causa, retratado na geração e distribuição de energia elétrica. Isto, acresça-se, em vastas, sacrificadas e ermas regiões do País. Logo, a ela não se aplica o art. 173 da Lei Maior, nem, a rigor, o seu art. 175, registrando-se que a não aplicação do art. 173 às empresas estatais prestadoras de serviço público foi reconhecida por esta nossa Corte no Recurso Extraordinário 172.816, da relatoria do ministro Paulo Brossard.

25. Ora, sendo a recorrente uma delegatária de serviço público federal, constituída sob a forma de sociedade anônima de economia mista, de capital fechado, insere-se ela no que vimos chamando de "setor público"; ou seja,

a Eletronorte, empresa recorrente, *é o próprio Poder Público* à que se referem o *caput* do art. 175 e o inciso XII do art. 21 da Magna Carta de 1988. Poder Público ou setor público a prestar *diretamente* o serviço alusivo à geração e fornecimento de energia elétrica, ainda que sob a forma jurídica de pessoa estatal de direito privado.

26. Todas essas considerações me levam a concluir que a recorrente é alcançada pelo conceito de "Fazenda Pública", presente no *caput* do art. 100 da Constituição, pois não há dicotomia técnica entre setor público e Fazenda Pública, para fins de execução de débitos judiciais. Isso porque ela, recorrente, é prestadora de serviços públicos essenciais. Serviços essenciais de titularidade da União (nunca é demais repetir), sendo irrelevante, no ponto, que a mera prestação do serviço haja sido transferida a pessoa da Administração Pública indireta. Donde se concluir pela presença daquelas razões que informam o sistema de precatórios também quando o caso é de débito a cargo de sociedade de economia mista delegatária de serviços públicos. Isso porque a penhora e posterior alienação de bens da delegatária implicaria: a) a transferência de coisa pública para o patrimônio particular, com comprometimento da adequação e continuidade de serviço público, em ofensa ao princípio republicano, b) a invasão do patrimônio estatal pelo Poder Judiciário, c) ofensa ao interesse público na continuidade e adequação dos serviços públicos prestados por meio dos bens objeto da execução; d) risco de quebra da impessoalidade e da igualdade entre os credores.

27. Nesse fluxo de argumentação, resulta óbvio que a execução pelo sistema de precatórios é uma prerrogativa da Administração Pública, direta ou indireta (neste último caso, desde que não se trate de pessoa que desenvolva atividade econômica, por força do inciso II do § 1º do art. 173 da CF). Prerrogativa de se ver executada por ele, sistema de precatórios, e não pelo regime comum de execução por quantia certa, que pressupõe penhora. Penhora que poderia recair sobre bens e rendas sem os quais a prestadora do serviço público se visse impossibilitada de continuar a atividade essencial que lhe foi delegada.

28. Não nego, por evidente, que se trata de pessoa jurídica de direito privado. Entretanto, forçoso é reconhecer que as empresas públicas e sociedades de economia mista prestadoras de serviço público são regidas por um regime jurídico diferenciado daquele que é típico das empresas que vivem *do* e *para* o mercado. Daí os rígidos controles a que se submetem, inclusive perante os tribunais de contas. A propósito, confiram-se: § 9º do art. 14; § 1º do art. 28; alínea "d" do inciso VII do art. 34; *caput*, incisos II e III do art. 71; alínea "f" do inciso I e o § 2º do art. 102; art. 103-A; alínea "h" do inciso I do art. 105; inciso I do art. 114; inciso III do § 3º do art. 142; inciso V do art. 163, todos da Carta Magna de 1988.

29. Essa fundamental ambiência jurídica do interesse coletivo em que se inserem as empresas públicas e sociedades de economia mista, prestadoras de serviços públicos, responde pela execução de débitos judiciais por mecanismo processual que resguarde a continuidade e adequação de tais serviços. Apenas a título de registro do forte interesse público envolvido neste caso, informo que as Centrais Elétricas Brasileiras S/A (Eletrobrás) detêm 99,03% das ações da Eletronorte, e que a União detém 52,00% das ações ordinárias da Eletrobrás. Informações que constam dos *sites* da Eletronorte e da Eletrobrás (acesso em 26 de agosto de 2010).

30. Não se desconhece a alegação da inaplicabilidade do regime de precatórios às empresas em causa, por não disporem elas de orçamento público. Todavia, tenho como inconsistente o argumento. Explico.

31. Dispõe o § 5º do art. 165 da Constituição:

> "§ 5º. A lei orçamentária anual compreenderá:
>
> "I – o orçamento fiscal referente aos Poderes da União, seus fundos, órgãos e entidades da administração direta e indireta, inclusive fundações instituídas e mantidas pelo Poder Público;
>
> "II – o orçamento de investimento das empresas em que a União, direta ou indiretamente, detenha a maioria do capital social com direito a voto;

"III – o orçamento da seguridade social, abrangendo todas as entidades e órgãos a ela vinculados, da administração direta ou indireta, bem como os fundos e fundações instituídos e mantidos pelo Poder Público."

32. À luz desses dispositivos, vê-se que a realidade financeira de todas as estatais é apanhada pela lei orçamentária da União. Nenhuma delas escapa à realidade do orçamento da nossa pessoa federada central. O que é preciso distinguir é o seguinte: na prática, os orçamentos das estatais ora fazem parte diretamente do orçamento fiscal da lei orçamentária anual, ora são aprovados por decreto do Presidente da República. Isso a depender da classificação da empresa como dependente, ou não dependente do regular aporte de recursos financeiros da União.

33. Fale-se mais: o conceito de empresa não dependente é obtido por contraposição ao conceito de "empresa dependente". Definição estabelecida pelo inciso III do art. 2º da Lei Complementar 101, de 4 de maio de 2000 (Lei de Responsabilidade Fiscal), a saber:

"Art. 2º. Para os efeitos desta Lei Complementar, entende-se como:

"[...]

"III – empresa estatal dependente: empresa controlada que receba do ente controlador recursos financeiros para pagamento de despesas com pessoal ou de custeio em geral ou de capital, excluídos, no último caso, aqueles provenientes de aumento de participação acionária;

"[...]."

34. Entre essas empresas, inteiramente dependentes de recursos públicos para operar e cuja definição também é regulada pela Resolução 40/2001 do Senado Federal, encontram-se a Companhia de Desenvolvimento dos Vales do São Francisco e do Parnaíba – Codevasf, Empresa Brasileira de Pesquisa Agropecuária – Embrapa, Hospital de Clínicas de Porto Alegre, Hospital Cristo Redentor S/A, Hospital Fêmina S/A, Hospital Nossa Senhora da Conceição S/A, Indústria de Material Bélico do Brasil – Imbel, Indústrias Nucleares do Brasil S/A – INB, Nuclebrás Equipamentos Pesados S/A – Nuclep e Valec – Engenharia, Construções e Ferrovias S/A. Isso conforme dados extraídos da página eletrônica do Ministério do Planejamento (acesso em 26 de agosto de 2010).

35. Esta a razão pela qual as dotações para "cumprimento de sentenças judiciais transitadas em julgado de empresas estatais dependentes" devem constar da lei orçamentária, consoante inciso XXI do art. 12 da Lei 12.309, de 9 de agosto de 2010 (Lei de Diretrizes Orçamentárias para 2011), regra que vem sendo anualmente reproduzida nas sucessivas LDOs. Isto ao lado de dotações para pagamento de "precatórios judiciários" e de "débitos judiciais transitados em julgado considerados de pequeno valor, incluídos os decorrentes dos Juizados Especiais Federais" (incisos XI e XIII do mesmo art. 12).

36. Percebe-se, pois, que a sistemática legal de pagamento de débitos judiciais pelas chamadas empresas estatais dependentes é praticamente idêntica ao mecanismo do precatório. Esses débitos são pagos por dotações constantes do orçamento fiscal, assim como o são os débitos formalizados em precatórios ou em requisições de pequeno valor, estas previstas no § 3º do art. 100 da Magna Lei.

37. Quanto às estatais não dependentes, seus orçamentos são aprovados por decreto presidencial, nos termos do art. 107 da Lei 4.320, de 17 de março de 1964. Orçamentos que têm sido consolidados e acompanhados pelo Departamento de Coordenação e Governança das Empresas Estatais (DEST), órgão do Ministério do Planejamento. Essa consolidação de informações econômico-financeiras das empresas estatais, dispostas de modo sistematizado, é denominada Programa de Dispêndios Globais (PDG), instrumento de planejamento paralelo ao orçamento de investimentos previsto no inciso II do § 5º do art. 165 da Lei das Leis. Registro que o PDG para o exercício 2010 foi aprovado pelo Decreto 6.997, de 4 de novembro de 2009.

38. A execução do PDG (Programa de Dispêndios Globais) de cada estatal não dependente é supervisionada pelo ministério federal a que se vincule a empresa. No caso da Eletronorte, o Ministério das Minas e Energia.

39. A conclusão a que se chega é que há, sim, um orçamento a governar as estatais. Orçamento previsto em lei e regulado por ato normativo do Poder Executivo e que se vincula ao orçamento público geral, seja por sua relevância para a definição do chamado orçamento de investimentos, seja por sua importância para a geração de resultados econômicos da própria União, seja ainda pela indispensabilidade de controle da gestão dos bens e recursos públicos sob responsabilidade dessas empresas.

40. Outra anotação que considero pertinente é a previsão expressa de precatórios para a Administração Pública indireta (sem qualquer limitação a autarquias ou fundações públicas). Previsão, essa, feita pela EC 62, ao acrescentar o art. 97 ao ADCT.

41. Assim vistas as coisas, conclui-se que a execução por quantia certa contra sociedade de economia mista prestadora de serviço público é de se fazer por meio de precatório, aplicando-se, no que couber, as regras dos arts. 100 da Constituição e 730 e 731 do Código de Processo Civil.

43. Parece que estamos diante de um caso clássico, típico, escolar de aplicabilidade do ditado latino *ubi eadem ratio ibi eadem legis dispositio* que traduzido significa "onde existe a mesma razão fundamental, deve prevalecer a mesma regra de direito". Se as atividades genuinamente estatais são clausuladas e, portanto, protegidas com regime especial de precatório, essa mesma razão subsiste para extensão do regime especial do precatório às empresas que prestem serviços públicos essenciais. O que interessa não é a natureza jurídica da empresa. O que interessa é a atividade em si, a atividade estatal titularizada pelo Estado, ponto avançado do constitucionalismo social.

Ante o exposto, conheço do recurso e lhe dou provimento.

É como voto.

VISTA

O Sr. Min. Joaquim Barbosa: Concordo com tudo o que Vossa Excelência acaba de dizer, mas tenho dúvida se essa empresa presta efetivamente serviço público. Nos anos 90, houve um vasto processo de privatização nessa área, no Brasil, e diversas empresas nacionais e estrangeiras adquiriram o controle das empresas da geração e distribuição de energia elétrica.

A dúvida que tenho é a seguinte: A Eletronorte não estaria a competir com essas empresas? Ela não atuaria, de fato, como uma empresa em igualdade de condições com as empresas privadas?

Veja Vossa Excelência, tenho uma lista enorme de empresas que adquiriram empresas federais e estaduais desse setor. Por exemplo: Em São Paulo, a Eletropaulo Metropolitana foi adquirida por um consórcio composto pela EDF Francesa, pela AES e pela Huston. Uma empresa de nome Eletropaulo Bandeirante – provavelmente se dedica ao interior – foi adquirida pela CPFL/EDP. A Electro foi comprada pela Enron Brasil. Lá no norte, a CE Norte-Nordeste foi adquirida pela BBC Brasil.

E também pela CEA – Estados Unidos, e pela nossa Previ, no Rio de Janeiro; pela EDF, como todos sabemos, a Light.

Daí a minha dúvida.

O Sr. Min. Ayres Britto (Relator): Vossa Excelência suscita uma questão importante.

O Sr. Min. Joaquim Barbosa: Onde estaria o serviço público, aí.

A Sra. Min. Cármen Lúcia: Porque o ponto de partida Ministro, Vossa Excelência me permite, parece ser oposto ao de Vossa Excelência, que afirma que, sendo serviço público, quem a presta – se é empresa pública ou sociedade de economia mista – teria o mesmo tratamento constitucional, dadas as autarquias e fundações públicas. E o ministro Joaquim Barbosa suscita: se é serviço, o serviço prestado pelo particular, tal por essas empresas que foram privatizadas ou que já vinham prestadas por ela, também se submete a um regramento que é próprio do Estado? Pontos de partida são opostos e, aí, temos que decidir aqui é o ponto de chegada.

O Sr. Min. Ayres Britto (Relator): Eu só estou defendendo esse ponto de vista porque entendo que, à luz da Constituição, exatamente a alínea 'b" do inciso XII do art. 21:

"Art. 21. (...)

"b) os serviços e instalações de energia elétrica e o aproveitamento energético dos cursos de água, (...)."

São serviços públicos titularizados pela União.

A União não decaiu da titularidade, não decaiu do senhorio. Os serviços são públicos por definição e pertencem a ela, União. O que a União pode fazer é explorá-los, recorrendo à iniciativa privada pelos institutos da concessão e da permissão, cabeça do art. 175, sempre mediante licitação.

O Sr. Min. Gilmar Mendes: Foi o que houve.

O Sr. Min. Ayres Britto (Relator): Foi o que houve, em parte, desses serviços. Mas parte dos serviços de geração e distribuição de energia, para esses nove Estados, ficou com o próprio setor público, tanto na titularidade, porque a titularidade é intransmissível, é irrepassável, quanto na prestação. O que chamamos aqui, no setor elétrico de privatização, é privatização no plano executório, no plano da prestação. A Atividade, em si, continua genuinamente pública.

A Sra. Min. Cármen Lúcia: É que o serviço de energia elétrica tem três etapas: a geração, a transmissão e a distribuição. Então, é preciso saber, no art. 21, inciso XII – Vossa Excelência citou a alínea "b"?

O Sr. Min. Ayres Britto (Relator): Sim.

A Min. Cármen Lúcia: Porque aqui se trata de "serviços e instalações de energia elétrica e aproveitamento energético de cursos de água", apenas para fixar que esse serviço tem que ser "em articulação com os Estados". Foi o caso celebérrimo de Furnas, em 1999, 1997, por aí, 1997 até 1999, exatamente porque não havia articulação com os Estados. Isso aqui significa isto. Foi estudado sempre que, quando a União, que é a titular desse serviço, tiver o aproveitamento dos cursos d'água e, aí, a energia elétrica prestada mediante hidrelétricas, e quando utilizar de águas que estejam nos Estados, o caso do Rio São Francisco, o caso de Fumas, precisava de ter a articulação do Estado. A competência é essa.

Agora, de toda sorte, também partilho como Vossa Excelência – estou trazendo apenas uma achega, não estou sinalizando nem voto.

O Sr. Min. Ayres Britto (Relator): Pois não.

A Sra. Min. Cármen Lúcia: Apenas para dizer que, nos serviços em que se desdobra a prestação do serviço de energia elétrica, é preciso saber que o que foi chamado realmente privatização foi isto: passaram-se algumas empresas que eram prestadoras e que eram estatais para a atividade privada.

O Sr. Min. Ayres Britto (Relator): Perfeito.

A Sra. Min. Cármen Lúcia: A pergunta que o ministro Joaquim põe – se eu estiver certa e tiver entendido bem – é: quando, por exemplo, a empresa Leopoldina, em Minas, presta serviço e a Cemig também, a Cemig se inclui na questão dos precatórios, na dinâmica proposta por Vossa Excelência, e a outra entidade que presta o mesmo serviço não. Porque, aí, o que Vossa Excelência, em seu voto, afirma o tempo todo é que o serviço é como se fosse um toque de Midas que faz com que aquele regime prevaleça. Se esse serviço é prestado por um particular, e, no caso, por exemplo...

O Sr. Min. Ayres Britto (Relator): É. Há autores que dizem isso.

A Sra. Min. Cármen Lúcia: Automaticamente, então, a conclusão a que Vossa Excelência chega seria – e o Ministro Joaquim teria que chegar também – que, mesmo sendo prestado por um particular, ele se submete a um regime estatal?

O Sr. Min. Ayres Brittto (Relator): Se a empresa for não estatal, apenas concessionária do serviço, a ela eu não estendo o regime de precatório.

A Sra. Min. Cármen Lúcia: A questão não é mais do serviço.

O Sr. Min. Ricardo Lewandowski: Agora, uma coisa é a impenhorabilidade dos bens que estejam afetados ao serviço público essencial, outra coisa é a execução desses bens.

A Sra. Min. Cármen Lúcia: Da instalação, exatamente. A execução da atividade.

O Sr. Min. Ricardo Lewandowski: Nós temos que fazer claramente uma distinção disso.

O Sr. Min. Ayres Britto (Relator): Foi o fundamento da decisão recorrida do Tribunal, fez essa distinção.

O Sr. Min. Ricardo Lewandowski: O fato de eventualmente alguns bens da empresa serem impenhoráveis, a meu ver, não implica na alteração do regime de execução.

A Sra. Min. Cármen Lúcia: E no precatório.

O Sr. Min. Joaquim Barbosa: Nós temos que verificar também o precedente; um dos precedentes invocados não se ajusta. A ECT tem uma situação completamente diferente: é um monopólio estatal, é uma função estatal prevista na própria Constituição, exercida com absoluta exclusividade. Aqui, não. Mas, se os colegas que me antecedem não se opõem, eu gostaria de antecipar meu pedido de vista.

EXPLICAÇÃO

O Sr. Min. Ayres Britto (Relator): Senhor Presidente, eu estava também pedindo esse necessário olhar coletivo para uma peculiaridade: eu fui comunicado, pela própria executada, da penhora da quantia de R$ 237.000.000,00 (duzentos e trinta e sete milhões de reais), constitutiva de depósitos bancários, e a empresa recorrente alega que essa indisponibilidade de quantia tão vultosa impede a desembaraçada continuidade na prestação de serviços essenciais à comunidade, e certos programas de investimento também ficam prejudicados com esse bloqueio de quantia tão expressiva. Essa mesma empresa recorrente alega que, nos autos da ação cautelar – e cita as folhas –, o valor exato da dívida ainda está sendo objeto de discussão nas instâncias ordinárias.

Eu determinei que essa quantia fosse colocada a render em caderneta de poupança, e como já há dois anos que o bloqueio se fez e a empresa recorrente me parece já teve tempo suficiente para contingenciar despesas, fazer o aporte de novos recursos, eu proporia, até o retorno do voto-vista do eminente Ministro Joaquim Barbosa, que esse bloqueio permanecesse – que não fosse feito o levantamento, pela recorrente, dessa quantia; que ficasse como "soldado de reserva", porque o meu voto pode não ser chancelado pela maioria da Corte.

O Sr. Min. Joaquim Barbosa: Eu ouvi, na sala ao lado, o advogado dizer da tribuna que parte desses recursos diziam respeito a convênios firmados com a União para a execução de determinados serviços. Vossa Excelência fez destaque dessas duas situações; uma coisa é o patrimônio da empresa, outra coisa é o dinheiro depositado na mesma conta, mas referente a convênios.

O Sr. Min. Ayres Britto (Relator): Ou deixaríamos que o juízo da execução dispusesse, decidisse sobre a liberação.

O Sr. Min. Marco Aurélio: Ministro, Vossa Excelência implementou uma liminar na ação cautelar.

O Sr. Min. Ayres Britto (Relator): Foi.

O Sr. Min. Marco Aurélio: E permanece de pé até aqui.

O Sr. Min. Ayres Britto (Relator): Permanece. Vamos manter a cautelar.

O Sr. Min. Cezar Peluso (presidente): Vamos aguardar o voto do Ministro Joaquim Barbosa.

O Sr. Min. Ayres Britto (Relator): O Ministro Marco Aurélio lembrou bem: mantemos então a liminar.

VOTO

O Sr. Min. Joaquim Barbosa (vista): Senhor Presidente, pedi vista dos autos para afastar duas inquietações. Preocupavam-me os indicativos de que a recorrente compete com outras entidades, públicas ou privadas, no mercado de geração, transmissão, distribuição, comercialização, importação ou exportação de energia elétrica, de modo que a extensão do regime de precatório poderia desequilibrar artificialmente as condições de concorrência.

Também relevante é circunstância de a concorrente ser sociedade de economia mista, voltada à exploração lucrativa em benefício de seus acionistas, sejam eles entidades públicas ou privadas.

Peço vênia ao relator para dizer que ambos os temores foram confirmados.

A meu sentir, a circunstância de o modelo de geração e fornecimento de energia admitir a livre iniciativa e a concorrência é preponderante para resolução da controvérsia.

De fato, o exercício de atividade com intuito lucrativo, sem monopólio estatal, deve submeter-se aos instrumentos de garantia do equilíbrio concorrencial, nos termos do art. 173, § 1º, II e § 2º da Constituição.

Em especial, a empresa pública e a sociedade de economia mista devem despir-se das prerrogativas próprias do Estado nas hipóteses em que incursionarem na seara de exploração econômica. A importância estratégica da atividade não afasta sua conformação à legislação vigente.

O atual modelo do setor elétrico prevê o financiamento tanto por recursos públicos como por recursos privados. Ao contrário do modelo aplicado até 1995, há competição na geração e na comercialização de energia elétrica. Ademais, o sistema também acomoda a convivência de mercados livre e regulado (ACL e ACR, respectivamente), bem como a existência de consumidores livres e de consumidores cativos (arts. 15, 16 e 26, § 5º da Lei 9.074/1995, arts. 1º, § 2º, X e XI e 48 do Decreto 5.163/2004).

A competição entre geradores de energia elétrica no Ambiente de Comercialização Livre (ACL) é perceptível com mais facilidade, pois os consumidores que têm acesso a tal mercado possuem margem maior para escolha e negociação.

Não obstante, também há concorrência no Ambiente de Comercialização Regulado, ainda que em menor grau. Com o objetivo de alcançar a modicidade tarifária, a energia elétrica excedente é comercializada às distribuidoras por meio de leilões. Com o mesmo objetivo de garantir a concorrência, o acesso ao ACR se dá por meio de licitação (quer dizer, a concessão ou a permissão dependem de prévia licitação).

Ademais, lembro que as indústrias detentoras de unidades próprias de geração de energia podem comercializar a produção excedente, ainda que este tipo de operação não faça parte de seu objetivo social preponderante (autogeradoras).

Em especial, devido às distorções sociais causadas pela dificuldade de acesso físico, a baixa renda da população local e o grande potencial de geração, as regiões norte e nordeste produzem mais energia do que consomem (25% e 21%, respectivamente). Por outro lado, como o excedente pode ser comercializado, essas regiões são consideradas exportadoras de energia elétrica.

Embora a recorrente atue em todo o território nacional, seu foco recai sobre o mercado consumidor da região norte e de parte da região nordeste. A recorrente opera onze usinas, nos estados do Acre, do Amazonas, do Amapá, do Pará, de Roraima e de Rondônia. Tal mercado é composto por duas grandes geradoras, a recorrente e a Chesf, e por uma série de outros agentes geradores menores. Por exemplo, há dezessete outras unidades geradoras de energia elétrica no Acre. Destas, nove operam como Produtores Independentes de Energia (PIE), isto é, são concessões "para produzir energia elétrica destinada ao comércio de toda ou parte da energia produzida, por sua conta e risco" (art. 2º, I do Decreto 2.003/1996).

Para melhor ilustrar, separei os seguintes dados do Banco de Informações de Geração – BIG, mantido pela Agência Nacional de Energia Elétrica – Aneel (ver na p. seguinte):

Para nosso propósito, interessam-nos os Serviços Públicos (SP), as Produtoras independentes de energia (PIE) e as Autoprodutoras de energia (APE), com autorização para comercializar o excedente gerado.

Como já apontado, são Produtores Independentes de Energia Elétrica as pessoas jurídicas ou empresas reunidas em consórcio que recebam concessão ou autorização para produzir energia elétrica destinada ao comércio de toda ou parte da energia produzida, por sua conta e risco.

Em sequência, são Autoprodutores de Energia Elétrica a pessoa física ou jurídica ou

ESTADO	ELETRONORTE	SP	PIE	APE	REG
AP	2	4	1	0	3
PA	2	10	14	6	47
RR	1	10	0	0	64
RO	2	6	21	5	37

Legenda:

Eletronorte: empreendimentos executados pela recorrente.

SP: empreendimentos cuja energia é destinada ao serviço público, operados por outras pessoas jurídicas.

PIE: empreendimentos cuja energia é destinada à produção independente, operados por outras pessoas jurídicas.

APE: empreendimentos cuja energia é destinada à autoprodução, operados por outras pessoas jurídicas.

REG: unidades geradoras de energia elétrica sujeitas a registro (*e.g.*, CINDACTA IV, Infraero, etc.).

empresas reunidas em consórcio que recebam concessão ou autorização para produzir energia elétrica destinada ao seu uso exclusivo. Os autoprodutores podem receber autorização específica para comercializar o excedente gerado.

Por fim, o fornecimento de energia elétrica na modalidade de "serviço público" submete-se ao regime altamente regulamentado, universal e no qual não pode haver solução de continuidade.

Portanto, a extensão à sociedade de economia mista, de prerrogativa constitucional inerente ao Estado tem o potencial para desequilibrar artificialmente as condições de concorrência, em prejuízo das pessoas jurídicas e dos grupos de pessoas jurídicas alheios a qualquer participação societária estatal.

Passo à segunda inquietação.

Nos termos do art. 100 da Constituição, a execução das sentenças transitadas em julgado contra a Fazenda Pública deve seguir o rito do precatório. A sistemática diferenciada tem duas razões de ser. Para o Estado, trata-se de garantia necessária à execução do orçamento, na medida em que permite que o desembolso seja devidamente previsto e acomodado dentre as demais despesas. Do ponto de vista do credor, o regime do precatório assegura certa medida de tratamento isonômico, pois o pagamento deve seguir a ordem de apresentação das requisições.

A Constituição e a legislação de regência permitem, em caráter excepcional, a participação do Estado em atividades econômicas, destinadas à obtenção de lucro (art. 173, *caput* da Constituição). Por sua vez, a atuação do Estado como agente de mercado é compatível com a parceria privada, não apenas pelo recente instrumento das Parcerias Público-Privadas (PPP). A rigor, na nossa organização administrativa as sociedades de economia mista destinam-se ontologicamente à exploração de atividade econômica, em comunhão de interesses com a iniciativa privada e com intuito lucrativo (art. 5º, III do Decreto-lei 200/1967[1]).

São instrumentos de atuação do Estado em campo que, em princípio, é próprio da iniciativa privada.

Ao perseguir o lucro como objetivo principal, o Estado deve despir-se das garantias soberanas necessárias à proteção do regime democrático, do sistema republicano e do pacto federativo, pois tais salvaguardas são incompatíveis com a livre iniciativa e com o equilíbrio concorrencial. O direito de buscar lucro é essencial ao modelo econômico adotado na Constituição, tendo como perspectiva o particular, e não o Estado.

Se a relevância da atividade fosse suficiente para reconhecimento de tais garantias, atividades como os serviços de saúde, a extração, refino e distribuição de petróleo, a

1. Sociedade de Economia Mista – a entidade dotada de personalidade jurídica de direito privado, criada por lei para a exploração de atividade econômica, sob a forma de sociedade anônima, cujas ações com direito a voto pertençam em sua maioria à União ou entidade da Administração Indireta.

indústria petroquímica, as empresas farmacêuticas e as entidades de educação também seriam beneficiárias de tais prerrogativas, bastando que o Poder Público se aliasse ao corpo societário do empreendimento privado.

No caso em exame, é incontroverso que a recorrente tem como objetivo principal o lucro.

Segundo o balanço de 2009, a Eletronorte encerrou o exercício com ativos da ordem de R$ 17.954.177.000,00 (dezessete bilhões, novecentos e cinquenta e quatro milhões e cento e setenta e sete mil reais). No mesmo período, seu patrimônio líquido, somado ao valor do Adiantamento para Futuro Aumento de Capital, alcançou o montante de R$ 10.227.063.000,00 (dez bilhões, duzentos e vinte e sete milhões e sessenta e três mil reais).

Ademais, sua controladora, a Eletrobrás, possui ações livremente negociadas em bolsas de valores, como a New York Stock Exchange (ADR).

A meu sentir, a recorrente, sociedade de economia mista, não explora o potencial energético das fontes nacionais independentemente de qualquer contraprestação, mas o faz, licitamente, para obter lucro. E, portanto, não ocupa o lugar do Estado.

Assim, pedindo vênia ao eminente relator, nego provimento ao recurso extraordinário.

É como voto.

ESCLARECIMENTO

O Sr. Min. Ayres Britto (Relator): Senhor Presidente, se Vossa Excelência me permite, com a devida vênia, são duas visões completamente diferentes, mais do que diferentes, antagônicas, a minha e a do Ministro Joaquim Barbosa; é com todo o respeito que o digo.

Aqui não se trata de concorrência; concorrência, não se trata de mercado. A atividade definida pela Constituição como de serviço público, e esse é o caso, é pré-excluída do mercado, quando o próprio setor público é que se encarrega da prestação do respectivo serviço. Não há lucro, o lucro é eventual, e não é o fim da atividade. Enquanto nas empresas privadas o lucro é o fim e o serviço prestado é o meio, a mercadoria vendida é meio, a intermediação realizada é meio, a empresa desempenha essas atividades para obter lucro, no âmbito das empresas estatais prestadoras de serviço público o lucro é meio; obtém-se o lucro para prestar o serviço, e o serviço é tão importante que, mesmo que não haja lucro, ainda assim ele deve ser prestado. Quer dizer, é completamente diferente.

O art. 173 da Constituição não se aplica à Eletronorte, porque o art. 173 dispõe sobre atividade econômica do Estado, que se dá em caráter excepcional, porque a atividade econômica é própria da iniciativa privada, é própria do setor privado, e não do Estado. Está dito isso no art. 170, parágrafo único, combinadamente com o art. 173 da Constituição.

A Eletronorte, diferentemente das empresas que distribuem energia elétrica, investiu-se na prestação dos serviços que lhe foram afetos por lei; não se investiu neles por contrato de concessão, contrato de permissão, contrato de autorização – autorização não é nem contrato, é ato unilateral; nada disso. As prestadoras de serviços públicos pertencentes ao próprio Estado, ao próprio setor público se investem nas suas atividades por vontade da lei, é por delegação. Elas nem podem refugar o serviço que lhes é adjudicado por lei; não se trata de concessão nem de permissão, nem de autorização, e, sim, de delegação no rigor dos termos. Depois, ela desempenha atividades que não são desempenhadas por outras empresas, mesmo do setor privado na condição de concessionárias ou permissionárias. Ela constrói hidrelétricas, e ela coordena o fornecimento de energia em toda a região norte do país; ou seja, ela desempenha uma atividade típica de poder público. A Eletronorte, por lei, tem essa destinação de construir e operar centrais elétricas e sistemas de transmissão em toda a região amazônica, como é ela que coordena o programa de energia elétrica na Região Amazônica. Isso evidentemente que não é disputado com nenhuma empresa do setor privado.

A tese que eu defendo no meu voto, de extensão do regime de precatório às empresas estatais prestadoras de serviço público, é de fácil explicação. Qual a razão que levou a

Constituição a instituir o regime de execução de dívidas contra o Estado, reconhecidas em juízo e constantes de ofícios requisitórios? Qual a razão que levou a Constituição a instituir não a execução de dívidas judiciais previstas no Código de Processo Civil, mas sim no art. 100 da Constituição? Simples. As atividades estatais são dominadas pelo princípio da continuidade. O Estado não pode ser surpreendido com uma penhora, por exemplo, com um arresto ou um sequestro de bens ou até de rendas, para pagamento de dívidas, senão com o risco de estancar a prestação de atividades que são essenciais a toda a população. Ora, é exatamente essa a razão que prospera quando se trata de uma empresa estatal prestadora de serviço público. É um serviço prestado ao público, à coletividade, à população por inteiro. E como a iniciativa privada não tem serviço público para oferecer ao Estado, o Estado é que tem serviço público para oferecer à iniciativa privada no plano da prestação, mediante licitação e contrato de concessão ou permissão. Então, como à iniciativa privada não compete prestar serviço público, senão excepcionalmente, mediante contrato com o Estado, quando o Estado, por lei, traspassa-lhe uma atividade que é dele, Estado, traspassa a iniciativa privada, então, faltando o Estado à população, tudo o mais vai faltar à população. Se faltar a presença do Estado na prestação de serviços públicos, tudo o mais vai faltar à população, porque não há como substituir instantaneamente o Estado.

Então, me parece que, aqui, no plano da interpretação finalística da Constituição, temos uma aplicação até escolar da aplicabilidade do ditado latino *ubi eadem ratio, ibi eadem legis dispositio*, cuja tradução é a seguinte: onde existe a mesma razão fundamental, deve prevalecer a mesma regra de direito. Se as atividades genuinamente estatais, todas as atividades genuinamente estatais, inclusive legislação, diplomacia, defesa, segurança pública, jurisdição; se todas são protegidas com regime especial de precatório, essa mesma razão subsiste para extensão desse regime especial às empresas estatais prestadoras de serviço público. Ou seja, o que interessa não é a natureza jurídica da empresa, não é o seu rótulo de economia mista, não é o seu rótulo de empresa pública; isso não interessa, a meu juízo, *data venia* de entendimento contrário. O que interessa é a atividade em si. A atividade em si é genuinamente estatal, está voltada para o atendimento de necessidades coletivamente sentidas, segundo aquela ideia-força tão difundida pelo Professor Celso Antônio Bandeira de Mello, de que o patrimônio de quem não tem patrimônio é o serviço público. O serviço público é o patrimônio de quem não tem patrimônio, que é a grande massa da população. Então, o que interessa é a atividade em si, e essa atividade é dominada constitucionalmente pelo Princípio da Continuidade, não pode ser estancada abruptamente. É por isso que serviço público, hoje, numa moderna concepção doutrinária, se inscreve no âmbito do moderno constitucionalismo social; se inscreve no âmbito do moderno constitucionalismo social, porque ele chega até à população mediante atividade prestacional do Estado, e atividade onerosa do Estado, diferentemente dos direitos individuais.

Então, por isso, eu louvo, como sempre, o judicioso voto do Ministro Joaquim Barbosa, mas peço vênia a Sua Excelência para conhecer do recurso e a ele dar provimento.

ADITAMENTO AO VOTO

O Sr. Min. Dias Toffoli: Senhor Presidente, vou fazer juntada de voto por escrito, mas basicamente, subscrevo, pedindo vênia à divergência aberta pelo eminente Ministro Joaquim Barbosa, o voto do eminente Ministro Relator, Ayres Britto, no sentido da característica da empresa em questão.

Sua Excelência fez referência à lei que estabelece objetivos e metas específicas de políticas públicas para a prestação desse serviço essencial, e agregarei ao meu voto aspectos relativos aos seus estatutos. Os estatutos da Eletronorte trazem uma série de limitações à sua atividade econômica no mercado, a fim de dirigi-la à prestação do serviço essencial para o qual o Estado brasileiro a criou. Da mesma forma, os estatutos da Eletrobras, a *holding* que ela integra, estabelecem uma série de limitações, uma série de objetivos, que lhe dão uma característica toda peculiar, não sendo possível, a meu ver, tratá-la como uma empresa que compete no mercado, tal qual uma Embratel ou uma empresa na qual a União tenha uma *golden share* – e tenha, assim, direito de veto em determinadas circunstâncias – mas que atua livremente no mercado. Ela atua dirigida, ela atua absolutamente com finalidades específicas, dadas por lei, por seus estatutos.

Por essas razões, Senhor Presidente, agregando que, se a Corte aplicou o sistema do precatório aos Correios, *a fortiori*, é muito mais essencial – embora lá o caso seja de monopólio, aqui, não –, mas, *a fortiori*, é um serviço essencial como esse, de exploração e de levar – como disse o Ministro Relator e como impõem os estatutos – o serviço de energia elétrica a uma série de localidades brasileiras, nas quais a iniciativa privada jamais iria – porque não há concorrência de mercado, não há interesse do capital, não há interesse econômico... *A fortiori*, Senhor Presidente, peço vênia ao eminente Ministro Joaquim Barbosa para acompanhar o eminente Relator.

VOTO

O Sr. Min. Dias Toffoli: O objeto do presente recurso, como bem destacado pelo eminente Relator, é a aplicabilidade do regime de precatórios à Eletronorte, uma sociedade anônima subsidiária da Eletrobras – Centrais Elétricas Brasileiras S/A.

Acompanho inteiramente os fundamentos do voto de Sua Excelência o Ministro Ayres Britto, com os aditamentos aqui lançados.

É necessário observar a natureza da recorrente e quais são as suas relações com a controladora, Eletrobras, uma sociedade de economia mista federal.

Para esse fim, convém consultar os estatutos sociais dessas empresas.

A Eletronorte, em seu objeto social, tem declaradamente a finalidade de atuar nos Estados de Tocantins, Maranhão, Pará, Amazonas, Acre, Mato Grosso, Rondônia, Roraima e Amapá (art. 1º), o que já revela que são áreas de baixo interesse econômico para investidores privados. Essa perspectiva, registre-se, afasta, sob a óptica mercadológica, a identidade de regimes, a simetria de objetivos entre a recorrente e outras empresas privadas sem participação pública.

O campo de atuação econômica da Eletronorte, por conseguinte, não foi ditado pela lógica do mercado privado, bem assim pelas noções de concorrência e de lucro. O *elemento teleológico* prevalece sobre o *elemento formal*. E isso precisa ser registrado, como bem acentuou o Relator ao tentar estabelecer descrimines entre a recorrente e outras pessoas jurídicas do ambiente do livre mercado.

A Eletronorte, por outro lado, não tem plena liberdade no que se refere à sua organização administrativo-empresarial e à sua atuação no mercado. Seu estatuto, em seu art. 3º, dá o testemunho de que seu objeto social é integrado por fins como: a) contribuir para a formação de pessoal técnico necessário ao setor de energia elétrica e preparar operários qualificados; b) "participar de entidades dirigidas pela Eletrobrás e destinadas à coordenação operacional de sistemas elétricos interligados"; c) "prestar serviços de laboratório, operação e manutenção de sistemas de geração, transmissão de energia elétrica, apoio técnico, operacional e administrativo às empresas prestadoras do serviço público de energia elétrica"; d) colaborar com a Eletrobras em programas de incentivo da indústria nacional de materiais e de equipamentos destinados ao setor de energia elétrica.

As alíneas "j" e "k" do art. 3º do estatuto da Eletronorte também reforçam essa perspectiva de uma empresa vinculada à prestação de serviço público e submetida a controles rígidos da Eletrobras, quando afirmam que a associação da recorrente a consórcios ou a outras empresas dependerá de "prévia e expressa autorização do Conselho de Administração da Eletrobras". Além disso, a comercialização de seus direitos de uso e ocupação de torres e instalações só ocorrerá mediante o *placet* expresso e anterior da Eletrobras.

Qual empresa privada tem em seu objeto social a formação de trabalhadores para o setor no qual, em tese, concorre livremente? Ela se obriga a contribuir para que seus adversários tenham melhores empregados?

Qual empresa privada típica tem obrigação de colaborar e dar apoio técnico e administrativo às "empresas prestadoras do serviço público de energia elétrica"?

É submetida à livre concorrência uma empresa que depende da autorização prévia de uma estatal para se consorciar ou associar a outras pessoas jurídicas, bem como para negociar seus direitos sobre equipamentos essenciais?

Evidentemente que a resposta é negativa.

O poder público age por intermédio da Eletronorte. Não é admissível que se cooneste a equiparação da recorrente às empresas do setor privado puro apenas para permitir que seu patrimônio seja excutido sem as cautelas apropriadas às empresas que se voltam para o regime da prestação do serviço público essencial e sem concorrência, em sua acepção estrita.

A Corte não pode se dissociar do precedente histórico, firmado no RE 220.906, Relator Min. Maurício Corrêa, Tribunal Pleno, julgado em 16.11.2000, *DJ* 14.11.2002, em cuja ementa se afirmou textualmente que: "À empresa Brasileira de Correios e Telégrafos, pessoa jurídica equiparada a Fazenda Pública, é aplicável o privilégio da impenhorabilidade de seus bens, rendas e serviços. Recepção do artigo 12 do Decreto-lei n. 509/69 e não incidência da restrição contida no artigo 173, § 1º, da Constituição Federal, que submete a empresa pública, a sociedade de economia mista e outras entidades que explorem atividade econômica ao regime próprio das empresas privadas, inclusive quanto às obrigações trabalhistas e tributárias. 2. Empresa pública que não exerce atividade econômica e presta serviço público da competência da União Federal e por ela mantido. Execução. Observância ao regime de precatório, sob pena de vulneração do disposto no artigo 100 da Constituição Federal".

A se rejeitar a tese da Eletronorte, colocam-se empresas desse jaez em estado de permanente insegurança patrimonial, sujeitando-as a medidas judiciais, mesmo de caráter liminar, que podem atingir sua economia interna, suas finanças e seus ativos bancários. É um poder excessivo de intervenção em pessoas jurídicas que sofrem restrições finalísticas, devidamente timbradas em seus estatutos, como as transcrições acima bem o demonstraram. Esse regime de tipicidade da prestação de serviços públicos é restritivo e deve vir acompanhado de algumas contrapartidas, como a submissão ao rito dos precatórios.

Ante o exposto, acompanho o eminente Relator.

É como voto.

ESCLARECIMENTO

O Sr. Min. Joaquim Barbosa: Senhor Presidente, eu gostaria só de insistir num ponto. Eu acredito que a comparação com os Correios é imprópria. Os Correios, naquilo que diz respeito à sua atividade primordial, não concorrem com pessoa jurídica alguma.

O Sr. Min. Dias Toffoli: Eu disse isso. Eu fiz referência aqui. Há um monopólio. Mas é a questão do objeto. E a entrega de carta é muito mais essencial?

O Sr. Min. Joaquim Barbosa: É uma atividade estatal típica. Aqui, não! A Eletronorte concorre com empresas privadas. Eu disse no meu voto que da energia que ela produz no Norte e Nordeste ela consome 25 e 21% (vinte e cinco e vinte e oito por cento [*sic*]), o resto ela explora. Na própria Região Norte há dezessete empresas que operam no mesmo setor. O que é isso, se não exercício de atividade econômica concorrencial?

O Sr. Min. Ayres Britto (Relator): É que a atividade não pode ser econômica, porque ela é própria da União. Sendo da União, não é da iniciativa privada.

O Sr. Min. Joaquim Barbosa: O que é possível, o que especulo, é que esses estatutos dela não estejam atualizados com a normatização que ocorreu em meados dos anos 90. Isso é possível, mas que é uma empresa que atua em igualdade de condições com outras empresas privadas, não tenho a menor dúvida.

A Sra. Min. Cármen Lúcia: Senhor Presidente, vou pedir vênia também ao Ministro-Relator, mas acompanho a divergência.

Vou juntar um voto que não é muito longo, mas apenas reiterando o que já foi dito aqui, acho que a continuidade do serviço, que é o ponto fundamental e o que mais me chamou a atenção no voto do eminente Ministro Ayres Britto, de que não se poderia, portanto, aplicar àquele regime exatamente em virtude desta qualidade que é própria do serviço, que é a sua continuidade.

O Sr. Min. Ayres Britto (Relator): Não é atividade econômica; não se trata de atividade econômica.

O Sr. Min. Joaquim Barbosa: Chega-me a informação de que distribui lucros, Ministra, aos empregados e aos acionistas.

A Sra. Min. Cármen Lúcia: Eu nem discuto isso, porque mesmo a empresa prestadora de serviço público, eventualmente, pode, sim, ter de se submeter ao regime, quando se tratar, como neste caso aqui, de precatórios. Acho que as coisas não são incompatíveis. Acho, também, que há uma mudança, hoje – hoje, não, mas na última década – muito significativa sobre a natureza da empresa e a natureza do serviço, até porque temos, como, aliás, abre ensejos a que se faça referência, alerta o Ministro Dias Toffoli, ou seja, temos empresas que são prestadoras de serviço com monopólio. Temos empresas que são prestadoras de serviços e também de atividade econômica. No Brasil, nós já tivemos autarquia bancária, então, realmente nós não podemos confundir a natureza da entidade com a natureza do serviço prestado. Acho que realmente não está havendo essa confusão, aqui, apenas ressalvo isso para chegar à conclusão – como cheguei no meu voto – de que neste caso não me parece que a atividade prestada fique comprometida, o serviço prestado fique comprometido, por ela se submeter a esse regime, até por que, realmente, ela concorre com outras prestando serviços. E a circunstância de ser um serviço público, hoje, muitas vezes, ou por delegação, como Vossa Excelência afirma em seu voto, ou mesmo por regime de concessão, ou, neste processo, que tivemos na década de 90, de transferência de atividades que são caracterizadas como serviço público para entidades privadas, não fazem com que essas entidades se submetam a esse regime.

Portanto, peço vênia ao Ministro-Relator pelo seu brilhantíssimo voto, mas acompanho a divergência.

O Sr. Min. Ayres Britto (Relator): Mas, para a não deixar passar em branco, eu vou insistir, há uma – há duas – atividades desempenhadas pela Eletrobrás que não têm competitividade. Aliás, falar em competição, para mim, já é tecnicamente inadequado, *data venia* – aqui estou lendo a lei –, a Lei n. 5.824, de 14 de novembro de 1972, que criou a empresa. Compete à Eletronorte coordenar o programa de energia elétrica na região amazônica – isso faz com exclusividade –, bem como construir e operar centrais elétricas – também faz com exclusividade – e sistemas de transmissão nessa região.

A Sra. Min. Cármen Lúcia: Tenho para mim que, inclusive, Ministro, nós já tivemos uma mudança muito significativa, no que se refere tanto à construção de hidrelétricas quanto à prestação do serviço de energia elétrica. Basta ver que quando ela foi criada coordenava isso, não haviam as agências reguladoras, não havia o sistema de controle que hoje é no Brasil inteiro, não havia a interligação que hoje se tem, o operador do sistema que realmente faz essa coordenação e controle, até porque a prestação hoje já não tem mais o modelo de antigamente.

Hoje, nós já temos quase 40% (quarenta por cento), por exemplo, do serviço de energia elétrica, no Brasil, prestado por Furnas, e precisa de interligações que são coordenadas – estou citando Furnas apenas porque conheço esse sistema. Mas, no caso da Eletronorte, que é numa outra região, portanto, estou dizendo que quando ela foi criada, ela tinha um modelo, e era um modelo de Estado que já mudou; não mudou a natureza do serviço que a Constituição diz que é serviço público e é essencial.

Eu só acho que o deslinde da causa não passa, exclusivamente por isso, daí por que peço vênia, mas – claro – não apenas respeitando como admirando os argumentos de Vossa Excelência.

O Sr. Min. Ayres Britto (Relator): A recíproca é verdadeira!

VOTO

O Sr. Min. Gilmar Mendes: Senhor Presidente, tenho a impressão de que o próprio debate mostra que talvez estejamos carentes de uma definição institucional acerca do tema, porque já foi apontado que há uma certa mistura, um *mixtum compositum*, aqui, de atividades econômicas que podem ser exercidas por autarquias e de serviços públicos, em linhas gerais, que podem ser exercidos por empresas públicas e até por sociedades de economia mista. Então me parece que essa questão se põe. E, se formos nos ater ao exame da atividade de cada empresa, vamos perceber que esse coquetel, essa mistura se revela presente. Muitas vezes a empresa tem parte de suas atividades na linha da chamada atividade concorrencial e atividades que são similares às atividades típicas do Estado. E aqui se vê bem isso, que há atividades que são até reguladoras do regime do serviço público, no que diz respeito tanto à Eletrobras quanto à Eletronorte.

Mesmo nas atividades chamadas monopolísticas – esse foi o objeto do debate sobre os Correios e Telégrafos – nós tivemos essa perplexidade, porque vimos algumas atividades exercidas pelos Correios que eram compartilháveis – e deveriam ser compartilhadas – com as atividades privadas, mas a lei estabelecia *in genere* um plexo de monopólio muito mais amplo.

Então não me parece que a nossa atividade vai ser exitosa se nós embrenharmos pela tentativa de definir precisamente se a empresa presta exclusivamente serviço público *stricto sensu* ou não. Não me parece que venhamos a ter êxito se simplesmente nos fixarmos nisso.

Por outro lado, parece-me que o debate revela um preconceito, que é o preconceito com o precatório. Porque, a rigor, não há nada de anormal – digamos assim – em se pedir, eventualmente, para as atividades ligadas ao Estado, o pagamento mediante precatório, desde que haja pagamento. É que nós estamos acostumados a que o pagamento não se faça.

Eu me lembro de que na União – fui Advogado-Geral da União –, em princípio, a não ser naquelas autarquias em que havia uma desordem administrativa, não havia atraso nos precatórios. Tanto é que todas essas emendas e todas essas reivindicações que se fazem se aplicam aos Estados e Municípios. Então o que pode acontecer de anormal na exigência do pagamento do precatório? É que haverá um orçamento, haverá um pedido de pagamento, que vai se fazer até junho e julho, e vai haver a inclusão nesse orçamento para pagamento no exercício financeiro seguinte. Tão somente isso. Mas, como há essa névoa de suspicácia, de suspeita, de negatividade em torno dos precatórios, por conta da experiência, que é real, que é efetiva, não no plano dessas empresas públicas federais – que elas todas são adimplentes, solváveis, solventes, não têm nenhum problema –, não no plano da União, que tem uma organização financeira digna de nota, mas na experiência dos estados. Agora, isso contaminou toda a ideologia e a concepção acerca dos precatórios. Parece-me que isso acaba contaminando, também, a leitura sobre o tema.

Então, parece-me que, embora a questão mereça a atenção, talvez em algum momento um código administrativo, alguma pretensão de consolidação devesse tentar ordenar esse quadro que às vezes é caótico, tanto é que a doutrina se perde na definição com os contraexemplos. A toda hora, nós dizemos: a empresa pública deve ter tal perfil. E, aí, alguém consegue dar um exemplo de uma empresa pública que exerce uma outra atividade; a sociedade de economia mista deve atuar com tais e quais limites. E nós encontramos sociedades de economias mistas que são verdadeiras autarquias ou exercem atividades quase que públicas típicas. Às vezes são sociedades anônimas apenas para cumprir – como nós vimos aqui num debate, não faz muito, creio que relativo a hospital do Rio Grande do Sul, hospitais que foram desapropriados e deixaram-se lá duas ou três ações –, apenas para manter a aparência de uma sociedade anônima. Uma falsa sociedade anônima por quê? Porque o que se busca aqui é uma certa flexibilidade no processo organizacional administrativo.

Feitas essas considerações – e já acompanhei em outros momentos premissas idênticas àquelas lançadas pelo Ministro Ayres Britto

– eu não tenho, embora perceba uma certa perplexidade no ar, elementos para seguir a orientação agora sustentada pelo Ministro Joaquim Barbosa.

Parece-me que os elementos constantes dos autos ajudam a confirmar a ideia de que, aqui, nós temos, pelo menos, uma prestação de serviço público pela entidade, ainda que ela tenha também atividades econômicas, mas ela tem uma atividade reguladora do sistema, ordenadora – vamos chamar assim – do sistema, a partir do próprio modelo estatutário que lhe atribui competências fortes de Poder Público.

O Sr. Min. Ayres Britto (Relator): Ela devia ter nascido, na verdade, como autarquia. Impropriamente se chamou de empresa.

O Sr. Min. Gilmar Mendes: Como se busca a flexibilidade, a plasticidade das organizações privadas e como não se consegue somar o melhor dos mundos, acabamos por ter essas incongruências.

De modo que, fazendo essas observações, eu também vou acompanhar o voto de Vossa Excelência, Ministro Ayres Britto, pedindo vênia ao Ministro Joaquim Barbosa e à Ministra Cármen Lúcia.

VOTO-VISTA

A Sra. Min. Ellen Gracie: 1. Trata-se de recurso extraordinário interposto pela Eletronorte, sociedade de economia mista, contra acórdão do Tribunal de Justiça do Distrito Federal e Territórios que lhe negou o direito à satisfação de dívida civil mediante prévia inclusão em precatório.

Os Ministros Ayres Britto e Gilmar Mendes proferiram votos pelo provimento do recurso, enquanto os Ministros Joaquim Barbosa e Cármen Lúcia negaram--lhe provimento.

Solicitei vista em dezembro passado para melhor analisar o feito e ora trago o processo para prosseguirmos no julgamento.

2. O Título VII da Constituição, que cuida Da Ordem Econômica e Financeira, em seus artigos iniciais, voltados aos princípios gerais da atividade econômica, determina que seja observada a livre concorrência (art. 170, inciso V).

A Constituição não veda ao Estado a exploração direta de atividade econômica, mas a reserva para situações excepcionais, quando necessário aos imperativos da segurança nacional ou a relevante interesse coletivo (art. 173).

Para tanto, o Estado pode criar empresas públicas ou sociedades de economia mista, ou seja, pessoas jurídicas com capital totalmente público ou com capital misto, neste caso sob o controle do poder público.

3. A atuação do Estado, por meio dessas pessoas com personalidade jurídica própria e forma societária, implica a conjugação do regime de direito privado com traços do regime público.

Daí porque os §§ 1º e 2º do art. 173 da Constituição ocupam-se em detalhar esse caráter híbrido, buscando um equilíbrio entre a flexibilidade e o dinamismo próprios do mercado e da livre iniciativa, de um lado, e a impessoalidade e indisponibilidade do interesse público, característicos da Administração, de outro.

O art. 173, § 1º, II, da Constituição submete tanto as empresas públicas como as sociedades de economia mista "ao regime jurídico próprio das empresas privadas, inclusive quanto aos direitos e obrigações civis, comerciais, trabalhistas e tributários". Como se não fosse suficiente, seu § 2º reforça tal norma dispondo, expressamente que: "As empresas públicas e as sociedades de economia mista não poderão gozar de privilégios fiscais não extensivos às do setor privado".

A previsão constitucional, portanto, é que as sociedades de economia mista atuam sob regime de direito privado. Desse modo, quer no âmbito civil, comercial, trabalhista ou tributário, obrigam-se e respondem tal qual as demais pessoas jurídicas de direito privado.

4. Já o art. 100 da Constituição, que cuida dos pagamentos por precatório, não é dirigido às sociedades de economia mista. Do seu *caput*, com a redação da EC 62/2009; resta claro que diz respeito aos pagamentos devidos "pelas Fazendas Públicas Federal, Estaduais, Distrital, e Municipais, em virtude de sentença judiciária".

"Art. 100. Os pagamentos devidos pelas Fazendas Públicas Federal, Estaduais, Distrital e Municipais, em virtude de sentença judiciária far-se-ão exclusivamente na ordem cronológica de apresentação dos precatórios e à conta dos créditos respectivos, proibida a designação de casos ou de pessoas nas dotações orçamentárias e nos créditos adicionais abertos para este fim."

Nos termos dos seus §§ 3º e 4º, as obrigações de pequeno valor são excepcionadas, podendo as leis próprias estabelecerem patamar próprio para cada entidade "de direito público".

Efetivamente, o conceito de Fazenda Pública abrange os entes políticos, suas autarquias e fundações públicas, ou seja, as pessoas jurídicas de direito público. Não mais do que isso.

5. Este Tribunal tem verificado, contudo, que em alguns casos a adoção da forma jurídica de empresa pública o de sociedade de economia mista não corresponde exatamente ao papel e ao âmbito de atuação de tais pessoas. Isso quando permanecem dependentes do Poder Público e atuando em áreas sob regime de monopólio ou na satisfação de direitos fundamentais, sem finalidade de lucro, como se fossem extensões da própria Administração Direta. Nesses casos, temos equiparado tais pessoas jurídicas de direito privado aos entes de direito público para alguns fins, de modo a preservar o serviço prestado.

Assim é que se tem reconhecido à Empresa de Correios e Telégrafos – ECT, embora pessoa jurídica de direito privado, alguns privilégios próprios do poder público, como imunidade tributária e pagamento das suas condenações judiciais mediante precatório. Isso só foi concedido por esta Corte em razão de que tal empresa pública não atua propriamente no mercado, exercendo, isto sim, serviço sob monopólio da União. No RE 485.000, destaquei o entendimento do Tribunal no sentido de que: "Se não houver concorrência – 'existindo monopólio, CF, art. 177' –, não haverá aplicação do disposto no § 1º do mencionado art. 173. É que... o que quer a Constituição é que o Estado empresário não tenha privilégios em relação aos particulares. Se houver monopólio, não há concorrência; não havendo concorrência, desaparece a finalidade do disposto no § 1º do art. 173".

Também já se reconheceu ao Grupo Hospitalar Conceição que é formalmente uma sociedade de economia mista, imunidade tributária a impostos (RE 580.264). Mas isso porque se trata de pessoa jurídica cujo capital pertence em mais de 99% à União e que presta atendimento médico e hospitalar exclusivamente pelo Sistema Único de Saúde. Ou seja, porque, embora tenha forma de sociedade de economia mista, materialmente não o é, atuando como *longa manus* da administração direta em benefício exclusivo da comunidade, sem disputa de mercado e sem qualquer finalidade de lucro.

De qualquer modo, tais decisões sempre assumiram caráter excepcional e tiveram como pressuposto a particular conformação de determinadas empresas públicas ou sociedades de economia mista que não estavam desenvolvendo atividade econômica em regime de mercado, mas dedicando-se, isto sim, exclusivamente à prestação de serviço público.

6. Nos presentes autos, temos uma sociedade de economia mista do setor elétrico, que não apenas não está sob regime de monopólio jurídico como tem vivido um crescente incentivo à competitividade.

Conforme bem destacado nos memoriais da recorrida, há quinze anos que se passou a substituir o modelo vertical de monopólio do governo federal pelo regime de ampla competição no setor elétrico. O Estado está presente em diversas esferas, como na regulação, no planejamento e no fomento. Também está presente na própria prestação da atividade, mas por meio, de estatais que atuam lado a lado com empresas privadas. Já não se tem, pois, um regime de serviço público, mas uma atividade de interesse coletivo exercida sob regime de direito privado, ainda que mediante intensa regulação.

A recorrida bem destacou que a Eletronorte tem participado, em igualdade de condições, dos leilões relativos à geração e transmissão de energia elétrica promovidos pela ANEEL, inclusive em consórcio com empresas privadas. Isso já demonstra, suficientemente, que se trata de empresa que desenvolve atividade econômica, sim, em ambiente competitivo aberto à iniciativa privada.

Foi, aliás, o que destacou a Procuradoria-Geral da República em seu parecer contrário ao acolhimento do recurso: trata-se de sociedade de economia mista que atua em atividade não sujeita a monopólio, mas, isto sim, ao regime concorrencial, de modo que os pagamentos por precatório contrariariam o art. 100 da CF, afeto à Fazenda Pública e não às empresas privadas. Frisou, ainda, citando parecer anterior, que "apenas os bens diretamente afetados à prestação desse serviço têm proteção especial, não podendo ser penhoradas, como decorrência do princípio da continuidade do serviço público" (fl. 494 dos autos).

Também a manifestação da Procuradoria-Geral da Fazenda Nacional, como *amicus curiae*, foi no sentido de que não há suporte constitucional para assegurar o privilégio do precatório para sociedade de economia mista que disputa mercado, inclusive acionário, com obtenção de lucros apropriados pelos acionistas, não admitindo a Constituição que se beneficiem de regime tributário e obrigacional diferenciado em relação às demais empresas privadas (fl. 518 dos autos).

Efetivamente, não se trata de uma sociedade anônima apenas na forma. Ela o é de direito e de fato e, portanto, deve submeter-se, às inteiras, ao regime jurídico obrigacional que lhe é próprio.

7. É relevante ter em conta que não estamos sequer analisando a constitucionalidade de lei que viesse a submeter a recorrente ao regime de precatórios. O que estamos analisando é se há para tal sociedade de economia, mista direito constitucional a satisfazer suas obrigações decorrentes de condenação judicial pela via do precatório. E, isso, indubitavelmente, não há, seja porque a Constituição expressamente submeteu tais sociedades ao regime de direito privado relativamente às suas obrigações (art. 173, § 1º), porque estabeleceu o regime de precatório tão somente para as dívidas da Fazenda Pública (art. 170) ou, acrescente-se ainda, porque, ao cuidar do orçamento, trata do orçamento fiscal, do orçamento da seguridade social e do orçamento de investimentos – tão somente das estatais (art. 165, § 5º).

Nada se pode extrair diretamente do texto constitucional no sentido de que as dívidas das sociedades de economia mista típicas devessem constar do orçamento público e terem seus pagamentos efetuados por precatório.

8. As preocupações quanto à continuidade dos serviços públicos, sobre não se apresentarem de fato com a relevância pressuposta, porquanto o acesso aos serviços de energia na região norte não dependem com exclusividade da Eletronorte, têm outro encaminhamento que é o reconhecimento da impenhorabilidade dos bens que eventualmente venham a ser considerados indispensáveis. Ademais, há notícia nos autos de que o montante devido encontra-se penhorado desde fevereiro de 2008 e que há provisionamento suficiente de valores para o pagamento dos débitos judiciais, inclusive o crédito da recorrida.

9. Daí porque tenho que o acórdão do Egrégio Tribunal de Justiça do Distrito Federal e dos Territórios bem decidiu a questão:

"Agravo de instrumento. Processo civil. Princípio da celeridade. Art. 5º, LXXVIII, CF/88. Sociedade de economia mista. Regime de execução comum das empresas privadas. Inaplicabilidade do regime de precatórios.

"1. Não se aplica o regime de execução dos precatórios às sociedades de economia mista, visto que possuem personalidade jurídica de direito privado.

"2. Não se confunde regime de execução (regime comum das empresas privadas ou regime de precatórios afeto à Fazenda Pública), com a impossibilidade de penhora de bens que comprometam o fornecimento do bem público."

10. Ante todo o exposto, acompanho a divergência iniciada pelo Min. Joaquim Barbosa e *nego provimento* ao recurso extraordinário.

VOTO

O Sr. Min. Luiz Fux: Senhor Presidente, à semelhança do que aqui já foi exposto pela Ministra Ellen Gracie, eu também reconheço que a Eletronorte é uma sociedade de economia mista que atua no mercado através de geração, transmissão, distribuição, comercialização, importação, exportação de energia elétrica, não figurando o monopólio, de sorte que não se aplica aquele regime que a Suprema Corte estendeu à Empresa de Correios e Telégrafos. Como, na verdade, ela atua em verdadeira atividade concorrencial, estou aqui até transcrevendo o voto do Ministro Joaquim Barbosa para acompanhá-lo na sua essência. Destaco que:

"Acaso fosse estabelecido para essas sociedades que disputam o mercado inclusive o acionário com obtenção de lucro, o regime de precatórios para pagamentos de dívidas afeta a Fazenda Pública, estaria se oferecendo um privilégio de que não desfrutam as demais empresas privadas, desequilibrando demasiadamente as condições de concorrência."

Por outro lado, não está nem previsto, como destacou a Ministra Ellen Gracie, na Constituição Federal.

Com efeito, a qualidade de prestadora de serviço público da alçada da União, ostentada pela recorrente, tem o condão de acarretar apenas – e, nesse mesmo sentido, acho que tem que ficar consignado isso no acórdão – a impossibilidade de penhora dos bens que são afetados diretamente à prestação desses serviços que têm natureza pública, porquanto eles atendem ao interesse de toda a coletividade. E, na realidade, a afetação desses bens, inclusive, encontra uma proteção legal específica.

Então, salvante esse aspecto da empenhorabilidade desses bens, eu também estou – não sei em que sentido, se acompanhando ou não acompanhando, porque eu estou votando pela primeira vez – negando provimento ao recurso extraordinário.

DEBATE

O Sr. Min. Ayres Britto (Relator): Senhor Presidente, eu só quero lembrar que o serviço de geração e distribuição de energia elétrica é pré-excluído do mercado porque é serviço público, não é atividade econômica.

Quando empresa do setor privado atua nessa área, o faz por concessão ou permissão do poder público, mas o serviço, em si – está aqui no inciso XII, alínea "b", do art. 21 da Constituição – é serviço público típico, no caso, prestado por uma sociedade de economia mista, mas é que é pessoa privada, essa sociedade de economia mista, apenas formalmente porque, materialmente, ela faz parte do setor público e o seu capital é detido em 99,07% pelo setor estatal.

O Sr. Min. Luiz Fux: De qualquer maneira, ela é atividade concorrencial e, se fosse deferido esse benefício...

O Sr. Min. Ayres Britto (Relator): É o que eu estou dizendo: não é concorrencial. A iniciativa privada não tem serviço público de energia para oferecer ao poder público. É o poder público que tem serviço de geração e transmissão de energia para oferecer à iniciativa privada.

A Sra. Min. Ellen Gracie: Mas também há geração por particulares, Ministro Carlos Britto. E, atualmente, existe até uma bolsa de venda e compra de energia futura.

O Sr. Min. Luiz Fux: E, sem prejuízo, ela atua no mercado de balcão, ela tem lucro.

O Sr. Min. Ayres Britto (Relator): É o que diz a Constituição: os serviços e instalações de energia elétrica são serviços públicos típicos de senhorio da União, ou seja, de senhorio ou titularidade exclusiva da União. O que cabe à iniciativa privada, por delegação ou permissão, é atuar como prestadora desse serviço, mas a titularidade ou senhorio é da União, porque o serviço é público.

O Sr. Min. Joaquim Barbosa: Mas, nessa qualidade, ela se equipara às empresas privadas que atuam nesse mesmo mercado. Ela compete com essas empresas privadas.

O Sr. Min. Ayres Britto (Relator): É isso o que eu estou dizendo: quando o serviço é público, ele é pré-excluído do regime de competição, porque não é atividade econômica.

Agora, quando o poder público organiza uma empresa estatal para explorar atividade econômica, aí, sim, se nivela com os particulares, mas, aqui, não. É o setor público explorando o serviço público típico, de senhorio exclusivo da União.

VOTO

O Sr. Min. Ricardo Lewandowski: Senhor Presidente, eu vou pedir vênia ao eminente Relator e acompanhar a divergência.

Eu tenho aqui um quadro, que é muito revelador, da composição acionária da Eletronorte. Inicialmente eu verifico que se trata de uma empresa jurídica de direito privado que se submete ao regime próprio das empresas privadas, nos termos do art. 173, § 1º, da Constituição Federal. Ela atua no regime de livre concorrência e visa ao lucro.

Interessantemente, parte do capital social da Eletronorte é de propriedade da Eletrobras, sendo o restante detido por particulares. Por sua vez, a União detém apenas 41,56% de participação acionária na Petrobrás.

Da composição social da Eletrobras participam acionistas privados, em percentual de quase 40%. Aliás, a Eletrobras é sociedade de economia mista de capital aberto, com ações negociadas na Bolsa de Valores de São Paulo – Bovespa, Madri e Nova Iorque, sendo que suas ações preferenciais, em percentual de mais de 80%, encontram-se em mãos privadas.

Portanto, a Eletrobras detém capital da Eletronorte, parte dela, e a Eletrobras, por sua vez, tem ações negociadas em bolsas, inclusive de outros países, em mãos privadas.

O Sr. Min. Ayres Britto (Relator): A Eletrobras?

O Sr. Min. Ricardo Lewandowski: A Eletrobras.

O Sr. Min. Ayres Britto (Relator): Porque a Eletronorte é de capital fechado, totalmente fechado.

O Sr. Min. Ricardo Lewandowski: Sim, mas ela pertence à Eletrobras, que por sua vez tem acionistas privados e tem ações negociadas na bolsa. Portanto, a Eletronorte é aquilo que se chama de sociedade de economia mista de segunda linha, controlada por uma sociedade de economia mista de primeira linha, que é a Eletrobras.

Outro aspecto que me chama a atenção é que o estatuto da Eletronorte, em seu art. 36, prevê inclusive a distribuição de lucros a seus empregados. Portanto, é uma empresa privada que visa ao lucro, que inclusive distribui esse lucro, ou há pelo menos previsão de distribuição do lucro, aos seus empregados.

Portanto, com a devida vênia, eu acompanho a divergência, e agora muito bem elucidada pelo belo voto da Ministra Ellen Gracie, negando provimento ao recurso.

O Sr. Min. Marco Aurélio: Presidente, a brecha foi aberta quando o Tribunal acabou por excepcionar o que se contém no art. 100 da Constituição Federal e assentar que a Empresa de Correios e Telégrafos – empresa pública, pessoa jurídica de direito privado – teria jus à satisfação dos débitos mediante o que, para os credores, de modo geral, consubstancia uma famigerada forma de execução, que é a execução mediante precatório.

O que ocorre em última análise? O devedor comum, após citado, dispõe de vinte e quatro horas para satisfazer o débito constante de título judicial, ou indicar bens à penhora e vir a embargar a própria execução. O Estado conta com dezoito meses, contrapondo-se a essas vinte e quatro horas, para essa mesma satisfação. E verificamos que se adentrou círculo vicioso no País – não me refiro à União propriamente dita, mas a Estados e a Municípios –, quanto a se postergar para as calendas gregas a liquidação do débito.

O que nos vem da Carta Federal, mais precisamente do art. 100? Que o sistema de execução, via precatório, está restrito à Fazenda Pública, reporto-me à Federal, Estadual, Distrital e Municipal.

Os parágrafos que se seguem à cabeça do artigo versam referências à entidade de direito público, versam referência a orçamento, orçamento a que está submetida a própria entidade de direito público. No caso, defrontamo-nos com pretensão que, a meu ver, com a devida vênia do Ministro Carlos Ayres Britto, do Ministro Dias Toffoli, do Ministro Gilmar Mendes, não se coaduna com o que previsto na Constituição da República. O art. 100 não pode ser interpretado e aplicado de modo a haver pessoas jurídicas de direito privado beneficiadas pelo que nele se contém. É a recorrente sociedade anônima, pessoa jurídica, portanto, de direito privado, não se valendo de orçamento.

Conheço, Presidente, o instituto da despersonalização, mas para atribuir responsabilidade e não para se mitigar responsabilidade. Precisamos pensar não apenas nessa sociedade de economia mista, que tem participação majoritária federal, mas também em outras sociedades de economia mista que se situam no âmbito dos Estados e dos Municípios.

Por isso, convencido de que nem mesmo a Empresa Brasileira de Correios e Telégrafos pode gozar desse privilégio – e todo privilégio é odioso, vamos falar em prerrogativa –, assento que não cabe, sob pena de transgressão aos arts. 100 e 173, § 1º, da Constituição Federal, no que submete empresas públicas e sociedades de economia mista ao regime jurídico próprio das empresas privadas, concluir pela prerrogativa de satisfazer débito, repito, constante de título judicial a encerrar obrigação de dar, mediante o sistema que projeta, e projeta em muito, o prazo para liquidação, que é o sistema de precatório.

Peço vênia para acompanhar a divergência iniciada pelo Ministro Joaquim Barbosa, desprovendo o recurso.

CONFIRMAÇÃO DE VOTO

O Sr. Min. Gilmar Mendes: Senhor Presidente, gostaria de fazer uma observação, na linha do que já falou o Ministro Britto, para rememorar o que nós discutimos na outra assentada, quando iniciamos o julgamento desta matéria.

A forma, aqui, como temos apreendido nos vários casos – já foi citado inclusive o Hospital Conceição de Porto Alegre – é traiçoeira, é enganosa. Tivemos também esse embate na célebre ADPF da relatoria do Ministro Marco Aurélio sobre a Empresa de Correios e Telégrafos. Aqui, inclusive, temos até desdobramentos postos em outras ações, porque temos realmente uma situação excepcional. Se nós formos seguir a ortodoxia do Direito Administrativo, muito provavelmente as Empresas de Correios e Telégrafos não seriam empresas, mas autarquias, porque se falaria num serviço, pelos menos tudo aquilo que está associado ao modelo do chamado monopólio postal. Mas nós sabemos também, e vimos isso quando essa questão foi discutida, que essa própria empresa exerce outras atividades, em regime concorrencial, num modelo, vamos chamar assim, de subsídio cruzado. Ela haure vantagens no sistema de mercado geral, dentro de limites, para poder sustentar a sua atividade primacial.

Então me parece que temos de ter bastante cuidado para não ficarmos reféns dessas formas. E vamos, certamente, encontrar, seja no plano federal, seja no plano estadual e também no plano municipal, essa rebeldia dos formatos jurídicos: empresas públicas que prestam serviço público *stricto sensu* e modelos que avançam e que fazem todas essas interconexões e esses cruzamentos. De modo que a dogmática estrita acaba nos levando para embaraços que precisam ser devidamente contemplados, para não falar dessas formas híbridas que surgem no sistema.

Um notável jurista moderno, Gunther Teubner, que fala da *autopoiese*, mostra muito bem isso, quer dizer, a relativização dessas várias formas em todos os sistemas. E o Brasil é um grande laboratório a partir dessas experiências. De modo que é preciso moderação quando discutimos isso a partir de um formato legal, como se nós tivéssemos uma precisão para dizer: – Ah! De fato, esta é uma atividade típica de mercado e, por isso, é de uma empresa pública ou de uma sociedade de economia mista. Para não falar nos entrecruzamentos que ocorrem nesse tipo de serviços, principalmente de serviços tão relevantes, como o de que estamos a falar – e mostrou bem o Relator quando trouxe considerações sobre a tal essencialidade de serviços como o de eletricidade.

Então, é preciso ter cautela em relação a isso. Mas também não me impressionam características específicas, inclusive, por exemplo, a possibilidade de distribuição de lucros para empregados como forma de incentivo. Nós estamos a ver, hoje, modelos de produtividade, exercidos até no serviço público *stricto sensu*.

A Sra. Min. Ellen Gracie: Cancelado.

O Sr. Min. Gilmar Mendes: Agora, Minas Gerais, na vanguarda, acaba de liderar um processo de incentivo aos servidores, que poderia se chamar um prêmio em produtividade, que poderia corresponder a isso.

Portanto, quem trabalha com metas, nós começamos a discussão recente – estamos em meio a essa discussão e vimos dois belíssimos votos, o do Ministro Britto e o do Ministro Fux – a propósito das organizações sociais. E vimos também que são formatos muito plásticos, em que são entidades privadas que exercem atividades públicas, num regime especial de gestão, com contrato de gestão, e submetidas a um modelo de controle mediante cumprimento de metas.

Vejam que, a rigor, nós temos aqui que fazer essas considerações.

A Sra. Min. Ellen Gracie: Ministro Gilmar, eu acho que o discrímen básico é a existência ou não de um regime concorrencial. E pareceu-me demonstrado nestes autos que esse regime concorrencial existe. A Eletronorte não é a única fornecedora que pode servir à Região Norte.

O Sr. Min. Ayres Britto (Relator): Mas é a única que coordena toda a Região Norte. Ela é coordenadora do sistema de geração de toda.

O Sr. Min. Gilmar Mendes: Cancelado.

O Sr. Min. Joaquim Barbosa: No caso, aí, há um feixe de outros fatores, nesse caso da Eletronorte. Trata-se de uma empresa controlada por uma outra empresa pública que, por sua vez, é detida pelo Estado brasileiro somente à ordem de 40%, empresa essa que é cotada em bolsa em Nova Iorque, ou seja, os contribuintes americanos recebem dividendos dessa empresa. É inimaginável! Impensável!

O Sr. Min. Ayres Britto (Relator): Da controladora.

O Sr. Min. Joaquim Barbosa: Da controladora! Por receberem da controladora, eles recebem dos lucros produzidos pela controlada!

A Sra. Min. Cármen Lúcia: Isso que o Ministro Lewandowski chamou a atenção para a questão dos dividendos.

O Sr. Min. Ricardo Lewandowski: Claro! Em detrimento dos credores que ficariam, em tese...

O Sr. Min. Ayres Britto (Relator): Mas o Ministro Gilmar Mendes lembrou que, na prática, há uma interpenetração de modelos. A Eletronorte foi criada em 1973, por um decreto. Ela é uma verdadeira autarquia, com o nome de economia mista.

A Sra. Min. Ellen Gracie: Ministro Gilmar, se Vossa Excelência me permite, e o Ministro Britto também, a garantia constitucional de pagamento, mediante a sistemática de precatórios, não está estendida às empresas de economia mista. Isso é fato. Todos nós aceitamos.

O Sr. Min. Joaquim Barbosa: Claro.

A Sra. Min. Ellen Gracie: As exceções foram criadas por jurisprudência desta Casa, em hipóteses em que tais empresas, supostamente de economia mista, de fato eram inteiramente detidas pelo Poder Público e direcionadas exclusivamente ao serviço público. Então a discussão aqui parece que está invertida. Nós não estamos discutindo algo inserido na Constituição que esse tipo de empresa tenha garantido.

O Sr. Min. Joaquim Barbosa: Nós temos um punhado de exceções. Aliás, Senhor Presidente, está hoje na pauta um caso meu relacionado à ECT. E também um caso excepcional.

O Sr. Min. Gilmar Mendes: Presidente, então vou ao último ponto que é a questão dos precatórios. Também aqui me parece que há uma mística negativa – e nós estamos a falar do pagamento de precatórios no plano federal –, claro, em razão de fatores que nós não vamos agora explicitar. Vamos lembrar que o precatório – Ministro Celso sempre destaca – foi concebido e, no plano da União, afora um ou outro caso de desorganização, de fato há respeito, já há muitos anos, à ordem dos precatórios, ao pagamento dos precatórios.

A Sra. Min. Ellen Gracie: Mas não é um pagamento imediato, não é, Ministro Gilmar?

O Sr. Min. Gilmar Mendes: Não é um pagamento imediato e nós sabemos bem que instituições que lidam com uma massa enorme de recursos e que trabalham com orçamento têm dificuldade de fazer esse cumprimento de imediato. Agora é um pagamento previsível.

No plano da União, sabemos bem disto, quer dizer, há uma ordem estabelecida.

O Sr. Min. Ayres Britto (Relator): Escalonado.

O Sr. Min. Gilmar Mendes: Escalonada, mediante mecanismos que tornam muito difícil pensar-se num outro modelo. É lamentável que tenha ocorrido esse quadro de desmando, que está associado também à nossa fase pré-Plano Real, nossa fase inflacionária, e que levou àquele quadro de ilusão.

Inicialmente – todos sabem – o que havia? Simulava-se que se pagava e se faziam correções, havia um tipo de pensão perpétua para receber o precatório. Quando houve o congelamento da situação via estabilidade financeira, verificou-se que a conta superava em muito a capacidade de pagamento dos Estados e Municípios. E a partir daí, nós tivemos aquilo que se diz, em bom alemão, *eine grosse Konfusion*, uma grande confusão, porque uma anarquia, um quadro de perda de parâmetros, em que os credores de fato acabam perdendo sempre. Por quê? Eles têm crédito, mas eles não têm influência política, por exemplo, para fazer as transações e as negociações.

A Sra. Min. Ellen Gracie: Para isso a execução judicial. Atualmente é a execução judicial. É o que se pretende nestes autos. E se Vossa Excelência me permite, esse caso não é um bom exemplo para a excelente dissertação de Vossa Excelência, porque, como cuidei de frisar no meu voto, já há provisionamento não apenas da quantia referente ao crédito da recorrente, mas também de outros créditos, ou seja, de outros passivos da Eletronorte, no caso.

O Sr. Min. Ayres Britto (Relator): Eu mesmo determinei o provisionamento.

O Sr. Min. Gilmar Mendes: Ministra Ellen, mas é que, como o Relator tinha destacado, estamos a discutir de fato um modelo institucional. A pergunta básica que estamos a fazer é: Eventualmente, dentro desses marcos, e tendo em vista as características dessa empresa, é possível adotar-se o regime de precatórios. É disso que nós estamos a falar.

A Sra. Min. Ellen Gracie: Em tese, sim.

O Sr. Min. Gilmar Mendes: Nós não estamos a discutir a solvabilidade da empresa, até porque isso não está em discussão.

A Sra. Min. Ellen Gracie: Não, em tese, sim, Ministro Gilmar. Por isso nós excetuamos a ECT e por isso nós excetuamos o Hospital Conceição. Mas eu não verifico as mesmas circunstâncias que justificaram aquelas exceções no caso presente.

O Sr. Min. Gilmar Mendes: Sim, mas, então, estou a dizer quanto ao modelo. Na verdade, nós temos entidades, e este é o grave problema nesse tipo de situação em que a fórmula jurídica não responde a essas várias indagações, nós temos, de fato, uma empresa – demonstrou isso, inclusive pela sua pré-existência institucional – que cumpre uma função reguladora de todo o sistema de prestação, de distribuição de energia.

O Sr. Min. Ayres Britto (Relator): De toda uma região, com nove estados.

O Sr. Min. Gilmar Mendes: Que não é atividade, obviamente, de uma empresa que está no mercado. Por isso, parece-me consistente a posição, só gostaria de ressaltar. E, para mostrar que esses argumentos de que, eventualmente, nós lançamos mão sobre a característica desta ou daquela empresa, também podem, exatamente, ser utilizados em sentido contrário, não é? Mostrando que o núcleo da atividade dessa empresa é de regulação. Na verdade, ela é um órgão regulador da atividade com o nome de empresa.

O Sr. Min. Ayres Britto (Relator): Perfeitamente. É uma autarquia em substância.

O Sr. Min. Ricardo Lewandowski: Mas, Ministro Gilmar, uma coisa que também me preocupa é que se nós caracterizarmos esta empresa como uma empresa que tem os privilégios da Fazenda Pública, no tocante a precatórios, também temos que reconhecer que, no tocante ao art. 118 do Código de Processo Penal, quadra em dobro ou em quádruplo para recorrer, também cabe aplicar-se a ela. Porque se ela tem essa natureza.

O Sr. Min. Gilmar Mendes: Não, são questões que nós vamos ter que decidir. A cada dia e a cada momento sua agonia.

O Sr. Min. Ricardo Lewandowski: São privilégios. Sim.

O Sr. Min. Luiz Fux: Só para tirar uma dúvida, como fui instado a votar logo depois do voto-vista, eu tinha a anotação de que o Ministro Gilmar Mendes já tinha votado, negando provimento.

O Sr. Min. Cezar Peluso (presidente): Ele já votou. Só está reforçando o voto.

O Sr. Min. Luiz Fux: Ah, bom.

A Sra. Min. Cármen Lúcia: Apenas, Vossa Excelência está dizendo tão somente para chamar a atenção que decisões como essa podem tocar realidades que são completamente diferentes.

O Sr. Min. Gilmar Mendes: Completamente diferentes. Não basta apenas a forma jurídica. Até porque nós vamos encontrar incongruências, as mais diversas, em todo o sistema: no plano da União, no plano dos Estados e no plano das próprias municipalidades.

A Sra. Min. Cármen Lúcia: É porque nós estamos em uma fase de mudança de modelos mesmos.

O Sr. Min. Gilmar Mendes: Talvez o tema demandasse, mesmo, uma reordenação, porque, de fato, nós estamos vivendo incongruências várias. Veja, Vossa Excelência, Ministro Lewandowski, por exemplo, agora tem vista daquele processo em que nós estamos discutindo a questão das regiões metropolitanas. E, veja, as soluções ali, segundo os debates que nós estamos travando, são as mais variadas. Cada voto, de alguma forma, indica até aqui uma solução. E, a rigor, vamos desde as posições mais tradicionais e ortodoxas até posições verdadeiramente heterodoxas nessa matéria, não é? O próprio serviço público associado hoje a ela. E, amanhã, concebemos que haja uma empresa que coordene esses serviços do trabalho, ou uma agência reguladora, ou uma agência reguladora com o nome de empresa. E, ela não estaria, de fato, a exercer uma coordenação de serviço público?

A Sra. Min. Ellen Gracie: Aí ela não objetivaria lucro.

O Sr. Min. Ayres Britto (Relator): Só para terminar, Senhor Presidente, o principal objetivo da empresa eu coloquei no meu voto: "(...) coordenar o programa de energia elétrica na região amazônica bem como construir e operar centrais elétricas e sistemas de transmissão nessa região".

Quer dizer, isso é típico de uma autarquia, mas com nome de empresa.

VOTO

O Sr. Min. Cezar Peluso (presidente): Vou pedir vênia ao eminente Relator e aos votos que o seguiram, para acompanhar a dissidência.

Não vou repetir os argumentos já usados por todos os votos dissidentes. Vou limitar-me a anotar que o regime de precatório é regime excepcional e que, como excepcional, só pode ser alargado, analogicamente, em casos estritos, que não me parece correspondam ao da hipótese, em que não há nenhum risco próximo ao patrimônio público de empresa que, não obstante os lucros, não paga a dívida há mais de década.

Eu nego provimento ao recurso.

Comentários de

MAURÍCIO ZOCKUN

I. O tema objeto de discussão no RE 599.628

1. Nos vinte e três anos de existência do novo regime jurídico-positivo inaugurado com a promulgação da Constituição de 1988, o poder constituído promoveu sucessivas alterações na redação do art. 100 da nossa Carta Maior. Sem embargo desse proceder, o propósito central desse comando normativo permaneceu inalterado.

Com efeito, desde 5.10.1988, o art. 100, *caput*, da Constituição da República prevê que "(...) *os pagamentos devidos pela Fazenda Federal, Estadual ou Municipal, em virtude de sentença judiciária, far-se-ão exclusivamente na ordem cronológica de apresentação dos precatórios e à conta dos créditos respectivos*".

2. Segundo consta dos autos do Recurso extraordinário 599.628, a empresa Sondotécnica Engenharia de Solos S/A propôs contra Centrais Elétricas do Norte do Brasil S/A (Eletronorte) uma ação declaratória, cumulada com pedido indenizatório, buscando a declaração de vencimento antecipado de dívida assumida por aquela empresa estatal. Essa ação foi julgada procedente pelo juízo da 9ª Vara cível da Circunscrição especial judiciária de Brasília e confirmada pelo Tribunal de Justiça do Distrito Federal e Territórios.

Iniciada a liquidação da sentença, os cálculos periciais foram homologados ensejando, pela Sondotécnica Engenharia de Solos S/A, elaboração de pedido de execução de sentença. Esse pedido foi deferido pelo juízo de origem determinando-se a expedição de mandado de penhora e avaliação.

A Eletronorte interpôs recurso contra essa decisão alegando ser sociedade de economia mista prestadora de serviços públicos, razão por que a ela se aplicam as disposições do art. 100 da Constituição da República e, por esta razão, também o art. 730 do Código de Processo Civil.[1]

O Tribunal de Justiça do Distrito Federal e Territórios, ao apreciar este recurso nos autos do Agravo de Instrumento n. 2006.00.2.011674-6 (ou 0011674-96.2006.807.0000, número atribuído em vista da Resolução 65 do CNJ),[2] manteve a decisão recorrida. Com isso, assentou-se naquela Corte estadual o entendimento no sentido de que a execução contra aquela empresa estatal deve ser processada pelo regime comum prescrito no art. 475-J do Código de Processo Civil.[3]

E assim decidiu aquela Corte calcada nos seguintes fundamentos: (i) sendo a Eletronorte uma sociedade de economia mista com personalidade jurídica de direi-

1. "Art. 730. Na execução por quantia certa contra a Fazenda Pública, citar-se-á a devedora para opor embargos em 10 (dez) dias; se esta não os opuser, no prazo legal, observar-se-ão as seguintes regras:

"I – o juiz requisitará o pagamento por intermédio do presidente do tribunal competente;

"II – far-se-á o pagamento na ordem de apresentação do precatório e à conta do respectivo crédito."

2. Acórdão acessível em *http://juris.tjdft.jus.br/docjur/270271/270861.doc*.

3. "Art. 475-J. Caso o devedor, condenado ao pagamento de quantia certa ou já fixada em liquidação, não o efetue no prazo de quinze dias, o montante da condenação será acrescido de multa no percentual de dez por cento e, a requerimento do credor e observado o disposto no art. 614, inciso II, desta Lei, expedir-se-á mandado de penhora e avaliação.

"§ 1º. Do auto de penhora e de avaliação será de imediato intimado o executado, na pessoa de seu advogado (arts. 236 e 237), ou, na falta deste, o seu representante legal, ou pessoalmente, por mandado ou pelo correio, podendo oferecer impugnação, querendo, no prazo de quinze dias.

"§ 2º. Caso o oficial de justiça não possa proceder à avaliação, por depender de conhecimentos especializados, o juiz, de imediato, nomeará avaliador, assinando-lhe breve prazo para a entrega do laudo.

"§ 3º. O exequente poderá, em seu requerimento, indicar desde logo os bens a serem penhorados.

"§ 4º. Efetuado o pagamento parcial no prazo previsto no *caput* deste artigo, a multa de dez por cento incidirá sobre o restante.

"§ 5º. Não sendo requerida a execução no prazo de seis meses, o juiz mandará arquivar os autos, sem prejuízo de seu desarquivamento a pedido da parte."

to privado, está sujeita ao cumprimento de suas obrigações pecuniárias advindas de decisão judicial nos mesmos moldes do regime comum aplicável às sociedades em geral. Em abono a esse pensamento invocou-se inúmeros precedentes do Superior Tribunal de Justiça (*e.g.*, 1ª Turma, Rel. Min. Luiz Fux, REsp n. 521.047, *DJ* 16.2.2004, p. 214; 2ª Turma, Rel. Min. Ari Pargendler, REsp n. 176.078, *DJ* 8.3.1999, p. 200; 3ª Turma, Rel. Min. Nanci Andrighi, REsp n. 343.968, *DJ* 4.3.2002, p. 255); e (ii) o fato de uma empresa estatal ser prestadora de serviços públicos não afasta o regime geral de execução de sentença prescrito no Código de Processo Civil, salvo nos casos de constrição de "*bens destinados especificamente à prestação do serviço público*". Ou seja, "(...) *quando comprovadamente a penhora impossibilite a continuidade dos serviços prestados, ou seja, não podem comprometer o fornecimento do serviço público*", pois "(...) *apenas deve ser desconstituída a penhora nociva ao interesse público*".

Contra essa decisão a Eletronorte interpôs Recurso Extraordinário, distribuído ao Ministro Carlos Ayres Britto sob o n. 599.628. Em 12.3.2010 reconheceu-se repercussão geral da questão constitucional objeto do recurso. Em 3.11.2010 iniciou-se o julgamento do caso na Sessão Plenária do STF e, após sucessivos pedidos de vista (do Ministro Joaquim Barbosa e da ex-Ministra Ellen Gracie), foi ele concluído na sessão de 25.5.2011, tendo o respectivo acórdão sido disponibilizado em 17.10.2011.[4]

3. O Ministro Carlos Britto votou pela subsunção de empresas estatais prestadoras de serviço público ao regime do art. 100 da Constituição da República. Isso porque, em seu juízo, (i) esse comando constitucional assinala o expediente hábil a preservar a continuidade da prestação do serviço público, que poderia ser agravada caso bens e direitos dessas empresas estatais fossem passíveis de penhora; (ii) na dicção constitucional todos os serviços públicos são essenciais e, por esta razão, a empresa estatal que venha a prestá-los atuará em área nevrálgica à satisfação do interesse público a merecer, por isso, o especial tratamento prescrito pelo referido dispositivo constitucional. E, nessa categoria, incluem-se geração e fornecimento de energia elétrica (atividades desempenhadas pela Eletronorte); e (iii) apenas empresas estatais que obrem na ordem econômica se submetem ao regime geral de execução no cumprimento de suas obrigações.

O Ministro Joaquim Barbosa votou em sentido contrário, pois, em seu juízo, a partir do instante em que o Poder Público outorga a terceiros a prestação do serviço público por meio de concessão ou permissão, mas, sem prejuízo disto, continua a desempenhá-los por meio de empresa estatal, instaura-se entre elas um vínculo competitivo. A competição deflagra entre essas pessoas um regime de concorrência a ensejar, na visão daquele magistrado, a irradiação de um mesmo regime jurídico de execução, qual seja: o aplicável às empresas particulares. E isso por obra do princípio da isonomia.

Prossegue esse magistrado afirmando que a manutenção do regime prescrito pelo art. 100 da Constituição da República às empresas estatais prestadoras de serviços privatizados causaria desequilíbrio artificial da concorrência. Além disto, afirmou que as empresas estatais, por força do art. 5º, III, do Decreto-lei 200/1967, são volvidas precipuamente a explorarem atividades econômicas e nesse mister

4. Acessível em *http://redir.stf.jus.br/paginadorpub/paginador.jsp? docTP= AC&docID= 628740.*

almejam o lucro como objetivo principal, razão adicional da sua submissão ao regime de execução à generalidade das empresas privadas.

Por seu turno, a Ministra Ellen Gracie entendeu que o art. 100 da Constituição da República é extensível apenas às pessoas jurídicas de direito público. Sem embargo, registrou que esse regime especial de execução é excepcionalmente extensível à Empresa de Correios e Telégrafos, posto que ela obra em atividade confiada apenas ao Estado; ideia extensiva às empresas estatais que prestam serviços de saúde exclusivamente pelo Sistema Único de Saúde.

4. Concessa venia, a decisão majoritária do STF merece ser revista.

II. Formas de prestação de serviços públicos à luz da Constituição da República

II.1 Noção constitucional de serviço e de serviço público

II.1.1 Hermenêutica constitucional

5. A boa hermenêutica assinala – com acerto – que as prescrições normativas veiculadas na Constituição da República devem ter o seu conteúdo edificado tomando em conta a acepção vulgar dos vocábulos empregados nas proposições normativas que lhe deem curso no direito positivo.

Afinal, sendo a Constituição da República um diploma normativo com inegável contorno político, deve ela ser interpretada pelo povo e não por ele decifrado. Daí a preferência por uma interpretação que aproxime o texto do intérprete comum e não o reverso.

6. É possível (e bastante provável) que haja mais de um sentido para o mesmo vocábulo. É crível, adicionalmente, que o seu emprego na produção de comandos normativos enseje interpretações contrapostas, conflitantes ou, ainda, substancialmente distintas. Sucede que essa circunstância – ainda que inevitável – agrava a segurança jurídica (razão e propósito da existência do Direito), o que não se pode admitir.[5]

Daí a necessidade de, nestes casos, empreender-se esforço exegético adicional.

Ultrapassada essa primeira etapa do processo de interpretação, obra-se sobre o sentido técnico dos vocábulos utilizados pela Constituição da República cotejando-o com o resultado do primeiro processo. Havendo coincidência de sentidos, essa será a intelecção mais consentânea com o propósito do texto normativo.

7. Em que pese a circunstância de o processo interpretativo aqui não se encerrar, as considerações acima lançadas são pertinentes ao exame do tema em pauta. Isso porque a Constituição da República veicula em seu texto figuras jurídicas que margeiam e tocam o âmago do instituto do serviço público. *Serviço público*, ao menos entre nós, é uma figura jurídica edificada no altiplano constitucional; um *conceito constitucional*, pois.

Logo, é exclusivamente neste plano – constitucional – que o exegeta deve percorrer para apurar o sentido, conteúdo e alcance no conceito constitucional de *serviço público*.

5. É claro que a harmonia entre as normas jurídicas existentes no direito positivo é um dever-ser, mas não um ser. Afinal, em Direito, pelo fato de uma coisa ser não significa que ela deva-ser e, de outra banda, do fato que uma coisa deva-ser não significa que ela necessariamente será.

II.1.2 Conceito constitucional de serviço público

8. Em diversas passagens do texto constitucional há referência à figura jurídica do *serviço*.

8.1 Há o Fundo de Garantia por Tempo de ***Serviço*** (art. 7º, III), hipótese em que *serviço* pretende significar o labor humano realizado por uma pessoa em prol de outrem,[6] aí se incluindo o Estado.[7] Neste casos, ***serviço*** qualifica-se como uma *obrigação de fazer*.

8.2 A Constituição da República adjetivou o vocábulo para formar a locução *serviço público*.

E assim o fez para (i) definir bens públicos especiais, empregados para prestação de *serviços públicos* (art. 20, IV); (ii) qualificar *serviços* de competência da União, dos Estados, dos Municípios e do Distrito Federal (arts. 21; 24, I; 25 e 30); (iii) gizar a competência administrativa para execução dessas atividades no Distrito Federal (art. 21, XIV); (iv) qualificar a *atividade de fiscalização* a ser levada a efeito pela polícia marítima, aeroportuária e de fronteiras (art. 21, XXII); (v) impor o dever de vinculação de parte da dotação orçamentária à *saúde* (art. 35, III); (vi) autorizar sua contraprestação por meio de taxa, desde que essa atividade estatal seja experimentada pelos usuários, efetiva ou potencialmente, de modo específico e divisível (*uti singuli*, portanto), nos termos do art. 145, II, etc.

Vê-se que, ao assim dispor, o vocábulo *serviço* é empregado pela Constituição da República como relação jurídica por meio do qual se comina ao sujeito ativo o encargo de fazer algo em relação ao sujeito passivo. E naquelas hipóteses em que esse encargo estiver confiado ao Poder Público, a própria Constituição da República assinala haver *serviço público*.

Serviço público é, pois, conceito constitucional e, ademais, alçado à condição de cláusula pétrea.

Isso porque sua eventual supressão da esfera pública resultaria na eliminação de uma competência pública e, portanto, na modificação dos confins da Federação, nos moldes querido pelo constituinte. Como a Federação é instituto jurídico pétreo, igualmente pétreo são os preceitos normativos que assinalam os seus limites; e nesse limite incluem-se as competências públicas, *habitat* jurídico do serviço público.

Afora isso, há casos em que o dever assinalado ao Estado para o desempenho dessas atividades é, em si mesmo, uma cláusula pétrea. Isso porque é por meio deles que se tutela direitos e garantias individuais; caso dos serviços de saúde, previdência, assistência social, educação, dentre outros.[8]

8.2.1 O exame do art. 145, II, da Constituição da República confirma, por outro viés, a ideia segundo a qual serviço público é um conceito constitucional.

Isso porque, ao outorgar competência tributária aos entes federados para instituir taxas, a Carta Maior assinala que esse tributo se volve à contraprestação de *serviço público*. Como só há taxa onde houver atividade levada a efeito pelo Poder Público

6. Esse é o mesmo sentido que "serviço" assume no art. 7º, XVI e XXI, da Constituição da República.

7. Art. (i) 12, I, "a" e "b"; (ii) art. 14, § 2º; e (iii) art. 14, § 8º, II, da Constituição da República.

8. Afora o inovador enfoque – que leva ao mesmo resultado – traçado por Carolina Zancaner Zockun (*Da Intervenção do Estado no Domínio Social*, São Paulo, Malheiros Editores, 2009, pp. 182 a 185, item 37).

e sob regime próprio (público, portanto), confirma-se a ideia segunda a qual *serviço público* é conceito constitucional.

E onde houver *serviço público* haverá, por via de consequência, o dever impostergável de o Estado prestar-lhe diretamente ou, nas hipóteses autorizadas pela Constituição da República, transferir o seu exercício para terceiros por meio de concessão, permissão, autorização e delegação.[9]

E foi justamente neste campo "movediço" que o STF obrou no julgamento do Recurso Extraordinário 599.628.

II.2 Formas de prestação de serviços públicos

9. A Constituição da República comina ao Estado o dever de prestar *serviço público* por si ou por outrem. Tomando por critério classificatório a pessoa que desempenha essa atividade (critério subjetivo, portanto), a prestação do serviço público compreende ***cinco classes***:

(I) ***Primeira*** – Compreensiva dos serviços públicos prestados obrigatória e exclusivamente pelo Estado (casos, por exemplo, de prestação jurisdicional, polícia repressiva, segurança e preservação das fronteiras nacional, serviço postal e correio aéreo nacional, execução de dívida ativa, representação judicial e consultoria jurídica dos entes públicos dentre outras).

(II) ***Segunda*** – Acolhe os serviços públicos prestados obrigatoriamente pelo Estado, mas sem exclusivamente, eis que sua prestação também está constitucionalmente assegurada aos particulares; não como atividades econômicas, mas serviços de relevância pública.[10]

(III) ***Terceira*** – Açambarca aquele serviço cuja titularidade é estatal, sendo sua prestação atribuição exclusiva do particular (*e.g.*: caso de "delegação de serviços notariais e de registro" a que alude o art. 236 da Constituição da República).

(IV) ***Quarta*** – Abriga as atividades públicas cuja prestação é cominada ao Estado, sendo seu dever franquear aos particulares a possibilidade de também fazê-lo e, sendo o caso, após regular processo seletivo (*e.g.*: serviço de radiodifusão sonora e de sons e imagens, que observa, como princípio informador, o ideal da "complementariedade"[11]). e

(V) ***Quinta*** – Abarca os serviços públicos que, havendo lei permissiva, (a)

9. Registre-se que, por ocasião do 1º Congresso Paulista de Direito Administrativo, realizados sob os auspícios do Instituto Paulista de Direito Administrativo (IDAP) nos dias 2-3.8.2012, houve consenso entre os palestrantes e conferencistas em qualificar como ***falácia jurídica***, senão ***crime***, a ideia de *subsidiariedade* da atuação estatal no campo do serviço público, especialmente no que tange a saúde, educação, previdência e assistência.

Nesse ponto, registre-se a obra escrita por Emerson Gabardo, de indispensável leitura, que desmonta a falácia jurídica por meio da qual se pretende dar suporte à ideia da subsidiariedade (*Interesse Público e Subsidiariedade*, Belo Horizonte, Fórum, 2009).

10. Serviço de relevância pública é conceito constitucional explicitamente referido pelos arts. 129, II e 197 da Constituição da República, sem embargo de implicitamente identificável em inúmeras outras passagens da Carta Magna. Isso porque, como acertadamente observa José Souto Maior Borges, todos os conceitos jurídicos são sempre implícitos, posto que seu conteúdo jurídico é edificado pela interpretação. Logo, mesmo os denominados conceitos explícitos são, em rigor, implícitos (José Souto Maior Borges, "Princípio da isonomia e sua significação na Constituição de 1988", *Revista de Direito Público* 93/34-40, São Paulo, Ed. RT).

11. Art. 223, *caput*, da Constituição da República.

comina ao Estado o dever de prosseguir em sua prestação concomitantemente com particulares, selecionados por meio de licitação; ou (b) são prestados apenas por particulares selecionados à moda republicana, caso em que o Estado deixará de prestá-los.

10. No caso do RE 599.628 está-se diante da ***quinta*** forma de prestação de serviço público, observado que, na espécie, o Estado persiste no desempenho dessa atividade estatal.

11. Segundo a maioria dos julgadores da Suprema Corte, o concomitante desempenho dessa atividade pública pelo Estado e pelo particular não autoriza a manutenção da especial disciplina quanto à cobrança judicial de dívidas da empresa estatal prestadora de serviços públicos.

É que essa circunstância, na ótica da maioria dos julgadores, rompe o ideal da isonomia deflagrando artificial desequilíbrio da concorrência. Com efeito, estando o serviço público privatizado, as empresas públicas que porventura obrem nesse campo pretendem explorar atividades econômicas e, nesse mister, almejam o lucro como objetivo principal. Nesta condição, não podem elas gozar de tratamento jurídico diferenciado.

As premissas eleitas e as conclusões pela Suprema Corte não trilham a melhor exegese das normas que curam o interesse público.

II.3 Regime jurídico das empresas estatais prestadoras de serviço público em concomitância com particulares

12. Dentre as atividades economicamente mensuráveis cujo desempenho lícito é autorizado em nossa ordem jurídica, a Constituição da República atribuiu parte delas ao Estado, franqueando aos particulares a possibilidade de desempenhar a fração remanescente.

No campo público – e, portanto, submetido ao regime jurídico de direito público –, alocam-se o serviço público, o exercício de poder de polícia, a atividade notarial e de registro (que também é atividade de certificação jurídica, mas não apenas) dentre outras.[12] Já no campo privado – ou ordem econômica, na dicção constitucional –, alocam-se as atividades econômicas, cujos princípios regentes estão exemplificativamente assinalados no art. 170 da Constituição da República.

13. Nos casos em que uma atividade pública é desempenhada por particulares, não é ela catapultada à ordem econômica passando, por isso, a observar os princípios lá regentes. Pelo contrário, mesmo em tais circunstâncias impera ou prepondera na prestação o regime jurídico de direito público.

Daí ser flagrantemente equivocada a ideia segundo a qual, nos termos do que preconiza o Decreto-lei 200, obram na ordem econômica as empresas estatais prestadoras de serviços públicos.[13] O raciocínio é falacioso, pois é a Constituição da República – e não o Decreto-lei – quem cuida de fixar o regime jurídico debaixo do qual estão submetidas as empresas estatais prestadoras de serviços públicos.

14. Sucede que os traços constitucionais que marcam e balizam a prestação dos serviços públicos – tais como universalidade, modernidade, modicidade, continuidade, dentre todos outros – inviabilizam

12. Identificadas magistralmente por Celso Antônio Bandeira de Mello (*Prestação de Serviços Públicos e Administração Indireta*, São Paulo, Ed. RT, 1983, pp. 16 a 18).

13. Juízo sufragado pelo Min. Joaquim Barbosa ao proferir seu voto.

o desempenho dessa atividade à moda do que preconizado na ordem econômica.

É, pois, de direito público a disciplina jurídica traçada na fixação (i) dos elementos qualificadores de uma atividade como sendo serviço público; e (ii) do agir daqueles que desempenham essas atividades, sejam eles particulares ou o próprio Estado. E, pelas mesmas razões, os direitos e deveres que emergem da relação formada entre o usuário do serviço público e o seu prestador estão igualmente disciplinados no campo do direito público.

Não é por outra razão que, nestes casos, aplica-se o Código do Consumidor apenas na hipótese de ele ampliar a tutela dos direitos do usuário. Sem embargo, a incidência desse diploma não pode resultar no amesquinhamento das prerrogativas confiadas ao poder concedente para preservar a escorreita persecução do interesse público por meio do desempenho dessa atividade pública.

Daí porque na prestação do serviço público por particulares prepondera a incidência de normas de direito privado nas relações internas ao próprio prestador. E nessa categoria perfilam-se situações, tais como: alterações estatutárias, contratações destinadas a prover os meios materiais e humanos para o desempenho da atividade pública concedida etc. Nada aquém e nada além disto.

15. Resulta disto a inviabilidade de se arguir a possibilidade de os prestadores desses serviços obrarem em conduta atentatória à livre concorrência. Afinal, só há livre concorrência na ordem econômica; campo estranho à prestação de serviço público.

Assim, coisa diversa se passa no campo do direito público nos casos em que os prestadores podem desempenhar essas atividades públicas em favor de um mesmo rol de usuários, disputando-se, pois, sua preferência.

Nestes casos há "liberdade vigiada" desses prestadores, que podem, eventualmente, competir entre si;[14] mas não em regime de livre concorrência, senão que em competição circunscrita aos confins competitivos fixados pelo poder concedente, de modo a viabilizar o oferecimento desses serviços na melhor qualidade e pela menor contraprestação possível.

16. Vê-se, pois, que o fato de as empresas estatais prestadoras de serviço público atuarem no campo que lhes é próprio em concomitância com as empresas particulares não deflagra o desequilíbrio na livre concorrência. Isso porque a atividade por elas exercida – que não está no campo econômico – é submetida ao regime jurídico edificado em prol do interesse público.

17. Não é por outra razão que as empresas estatais que prestam serviços públicos (i) selecionam e contratam seus empregados por meio de concurso público, de prova ou de prova e títulos; (ii) a exoneração desses empregados públicos é autorizada apenas em hipóteses previamente determinadas, assegurando-se o contraditório e a ampla defesa; (iii) devem licitar; (iv) submetem-se ao controle interno e externo de suas contas; (v) podem ter suas despesas custeadas pelo erário, caso em que aos seus empregados se aplica o teto remuneratório prescrito no art. 37, XI, da Constituição da República; (vi) não estão sujeitas a falência (art. 2º da Lei federal 11.101/2005, dentre tantas outras características.

14. Como acertadamente observa Almiro do Couto e Silva ("Privatização no Brasil e o novo exercício de funções públicas por particulares. Serviço público 'à brasileira'?", *Revista da Procuradoria-Geral do Estado do Rio Grande do Sul*, vol. 27, n. 57 (suplemento), Porto Alegre, 2004, p. 231).

Nenhuma dessas exigências é cominada às empresas concessionárias e permissionárias de serviço público.

17.1 Logo, se a invocação ao primado da isonomia fosse justificativa suficiente para solapar o regime especial de execução dessas empresas estatais, também justificaria o soterramento das exigências acima arroladas que, entretanto, devem ser por elas observadas. Afinal, não poderiam essas empresas estatais atuar "em livre concorrência" sendo elas obrigadas a observar plexo tão grande de formalidades, inextensíveis às concessionárias e permissionárias de serviço público.

17.2 Mas não há falar em desequilíbrio artificial da concorrência nestes casos, posto que estas republicanas exigências são cominadas em prol da tutela de interesse público.

E nem ao menos haveria falar em quebra da isonomia. Isso porque, sendo mais gravoso o plexo de deveres cominados às empresas estatais prestadoras de serviços públicos (se comparados com aquel'outros cominados às concessionárias e permissionárias que com elas competem) são juridicamente desiguais as posições jurídicas nas quais se encontram uma e outra empresa. Logo, não rompe o ideal da isonomia (senão que lhe confirma) o tratamento jurídico diferenciado aplicável às execuções propostas contra a empresa estatal, porquanto se prescreve tratamento jurídico diferenciado àqueles que ocupam posições jurídicas igualmente diferenciadas.

18. Sem embargo, afirmou-se que a execução proposta contra a empresa estatal sob o regime geral fixado pelo Código de Processo Civil não pode constranger os bens volvidos à prestação dos serviços públicos. Afinal, em relação aos bens públicos impera o princípio da indisponibilidade.

Sucede que os recursos financeiros dessas pessoas estatais – agora executados à moda privada – são tão ou mais essenciais à prestação do serviço público quanto os bens diretamente a ela jungidos.

Com efeito, seria possível prestar serviços públicos sem recursos materiais e/ou financeiros? Certamente não!

Assim, maltrata tão intensamente o interesse público a constrição de bens como a constrição de recursos financeiros volvidos à prestação de serviços públicos.

19. Por estas razões espera-se a revisão dessa decisão pelo STF que, a despeito de respeitável, é, *data venia*, equivocada.

***

GRÁFICA PAYM
Tel. (11) 4392-3344 · paym@terra.com.br

REVISTA
TRIMESTRAL DE
DIREITO PÚBLICO

DOUTRINA: EL CONTROL ADMINISTRATIVO EN MÉXICO. APUNTES DESDE UNA PERSPECTIVA JURÍDICA SOBRE EL CONTROL INTERNO EN LA ADMINISTRACIÓN PÚBLICA FEDERAL – Luis José Béjar Rivera e Alejandro Orrico Gálvez • EL RÉGIMEN JURÍDICO DEL SILENCIO ADMINISTRATIVO EN ESPAÑA – Marta García Pérez • PARA UMA TEORIA DO ATO ADMINISTRATIVO UNILATERAL – Celso Antônio Bandeira de Mello • ATIVISMO JUDICIAL – Silvio Luís Ferreira da Rocha • AÇÃO PARA APURAÇÃO DE ATO DE IMPROBIDADE ADMINISTRATIVA E O SEU CABIMENTO FRENTE AOS AGENTES POLÍTICOS – Edilson Pereira Nobre Júnior • TRANSFERÊNCIA DO DIREITO DE CONSTRUIR: QUESTÕES SOBRE SUA APLICABILIDADE E PERTINÊNCIA – Daniela Campos Libório Di Sarno • ***PARECERES***: MANDADO DE SEGURANÇA. SERVENTUÁRIO. EFETIVAÇÃO. EXAME DA LEGISLAÇÃO LOCAL. RECURSO EXTRAORDINÁRIO. DESCABIMENTO – Carlos Thompson Flores • CONCESSÕES, PERMISSÕES E AUTORIZAÇÕES DE RADIODIFUSÃO POR PESSOAS JURÍDICAS QUE POSSUEM POLÍTICOS TITULARES DE MANDATO ELETIVO COMO SÓCIOS OU ASSOCIADOS – INCONSTITUCIONALIDADE – Gilberto Bercovici e Airton L. Cerqueira Leite Seelaender • PRINCÍPIO DA LEGALIDADE ADMINISTRATIVA – ADMINISTRAÇÃO ORDENADORA AMBIENTAL – NULIDADE DE SANÇÃO ADMINISTRATIVA POR VÍCIOS QUANTO AO MOTIVO E À CAUSA – Vladimir da Rocha França • ***ESTUDOS E COMENTÁRIOS***: O DIREITO À EDUCAÇÃO E A LEI 12.711/2012 (LEI DE COTAS) – Carolina Zancaner Zockun, Marcella Querino Mangullo e Ricardo Teixeira Lage • DEVERES FUNDAMENTAIS AMBIENTAIS – Denilson Marcondes Venâncio • EFEITOS DA REVOGAÇÃO DOS ATOS ADMINISTRATIVOS – Felipe Fleury • PREFERÊNCIA PARA PRODUTOS MANUFATURADOS E SERVIÇOS NACIONAIS EM LICITAÇÕES: UMA ANÁLISE CRÍTICA À LUZ DO DESENVOLVIMENTO NACIONAL SUSTENTÁVEL – Gabriela Verona Pércio e Flávio Ramos • ***MEMÓRIA RTDP***: DA RESPONSABILIDADE DO ESTADO POR ATOS DE JUIZ EM FACE DA CONSTITUIÇÃO DE 1988 – A. B. Cotrim Neto • CONSTITUIÇÃO E DIREITO ADQUIRIDO – Raul Machado Horta • DESVIO DE PODER LEGISLATIVO – Caio Tácito • ***JURISPRUDÊNCIA COMENTADA***: AS EMPRESAS ESTATAIS PRESTADORAS DE SERVIÇOS PÚBLICOS PRIVATIZADOS E O CUMPRIMENTO DE OBRIGAÇÕES PECUNIÁRIAS ORIUNDAS DE CONDENAÇÃO JUDICIAL – Maurício Zockun

MALHEIROS
EDITORES

ISSN
2237-1796